中国政治学研究手册系列
总主编 陈志敏 苏长和

全过程人民民主研究手册

汪仕凯 主编

上海人民出版社

总　序

政治学是一门研究治国理政的学问，在所有社会科学中极为重要。中国人自古以来喜欢用国泰民安、政通人和来表达对美好政治状态的认识和追求，体现“政治”二字在中国人心目中的特别分量，进而又使得中国人在政治和政治学知识创造上一直是一个很成熟、很骄傲的民族。中国古代政治学知识体系博、大、精、深，为人类政治文明留下辉煌的篇章，经久而不衰，历久且弥新，是人类政治知识的宝库。近代马克思主义传入中国以来，一经中国人民所掌握，又同中华优秀传统政治文化相结合，起、承、转、合，百多年来开创并形成了中国现代政治学知识总体格局，总称为当代中国政治学知识体系，其精神生机勃勃，其内涵丰厚广博，其形态茁壮有力，在当今世界政治学的知识格局中占据重要席位。

一个民族要在世界上站起来并站得住，在政治上应该是要有精神的！由此，成熟的政治学知识体系在涵养民族政治自信、振奋民族政治精神，进而为在世界上作为大而可亲的政治大国提供知识支撑上，尤为重要和必要。就政治学界来说，为人类对更好社会与政治制度的探索贡献中国智慧、知识、方案和实践，推进人类政治文明不断进步，当有舍我其谁之勇气、当仁不让之责任、孜孜以求之使命。

当代中国是世界上的一个政治大国，应该也是一个政治学大国。这是一个可以产生并且一定能够产生中国政治学知识体系的伟大时代，于政治学界和政治学研究可谓天时、地利、人和，是对中国现代政治实践和创造进行全方位概括、总结、提升并予以体系化的最好时机。这就是我们编写多卷本“中国政治学研究手册系列”的初衷和使命。“中国政治学研究手册系列”的立项、编辑和出版，秉持这一责任和理想，遵循逻辑性、集成性、系统性，按照学科、学术主题，力图较全面地展现当代中国政治学知识领域的创造性成果。“手册”总计 20 余册，努力覆盖政治学、公共管理、国际政治、区域国别学和国家安全学等大政治学学科多个领域，此特色也体现了复旦大学政治学长期以来在科研、教学和育人上对“大政治学”内涵的理解。

正文相济，臻于郅治，政治也！2023年恰逢复旦大学政治学建系一百年。复旦大学国际关系与公共事务学院集全院之智，乘中国政治奋发向上之势，聚全院教师久久为功之力，一鼓作气，从2023年起陆续向世界政治学界推出具有知识体系集成意义的多卷本“中国政治学研究手册系列”，以求教、请益海内外政治学人，共同推进世界政治知识格局的多极化、多样化、多元化，为人类政治文明进步贡献来自中国的新政治学知识框架。这是我们最大的心愿。

是为多卷本“中国政治学研究手册系列”总序！

陈志敏　苏长和

2023年8月

于复旦大学文科楼

本卷前言

解释当代中国政治生活中的重大理论和实践问题、回应中国共产党在领导治国理政过程中提出的基本关切，一直以来就是复旦政治学人的重要学术工作，本书就是这种学术工作的一个组成部分。

2019年11月2日，习近平在上海虹桥街道考察时首次明确提出“人民民主是一种全过程的民主”的重要判断；2021年7月1日，习近平在庆祝中国共产党成立100周年大会上将“发展全过程人民民主”明确为新征程的重要任务；党的二十大则进一步将发展全过程人民民主概括为中国式现代化的本质要求。毫无疑问，单纯从概念上看，全过程人民民主是新的，然而从中国共产党探索和实践社会主义民主的历史过程来看，全过程人民民主则起源很早，并且作为一种政治理念贯穿在中国共产党创造社会主义民主政治的过程中，从而形成了完整的制度程序和完整的参与实践。

当然，全过程人民民主作为一个重要概念，在中国特色社会主义新时代被提出来，集中说明中国共产党深化了对于民主政治建设规律的认识。更具体地说，民主是全人类共同价值，社会主义民主是中国共产党领导人民始终不渝追求的目标，人民民主是中国共产党探索和实践社会主义民主的第一个版本，在总结人民民主实践经验的基础上，中国共产党认识到人民民主必须是一种全过程的民主，因此将人民民主升级成全过程人民民主，全过程人民民主就是中国共产党探索和实践社会主义民主的第二个版本。

全过程人民民主是中国共产党对于社会主义民主在中国特色社会主义新时代的集中概括，其核心内容是将人民主权具体落实为人民当家作主，因此人民当家作主仍然是全过程人民民主的本质和核心，这一点在中国共产党探索和实践社会主义民主的历史过程中是一以贯之的。同样重要的是，全过程人民民主是新时代社会主义政治建设的核心内容，因此全过程人民民主就具有更为丰富的内涵。在本书的编写过程中，我们试图从理论定位、过程特征、实践路径、基本资源、时代要求等方面呈现出全过程人民民主的丰富内涵。

在理论定位上，全过程人民民主是社会主义类型的民主政治，是人民民主在实践经验基础上整合新的发展资源而形成的升级版，全过程人民民主和人民民主同属于社会主义民主，是中国共产党探索和实践社会主义民主的两个连续的发展阶段。在人民民主发展阶段，中国共产党认识到人民是政治生活中的根本主体，因此必须使人民通过各种途径和形式参与国家事务、社会事务、经济和文化事业的管理；在全过程人民民主发展阶段，中国共产党认识到，只有全过程实践，人民才能在政治生活中发挥作用，全过程是中国共产党同广大群众密切结合从而形成整体性质的政治力量——人民——的关键环节，所以人民是全过程民主的产物。要言之，全过程人民民主是中国共产党发展社会主义民主的成熟方案。

在过程特征上，全过程人民民主是全链条、全方位、全覆盖的民主政治。一是全链条，不仅要实行民主选举，而且要实行民主协商、民主决策、民主管理、民主监督；二是全方位，不仅国家事务管理要实行民主，而且社会事务管理、经济和文化事业管理同样要实行民主；三是全覆盖，不仅基层要实行民主，而且中央和各级地方都必须实行民主，当然在不同的层级，民主所要解决的重点问题有所不同。全链条、全方位、全覆盖，在实践中并不是相互割裂而是一个完整的过程。全过程是人民当家作主的必然要求，因为在社会主义制度条件下政治的内涵发生了质变，政治就是不断满足人民美好生活需要的过程，人民不经过全过程参与是难以实现美好生活的。

在实践路径上，选举和协商都是全过程人民民主的基本实践路径，但是对于全面发展全过程人民民主而言，协商的作用更为关键。只有在选举完成授权的基础上充分开展协商，全过程人民民主才能有效克服自由主义民主的诸多弊端，进而创造高质量的现代民主政治。协商是中国特色社会主义民主政治“独特的、独有的、独到的”运行机制。协商就是商量，协商既是民众广泛表达意愿的过程，又是民众深度参与的过程，既是发扬民主的过程，又是集思广益的过程，既是尊重差异的过程，又是寻求最大公约数的过程。协商是广泛多层制度化的，作为全过程人民民主的运行机制，协商的全面发展，政党协商、人大协商、政府协商、政协协商、人民团体协商、基层协商以及社会组织协商的统筹推进，必然带来人民当家作主制度体系的健全。广泛多层制度化的协商完全契合了人民民主的全过程实践的特质。

在基本资源上，法治是实现全过程人民民主高质量发展的基本资源，也是中国特色社会主义新时代为全面发展全过程人民民主提供的独特资源。社会主义民主只有依托完整的制度程序才能不断积累成果、实现发展，中国共产党在探索和实践社会主义民主的过程中已经形成人民当家作主的制度体系，但是实现社会主义民主制度化、规范化、程序化仍然是重要的课题。法治是现代政治的基本资源，在国家治理中能够发挥固根本、稳预期、利长远的关键作用，全过程人民民主必须充分利用法治这一现代政治的基本资源，形成制度性的规则、程序，只有如此，全过程人民民主才能在社会主义法治轨道上有效运转，并且不断积累政治建设的积极成果，进一步丰富和发展人民当家作主的制度体系，从而实现人民当家作主制度的成熟定型，最终使人民完全享有高质量的民主政治生活。

在时代要求上，全过程人民民主必须同推进国家治理体系和治理能力现代化有机结合起来。党的十九届四中全会通过了《中共中央关于坚持和完善中国特色社会主义制度、推进国家治理体系和治理能力现代化若干重大问题的决定》，国家治理体系和治理能力现代化是中国特色社会主义新时代的重要主题，而党的领导、人民当家作主、依法治国有机统一则是支撑国家治理体系和治理能力现代化的基本结构。党的十八大以来，中央先后对全面从严治党、全面依法治国作出了战略部署，全面发展全过程人民民主从而更好地实现人民当家作主，是推进国家治理体系和治理能力现代化的题中应有之义。全过程人民民主不是装饰品，而是广泛、真实、管用的民主，这就是说，全过程人民民主必须在国家治理体系和治理能力现代化中发展重要作用，推动国家治理取得实效。

根据上述思路，本书从理论定位、思想渊源、价值追求、主体力量、技术程序、政治过程、实践形式、发展动力、运作绩效等方面，对全过程人民民主进行系统研究，最后从世界治理的角度讨论了全过程人民民主的意义。

全书编写工作的具体分工是：由汪仕凯拟定写作大纲，然后交由全体作者讨论，再由汪仕凯将写作大纲修改稿提交丛书编辑委员会审定；汪仕凯负责撰写导论、第一章、结语，束赟负责撰写第二章、第八章，刘乐明负责撰写第三章第二节、第四节、第五节和第五章，李松负责撰写第三章第一节、第三节和第四章，张兰负责撰写第六章、第九章，汪仲启负责撰写第七章；汪仕凯承担统稿工作，根据初稿提出意见，交由作者修改完善。

在写作过程中，本书得到了复旦大学国际关系与公共事务学院苏长和教授、陈明明教授、臧志军教授、郭定平教授、刘建军教授、陈周旺教授、熊易寒教授、唐亚林教授、李瑞昌教授的大力支持，他们对于本书的写作提供了大量宝贵意见。上海人民出版社的范蔚文先生、史美林女士为本书的出版耗费了大量心血，没有他们的鼎力支持，本书很难顺利完成。在此，本书全体作者向以上诸位贤达表示衷心感谢！

当然，鉴于我们研究能力有限，本书只是对全过程人民民主的一个初步的研究，不足之处在所难免，我们愿意接受学界同仁严肃的批评，这将是提升我们对于全过程人民民主研究水平的重要动力。

汪仕凯

2023 年 9 月 6 日

目 录

导论　全过程人民民主的理论定位

民主是全人类的共同价值，中国共产党自始至终都将民主作为至关重要的价值坚持不懈地予以追求，视民主为社会主义的生命。没有民主就没有社会主义，就没有社会主义现代化，这是对民主与社会主义之间关系的深刻解答。社会主义民主才是真实的民主，中国共产党在建设和发展社会主义的历史进程中，根据中国经济基础发展的现实水平和中国社会的具体情况，将社会主义民主具体化为人民民主，人民民主就是中国共产党对于中国社会主义民主的第一个认识阶段。

中华人民共和国成立以来，中国共产党根据社会主义民主的基本原则，逐渐建立起人民民主的国家制度。中国共产党领导治国理政取得的巨大成绩，正是以人民民主的国家制度为依托的，在国家治理不断改善的过程中，人民民主也得到了深入发展。人民民主不仅是中国式现代化的政治主题，而且是中华民族伟大复兴的题中应有之义，在全面建设社会主义现代化强国的新征程上，人民民主面临着实现更高质量发展的任务，而全过程人民民主就是有效完成这种任务的政治理念、战略指导和实践路径。就政治理念而言，全过程人民民主是对人民民主实践经验的高度总结；就战略指导来说，全过程人民民主是对人民民主高质量发展的定向引导；就实践路径来看，全过程人民民主是人民民主高质量发展的必由之路。

人民民主的核心内容是要将人民主权落实为人民当家作主，这就是说，人民不仅要行使主权，而且要同时行使治权。这种内在的动力必然在实践上推动人民民主发展到全过程人民民主。只有依托全过程人民民主，人民作为一种整体性质的政治力量才能在民主过程中形成；也只有依托全过程人民民主，人民才能获得管理国家和社会事务、管理经济文化事业的各种形式和途径。人民民主必须是全过程的，这样的属性意味着人民民主的实践及其理论都发展到了新高度。全过程人民民主是人民民主的升级版，它是中国共产党对于中国社会主义民主的第二个认识阶段。从社会主义民主到全过程人民民主的演进，既是当代中国民主政治深入发展的集中体现，又是当代中国民主理论走向成熟的基本标志。

第一节　从社会主义民主到全过程人民民主

当代中国民主是社会主义民主，社会主义民主是对当代中国民主的性质和前景的规定。社会主义民主是马克思主义经典作家根据人类社会发展规律而对人类政治生活提出的理想。社会主义民主是在批判资本主义民主的基础上确立自己的基本内涵的，由于资本主义民主建立在私有产权的基础上，因而资本主义民主只是实现政治平等的形式主义民主。社会主义民主不以政治平等为满足，而以社会平等为实质内容，社会平等必须扬弃私有制，以生产资料的共同所有为社会基础，所以以社会平等为实质内容的社会主义民主才是真实的民主，是实质主义民主。

从理论上讲，社会主义民主至少意味着四个方面的内容。

首先，社会主义民主只能建立在生产资料公有制或者说生产资料共同所有制的基础上。生产资料私有制同社会主义民主是不能相容的，只要存在生产资料私有制就会出现经济不平等，经济不平等会导致财富集中从而使少数人在经济上获得优势，而经济上占据了优势的社会群体或早或迟地会联合起来谋求对国家权力的垄断性支配。在这种情况下，政治平等是完全不可靠的，纵使政治平等原则得到了法律制度的加持从而在一定时期内能够制约经济不平等，但是经济基础决定上层建筑的规律迟早会发生作用，经济不平等终将破坏政治平等，最终形成经济不平等与政治不平等相互强化的局面。正是从这个角度来说，马克思主义经典作家坚定地认为资本主义民主是不真实的、形式主义的。生产资料公有制则将所有人置于经济平等地位，进而从经济基础上保障了政治平等，政治平等与经济平等相互强化，因而使社会平等成为现实。

其次，社会主义民主是国家性质已经发生变化但是国家尚未消亡的历史时期的政治形态。社会主义不仅意味着生产资料的共同所有，而且意味着社会大众凝聚成为一个整体，这个整体的力量足够强大以致能主导和控制国家，此时的国家就不再是凌驾于社会之上压迫社会的异质性力量，而是“社会把国家政权重新收回，把它从统治社会、压制社会的力量变成社会本身的充满生气的力量；这是人民群众把国家政权重新收回，他们组成自己的力量去代替压迫他们的有组织的力量；这是人民群众获得社会解放的政治形式，这种政治形式代替了被人民群众的敌人用来压迫他们的假托的社会力量”[1]。进而论之，社会主义民主是国家演进到社会共和国这一历史时期的民主，社会共和国的要义在于各种革命力量联合起来成为一个主导国家的强大力量，否则不可能将国家从压迫社会的力量变成服从和发展社会的力量。因此，社会主义民主就必然要承担起将各种革命力量联合成一个整体的政治功能。

再次，社会主义民主是绝大多数人共同享有的民主。由于社会主义民主以生产资料公有制作为经济基础，并且各种革命力量联合起来驯服了国家权力，因此联合起来的革命力量自然而然地就成为民主的主体、共同享有政治权利、共同参与国家事务管理。这种联合起来的革命力量是社会成员的绝大多数，绝大多数社会成员不仅联合起来控制了国家权力从而成为主权的行使者，而且要直接行使治权从而以各种方式和途径参与公共事务，所以社会主义民主必然是人民当家作主的广泛民主。社会主义民主要将实现人民主权落实为人民当家作主的目标，实际上就是为社会主义民主提供了一种内在的发展动力，这种发展动力对于中国共产党将人民民主提升为全过程人民民主发挥着决定性影响。

最后，社会主义民主是以推动经济社会发展最终实现劳动解放为根本目标的民主。社会主义民主绝非单纯的政治过程，而是政治与经济相互促进、辩证发展的过程，社会主义民主确立了工人阶级的领导地位，落实了绝大多数社会成员的政治权利，但是其更深层次的意涵则在于调动人民的积极性、主动性、创造性，从而为经济社会发展提供强大动力，在生产力发展的基础上不断实现经济基础的变革，最终实现劳动解放、人的全面发展的宏伟目标。进而言之，社会主义民主不相信抽象的自然权利，而是注重现实的人如何在社会中通过共同参与的社会发展，赢得解放和实现自由的具体的历史权利。

中国共产党是在生产力水平比较低、中国现代化尚未完成的历史条件下建立社会主义制度的，这就意味着，中国社会主义民主不可能照搬马克思主义经典作家所设计的社会主义民主，而只能是根据社会主义民主的基本原理和中国实际寻找一种在实践中具有现实性和发展性的民主，这就是人民民主。人民民主是社会主义民主在中国社会主义初级阶段的具体化，是中国社会主义民主。社会主义民主规定了人民民主的性质，或者说，构成了人民民主的性质本身，它作为一种内在的历史力量决定了人民民主的发展道路和未来前景。

人民民主是中国共产党领导人民进行社会革命和国家建设所取得的重大成果之一。中国共产党在总结中国特色社会主义政治发展的成就并进一步展望中国特色社会主义民主政治的未来的基础上，根据社会主义民主的基本原理和现代民主政治的核心原理，将中国式现代化积累的现代政治成果高度概括为人民民主。人民民主不仅是一种社会主义民主，而且是一种现代民主政治，然而它又和一般的现代民主政治不同，其中的一个重要差别就是，人民民主要将人民主权具体落实为人民当家作主，因此在实践中人民民主必然要发展成为全过程人民民主。更明确地说，人民民主之所以必须是全过程的，乃是由于作为政治实体的人民既要行使主权又要行使治权，因此人民就是由能够通过多种形式和途径行使政治权利、参与公共事务从而发挥积极性、主动性、创造性的个体凝聚而成的整体性质的政治力量。这样的人民必然要对民主预设特定要求，具体体现在民主政治实践中就是全过程，全过程是人民民主的实践品格，进而也是人民民主的基本属性。

一般而言，民主意味着多数人的统治。但是，在这个精要的概括背后实际上蕴藏着丰富的内涵，因为民主已经具有了复杂的实践经验，所以必然要反映到研究者关于民主的理论总结中。集中而言，民主有着三个层次的内涵。首先，在宏观层面，民主是以人民主权为核心原理的国家制度，政治权力的合法性建立在民众同意的基础上，政治权力的获得与行使都必须遵循这种国家制度的规定。其次，在中观层面，民主是一种组织政治生活和治理公共事务的体制，不同的政治主体都确信能够通过这种体制实现权力和利益的分配，并且也愿意通过这种体制解决他们的矛盾和冲突。普沃斯基说“民主是一种处理冲突的机制”，[2]指向的就是民主中观层面的内涵。最后，在微观层面，民主是一种决策机制，多数人的意志是决定竞争结果的力量，当然这个多数可以是绝对多数，也可以是相对多数。

当然，上述概括不可能是全面的，只是一种简约归纳。并且，西方研究者对于民主内涵的讨论，基本上是以西方式民主或者说自由主义民主的实践经验为基础的，没有也不可能考虑人民民主的实践经验及其理论价值。民主内涵与自由主义民主的实践经验之间的亲缘关系，突出地表现在将民主等同于选举上。熊彼特就将选举等同于民主，他认为民主“就是那种为了作出政治决定而实行的制度安排，在这种安排中，某些人通过争取人民选票取得作决定的权力”[3]。将选举等同于民主，一方面突出了自由主义民主的核心特征，另一方面也限制了自由主义民主的实践发展。王绍光指出，选举式民主在形式上赋予了普罗大众投票权，但实质上普罗大众只是获得“选主”的权利，因为民众除了参与选举投票并无治权，治权始终掌握在少数政治精英手中，这就是说，政治精英通过垄断治权置换了人民主权，从而使人民主权名不副实。[4]陈周旺则认为，只要将政治建立在私有财产的基础上，就只能产生有限的、局部的民主。[5]

进而论之，无论是理论还是实践，西方的自由主义民主都不可能是一种放之四海而皆准的典范。自由主义民主只是现代民主一种特殊的、同欧美国家的历史—社会—文化条件相契合的民主实现形式，以自由主义民主的实践经验为根据得到的理论也只是强调了民主内涵的一个部分。因此，我们不可能诉诸西方学术界供给的知识来理解人民民主。要理解人民民主，只能回到人民民主的历史实践，从历史实践及其呈现的知识脉络中发现人民民主的基本内涵。

人民民主的本质是人民当家作主，它一方面具有现代民主的共同特点，另一方面具有基于中国式现代化和社会主义制度的中国特色。就共同特点来看，人民民主同样是以人民主权为核心原理的，就中国特色而言，人民民主不以选举为限，而以全过程实践为基本属性。习近平指出：“评价一个国家政治制度是不是民主的、有效的，主要看国家领导层能否依法有序更替，全体人民能否依法管理国家事务和社会事务、管理经济和文化事业，人民群众能否畅通表达利益要求，社会各方面能否有效参与国家政治生活，国家决策能否实现科学化、民主化，各方面人才能否通过公平竞争进入国家领导和管理体系，执政党能否依照宪法法律规定实现对国家事务的领导，权力运用能否得到有效制约和监督。”[6]由民主与否的判断标准就不难发现，人民民主不仅始终贯彻着人民主权的原理，而且在实践中将人民主权具体落实为人民当家作主，由于人民当家作主是全链条、全方位、全覆盖的，因而人民民主在实践上必然是全过程的。

作为人民民主的实践品格，全过程主要指三个方面：一是全链条，不仅要实行民主选举，而且要实行民主协商、民主决策、民主管理、民主监督；二是全方位，不仅国家事务管理要实行民主，而且社会事务管理、经济和文化事业管理同样要实行民主；三是全覆盖，不仅基层要实行民主，而且中央和各级地方都必须实行民主，当然在不同的层级，民主所要解决的重点问题有所不同。全链条、全方位、全覆盖，在实践中并不是相互割裂而是一个完整的过程，这种完整性具体体现在时间上的持续性、内容上的整全性、行动上的系统性、参与的广泛性、多环节的联系性上。[7]可以说，只有当人民民主的实践是一个完整过程时，人民民主才是全过程的。

全过程是人民民主的必然要求。主要原因有三个：一是社会主义制度条件下的政治在内涵上发生了质变，这种质变要求人民民主的实践过程必须是全过程；二是人民民主是将人民主权落实为人民当家作主的社会主义民主，人民当家作主要将人民主权从原则落实为政治实践就只能通过全过程实践；三是将人民主权具体落实为人民当家作主的一个重要内容就是，使整体性质的人民实体始终存在于政治生活中并发挥作用，而要将公民个人凝聚成整体性质的人民实体，就必须依靠全过程的政治实践。

人民群众的美好生活既包括丰富的物质生活、文化生活，又包括政治生活，人民群众既对物质文化生活有着越来越高的需求，又对公平、正义、民主、法治、安全、环境等形成了越来越迫切的需要。要不断满足人民群众日益增长的美好生活需要、为人民群众创造美好生活，一方面要坚持中国共产党领导，另一方面则需要充分调动人民群众的积极性、主动性和创造性，而人民群众的积极性、主动性和创造性，只有通过全过程人民民主才能发挥出来。由于全过程人民民主与社会主义之间存在着这样的实质联系，因而“全过程人民民主是社会主义民主政治的本质属性，是最广泛、最真实、最管用的民主”[8]。

虽然人民民主与自由主义民主都将人民主权作为核心原理，但是两者之间的根本差异在于对人民主权的具体落实上。自由主义民主诚然诉诸人民主权寻求正当性基础，然而人民主权在自由主义民主中的作用却被局限于此，民众除了每隔几年进行投票活动之外，很少参与到国家事务的管理中，更为重要的是，即使是投票活动也是以公民个人为行动主体的，自由主义民主“完全排除作为集体身份存在的人民”。[9]人民民主则完全不同，它不仅以公民个人作为行动主体，而且以“作为集体身份存在的人民”作为行动主体，人民是政治生活中占据着中心地位和发挥着决定作用的整体性质的实体，并且，人民的此种地位和作用是通过人民当家作主具体落实的。进而论之，只有实现人民当家作主，人民主权才从一种制度原则和政治理念转变成一种真实的政治实践。

人民是一种集体身份，代表着一个国家的广大民众的集合，但是在中国现代政治中，人民并不是一种松散的集合，更不是一个抽象的整体，而是由千差万别的公民共同汇聚成的实体。同时，由于组成人民实体的公民个人是千差万别的，存在着利益、观念、族群、阶层等方面的差异，因而只有通过民主的方法、依靠民主的全过程实践，才能将他们塑造成一个整体性质的实体。只有通过全过程民主实践凝聚起来的整体，才是能够包容民众个体的积极性、主动性、创造性的富于生机活力的整体。并且，只有这样的整体，才能既行使主权又行使治权。

作为抽象整体的人民是可以在制度中存在的，借助组织机构、政治原则等形式对人民进行象征性表达，就能证明人民作为抽象整体存在于国家体制中。但是，作为整体性质的人民实体是无法通过制度来证明自身存在的，它只能通过制度的有效运转即政治实践过程来证明自身，而且这个政治实践必须是全过程的，因为全过程的政治实践是“可操作、可观察、可测量的”，[10]只有当公民个人在“可操作、可观察、可测量的”政治实践中，通过行使当家作主的权利真实感受到自己是人民的一份子时，整体性质的人民实体才是存在的。

总体而言，全过程是人民民主的基本属性，人民民主是现代民主的一种类型，全过程是将人民民主与自由主义民主区别开来的基本标志之一，同时也是人民民主优越性的重要标志。从人民民主发展到全过程人民民主，是社会主义民主采取了人民民主这一具体化形态时，为了将人民主权落实为人民当家作主这一内在要求在政治实践中不断发展的结果。从人民民主发展到全过程人民民主，是在内在动力推动下人民民主深入发展的必然结果。发展全过程人民民主，是在全面建设社会主义现代化强国的新时代，实现社会主义民主高质量发展、提高社会主义民主的竞争优势的必由之路。

第二节　全过程人民民主的实践起源

民主是现代政治的核心内容，一个国家是否实现了政治现代化，往往以是否建立了民主政治为主要标志。中国共产党领导的革命本来就是以实现民主为基本目标的，与此同时，中国共产党领导革命争取民主的历史过程本身也是在人民主权原则在全世界传播的时代背景下发生的，因此中国共产党在局部执政的根据地就开始了民主政治的探索和实践。群众路线就是中国共产党在革命过程中为实践民主政治被逐渐创造出来的，并且以其在实践中展现出来的巨大效能进一步成为全过程人民民主的最初形态。

民主政治是人民主权的实践，在人民主权将国家权力的来源诉诸人民，并且视人民意志为支配国家权力的最高意志的情况下，自然内在包含着肯定人在政治生活中的主体地位的内容，建立民主政治就成了历史趋势。在探索和实践民主政治的过程中，中国共产党对人民主权已经形成了新的理解。马克思和恩格斯指出："工人革命的第一步就是使无产阶级上升为统治阶级，争得民主。"[11]人民主权本是资产阶级的革命主张，然而在资产阶级革命胜利之后，统治阶级通过将普罗大众从人民中排斥出去，完成了对人民的抽象化处理，从而仅仅将少数人当作人民的构成部分，"现代的国家政权不过是管理整个资产阶级的共同事务的委员会罢了"。[12]李大钊在宣传人民主权思想时就指出西方资本主义国家的人民主权的局限性："他们所用的'人民'这一语，很是暧昧，很是含混。他们正利用这暧昧与含混，把半数的妇女排出于人民以外，并把大多数的无产阶级的男子排出于人民以外，而却僭用'人民'的名义以欺人。普通所说的平民政治，不是真正的平民政治，乃是中产阶级的平民政治。"[13]因此，工人阶级领导的革命，所要实现的人民主权就必须是由绝大多数人构成的人民的主权，所要建立的民主政治就必须是以包括工农大众在内的绝大多数人作为政治主体的民主政治。

从皇权专制走向民主政治，在晚清时期已经成为精英群体的共识。辛亥革命推翻了帝制、建立了民国，但只是在形式上建立了共和，在中央政府不断弱化、虚化的过程中，共和制度只是一种"幻象"，民主政治无从谈起。[14]在国共合作的基础上，孙中山重新解释了三民主义，并且提出"近世各国所谓民权制度，往往为资产阶级所专有，适成为压迫平民之工具。若国民党之民权主义，则为一般平民所共有，非少数人所得而私也"[15]。不难发现，在孙中山看来，民主政治必须以大众获得政治主体地位为前提，只有绝大多数人共享的政治才是民主政治。而且，孙中山进一步强调，"我们要知道民权不是天生的，是人造成的。我们应该造成民权，交到人民，不要等人民来争才交到他们"[16]。民主政治是由人自身创造的，这个判断反映出了孙中山对于民主政治认识的深刻之处，但是关于"不要等到人民来争"的意见则吐露出他对于工农大众在政治中主体地位的犹豫态度。

事实上，中国的民主政治只能通过工人阶级领导的、以工农大众为主体的革命才能争取得到。国共合作的大革命之所以能够在前期取得重大成就，端赖工农大众的支撑作用，而在国民党将工农大众从政治舞台上排斥出去后，国民党建立的政权仍然是一个依靠大地主大资产阶级和帝国主义列强支持的"弱势独裁政权"。[17]民主政治，在国民党统治时期，依然付之阙如。

中国共产党就是在这样的历史条件下探索和实践民主政治的。民族独立和人民解放是中国共产党领导革命的基本目标，实现民主政治则是蕴藏在这两个基本目标之中的重要内容。在土地革命时期，中国共产党在紧张的战争形势下就开始探索和实践以工农大众为政治主体的民主政治。转战至陕北时，根据中国革命形势的发展，在总结工农武装割据实践经验的基础上，中国共产党初步形成了比较成熟的人民民主纲领，其基本内容就是将"工农共和国"发展成"人民共和国"。毛泽东指出:“如果说,我们过去的政府是工人、农民和城市小资产阶级联盟的政府,那末,从现在起,应当改变为除了工人、农民和城市小资产阶级以外,还要加上一切其他阶级中愿意参加民族革命的分子。”[18]

就实质内容来看,人民共和国是将人民主权和工人阶级领导结合起来的民主政治制度,一方面人民是由绝大多数中国民众组成的,另一方面工人阶级是人民中的领导阶级,绝大多数中国民众围绕着工人阶级的先锋队政党凝聚成一个整体。而人民主权与工人阶级领导的结合又进一步产生了新的内容,具体而言,在工人阶级先锋队领导下、由绝大多数中国民众共享的民主政治,不能以选举代表组成民意机关为满足,而是必须保障广大中国民众能够直接参与公共事务管理,也就是要实现人民当家作主,“一个国家民主不民主,关键在于是不是真正做到了人民当家作主”。[19]中国共产党探索和实践民主政治的过程,其实就是将人民主权原则具体落实为人民当家作主的过程,人民当家作主是人民民主的实质所在。

以人民当家作主为实质内容的人民民主,相较于西方资本主义民主政治而言更先进,在将人民主权具体落实为人民当家作主的过程中要解决的实践问题的难度也更大一些。习近平指出:“民主是全人类的共同价值,是中国共产党和中国人民始终不渝坚持的重要理念。如何把民主价值和理念转化为科学有效的制度安排,转化为具体现实的民主实践,需要注重历史和现实、理论和实践、形式和内容有机统一,找到正确的体制机制和方式方法。”[20]毋庸讳言,再美好的政治理想,都必须付诸行动、通过实践转化为现实,并以其效能展现出生机和活力。在半殖民地半封建社会的中国探索和实践人民当家作主,“西方票选民主的方式”,不仅“根本上不可能,甚至很危险”。[21]中国共产党要实现人民当家作主,没有终南捷径可走,只能在革命实践中探索、自己创造。群众路线首先是中国共产党在领导革命的过程中为了动员和组织广大民众而发明的新事物,然而在中国共产党探索和实践民主政治的过程中,群众路线对于将人民主权落实为人民当家作主的重要价值被进一步发现出来,从而成为全过程人民民主的实践起源。

毫无疑问,群众路线是中国共产党领导革命、建设和改革发展的重要政治资源,是中国共产党至关重要的政治创造。毛泽东对群众路线的内核进行了精确地概括:“在我党的一切实际工作中,凡属正确的领导,必须是从群众中来,到群众中去。这就是说,将群众的意见(分散的无系统的意见)集中起来(经过研究,化为集中的系统的意见),又到群众中去作宣传解释,化为群众的意见,使群众坚持下去,见之于行动,并在群众行动中考验这些意见是否正确。然后再从群众中集中起来,再到群众中坚持下去。如此无限循环,一次比一次地更正确、更生动、更丰富。”[22]从毛泽东的论述中就不难发现,群众路线并不单纯是一种动员和组织群众的方式和方法,更深刻的内容则在于将党的领导建立在群众广泛支持的基础上,通过调动群众的政治参与、发挥群众的创造性,进而保障党的正确领导,所以“群众路线是我们党的生命线和根本工作路线”[23]。

群众路线与人民当家作主有着实质性联系,可以说人民当家作主最初的实践形态就是群众路线。群众路线与人民当家作主之间的实质联系可以归纳如下:首先,群众路线打破了妨碍广大民众参与政治的各种限制,将广大民众带入政治生活,确立了广大民众在政治生活中的主体地位,从此政治不再是少数人的事而是大多数人的事;其次,群众路线在确立广大民众的政治主体地位的基础上,进一步使广大民众能够直接进行公共事务管理,并且将广大民众的积极性、创造性置于公共事务管理的中心;最后,群众路线内在地要求坚持党的领导,广大民众在党的领导下凝聚成一个整体,不仅在直接遇到的、同切身利益相关的公共事务中发挥决定作用,而且能够决定国家事务。

由于群众路线和人民当家作主之间存在着上述实质性联系,故而中国共产党在探索和实践民主政治的过程中,能够发现群众路线所具有的将人民主权落实为人民当家作主的重大作用。更明确地讲,群众路线是中国共产党在革命战争时期,在探索和实践民主政治的过程中,将人民主权具体落实为人民当家作主的实践形态。由于群众路线在将人民主权落实为人民当家作主上发挥着重大作用,因此群众路线就构成了全过程人民民主的实践起源。人民共和国成立以后,中国共产党积极开始了将群众路线制度化的探索和实践,先后建立了职工代表大会制度、城市居民自治制度、农村村民自治制度,全过程人民民主的实践起源在政治制度体系上得到了巩固和发展。

作为全过程人民民主的实践起源，群众路线同样是一个由民主选举、民主协商、民主决策、民主管理、民主监督构成的全过程，或者说，民主选举、民主协商、民主决策、民主管理、民主监督都已经在群众路线中萌芽并发挥作用。事实上，如果没有民主选举、民主协商、民主决策、民主管理、民主监督相互配合形成整体效应，群众路线就难以成为中国共产党将广大民众凝聚成人民的根本工作路线。进而论之，民主选举、民主协商、民主决策、民主管理、民主监督等之所以能够在群众路线中孕育，就是为了满足在最大程度上将广大中国民众凝聚成为人民这一根本需求，而人民是全过程人民民主的根本政治主体。

群众路线内在地包含着民主选举的内容。如果我们能够从群众路线的具体实践过程而不是简单地从群众路线的内涵出发，那么就能够发现民主选举实际上是群众路线的一个基本内容。群众路线中的民主选举就是由群众以选票的方式将党员干部输送到人民共和国成立以前的根据地政权和人民共和国成立以后的基层政权中，在形式上这个过程同西方国家的选举似乎并无二致，然而在过程上则有着鲜明的中国特色。中国共产党要将党员干部推荐为县长、区长、乡长，并不是直接让党员干部参加选举，而是先让党员干部去从事群众工作。毛泽东指出，党员干部要领导群众必须首先取得群众的信任，每位党员“每到一地，就和那里的群众打成一片，不是高踞于群众之上，而是深入群众之中”。[24]刘少奇就说：“派干部去作县长，先不派到县府，而派去做群众工作，工作做好了，在群众中有了威信，由群众选他出来当县长，那就成为和群众有密切联系的领袖。”[25]从民主选举的角度来看，群众路线就是一个争取群众信任和赢得群众支持的过程，只不过群众路线没有热闹的竞选而代之以日常的民心争取工作，选举投票则是前期工作的水到渠成阶段。由于党员干部前期艰苦的群众工作已经赢得了群众的广泛支持，故而民主选举往往呈现出群众参与率高、党员干部的得票率高等特点。

群众路线是一个民主协商的政治过程。广大中国民众分属不同的社会阶级和阶层，中国共产党要将这样的广大民众团结起来，进而成为坚强有力的领导核心，必须依靠民主协商。习近平指出：“有事好商量，众人的事情由众人商量，是人民民主的真谛。”[26]在贯彻群众路线的过程中，中国共产党一方面要同工农大众商量，另一方面要同中间势力进行协商。就前者来说,“根据群众的觉悟程度,去启发和提高群众的觉悟,在群众出于内心自愿的原则之下,帮助群众逐步地组织起来,逐步地展开为当时当地内外环境所许可的一切必要的斗争”[27]。中国共产党必须摒除“命令主义”和“尾巴主义”,在民主协商中,既要使党员干部自己了解的东西为群众所了解,又要使群众了解的东西为党员干部所了解,从而实现党与群众的密切结合。就后者而言,党员干部必须照顾到中间势力,“在一切有愿意和我们合作的民主党派和民主人士存在的地方,共产党员必须采取和他们一道商量问题和一道工作的态度。那种独断专行,把同盟者置之不理的态度,是不对的”[28]。民主协商是群众路线的核心机制之一,群众路线依靠民主协商完成利益整合和共识凝聚,从而发挥出巨大政治效能。

群众路线是一个民主决策的政治过程。民主协商作为群众路线的核心机制,本身并不是群众路线的目的,民主协商是为民主决策服务的,只有在民主协商的基础上进行的决策才能是正确的决策,党在群众路线中的领导才能是正确的领导。毛泽东在分析党员干部违背民主决策的现象时就曾指出:“有许多人,‘下车伊始’,就哇喇哇喇地发议论,提意见,这也批评,那也指责,其实这种人十个有十个要失败。因为这种议论或批评,没有经过周密调查,不过是无知妄说。我们党吃所谓‘钦差大臣’的亏,是不可胜数的。而这种‘钦差大臣’则是满天飞,几乎到处都有。”[29]由于“钦差大臣”满天飞,未能实行民主决策,党领导的革命事业受到严重损失,因此必须走群众路线、进行民主决策。通过群众路线实行民主决策,就是“将群众的意见(分散的无系统的意见)集中起来(经过研究,化为集中的系统的意见),又到群众中去作宣传解释,化为群众的意见,使群众坚持下去,见之于行动,并在群众行动中考验这些意见是否正确”[30]。民主决策不只是将广大民众的政治主体地位落到了实处,而且使决策本身成为具有广泛利益代表性、广泛民意基础的开放型政治过程,政策执行情况能够通过广大民众重新进入民主决策过程,从而使政策目的能够得到更好的贯彻。

群众路线是一个民主管理的政治过程。人口规模巨大、地方差异性大,是中国社会的一个显著特点,因此对于同广大民众切身利益直接相关的基层公共事务适宜开展民主管理。民主管理不仅是民主决策在基层公共事务管理中的集中体现，而且是群众路线上升为国家的政治制度的重要体现。为了在基层公共事务管理中切实保障广大民众的政治主体地位，中国共产党在人民共和国成立之后就开始探索和实践基层群众自治制度，从而将群众路线制度化为政治制度体系的一部分。在毛泽东看来，“劳动者管理国家、管理军队、管理各种企业、管理文化教育的权利”，实际上是“劳动者最大的权利，最根本的权利”，如果没有民主管理的过程来落实劳动者的“最大的权利，最根本的权利”，“劳动者的工作权、休息权、受教育权等等权利，就没有保证”。[31]民主管理是人民当家作主最为基础的环节，将群众路线制度化为基层群众自治制度，使广大民众能够在直接遇到的、同自身切身利益密切相关的基层公共事务中进行民主管理，就能够将劳动者“最大的权利，最根本的权利”落到实处。概而论之，以基层群众自治制度来贯彻落实群众路线，其目的就在于实行民主管理，从群众路线到基层群众自治制度的发展过程，其实就是从确立广大民众的政治主体地位到保障劳动者“最大的权利，最根本的权利”的发展过程。

群众路线是一个民主监督的过程。密切联系群众是中国共产党最大的政治优势，脱离群众则是中国共产党最大的政治风险。党员干部虽然来自广大民众，但是党员干部往往和广大群众在处理整体利益与局部利益、长远利益和眼前利益等问题上出现差异，“这两部分人之间是必然有矛盾的”[32]。为了正确处理上述矛盾，中国共产党必须坚持群众路线、开展民主监督，在革命中实行的党员和党外群众结合开会的整党方法，就是通过群众路线实行民主监督的典型模式。中国共产党在总结经验时指出：“一方面，使参加会议的党外群众能够尽情地批判与审查他们所反对的或赞成的党员及干部，使他们感觉到他们已与党通了气；另方面，党的领导者又可根据群众意见及党内情况，全面地考虑问题，分别是非轻重，给以应罚应奖的公平的处置，使党内外群众均感觉满意；同时，又可以吸收被群众所推荐的或拥护的积极分子加入党的组织。如此，既整顿了党的队伍，又整顿了群众的队伍，建立起党内外的民主生活，将极大地提高党的威信。”[33]让党员干部深入广大群众之中而非高踞于广大群众之上，与群众打成一片，时刻接受群众监督，使群众在日常生活中了解党员干部、对党员干部的具体表现进行评判，使群众成为决定党员干部是否合格的一个重要因素。这就是群众路线所蕴含的民主监督的基本含义。

群众路线包含的民主选举、民主协商、民主决策、民主管理、民主监督，是在中国共产党领导革命的历史进程中逐渐发展起来的，为了将广大中国民众凝聚成一个整体性质的政治力量即人民，必须通过群众路线来实践民主政治。换言之，以人民为中心建构现代国家，并且在此历史过程中将人民主权具体落实为人民当家作主，是由时代条件限定的并由中国共产党自觉认识到的历史任务。[34]而群众路线就是为完成这一历史任务而被创造和发展的，通过民主选举、民主协商、民主决策、民主管理、民主监督，中国共产党将人民当家作主落实到了具体的政治实践中，于是群众路线就成了全过程人民民主的实践起源。

第三节 全过程人民民主的知识脉络

人民民主必须是全过程的，这样的实践品格意味着，人民民主形成了不同的实践经验，以此实践经验为基础产生的民主内涵，自然会在理论上形成不同的知识脉络。全过程人民民主的根本主体、领导力量、组织形式、运作机制、内容主题，都难以通过西方政治学的知识得到完整准确的解释，更明确地说，全过程人民民主只有通过根据全过程人民民主的历史实践经验而形成的自主知识脉络才能得到充分说明。这里强调的自主知识脉络，一方面是意在彰显理论自信，另一方面则是要突出创新在解释全过程人民民主上的重要性。

民主从其在现代世界确立以来就是普罗大众共同参与的政治活动，个体形式的公民毫无疑问是民主的行动主体，公民普遍获得选举权一直被视为民主在特定国家得到建立的基本标志。因为普选权不仅是对个人的政治承认，而且是对个人的政治平等地位的承认，“普遍选举是一种人与人之间平等的圣事”，由于政治平等的确立，社会“进入由个人组成的世界”。[35]在西方自由主义民主中，公民诚然是民主的根本主体但并非是唯一的主体，公民尽管在形式上看是民主的根本主体，但是实践中则被局限在选举投票上。在自由主义民主的实践中，除了公民以外，政党、利益集团、公民组织、教会、族群等都是民主的主体，其中政党的地位尤为重要，政治精英就是通过政党运作民主，进而成了民主实质上的根本主体。

公民同样是全过程人民民主的根本主体，但是全过程人民民主的根本主体并非只有公民，从公民凝聚成的人民也是全过程人民民主的根本主体，甚至可以说，相对公民而言，人民的根本主体地位更显重要。当然，在中国现代政治中，人民不是类似于自由主义民主中的那种抽象整体，而是整体性质的实体。人民实体是由具有公民身份的绝大多数民众组成的，并且这种组成不是松散的集合，而是在中国共产党领导下、依靠中国共产党领导的组织网络凝聚起来的，所以人民实体是高度组织化的。人民在全过程人民民主中的根本主体地位，集中体现为它是国家权力的拥有者、行使者、享用者。进一步讲，一方面人民是国家权力的正当性基础，另一方面人民通过多种途径和方式直接参与国家事务的管理、社会公共事务的管理以及经济和文化事业的管理。

人民实体要持续存在离不开中国共产党领导，中国共产党领导是绝大多数民众能够从分散走向整体的关键。现代政治都是由政党领导的，政党“是通向政治权力之路，也是政治稳定的基础，因而也就是政治自由的前提”。[36]在自由主义民主中，政党的领导作用是在竞争性选举的约束下发挥的，政党的领导作用必须服从和服务于选举竞争，因此政党在国家治理上的领导作用往往大打折扣。尤其是当国家治理陷入困局，需要政党在大政方针、长远规划等方面发挥领导作用时，政党鲜有表现突出者，更为常态化的表现则是，不同政党彼此杯葛，相互阻挠政策过程，民主政治演变成党争政治。造成这种局面的一个重要根源就在于，自由主义民主对政党领导作用的设定，不是在组织公民的基础上将其凝聚成人民，而是在将公民动员进选举投票轨道的基础上抑制人民实体的出现，进而由少数政治精英代替人民。

中国共产党是全过程人民民主的领导力量。中国共产党在同绝大多数民众结合起来的基础上将人民塑造出来是党的政治使命，同时人民是否作为整体性质的实体始终存在于中国现代政治中，构成了中国共产党领导地位的根本基础。[37]更明确地说，中国共产党在全过程人民民主中的领导作用，不是分散民众而是凝聚民众，不是代替人民而是塑造人民，不是为国家治理设置政策障碍而是为国家治理创造动力，要言之，“中国特色社会主义最本质的特征是中国共产党领导，中国特色社会主义制度的最大优势是中国共产党领导，中国共产党是最高政治领导力量”。[38] 由于中国共产党领导根源于将绝大多数民众凝聚成人民这一使命，因此中国共产党领导就不是外在于而是内生于全过程人民民主的。只有贯彻中国共产党领导，人民实体才能始终存在于全过程人民民主之中，人民主权才能在全过程人民民主中具体落实为人民当家作主，因此中国共产党领导是全过程人民民主的基本保障。

现代民主是制度化的政治，组织机构则是制度的载体，由制度调控的组织机构是汇聚民意从而实现民意到政策转换的国家机关。在自由主义民主中，民主的组织形式主要是议会，但是议会并不是民主独有的组织形式，现代民主出现之前议会就存在于政治生活中。在历史上，议会是政治统治者调处内部冲突的组织形式，它同政治精英对政治权力的垄断有着高度的亲和性，毋宁说，议会在性质上具有抑制民主的一面。大众选举权的实现，对议会进行了一定程度的改造，从而使其能够被民主政治所用，不过，在代议制度下，普选权对议会的改造是有限的，议会一方面成了民意机关，另一方面维持了少数政治精英的优先地位。在现代民主形成的初期，通过改造议会以实现民主，确实是一种成本可控的政治发展成就，但是在现代民主已经实践了一两百年的情况下，仍然只以议会作为民主的组织机构，不得不说是一种政治发展的僵滞和内卷。

全过程人民民主在组织机构上实现了突破性发展，从根本上超越了自由主义民主的局限性。在全过程人民民主中，民主的组织机构是全方位的，不仅中国共产党、人民代表大会、人民政府、人民政协、人民法院、人民检察院、监察委员会都是全过程人民民主的组织形式，而且人民团体、社会组织、企业事业单位、城乡社区也都是全过程人民民主的组织形式。全过程人民民主在组织形式上的全方位性，是由人民实体的整体性质决定的，人民是由绝大多数民众凝聚而成的整体，并且始终存在于人民当家作主的过程中，所以凡是人民实体存在的领域，必须要有相应的组织形式保障人民当家作主。与此同时，中国共产党是中国特色社会主义事业的领导核心，“党的领导是全面的、系统的、整体的，必须全面、系统、整体加以落实”，[39] 中国共产党领导又是内生于全过程人民民主的，这就意味着，中国共产党的全面领导也要求全过程人民民主的组织形式必须是全方位的。

民主是复杂的政治活动，如何将不同的行动主体汇聚起来开展共同行动，是民主从价值变成实践的关键问题。要解决这一关键问题，就必须依靠行之有效的运行机制，调动民众的积极性、主动性、创造性。自由主义民主的运行机制主要是选举，投票具有广泛的动员作用，候选人之间的竞争则进一步放大了这种动员作用，民众通过投票共同参与到民主政治中来。人们所熟知的演讲、辩论、聚会、政治捐款、拉票等现象，无不是选举这一自由主义民主的运行机制催生的，其有效性由此可见一斑。但是，不能忽视选举的局限性，选举只涉及自由主义民主的前半程——授权，至于获得了授权的政治精英如何行使权力，则与选举关系渺茫，民众只能期待政治精英会对选民负责，或者等待下一次选举对政治精英进行问责，在政党竞争的格局稳定不变的情况下，选举所期待的问责效应实际上乏善可陈。选举有效性的不足，导致了民众的政治冷漠，投票率长期处在低位，在西方发达国家，民众对于民主的支持率大幅下降了。[40]由此可见，伴随着投票率的低迷和党争的激化，自由主义民主的运行机制亟待改革，很多西方学者倡导的审议民主就是对此问题作出的反应。

全过程人民民主的运行机制是选举和协商。习近平指出："人民通过选举、投票行使权利和人民内部各方面在重大决策之前进行充分协商，尽可能就共同性问题取得一致意见，是中国社会主义民主的两种重要形式。在中国，这两种民主形式不是相互替代、相互否定的，而是相互补充、相得益彰的，共同构成了中国社会主义民主政治的制度特点和优势。"[41]在全过程人民民主中，选举是基础性运行机制，协商则是关键性运行机制，只有在选举完成授权的基础上充分开展协商，全过程人民民主才能有效克服自由主义民主的诸多弊端，进而创造高质量的现代民主政治。协商是中国特色社会主义民主政治"独特的、独有的、独到的"运行机制，协商就是商量，"有事好商量，众人的事情由众人商量，是人民民主的真谛"。[42]协商既是民众广泛表达意愿的过程，又是民众深度参与的过程，既是发扬民主的过程，又是集思广益的过程，既是尊重差异的过程，又是寻求最大公约数的过程。

协商是广泛多层制度化的，作为全过程人民民主的运行机制，协商的全面发展，政党协商、人大协商、政府协商、政协协商、人民团体协商、基层协商以及社会组织协商的统筹推进，必然带来人民当家作主制度体系的健全。广泛多层制度化的协商完全切合了人民民主的全过程实践的特质，它是将人民主权落实为人民当家作主的核心运行机制，全过程人民民主也将越来越依赖于广泛多层制度化协商的深入发展，广泛多层制度化协商的水平集中体现了全过程人民民主的质量。

全过程人民民主的内容主题是代表民心与协商民意。民心是对公共利益的概括，而民意则是对个人利益的反映，因此，也可以认为全过程人民民主的内容主题就是平衡公共利益与个人利益。[43]政治围绕着利益而展开，“利益是政治关系的基础，它对于政治关系具有根本性和决定性的意义”[44]。现代民主政治正是以承认个人利益、保障个人利益作为出发点和落脚点，至于个人利益能否得到保障、在多大程度上得到保障，不同类型的现代民主政治存在很大差异。自由主义民主偏重于个人利益，公共利益在逻辑上是个人追逐私利的伴生品，在实践上则取决于政治精英的领导能力。而全过程人民民主偏重于公共利益，公共利益的扩大是个人利益实现的基础，个人利益是正当的，但是个人追逐私利要以维护和发展公共利益为基础，同样公共利益致力于保障和改善个人利益。既要“做大蛋糕”，又要“统筹兼顾”。

公共利益与个人利益存在着联系，但的确是两种不同的利益。具体而言，个人利益以民意反映出来，在性质上个人利益是私人的、在范围上个人利益是个别和局部的、在层次上个人利益是有限的、在时间上个人利益是暂时和变动的；公共利益以民心反映出来，在性质上公共利益是共同的、在范围上公共利益是全国的、在层次上公共利益是整体的、在时间上公共利益是长远的。显而易见，公共利益与个人利益不可能自动平衡。两种不同的利益如何才能平衡呢？平衡的起点是人民群众的评价。人民群众是“阅卷者”，个人利益是在公共利益的基础上实现的，民众根据切身感受能够清楚地知道个人利益的实现情况，进而根据个人利益的实现情况推断公共利益是否得到了维护和扩大。平衡的关键在于有意识地纠正，当民意表明个人利益没有得到保障时，党和国家就必须调整政策，通过主动作为，有意识地纠正公共利益与个人利益的失衡,从而守住民心。不难发现,无论是对利益失衡的发现,还是对利益失衡的纠正,都有赖于人民的积极性、主动性、创造性,也就是说只能通过全过程人民民主实现。

第四节　全过程人民民主的历史经纬

中国共产党是在将广大民众凝聚成人民的基础上建立社会主义国家的,人民民主作为社会主义国家的现代民主政治,从新中国成立之日起就开始了历史实践,与此同时,全过程作为一种因子也在人民民主的历史实践中得到了孕育,可以说,全过程是人民民主必然要求的实践品格。全过程人民民主的历史实践就是要将人民主权具体落实为人民当家作主,保障人民群众享有广泛的管理国家事务、社会事务、经济和文化事业的权利,通过调动人民群众的积极性、主动性、创造性,共同创造美好生活。换言之,将人民主权落实为人民当家作主、兼顾正当性与有效性,是全过程人民民主的历史经纬。

同西方国家在政治生活中排斥“作为集体身份的人民”不同,人民在中国现代政治中是中国共产党与广大民众紧密结合而成的实体,人民实体是整体性质的政治力量,它不仅是国家政权的基础,而且是国家权力的行使者,直接参与到国家事务、社会事务、经济和文化事业的管理活动中。因此,“江山就是人民,人民就是江山”[45]。江山即国家政权,社会主义国家政权是人民政权,故而江山与人民是高度一体化的。江山与人民的高度一体化必然要求中国共产党坚持以人民为中心,“全党要坚持全心全意为人民服务的根本宗旨,树牢群众观点,贯彻群众路线,尊重人民首创精神,坚持一切为了人民、一切依靠人民,从群众中来、到群众中去,始终保持同人民群众的血肉联系,始终接受人民批评和监督,始终同人民同呼吸、共命运、心连心,不断巩固全国各族人民大团结,加强海内外中华儿女大团结,形成同心共圆中国梦的强大合力”[46]。

人民作为整体性质的实体存在,构成了推动人民主权向人民当家作主转化的根本动力。与此同时,人民不是一经形成就固定不变的实体,人民要作为整体性质的实体始终存在于中国现代政治生活中，必须经过人民当家作主的过程进行持续塑造。新中国成立标志着人民政权的确立，中国共产党从那时起就启动了将人民主权具体落实为人民当家作主的历史实践，具有代表性的行动主要是对基层进行民主改造。具体而言，在企业厂矿中落实工人阶级的领导地位，初步实施职工民主管理，在城市基层顺应居民的自我管理要求，初步试验居民自治，在乡村推广农民大会或者农民代表会议等组织形式，通过广泛深入的土地制度改革，初步落实农民的民主参与权利。至1954年，中华人民共和国宪法颁布实施，人民代表大会制度、民族区域自治制度、中国共产党领导的多党合作和政治协商制度建立起来，人民当家作主的制度体系得以奠定，中国共产党领导和组织人民当家作主、人民直接行使权利实现当家作主，这两种实践形态共同构成的全过程人民民主历史实践的复合格局初步形成。

将人民主权具体落实为人民当家作主的关键内容在于人民既要掌握主权又要行使治权。中国共产党将广大民众凝聚成为人民，人民实体作为整体性质的政治力量掌握主权，是保障人民当家作主的基础，而人民当家作主是否得到真正实践，则要取决于人民群众能否行使治权，也就是能否直接参与国家事务、社会事务、经济和文化事业的管理。毛泽东对此有十分深刻的认识，在人民当家作主的制度体系初步建立之后，他就提出要将正确处理人民内部矛盾作为政治生活的主题，利益矛盾在社会主义社会是客观存在，只有通过民主的方法，才能有效解决人民内部矛盾，只有民主的方法，才是解决人民内部矛盾的正确方法。[47]将正确处理人民内部矛盾确立为政治生活的主题，实际上就是通过正确处理人民内部矛盾带动人民当家作主的制度体系运转起来，而用民主的方法正确处理人民内部矛盾，实质就在于人民群众直接行使当家作主的权利。

在读苏联《政治经济学教科书》时，毛泽东指出劳动者"最大的权利是管理国家"。他强调指出，苏联宪法"没有讲劳动者管理国家、管理军队、管理各种企业、管理文化教育的权利。实际上，这是社会主义制度下劳动者最大的权利，最根本的权利。没有这种权利，劳动者的工作权、休息权、受教育权等等权利，就没有保证"[48]。毛泽东不仅强调劳动者必须要有管理国家的权利，而且认识到治权与主权在实质上紧密相连。他指出:“一切国家机关、一切部队、一切企业、一切文化教育事业掌握在哪一派手里,对于保证人民的权利问题,关系极大。总之,人民自己必须管理上层建筑,不管理上层建筑是不行的。我们不能够把人民的权利问题,了解为国家只由一部分人管理,人民在这些人的管理下享受劳动、教育、社会保险等等权利。”[49]从毛泽东的分析中就能够发现,社会主义民主必须保障人民行使治权,也就是保障人民能够通过多种形式和途径参与国家事务、社会事务、经济和文化事业的管理,只有如此才是人民当家作主。

改革开放以来,中国共产党将人民主权落实为人民当家作主的历史实践取得了重大进展,这就是将人民当家作主和依法治国结合起来。首先,人民当家作主的权利由宪法和法律保障,宪法和法律提供了人民参与国家事务、社会事务、经济和文化事业管理的多种途径和方法;其次,人民当家作主的权利由宪法和法律规范,人民直接行使治权要通过制度化的途径进行,广大人民群众要有序参与各种公共事务;最后,人民当家作主的成果由宪法和法律实现积累,人民当家作主的广度和深度要体现到社会主义法治的进步中,人民当家作主与依法治国要相互促进、共同发展。

进入中国特色社会主义新时代以后,人民主权落实为人民当家作主的历史实践再次取得重大突破,这就是发现了协商在保障人民当家作主上具有的战略意义和广泛效应。就战略意义而言,协商是社会主义民主的独特优势;就广泛效应而言,协商是能够保障人民广泛参与国家事务、社会事务、经济和文化事业管理的具有普遍适应性的机制。习近平指出:“人民群众是社会主义协商民主的重点。涉及人民群众利益的大量决策和工作,主要发生在基层。要按照协商于民、协商为民的要求,大力发展基层协商民主,重点在基层群众中开展协商。凡是涉及群众切身利益的决策都要充分听取群众意见,通过各种方式、在各个层级、各个方面同群众进行协商。要完善基层组织联系群众制度,加强议事协商,做好上情下达、下情上达工作,保证人民依法管理好自己的事务。”[50]以人民群众为重点、以基层为主要领域进行协商,突出地说明协商对于保障人民当家作主的重要作用。同样重要的是,在协商发挥出将人民主权具体落实为人民当家作主的效应时,人民民主的全过程特质前所未有地彰显出来。

将人民主权具体落实为人民当家作主的历史实践，不仅是社会主义民主建构自身正当性的过程，即保障人民真实享有管理国家事务、社会事务、经济和文化事业权利，而且是社会主义民主创造有效性的过程，即调动人民群众的积极性、主动性、创造性从而共同创造美好生活。换言之，全过程人民民主的历史实践是兼顾正当性和有效性的，正当性意味着人民当家作主是广泛的、真实的，有效性意味着人民当家作主是管用的。客观来讲，兼顾正当性和有效性是现代民主的共同追求，但是在实践中能够兼顾正当性与有效性则远非易事。诚然如此，社会主义民主却必须兼顾正当性和有效性，因为社会主义是以人民为中心、不断解放和发展生产力、致力于实现共同富裕、为人民创造美好生活的社会制度。

社会主义制度决定了社会主义民主必须兼顾正当性和有效性，而社会主义民主要解决这个“兼顾”就必须找到一种“中间介质”，它既能提供正当性又能实现有效性，这个“中间介质”就是人民当家作主。一方面，人民当家作主意味着民众通过多种形式和途径参与国家事务、社会事务、经济和文化事业的管理，这是正当性的内容；另一方面，人民当家作主意味着调动民众的积极性、主动性、创造性，在参与国家事务、社会事务、经济和文化事业管理的过程中，共同推进经济和社会发展，平衡各种利益矛盾，创造美好生活。在必须兼顾正当性和有效性这种要求下，全过程作为社会主义民主的一个因子获得了发展的动力和土壤，从而在中国特色社会主义新时代成为贯穿人民民主的基本特质和对政治生活具有普遍约束力的实践品格。

人民当家作主在实践中对于正当性和有效性的兼顾，可以集中概括如下：“在中国共产党统一领导下，通过多种形式的协商，广泛听取意见和建议，广泛接受批评和监督，可以广泛达成决策和工作的最大共识，有效克服党派和利益集团为自己的利益相互竞争甚至相互倾轧的弊端；可以广泛畅通各种利益要求和诉求进入决策程序的渠道，有效克服不同政治力量为了维护和争取自己的利益固执己见、排斥异己的弊端；可以广泛形成发现和改正失误和错误的机制，有效克服决策中情况不明、自以为是的弊端；可以广泛形成人民群众参与各层次管理和治理的机制，有效克服人民群众在国家政治生活和社会治理中无法表达、难以参与的弊端；可以广泛凝聚全社会推进改革发展的智慧和力量，有效克服各项政策和工作共识不高、无以落实的弊端。”[51]随着全过程这种实践品格对政治生活的规定作用日益广泛、协商作为全过程人民民主的运行机制越来越成熟，全过程人民民主对于正当性和有效性的兼顾将提高到新的水平。

第五节　全过程人民民主的世界视野

全过程人民民主是中国共产党将人民主权原则具体落实为人民当家作主的结果，群众路线是全过程人民民主的实践起源，并且孕育了全过程人民民主的基本要素。虽然全过程人民民主有着深厚的本土起源和鲜明的中国特色，但是全过程人民民主同样集中了中国共产党探索和实践现代民主政治的创造性，这种创造性不仅丰富和发展了现代民主政治，而且使全过程人民民主成了一种现代政治文明的新形态。因此，中国发展全过程人民民主，既能够为世界上其他国家发展民主政治提供借鉴，又能够为全球公共事务的治理提供新思路。

全过程人民民主是一种现代政治文明的新形态，它不是单纯的利益政治，而是将利益、情感、理想结合起来的人民政治。群众路线作为全过程人民民主的实践起源，不仅孕育了民主选举、民主协商、民主决策、民主管理、民主监督等要素，而且创造了利益、情感、理想等基因并使其构成了全过程人民民主的底色。在中国共产党探索和实践现代民主政治的过程中，利益、情感、理想始终是将人民主权落实为人民当家作主的基准线，可以说，利益、情感、理想作为在实践中形成的基因已然全面渗透在中国共产党领导的治国理政中，从而构成了全过程人民民主的特质。因为从其发展过程中形成了由利益、情感、理想构成的特质，所以全过程人民民主才成了一种不同于西式民主的现代政治文明的新形态，进而才能够丰富和发展现代政治文明。

利益是现代民主政治的基本要素，全过程人民民主也不例外。广大中国民众通过各种途径参与国家事务、社会事务、经济文化事业管理，都内在地包含着实现和维护自身利益的意图，政治制度体系则是为了调节整体利益与局部利益、长远利益与眼前利益、集体利益与个人利益所作出的规范化、程序化安排。没有利益的政治是空头政治。邓小平指出："不讲多劳多得，不重视物质利益，对少数先进分子可以，对广大群众不行，一段时间可以，长期不行。革命精神是非常宝贵的，没有革命精神就没有革命行动。但是，革命是在物质利益的基础上产生的，如果只讲牺牲精神，不讲物质利益，那就是唯心论。"[52]习近平指出："人民对美好生活的向往，就是我们的奋斗目标。"[53]美好生活就是对人民群众的利益的集中概括，因此，利益毫无疑问是全过程人民民主的基本特质。

但是，全过程人民民主并非完全是一种利益政治，情感和理想同样是全过程人民民主的基本特质，并和利益结合在一起。中国共产党是在广大人民群众的支持下成为领导核心的，党赢得人民群众支持的过程也是党和人民群众形成血肉联系的过程。习近平指出："江山就是人民、人民就是江山，打江山、守江山，守的是人民的心。中国共产党根基在人民、血脉在人民、力量在人民。"[54]没有情感的政治是冰冷的政治。全过程人民民主中的情感，就是党和人民群众之间的血肉联系，就是民心，这种情感是一种"休戚与共、生死相依"的政治情感。党与群众之间的政治情感是在艰苦的革命过程中形成的，这种形成过程决定了它的性质不是基于利益计算所形成的"契约"，而是基于血肉关系所形成的"信托"。中国共产党将这种"信托"性质的政治情感概括为"权为民所用、情为民所系、利为民所谋"，"一切工作都要经得起实践、人民、历史检验，衡量政绩的最终标准是人民拥护不拥护、赞成不赞成、高兴不高兴、答应不答应"[55]。中国共产党发展全过程人民民主，就是要巩固和强化革命中形成的政治情感，而"守江山，守的是人民的心"，就是要守住党和人民群众之间的"信托"关系。

理想是全过程人民民主的又一个基本要素。实现中华民族伟大复兴和人的全面发展是中国共产党在治国理政中始终不渝坚持的目标，中国共产党一方面要将理想贯穿在全过程人民民主之中，另一方面则以理想来塑造和引领全过程人民民主的深化发展。理想作为基本要素意在表明，全过程人民民主不会局限于既得利益格局，而是要在中国共产党领导下依靠人民的力量，全面深化改革，不断打破既得利益格局的藩篱，持续推进最广大人民的根本利益。毛泽东就强调："社会主义社会的发展过程中，还有一个问题值得注意，这就是'既得利益集团'的问题。每一个时期，总会有这样一部分人，保持旧制度对他们有利，用新制度代替旧制度对他们不利。他们安于已有的制度，不愿意改变这种制度。"[56]不言而喻，没有理想就不可能有中华民族伟大复兴，也就不可能有人的全面发展，中国共产党就是理想的发动机，因为党"没有任何自己特殊的利益，从来不代表任何利益集团、任何权势团体、任何特权阶层的利益"[57]。没有理想的政治是没有前途的政治。全过程人民民主将理想作为基本特质，是在当前的民主政治实践中代表着民主政治的未来，为现代民主政治的进一步发展确立了方向。

利益、情感、理想是全过程人民民主的基本特质，并构成了全过程人民民主的底色，利益使广大群众结成了利益共同体，情感使广大群众结成了情感共同体，理想使广大群众结成了命运共同体，三种要素结成的共同体在中国共产党全面领导下融合成一个整体性质的政治力量，这就是人民。当代中国政治生活中的人民不是抽象意义上的整体，而是整体性质的政治实体，人民是以利益、情感、理想凝聚起来的、由中国共产党和广大群众密切结合而成的政治实体。作为整体性质的政治实体，人民不仅是主权的掌握者，而且是管理国家事务、社会事务、经济文化事业的根本主体。这就是说，人民的性质决定了必须将人民主权落实为人民当家作主，并且只有全过程人民民主才能将人民主权落实为人民当家作主。

人民作为一种整体性质的政治实体存在于政治生活中，并且由利益、情感、理想构成的底色来塑造民主政治，充分说明全过程人民民主是不同于西式民主的现代政治文明的新形态。首先，全过程人民民主不是从抽象意义上理解人民，从而简单地将人民视为抽象整体，而是认识到人民必须是政治实体，人民不仅与主权联系在一起，更与具体的政治实践中的当家作主密切相连。人民作为整体性质的政治实体存在，彰显了全过程人民民主同西式民主的根本差别。其次，全过程人民民主超越了单纯的利益政治，不仅认识到情感和理想对于民主政治的重要性，而且认识到只有通过利益、情感、理想的合力才能将广大民众凝聚成人民，也就是说，只有实行全过程人民民主才能将广大群众凝聚成人民。概而论之，作为整体性质的政治实体的人民，同全过程人民民主是相互依存的，人民是民主的根本主体，有了人民才有全过程人民民主，而全过程人民民主的实践则要对人民进行不断的再创造。

作为一种现代政治文明的新形态，全过程人民民主在世界范围内有着重要价值。首先，全过程人民民主为世界各国探索和实践民主政治提供了新方案。民主是“全人类共同价值”，[58]然而，长期以来世界上很多国家对于民主政治的探索和实践被局限在西方国家资本主义民主即自由民主的理论中，甚至认为西式民主代表着人类社会政治生活的最高理想，只要世界各国跟随着西方国家的脚步普遍建立了自由民主体制，人类历史关于意识形态的争论以及政治体制的选择就终结了。毋庸讳言，“历史终结论”不仅美化了西式民主，而且禁锢了世界上很多国家在民主政治上的探索，事实证明西式民主只是人类探索和实践民主政治的一种模式。在人类普遍要求发展民主政治的历史潮流中，理应有多个方案供世界各国进行选择，全过程人民民主就是中国提供给世界各国的新方案，它集中体现了将人民主权具体落实为人民当家作主的重要经验。

其次，全过程人民民主为人类发展民主政治确立了新目标。全过程人民民主是比西式民主更切合民主精神的模式，通过将人民主权具体落实为人民当家作主，全过程人民民主保障了国家权力为人民所有、为人民所行、为人民所享。很多人向往以私有制为基础、以竞争性选举作为主要内容的西式民主，殊不知西式民主是以西方国家在世界体系中占据支配地位、并且利用其支配地位从全球生产剩余中攫取大部分份额为前提的，如果西方国家所攫取的份额减少了，那么西式民主将发生变形从而离民主精神愈来愈远，更遑论在世界体系中居于被支配的第三世界国家模仿的西式民主了，其实际情形大多是邯郸学步罢了。[59]由此可见，西式民主背后隐藏着西方国家与广大第三世界国家之间的不平等，以及现代国家内部不同经济地位的人们之间的不平等，而这些不平等同人类追求的民主精神是相背离的。全过程人民民主以人民当家作主为本质，以民主选举、民主协商、民主决策、民主管理、民主监督为实践形态，这就使人民能够真正广泛、持续、平等地影响政治，因此完整实践了民主精神。

最后，全过程人民民主为全球公共事务治理提供了新思路。当今世界正处在百年未有之大变局中，各种错综复杂的全球性问题的涌现，既是百年未有之大变局的表现，又是推动百年未有之大变局加速发展的动力。全球性问题的治理不是哪一个国家的问题，也不是仅凭哪一个国家就能够从容应对的问题，稳定有效的全球公共事务治理需要民主的制度框架和国际机制。全过程人民民主的实质内容是人民当家作主，如果将其放在全球公共事务治理的层面理解，人民当家作主内在地要求从人的全面发展出发、构建人类命运共同体，这就为全球公共事务治理提供了新思路。从全过程人民民主的角度来改善全球公共事务治理，一方面意味着世界各国在主权平等和相互尊重的基础上共同参与全球公共事务，另一方面意味着世界各国人民从人类命运共同体的角度发挥积极性、主动性、创造性。进一步讲，全过程人民民主不仅将实现人的全面发展确立为全球公共事务治理的出发点和落脚点，而且将通过团结世界各国人民所形成的集体力量视为全球公共事务治理的基本支持，这两个方面将为开辟全球公共事务治理的新路提供坚实基础。

小　结

全过程人民民主是中国共产党领导人民在建立了社会主义制度的基础上将人民主权具体落实为人民当家作主的历史实践，人民民主由于全过程这一实践品格从而同自由主义民主在实践起源、知识脉络和历史经纬上形成了重大差异。人民民主是社会主义性质的民主，是社会主义民主在一定历史条件下的具体化，全过程人民民主是人民民主的升级版，因此全过程人民民主也是社会主义性质的民主，也是社会主义民主在新的历史条件下的具体化。当然，全过程人民民主，一方面同发达的社会主义民主之间的距离缩小了，另一方面又进一步丰富和发展了社会主义民主的基本原理。

根据全过程人民民主的实践起源、知识脉络、历史经纬和世界视野，我们可以发现全过程人民民主，在性质上是社会主义民主，在内涵上既有现代民主的一般要素又有着中国经验支撑的特定要素。在宏观层面，全过程人民民主同样以人民主权作为核心原理，但是这里的人民不是抽象整体而是中国共产党与广大民众结合而成整体性质的政治实体。在中观层面，全过程人民民主是党的领导、人民当家作主、依法治国有机统一的现代政治，中国共产党将广大民众凝聚成人民实体，人民实体始终存在于政治生活中并发挥根本作用，中国共产党和人民遵循社会主义法治原则，在宪法和法律规定的范围内活动，依据法定的途径、形式、程序在政治生活中发挥作用。在微观层面，全过程人民民主通过民主选举、民主协商、民主决策、民主管理、民主监督全流程地保障人民对国家事务、社会事务、经济和文化事业管理活动的参与，从而调动人民的积极性、主动性、创造性，进而为生产力发展和经济基础变革提供动力。

作为人民民主的实践品格和基本属性，全过程实际上处在一个枢纽位置，通过全过程能够发现人民民主的历史经纬、知识脉络、世界视野和理论内涵。因此，我们对于全过程人民民主的研究，需要站在全过程这一枢纽位置上，将人民这一整体性质的政治实体置于全过程中来理解，从而在发现人民与全过程之间实质关系的基础上呈现全过程人民民主的丰富内容，进而提供完整的理论解释。

注释

1.《马克思恩格斯文集》第三卷，北京：人民出版社 2009 年版，第 195 页。

2.［美］亚当·普沃斯基：《民主的危机》，周建勇译，上海：上海人民出版社 2022 年版，第 7 页。

3.［美］约瑟夫·熊彼特：《资本主义、社会主义与民主》，吴良健译，北京：商务印书馆 1999 年版，第 395—396 页。

4. 王绍光：《抽签与民主、共和》，北京：中信出版社 2018 年版，第 401—402 页。

5. 陈周旺：《全方位民主：中国特色社会主义民主的理论体系与制度选择》，《学术月刊》2020 年第 2 期，第 69 页。

6.《习近平谈治国理政》第二卷，北京：外文出版社 2017 年版，第 287 页。

7. 桑玉成：《拓展全过程民主的发展空间》，《探索与争鸣》2020 年第 12 期，第 10 页。

8. 习近平：《高举中国特色社会主义伟大旗帜　为全面建设社会主义现代化国家而团结奋斗——在中国共产党第二十次全国代表大会上的报告》，北京：人民出版社 2022 年版，第 37 页。

9.［美］汉密尔顿、杰伊、麦迪逊：《联邦党人文集》，程逢如等译，北京：商务印书馆 1980 年版，第 323 页。

10. 刘建军、陈周旺、汪仕凯主编：《政治逻辑：当代中国社会主义政治学》，上海：上海人民出版社 2022 年版，第 46—47 页。

11.《马克思恩格斯文集》第二卷，北京：人民出版社 2009 年版，第 52 页。

12. 同上书，第 33 页。

13.《李大钊全集》第四卷，北京：人民出版社 2013 年版，第 103—104 页。

14. 汪仕凯：《晚清和民国时期现代国家构建的挫折与中国共产党的历史自觉》，《公共治理研究》2022 年第 6 期。

15.《孙中山选集》(下)，北京：人民出版社 2011 年版，第 615—616 页。

16. 同上书，第 797 页。
17. [美]巴林顿·摩尔：《专制与民主的社会起源》，王茁、顾洁译，上海：上海译文出版社 2013 年版，第 191—206 页。
18.《毛泽东选集》第一卷，北京：人民出版社 1991 年版，第 156 页。
19.《习近平谈治国理政》第四卷，北京：外文出版社 2022 年版，第 258—259 页。
20. 同上书，第 258 页。
21. 苏力：《工人阶级领导、农民革命与工农联盟》，《法治现代化研究》2022 年第 1 期。
22.《毛泽东选集》第三卷，北京：人民出版社 1991 年版，第 899 页。
23.《习近平谈治国理政》，北京：外文出版社 2014 年版，第 365 页。
24.《毛泽东选集》第三卷，北京：人民出版社 1991 年版，第 1095 页。
25.《刘少奇选集》上卷，北京：人民出版社 1981 年版，第 240 页。
26.《习近平谈治国理政》第三卷，北京：外文出版社 2020 年版，第 29 页。
27.《毛泽东选集》第三卷，北京：人民出版社 1991 年版，第 1095 页。
28.《毛泽东选集》第二卷，北京：人民出版社 1991 年版，第 526 页。
29.《毛泽东选集》第三卷，北京：人民出版社 1991 年版，第 791 页。
30. 同上书，第 899 页。
31.《毛泽东文集》第八卷，北京：人民出版社 1999 年版，第 129 页。
32. 中央档案馆、中共中央文献研究室编：《中共中央文件选集》第二十五册，北京：人民出版社 2013 年版，第 230 页。
33. 中共中央文献研究室、中央档案馆编：《建党以来重要文献选编》第二十五册，北京：中央文献出版社 2011 年版，第 171—172 页。
34. 汪仕凯：《以人民为中心建构现代大一统国家：中国共产党的历史自觉》，《统一战线学研究》2023 年第 1 期。
35. [法]皮埃尔·罗桑瓦龙：《公民的加冕礼》，吕一民译，上海：上海人民出版社 2005 年版，第 4 页。
36. [美]塞缪尔·亨廷顿：《变化社会中的政治秩序》，王冠华等译，沈宗美校，上海：上海人民出版社 2008 年版，第 382 页。
37. 汪仕凯、陈沿潮：《由群众到人民：中国共产党领导的历史基础和实践路径》，《江苏社会科学》2021 年第 2 期，第 1—9 页。
38. 习近平：《高举中国特色社会主义伟大旗帜　为全面建设社会主义现代化国家而团结奋斗——在中国共产党第二十次全国代表大会上的报告》，北京：人民出版社 2022 年版，第 6 页。
39. 同上书，第 64 页。
40. [美]亚当·普沃斯基：《民主的危机》，周建勇译，上海：上海人民出版社 2022 年版，第 89 页。
41.《习近平谈治国理政》第二卷，北京：外文出版社 2017 年版，第 293 页。
42.《习近平谈治国理政》第三卷，北京：外文出版社 2020 年版，第 29 页。
43. 汪仕凯：《代表民心与协商民意：中国国家治理的根本议程与实践逻辑》，载《复旦政治学评论》第二十二辑，上海：复旦大学出版社 2020 年版，第 119—147 页。
44. 王浦劬等：《政治学基础》，北京：北京大学出版社 2018 年版，第 75 页。
45. 习近平：《高举中国特色社会主义伟大旗帜　为全面建设社会主义现代化国家而团结奋斗——在中国共产党第二十次全国代表大会上的报告》，北京：人民出版社 2022 年版，第 46 页。
46. 同上书，第 70 页。
47.《毛泽东文集》第七卷，北京：人民出版社 1999 年版，第 204—216 页。
48. 中共中央文献研究室编：《毛泽东年谱（一九四九——一九七六）》第四卷，北京：中央文献出版社 2013 年版，第 266—267 页。
49. 同上书，第 267 页。
50.《习近平谈治国理政》第二卷，北京：外文出版社 2017 年版，第 297 页。
51. 同上书，第 295—296 页。

52.《邓小平文选》第二卷,北京:人民出版社 1994 年版,第 146 页。
53.《习近平谈治国理政》,北京:外文出版社 2014 年版,第 4 页。
54.《习近平谈治国理政》第四卷,北京:外文出版社 2022 年版,第 9 页。
55.《胡锦涛文选》第二卷,北京:人民出版社 2016 年版,第 121—122 页。
56. 中共中央文献研究室编:《毛泽东年谱(一九四九——一九七六)》第四卷,北京:人民出版社 2013 年版,第 267 页。
57.《习近平谈治国理政》第四卷,北京:外文出版社 2022 年版,第 9 页。
58.《中共中央关于党的百年奋斗重大成就和历史经验的决议》,北京:人民出版社 2021 年版,第 60 页。
59. 汪仕凯:《资本主义工业化、生产剩余国际分配与政治转型》,《世界经济与政治》2019 年第 4 期。

第一章　全过程人民民主的思想渊源

全面发展全过程人民民主是中国共产党在实现中华民族伟大复兴的关键历史时期，坚持中国特色社会主义政治发展道路，为不断满足人民群众日益增长的美好生活需要，而确定的战略性议题。习近平指出："全过程人民民主是社会主义民主政治的本质属性，是最广泛、最真实、最管用的民主。"[1]从理念上讲，全过程人民民主是新的，但是从思想渊源上看，全过程人民民主则是马克思主义基本原理同中国具体实际相结合、同中华优秀传统文化相结合的重大成果。

具体而言，中国共产党在探索实践民主政治的过程中，将马克思主义基本原理同中国革命具体实际相结合，以工人阶级民主为基础创造了人民民主专政的理论，在实践人民民主专政和总结人民民主专政历史经验的过程中，中国共产党将马克思主义基本原理同中华民族优秀传统文化相结合，创造了以人为本、协商团结、代表型政治、社会主义法治等重要思想理念，并将以人为本、协商团结、代表型政治、社会主义法治融进人民民主专政之中，进而在中国特色社会主义新时代孕育了全过程人民民主，因此，工人阶级民主、人民民主专政、以人为本、协商团结、代表型政治、社会主义法治都是全过程人民民主的思想渊源。

更明确地说，全过程人民民主是中国共产党在工人阶级民主、人民民主专政、以人为本、协商团结、代表型政治、社会主义法治等思想理念的影响下探索实践民主政治的重大成果。由此可见，工人阶级民主、人民民主专政、以人为本、协商团结、代表型政治、社会主义法治构成了我们理解全过程人民民主的思想基础。正是由于这些思想渊源在中国共产党探索和实践现代民主政治的历史过程中发挥的重要作用，全过程人民民主不仅具有现代民主政治的一般性质，而且具有基于中国道路、中国制度、中国文化所形成的新特点。

第一节　工人阶级民主理论

共产党是工人阶级的先锋队，实现工人阶级的解放和建立工人阶级民主，是共产党领导工人阶级革命的基本目标，因此在世界各国的社会主义革命运动中，工人阶级民主始终是影响政治组织模式和国家制度设计的重要因素。中国共产党在探索和实践现代民主政治的历史过程中同样遵循着工人阶级民主的根本原则，全过程人民民主是以工人阶级为领导阶级的社会主义国家中的民主，工人阶级民主不仅是全过程人民民主的现实基础，而且是全过程人民民主的重要思想渊源。

工人阶级是现代大工业的产物，代表着先进的社会生产力，但是资产阶级对生产资料的占有，却将工人阶级置于被剥削被压迫的地位，工人阶级与资产阶级之间的矛盾将会逐渐从工厂的、行业的、地方的斗争演变成全国性的、世界性的斗争，从经济斗争发展成为政治斗争，其最终结果则是爆发工人阶级革命。工人阶级革命意味着在资产阶级的政治统治下，工人阶级不可能摆脱被剥削被压迫的命运，因此工人阶级革命的基本目标就是推翻资产阶级的政治统治从而建立工人阶级的政治统治。马克思和恩格斯就指出："工人革命的第一步就是使无产阶级上升为统治阶级，争得民主。"[2] 工人阶级通过革命争得的民主就是统治权，也就是说，工人阶级民主其实就是工人阶级作为统治阶级进行统治和治理，一方面工人阶级作为统治阶级必然要在其内部即工人之间实行广泛的民主，另一方面工人阶级作为统治阶级又必然要对资产阶级进行专政，即仍然保留着暴力和强制。

工人阶级民主仍然是一种国家制度，是在国家之中实行的民主。根据马克思主义基本原理，在国家中实行的工人阶级民主首先是一种政治解放，这就是说，工人阶级从法律上平等的角度上成为国家的成员即公民，故而获得了平等的政治权利。由于资产阶级占有了生产资料，工人阶级居于被剥削被压迫地位，经济上的不平等在事实上限制了工人阶级从公民身份获得政治平等，因此政治平等只具有形式意义。尽管如此，工人阶级民主必须将资产阶级民主的政治平等作为自身的一部分，资产阶级民主中关于权利的内涵以及保障这些权利的制度，都需要转化为保障工人阶级的政治平等的资源。列宁认为:“一切‘民主制’就在于宣布和实现在资本主义制度下只能实现得很少和附带条件很多的‘权利’。不宣布这种权利,不为立即实现而斗争,不用这种斗争精神教育群众,社会主义是不可能实现的。”[3]资产阶级民主所创造的政治权利,在工人阶级成为统治阶级之后,并不是要被全部废除,而是要为工人阶级民主所用。由此可见,工人阶级民主对资产阶级民主具有继承性的一面。

虽然工人阶级民主是在国家之中实行的民主,但是根据马克思主义基本原理,工人阶级专政的国家已经不再是原来意义上的国家了,实行工人阶级民主的国家是“社会共和国”。马克思深刻地认识到,由资产阶级进行政治统治的国家是一个强大的、极具压迫性的暴力机器,国家“以其无处不在的复杂的军事、官僚、宗教和司法机构像蟒蛇似的把活生生的市民社会从四面八方缠绕起来(网罗起来)的中央集权国家机器,最初是在专制君主制时代创造出来的,当时它是作为新兴的现代社会在争取摆脱封建制度束缚的斗争中的一个武器”[4]。面对如此强大的国家,被统治阶级曾经多次发动革命,奋起反抗,然而“所有的革命只是使国家机器更加完善,而没有甩掉这个令人窒息的梦魇”[5]。马克思以法国为例,深入细致地描述了越来越完善的国家,它“有庞大的官僚机构和军事机构,有复杂而巧妙的国家机器,有50万人的官吏大军和50万人的军队。这个俨如密网一般缠住法国社会全身并堵塞其一切毛孔的可怕的寄生机体”对社会进行了全面的控制、监护、渗透,“从其最广泛的生活表现到最微不足道的行动,从其最一般的生存形式到个人的私生活”[6]。因为资产阶级进行政治统治的国家如此之具有压迫性,所以工人阶级获得统治地位后就不能简单地掌握现成的国家政权,而是必须将旧的国家政权打碎,进而建立一种新的能够实行工人阶级政治统治和工人阶级民主的国家。

马克思在分析巴黎公社的经验时发现了工人阶级革命在打碎旧的国家政权、建立新的国家政权上的重大意义。马克思指出,巴黎公社是一种意义深远的工人阶级革命,“这次革命的对象不是哪一种国家政权形式——正统的、立宪的、共和的或帝制的,而是国家本身这个社会的超自然怪胎。这次革命是人民为着自己的利益而重新掌握自己的社会生活的行动。它不是为了把国家政权从统治阶级这一集团转给另一集团而进行的革命，它是为了粉碎这个阶级统治的凶恶机器本身而进行的革命”[7]。工人阶级民主得以实行的国家必须是对旧的国家政权进行了革命、打碎了旧的国家政权的基础上新建的“社会共和国”。在马克思看来，巴黎公社就是“社会共和国”的雏形，社会共和国意味着“社会把国家政权重新收回，把它从统治社会、压制社会的力量变成社会本身的充满生气的力量；这是人民群众把国家政权重新收回，他们组成自己的力量去代替压迫他们的有组织的力量；这是人民群众获得社会解放的政治形式，这种政治形式代替了被人民群众的敌人用来压迫他们的假托的社会力量”[8]。要言之，社会共和国就是工人阶级实现了社会解放的国家。

工人阶级民主的要义在于实现社会解放，只有在政治解放的基础上完成社会解放，工人阶级才能真正获得解放，工人阶级民主才是实质性的民主。马克思根据巴黎公社的经验概括了工人阶级民主的基本内涵。首先，废除常备军代之以武装起来的人民；改造警察，取消警察的政治职能、而将其“变为公社的承担责任的、随时可以罢免的工作人员”；取消法官的独立性，法官和审判官“均由选举产生，对选民负责，并且可以罢免”。其次，改变“议会式的机构”，国家机构必须“既是行政机关，同时也是立法机关”；组成这种国家机构的人员都由选举产生，也能随时被撤换，他们只能“领取相当于工人工资的报酬”。再次，摧毁作为压迫工具的精神力量的“僧侣势力”，执行政教分离，剥夺教会占有的财产；同时改造教育，“一切教育机构对人民免费开放，完全不受教会和国家的干涉”。复次，建立“生产者的自治政府”以取代旧的集权政府，将选举代表处理共同事务这种模式从农村公社到全国政府普遍建立起来，农村公社向中心城镇派驻代表，这些地区又向首都的全国政府派驻代表，所有的代表不仅是可以随时撤换的，而且“受到选民给予他的限权委托书（正式指令）的约束”[9]。最后，作为上述全部内容的基础，必须废除生产资料私有制，建立全国人民共同占有生产资料的公有制。只要存在生产资料私有制，就不可能有经济平等，建立在经济不平等基础上的民主不可能是真实的民主。

由于工人阶级民主是比资产阶级民主更加高级和更加真实的民主，因而工人阶级民主在内涵以及实践上都要比资产阶级民主更为丰富；同时，因为马克思在对工人阶级民主进行研究时所能依靠的经验材料十分有限，只能以巴黎公社为基础充分发挥他的天才能力，所以在马克思之后出现的社会主义革命经验又会进一步丰富工人阶级民主的内涵。简要来说，工人阶级民主的内涵可以用社会民主来解释，而社会民主就是政治平等和经济平等的相互保障。政治平等调动起人民群众的积极性、主动性、创造性，从而推动了经济发展，并且这种经济发展是在生产资料共同所有的基础上完成的，所以经济发展进一步促进了经济平等，经济平等反过来则进一步巩固政治平等，于是就在政治平等和经济平等之间形成良性循环，从而达成政治平等和经济平等的相互保障。

诚然如此，工人阶级民主有着三个方面的关键内容是至关重要的。第一，工人阶级民主意味着工人阶级不仅要行使主权而且要行使治权，这就是说，不仅工人阶级作为一个阶级掌握着统治权，而且工人也必须具备各种形式和途径参与公共事务的治理。第二，工人阶级民主以社会解放为基础，社会解放不仅意味着由工人阶级为主体组成的社会力量足够强大从而能够主导国家，国家从脱离社会、支配社会的消极力量蜕变成服务社会的积极力量，而且意味着组成社会的每一个个体也摆脱了被压迫被剥削的地位，他们联合起来共同占有了生产资料和生产力，进而控制了他们共同生存和发展的条件。第三，工人阶级民主不是单纯的政治民主，而是融合了政治、经济、文化等内容的社会民主，社会民主以经济平等为本质特征，并且社会民主也以服务于生产力发展为基本目标即“尽可能快地增加生产力的总量”[10]，此时政治的主要内容就是经济发展即发展社会生产力。从上面对工人阶级民主的三个关键内容的分析，我们不难发现，工人阶级民主其实就是最广泛（工人阶级通过各种途径行使治权）、最真实（社会解放）、最管用（发展社会生产力）的民主。

工人阶级民主作为一种由马克思主义揭示的人类政治生活的理想，虽然在人类社会政治生活的实践中并没有完全实现，但是它仍然极大地影响了社会主义国家的民主政治实践。而且对于在中国特色社会主义新时代发展全过程人民民主来说，工人阶级民主依然是至为重要的思想渊源，其丰富的内涵和光辉的思想能够为发展全过程人民民主提供方向。首先，发展全过程人民民主必须坚持工人阶级的领导地位，而工人阶级的领导地位是通过中国共产党领导实现的，因此发展全过程人民民主必须坚持中国共产党领导。其次，发展全过程人民民主必须将人民主权落实为人民治权，也就是如同工人阶级民主中工人阶级能够通过各种途径参与公共事务管理一样，人民群众必须具有多个途径和形式参与国家事务、社会事务、经济文化事业的管理。最后，发展全过程人民民主以不断创造人民群众的美好生活为出发点和落脚点，所以全过程人民民主必须推动经济发展和社会进步，在发展全过程人民民主的过程中，扎实推进共同富裕是其中的一个关键。

工人阶级民主是以工人阶级为主体的民主，工人阶级是先进社会生产力的代表，因此工人阶级民主指向的一个重要归宿就是所有人都最终成为工人，所有人都成为工人，既表明人的身份的趋同，又表明社会融合程度的最大实现。虽然，工人阶级民主所指向的这一内容离我们生活的时代还很遥远，但是对于处在新时代的中国而言则别有一种重要启示。中国特色社会主义新时代是生产资料的多种所有制共存、社会主义市场经济深入发展、社会阶层差异化更加明显、财富分配存在明显不均衡的历史时期，因此发展全过程人民民主必须高度重视社会融合，切不可由于片面理解全过程人民民主而刺激社会矛盾，而是必须发展全过程人民民主来促进社会融合。由此可见，以工人阶级民主为思想渊源的全过程人民民主，同样不是单纯的政治民主，而是有着超越政治的更为丰富和内涵。

第二节　人民民主专政理论

人民民主专政是中华人民共和国的国体，而国体则是对一个国家政权的性质进行的界定，其核心内涵在于说明国家政权的阶级性质即哪一个阶级是国家的统治阶级。人民民主专政意味着在中国共产党领导下由中国绝大多数群众凝聚而成的人民是国家政权的拥有者、行使者、分享者，他们一方面团结起来对极少数敌人进行专政，另一方面在内部则实行广泛的民主，并且人民内部的民主相对于人民对敌人进行的专政更为重要，因为只有在人民内部实行广泛的民主才能实现人民内部的团结，进而保障国家政权的性质。全过程人民民主根源于在人民内部实行广泛民主的需要，是人民民主专政理论在实践中深入发展的结晶。

国家是统治阶级捍卫自身利益进行阶级统治的工具，无论是古代国家还是现代国家，也无论是资本主义国家还是社会主义国家，概莫能外。马克思和恩格斯在论述共产党人最近的目的时指出："使无产阶级形成为阶级，推翻资产阶级的统治，由无产阶级夺取政权。"[11]无产阶级夺取政权后就要实行无产阶级专政，马克思在分析法国阶级斗争的历史时写道："原先无产阶级想要强迫二月共和国予以满足的那些要求，那些形式上浮夸而实质上琐碎的甚至还带有资产阶级性质的要求，就由一个大胆的革命战斗口号取而代之，这个口号就是：推翻资产阶级！工人阶级专政！"[12]工人阶级是现代的无产阶级，工人阶级专政就是无产阶级专政，"无产阶级专政理论是马克思主义的精髓"，[13]人民民主专政理论是中国共产党对无产阶级专政理论的重大发展。中国共产党在领导革命建立国家政权的过程中，将马克思主义基本原理同中国具体实际相结合，用中国革命的基本经验丰富和发展了无产阶级专政，从而创造了对中国特色社会主义政治发展产生深远影响的人民民主专政理论。

中国共产党将无产阶级专政理论应用于中国革命实践中的最初方案是工农民主专政。由于中国在近代是半殖民地半封建社会，工人阶级规模很小，单凭工人阶级的力量是不可能完成反帝反封建的革命任务的，与此同时，农民阶级规模巨大，是潜在的革命主力军，因此工人阶级要领导革命取得成功就必须联合农民阶级。毛泽东就强调："中国民主革命的主要力量是农民。忘记了农民，就没有中国的民主革命；没有中国的民主革命，也就没有中国的社会主义革命，也就没有一切革命。我们马克思主义的书读得很多，但是要注意，不要把'农民'这两个字忘记了；这两个字忘记了，就是读一百万册马克思主义的书也是没用处的，因为你没有力量。靠几个小资产阶级、自由资产阶级分子，虽然也可以抵一下，但是没有农民，谁来给饭吃呢？饭没得吃，兵也没有，就抵不过两三天。"[14]农民是中国革命的主力军，是工人阶级领导的革命的力量所在，因此工人阶级领导的国家政权就必须实行工农民主专政。

在土地革命战争时期，中国共产党开辟了以农村包围城市的革命道路，已经认识到了农民阶级对于中国革命的巨大意义，因此在江西瑞金建立苏维埃共和国时就开始落实工农民主专政。苏维埃共和国"是中国共产党领导广大工农群众建立全国性政权的最初尝试，是解放后建立的人民民主专政国家的第一个雏形”[15]。虽然，苏维埃共和国在一定程度上还是对苏联苏维埃政权的模仿，但是由于以农村包围城市的中国革命道路已经出现，而且农民阶级在中国革命中居于主力军地位，所以中国共产党在江西瑞金建立的工农民主专政就具备了不同于苏联苏维埃政权的新特质和发展潜力。在中国革命不断深入发展的历史过程中，中国共产党对于中国社会性质的认识也在不断深入，同时对中国革命的战略和策略的把握也日益纯熟，人民民主专政理论就作为工农民主专政理论的超越而脱颖而出了。

人民民主专政理论形成的历史背景是日本帝国主义加紧侵华导致了民族矛盾上升为主要矛盾。1935 年 12 月中共中央在陕北瓦窑堡召开了政治局扩大会议，会议确定了改工农共和国为人民共和国的政治纲领，从此人民民主专政理论的核心内容开始奠定，可以说建立人民共和国的政治纲领就是人民民主专政理论的母胎。毛泽东在解释人民共和国这一政治纲领时指出："我们的政府不但是代表工农的，而且是代表民族的。这个意义，是在工农民主共和国的口号里原来就包括了的，因为工人、农民占了全民族人口的百分之八十至九十。我们党的第六次全国代表大会所规定的十大纲领，不但代表了工农的利益，同时也代表了民族的利益。但是现在的情况，使得我们要把这个口号改变一下，改变为人民共和国。这是因为日本侵略的情况变动了中国的阶级关系，不但小资产阶级，而且民族资产阶级，有了参加抗日斗争的可能性。"[16]毛泽东的分析是极富历史远见和理论穿透力的，中华人民共和国就是以工人阶级、农民阶级、城市小资产阶级、民族资产阶级共同构成的人民作为政治基础的人民民主专政的国家政权。

抗日根据地民主政权的实践经验为毛泽东发展人民民主专政理论提供了养料。中国共产党在抗日战争时期就将人民共和国这一政治纲领付诸实施，从而在抗日根据地建立了以"三三制"为原则的民主政权。"根据抗日民族统一战线政权的原则，在人员分配上，应规定为共产党员占三分之一，非党的左派进步分子占三分之一，不左不右的中间派占三分之一。"[17]抗日根据地民主政权的建立对于探索实践民主政治发挥了巨大示范作用，但是这个政权的性质仍然需要进一步回答，毛泽东在《新民主主义论》中提供了权威性的理论解释。他指出，国体"只是指的一个问题，就是社会各阶级在国家中的地位"，换言之，新民主主义的共和国的"国体——各革命阶级联合专政"，而各革命阶级联合专政就是指"一切革命的阶级对于反革命汉奸们的专政，这就是我们现在所要的国家"[18]。突出国体在理论上具有重要意义，因为国体既说明了国家政权的性质，又说明了掌握国家权力的主体力量，虽然此时毛泽东使用的是"各革命阶级联合专政"，然而"各革命阶级联合"就是人民的初始形态，所以国体的提出为人民民主专政理论的形成提供了直接基础。

在人民共和国成立前夕，毛泽东在总结中国共产党领导人民实现解放的历史经验的基础上，提出了成熟的人民民主专政理论。毛泽东指出："人民是什么？在中国，在现阶段，是工人阶级，农民阶级，城市小资产阶级和民族资产阶级。这些阶级在工人阶级和共产党的领导下，团结起来，组成自己的国家，选举自己的政府，向着帝国主义的走狗即地主阶级和官僚资产阶级以及代表这些阶级利益的国民党反动派及其帮凶们实行专政"，与此同时，在人民内部"则实行民主制度"，"对人民内部的民主方面和对反动派的专政方面，相互结合起来，就是人民民主专政"[19]。人民民主专政理论是对各革命阶级联合专政进一步发展的结果，其重要者在于两端，一个是人民作为革命阶级联合的高级形态出现了，也就是说，人民不是几个革命阶级的简单联合，而是在工人阶级领导下形成的整体性质的政治力量，另一个是不仅有专政而且有民主，人民内部的民主是主要的，对敌人的专政服务于人民内部的民主。

全过程人民民主对应的就是在人民内部实行的广泛民主，换言之，全过程人民民主就是根据在人民内部实行广泛民主的历史经验和为了更好地在人民内部实行广泛民主而形成的政治理念。全过程人民民主是一种现代民主政治，它主要有两方面的基本特征，一方面人民是民主的根本主体，另一方面全过程是民主的实践要求，也就是说，全过程人民民主同其他民主相比，关键不在于民主，而在于人民和全过程。[20]无论是人民还是全过程，都根源于人民民主专政理论中的在人民内部实行广泛民主这一规定性，这就是，必须通过一种政治实践将绝大多数群众凝聚成为人民，同时保障人民又能够通过一种政治实践当家作主。

人民是人民民主专政的根基，也是全过程人民民主的根本主体。但是，人民既不是由抽象的个人组成的抽象整体，也不是由工人阶级、农民阶级、城市小资产阶级、民族资产阶级组成的松散集合，而是在工人阶级领导下组织起来的整体性质的政治实体。工人阶级、农民阶级、城市小资产阶级、民族资产阶级在规模上是中国社会的绝大多数群众，而要将绝大多数群众组织起来成为一个整体，就必须要有中国共产党领导。毛泽东指出："所谓无产阶级领导，就是共产党领导。中国共产党是无产阶级的政党。无产阶级里头出了那样一部分比较先进的人，组织成一个政治性质的团体，叫共产党。共产党里当然还有别的成分，有别的阶级如农民、小资产阶级出身的人，有别的阶级出身的知识分子。但出身是一回事，进党又是一回事，出身是非无产阶级，进党后是无产阶级，他的思想、他的行为要变成无产阶级的。"[21]中国共产党是先锋队性质的政党，一方面以先进思想和党员干部的模范作用带动绝大多数群众，另一方面以发达的组织网络整合绝大多数群众，从而以中国共产党为领导核心将绝大多数群众凝聚成人民。

组成人民的绝大多数群众绝非同质化，而是有着不同的利益需求、社会地位、社会关系、价值理念的现实的人，要将规模巨大的相互之间有着差异的现实的人凝聚成一个整体，除了必须坚持中国共产党领导之外，还需要正确处理人民内部的关系，而正确处理人民内部关系只能采用全过程民主的方式。在人民共和国成立并顺利完成生产资料社会主义改造之后，正确处理人民内部关系开始成为国家政治生活的主题，因此如何更好地在人民内部实行广泛民主就变得越来越重要了。中国共产党认为民主的方法是正确解决人民内部矛盾的唯一方法，"马克思主义者从来就认为无产阶级的事业只能依靠人民群众，共产党人在劳动人民中间进行工作的时候必须采取民主的说服教育的方法，决不允许采取命令主义态度和强制手段"[22]。民主的方法不仅是正确处理人民内部矛盾从而将绝大多数群众凝聚成整体的有效手段，而且是进一步保障人民能够在政治生活中发挥主体作用的有效手段，这就是说，人民通过民主方式形成之后必须以民主方式行使国家权力，真正在政治生活中当家作主，因此，出于人民当家作主的需要，民主实践就必须是全过程的。事实上，只有能够在政治生活中发挥主体作用，在实践中落实了当家作主，人民才是一个政治实体。

总结而论，人民民主专政理论是全过程人民民主最为重要的思想渊源，正是人民民主专政理论在人民共和国的具体实践孕育了全过程人民民主。人民民主专政理论不仅确立了作为整体性质的政治实体——人民——在政治生活中的根本主体地位，而且将更好地在人民内部实行广泛民主确立为中国特色社会主义政治发展的目标。只有在人民内部更好地实行民主，才能将绝大多数群众凝聚成人民；也只有在人民内部更好地实行民主，才能保障凝聚而成的人民真正在政治生活中当家作主。要在人民内部更好地实行民主，民主实践就必须是全过程的。

第三节　以人为本思想

民本思想是中华优秀传统文化的重要内容，而以人为本则是中国古代民本思想在现代政治条件下发扬光大的产物。中国共产党在探索和实践现代民主政治的过程中，一方面吸收了民本思想的精华，另一方面根据革命和建设的实践经验进一步丰富和发展了民本思想，进而形成了以人为本的政治思想。以人为本虽然上承民本思想，但是对民本思想完成了超越，这就是说，民本思想诚然在中国共产党探索和实践现代民主政治的过程中发挥了影响，但是并非以民本思想这一古旧形态而是借助以人为本这一新的思想参与到现代民主政治建构的历史过程中。以人为本同人民当家作主原则是高度契合的，它在中国特色社会主义新时代构成了全过程人民民主的重要思想渊源。

一般而言，民本思想滥觞于殷、周时期，文字见诸古籍最早可以追溯至《尚书》，《尚书·五子之歌》云："民惟邦本，本固邦宁。"[23]民惟邦本是民本思想的源头，然而民本思想却并不仅仅是民惟邦本，不同时代的思想家面对不同的时代问题，从民惟邦本出发对民本思想进行了阐发，因而形成了内涵丰富的民本思想。在民本思想的整个脉络中，孟子提出的"民为贵"思想是一个高峰。孟子云："民为贵，社稷次之，君为轻。是故得乎丘民而为天子，得乎天子为诸侯，得乎诸侯为大夫。诸侯危社稷，则变置。牺牲既成，粢盛既絜，祭祀以时，然而旱干水溢，则变置社稷。"[24]"民贵君轻"思想是孟子对殷、周以来民本思想的集成，在整个民本思想体系中具有革命性影响。有学者指出，可以将中国古代民本思想的内涵概括成一个核心理念和三个基本思路，一个核心理念就是"以民为本"，三个基本思路分别是"立君为民""民为国本""政在养民"。[25]由此可见，中国古代民本思想是一个内涵丰富的逻辑体系，它不仅最能够体现"中国古时政治思想的特质"，而且是中国古代"唯一的政治理论"。[26]

至关重要的是，民本思想在中国古代绝非停留在少数人头脑中的逻辑体系，而是王朝国家统治政策的指导思想，并且通过政策过程深深地渗透进政治实践中。张分田认为，民本思想实际上在中国古代政治生活中发挥着根本法则的作用，以其"效力的最高性、内容的根本性和作用的稳定性"，故而具有"国家宪章"的属性，具体而言，君主制度与君权以"天立君为民"作为本源性依据、政治程式与大政方针多以民本思想命题作为理论根据、礼乐制度通常用"以民为本"作为饰词、官僚制度则以"设官为民"作为基本原理、帝王和储君教育也以民本思想为主要内容。[27]金耀基也认为民本思想在中国古代政治实践中发挥了重要影响，突出地体现在对君主专制的约束上，"中国数千年来之历史，虽为专制，但非寡头的绝对专制，而是'开明主义的专制'；虽属王权，但君主非必如'朕即国家'之法王路易十四"，究其根源"不可说不是因中国民本思想之大流在中国历史大地所灌溉之故"[28]。

民本思想诚然肯定了民在国家中的根本地位，并且统治者在儒家士大夫的推动下执行了养民政策，然而民本思想并不是民主思想。萧公权就指出，民主思想必须包括民有、民治、民享三个核心观念，民众既然是国家之主体和政治之目的，就会自然形成参与国家事务管理之权利，但是中国古代的民本思想"不过由民享达于民有"，缺乏民众参与国家事务管理权利的观念以及保障此种权利的制度，治权只是操于"劳心"阶级之手。[29]民本思想之所以没有民治原则，其原因同民本思想对于民众的看法有关。民本思想对于民众的看法一向是双重的，"一方面，民为神主，民贵君轻，天与人归，保民而王，皆肯定民在政治中的极端重要性"，但是与此同时又认为，民众是愚而无知的，"民显然不足以为自主、自立的政治主体"。[30]尽管清末思想界在西学东渐的影响下，试图用民主思想去挖掘民本思想的新内涵，从而完成民本思想和民主思想的衔接，但是在民众尚未在政治实践中获得参与国家事务管理权利的情况下，这些努力都难以成功。

虽然民本思想不是民主思想，但民本思想仍然有两个方面的精华为中国现代民主政治的建构提供了基础。一方面是民本思想肯定民众为国家之本，这不仅意味着民众是政治主体、为政的目的，而且意味着国家是由民众组成的政治共同体，在中国近代内忧外患的历史条件下，民本思想激发了必须将传承已久的政治共同体完整保存下来的理想，同时也指出了只有依靠民众才能将由民众组成的政治共同体完整保存下来的解决问题的思路。另一方面是民本思想既将民众视为散漫无知、缺乏自主的人，又将民众视为国家之本，那么在中国现代民主政治建构的历史过程中，就必须有一种能够消除民众两种状态之间差距的政治力量，使散漫无知、不能自主的民众转变成足以决定国家命运的根本主体，中国近代对这种力量的需要就为中国共产党领导地位的确立提供了契机。民本思想的上述两个方面在中国共产党探索和实践现代民主政治的历史过程中发挥着不可或缺的作用，并且进一步同中国共产党探索和实践现代民主政治的核心经验交融，最终形成了以人为本的思想。

推动民本思想向以人为本思想发展的第一个历史动力是民众自身。民众在中华民族遭遇危机的历史关头积极投身救亡运动，尤其是在五四运动中展现出强大的力量，亲身经历过五四运动的吴玉章回忆："这是真正激动人心的一页，这是真正伟大的历史转折点。从前我们搞革命虽然也看到过一些群众运动的场面，但是从来没有见到过这种席卷全国的雄壮浩大的声势。在群众运动的冲击震荡下，整个中国从沉睡中复苏了，开始焕发出青春的活力，一切反动腐朽的恶势力都显得那样萎缩渺小，摇摇欲坠。以往搞革命的人，眼睛总是看着上层的军官、政客、议员，以为这些人掌握着权力，千方百计运动这些人来赞助革命。如今在五四群众运动的对比下，上层的社会力量显得何等的微不足道。在人民群众中所蕴藏着的力量一旦得到解放，那才真正是惊天动地、无坚不摧的。"[31]民众的强大力量使接受了海外思想影响但对中国实际缺乏系统认识的先进分子意识到，必须将广大民众纳入政治过程并将其作为中国革命的坚定基础。

毛泽东在青年时期受五四运动启发，就已经形成了"民众大联合"的观念，并且认为"民众大联合"是改造旧中国、创建新中国的"根本的一个办法"。[32]然而,中国广大民众尤其是占据人口绝大多数比重的农民却被限制在各种封建枷锁中,"政权、族权、神权、夫权,代表了全部封建宗法的思想和制度,是束缚中国人民特别是农民的四条极大的绳索"[33]。如果不打碎这些封建枷锁,中国广大民众就不可能获得政治主体地位,更不可能参与到革命进程中来从而获得参与国家事务管理的权利。因此,为了实现广大民众的解放,并且使广大民众真正成为能够行使治权的政治主体,中国就必须开展广泛深入的社会革命。毛泽东认为:"农村革命是农民阶级推翻封建地主阶级的权力的革命。农民若不用极大的力量,决不能推翻几千年根深蒂固的地主权力。农村中须有一个大的革命浪潮,才能鼓动成千成万的群众,形成一个大的力量。"[34]中国共产党满足了在社会革命中组织和动员广大民众的需要故而争得了革命领导权,广大民众在中国共产党领导下凝聚成为整体性质的政治力量——人民,中国共产党以人民为政治基础建立了人民共和国。[35]

推动民本思想向以人为本思想发展的第二个历史动力是社会主义市场经济。中国广大民众在中国共产党领导下凝聚成人民,人民构成了社会主义国家的政治基础,广大民众在社会主义国家获得了当家作主地位,但是广大民众是以集体身份和整体方式行使当家作主权利的,作为独立个体的民众在政治生活中的主体地位往往由于缺乏经济基础支撑而被漠视。社会主义市场经济改变了独立个体缺乏经济基础支撑的状态,独立个体从社会主义市场经济中获得选择自由和竞争压力,同时也从社会主义市场经济中养成牢固的权利意识。马克思就说:"个人怎样表现自己的生命,他们自己就是怎样。因此,他们是什么样的,这同他们的生产是一致的——既和他们生产什么一致,又和他们怎样生产一致。因而,个人是什么样的,这取决于他们进行生产的物质条件。"[36]随着社会主义市场经济的深入发展,独立个体越来越认识到,必须通过各种途径和方式参与国家事务、社会事务、经济文化事业的管理,才能更好地保障自己的经济社会权利、共享改革开放的成果。可以说,社会主义市场经济从人民这种整体性质的政治力量中培育了以独立个体形式存在的人,而以独立个体形式存在的人反过来又成为社会主义市场经济的核心要素。

从政治发展的角度来看，独立个体与社会主义市场经济之间的相互促进意味着，中国共产党领导的治国理政“不是简单从人民整体利益出发来考虑人的个人权利，而是以尊重人的个体权利为前提来考虑人民的最大多数人的利益”[37]。一方面在人民这个整体性质的政治力量内部日益活跃着独立个体，另一方面中国共产党领导的治国理政也日益尊重和保障独立个体的权利，因此中国共产党的指导思想也以理论创新的方式实现了与时俱进，形成了以人为本的重要思想。胡锦涛指出："坚持以人为本，就是要以实现人的全面发展为目标，从人民群众根本利益出发谋发展、促发展，不断满足人民群众日益增长的物质文化需要，切实保障人民群众经济、政治、文化权益，让发展成果惠及全体人民。”[38]由于人民群众当家作主实践经验的积累和权利意识的发展，“人民美好生活需要日益广泛，不仅对物质文化生活提出了更高要求，而且在民主、法治、公平、正义、安全、环境等方面的要求日益增长”[39]。中国共产党在中国特色社会主义新时代，从人民群众日益增长的美好生活需要来重新界定中国社会的主要矛盾，充分说明以人为本的思想已经得到深入发展，集中体现在中国共产党领导的治国理政的全部活动都必须坚持以人民为中心。

以人为本的思想一经形成就对中国共产党探索和实践现代民主政治产生了深远影响，它不仅要求民主政治必须切实保障民众通过各种途径和方式参与国家事务、社会事务、经济文化事业的管理，真正落实人民当家作主，而且要求民主政治必须是广泛的、有效的、管用的。胡锦涛指出，贯彻落实以人为本，“必须始终实现好、维护好、发展好最广大人民根本利益，尊重人民主体地位，发挥人民首创精神，保障人民各项权益，走共同富裕道路，促进人的全面发展。必须扩大人民民主，保障人民享有更多更切实的民主权利，保证人民赋予的权力始终用来为人民谋利益，更好保障人民权益和社会公平正义。必须充分发挥人民在文化建设中的主体作用，加强文化建设，明显提高全民族文明素质，使人民基本文化权益得到更好保障。必须加快推进以改善民生为重点的社会建设，努力形成社会和谐人人有责、和谐社会人人共享的生动局面，努力使全体人民学有所教、劳有所得、病有所医、老有所养、住有所居。”[40]不难发现，以人为本的思想拓展了现代民主政治的内涵和外延，全过程人民民主是用以人为本来指导人民民主的实践积累到一定程度后水到渠成的结果。

以人为本是全过程人民民主最直接的思想渊源，在发展全过程人民民主的过程中，既要坚持以人为本的思想又要根据新的经验继续发展以人为本的思想。全过程人民民主自然要以人民群众的美好生活需要作为出发点，以满足人民群众的美好生活需要作为落脚点，因此坚持以人民为中心的发展思想、坚持民心是最大的政治的价值立场，就成为了以人为本思想在新时代的两大特质。进而论之，以人民为中心的发展思想和民心是最大的政治的价值立场，将在发展全过程人民民主的历史实践中发展关键的定向引导作用。

第四节　以协商求团结思想

以协商求团结同样是中华优秀传统文化的重要内容，它在中国古代政治文明中发挥着关键作用。中国共产党在探索实践现代民主政治的过程中，继承了以协商求团结这一优秀文化传统，并且从马克思主义基本原理出发，对以协商求团结进行了创造性应用，故而使以协商求团结成为了全过程人民民主的重要思想渊源。人民是整体性质的政治实体，通过协商实现团结就是在中国共产党领导下达成广泛的统一战线进而将绝大多数群众团结成一个整体，在此过程中发展起来的协商民主，则成为了全过程人民民主的基本形式。

人之所以是人，并不在于其生物特质而在于其社会特质，因为人存在于社会之中故而是人。马克思就说："人的本质不是单个人所固有的抽象物，在其现实性上，它是一切社会关系的总和。"[41]虽然人必须在社会中存在，但是生活于社会之中，人又不可避免地产生各种各样的矛盾，矛盾必须得到限制和解决，否则将会破坏人所结成的、赖以生存和发展的社会。为了避免社会由于人之间的矛盾而被破坏，就需要从团结的目的出发有效地控制和解决矛盾，"人是非团结不能生存的"[42]。团结需要基础，在人类社会发展中，最早构成团结基础反而是人的自然特质，也就是血缘。血缘是在漫长的人类社会发展中构造团结的重要资源，人类基于血缘关系而形成民族，又基于联姻而结成部落和部落联盟，可以说最早的共同体其实就是血缘共同体。

对于中国而言，血缘关系在制造团结上的作用更显突出和重要，集中体现在中国长期以来一直是伦理本位的社会。和西方在氏族社会解体的基础上进入国家时代不同，中国是在氏族社会的基础上进入国家时代的，这就是人们所熟知的“积家成国”的发展道路。“积家成国”意味着血缘在国家时代仍然扮演着关键作用，西周就是以血缘关系为纽带封建诸侯从而建造了政治大一统的王朝国家。[43]当然，血缘关系并不足以长期维持国家时代的团结，广大疆域和众多人口势必不断稀释血缘纽带，人类社会必须寻找其他制造团结的资源。在春秋时期，礼崩乐坏，长期存在于国家之中的氏族终于解体了，但是家族作为依靠血缘关系团结的共同体却保存了下来，血缘依靠家族仍然顽强地发挥着制造团结的作用。[44]

吕思勉说：“在有史时期，血缘是人类团结的一个重要因素。人恒狃于其所见闻，遂以此为人类团结惟一的因素，在过去都是如此，在将来也非如此不可了。其实人类的团结，并非是专恃血缘的。”[45]在血缘纽带不足以制造超大规模社会的团结时，就必须从人的社会特质出发重新发掘制造团结的资源，这就是人与人之间的合作。其实，即使是在血缘纽带足以制造社会团结的时代，中国古代社会的团结也并不是完全依靠血缘关系，人与人之间的合作同样在发挥作用，只不过在制造团结的过程中并未占据首要地位。但是，伴随着社会的发展演变，通过人与人之间的合作达成团结终于占据了首要位置。所谓通过人与人之间的合作实现团结，主要就是指精英之间的合作。秦汉重建了政治大一统之后，知识精英成了联系国家与社会之间的纽带，秦朝以吏为师，汉朝则确立了儒家思想的统治地位，并且进一步推行察举征辟制度，于是全国各地的知识精英能够源源不断地汇集到政权中来，出任官职、担负责任。

隋唐时期开始实行科举制，科举制使知识精英同中国古代国家政权之间的联系更加紧密，充任国家官职的知识精英在来源上更加多元化。钱穆就非常看重科举制在中国古代发挥的团结功能，他认为从察举征辟制度开始，“中国政权，却因此开放给全国各地了。从此以后，无论选举或考试，都是分区定额的。经济文化落后的地区和经济文化进步的地区，都一样照人口比例来考选。因此中央政府里，永远有全国各地域人民之参加，不致偏荣偏枯。因此中国政府，始终是代表着全国性的，全国人民都有跑进政府的希望。而且实际上，也是全国各地永远都有人跑进中央政府的。又汉制郡县长官，例须避用本郡本县人，如是则中央政府既是绝对的代表全国性的，而地方政府却又竭力避免其陷入地方性。这样才可使大一统的局面，永远维持。而全国各地方声教相通，风气相移，却可使各地文化经济水准，永远走向融和，走向平均，不致隔离，不致分离”[46]。其实，察举征辟制度和科举制之所以能够将整个国家团结起来，关键在于能够实现知识精英之间的合作，而知识精英具有共同的思想基础即儒家意识形态，则是他们能够实现合作的关键所在。

非常值得关注的是，在知识精英实现合作的过程，协商作为一种因素得到了孕育和发展。协商就是商量，在中国古代政治中，协商就是指行使权力的知识精英围绕着决策中的具体问题进行商量。当然，这里的意思并不是说在以血缘为纽带组成的共同体中没有协商，只是表明在以知识精英之间的合作实现团结的共同体中，协商已经成为一种制度性程序，故而能够作为一种常态在政治生活中存在和发挥作用。就中央政府而言，隋唐建立了三省六部制的中央政府，协商是三省运作的机制，举其要者有三，一是中书省掌政策制定、门下省掌封驳之权，两省之间必须协商才能政令畅通，二是在中书省内部议定政令时，中书舍人各陈所见，是为“五花判事”，三是群相制分散了宰相之权，群相必须协商以共治。“此等制度，可谓宏大又兼精密。”[47]就基层政府而言，由于科举制度的推行，中国社会中出现了分布在国家各地同时又同政权中的官员联系在一起的士绅群体，这个群体利用自身的知识优势和社会地位开始在基层发挥治理功能，于是在明清时期形成了“双轨政治”，即在县以上的国家权力轨道之外形成县以下的宗族权力轨道，协商不仅在宗族内部治理中发挥着重要作用，而且县政权同宗族的衔接也有赖于协商，其中的关键之处在于，县政权的政令在很大程度上需要宗族长老的配合才能贯彻，双方的矛盾也需要通过协商来解决。[48]

协商在解决政治生活中的矛盾从而实现团结上的重要作用，被中国共产党继承并发扬光大，进而贯彻在探索和实践现代民主政治的历史过程中。中国共产党认识到，要想取得革命胜利就必须尽可能地团结一切可以团结的力量，于是实行了统一战线的革命战略和策略，统一战线则把协商作为一种政治基因编辑到中国共产党领导的革命和治国理政之中，因为协商是统一战线内部的基本活动方式。毛泽东指出："在一切有愿意和我们合作的民主党派和民主人士存在的地方，共产党员必须采取和他们一道商量问题和一道工作的态度。那种独断专行，把同盟者置之不理的态度，是不对的。一个好的共产党员，必须善于照顾全局，善于照顾多数，并善于和同盟者一道工作。"[49]在社会主义制度确立之后分析当代中国政府时，毛泽东总结道："我们政府的性格，你们也都摸熟了，是跟人民商量办事的，是跟工人、农民、资本家、民主党派商量办事的，可以叫它个商量政府。"[50]不难发现，毛泽东是将协商作为中国政府的特性来看待的，协商或者说商量之所以能够成为界定中国政府的特性的要素，根本原因就在于协商能够实现绝大多数群众的团结，从而为党和政府赢得深厚的政治支持。

协商因中国共产党在统一战线上取得的巨大成功而成为人民共和国国家制度体系中的基本构成，并且因中国社会的结构性转型而获得了强劲发展动力从而成为中国特色社会主义民主政治的两种重要形式。习近平指出："有事好商量，众人的事情由众人商量，找到全社会意愿和要求的最大公约数，是人民民主的真谛。涉及人民利益的事情，要在人民内部商量好怎么办，不商量或者商量不够，要想把事情办成办好是很难的。我们要坚持有事多商量，遇事多商量，做事多商量，商量得越多越深入越好。涉及全国各族人民利益的事情，要在全体人民和全社会中广泛商量；涉及一个地方人民群众利益的事情，要在这个地方的人民群众中广泛商量；涉及一部分群众利益、特定群众利益的事情，要在这部分群众中广泛商量；涉及基层群众利益的事情，要在基层群众中广泛商量。在人民内部各方面广泛商量的过程，就是发扬民主、集思广益的过程，就是统一思想、凝集共识的过程，就是科学决策、民主决策的过程，就是实现人民当家作主的过程。这样做起来，国家治理和社会治理才能具有深厚基础，也才能凝聚起强大力量。"[51]在中国特色社会主义新时代，中国共产党对于协商在政治发展中的战略地位和关键作用已经形成了系统性的认识，这些又成了全面发展全过程人民民主的重要思想资源。

协商因其能够实现团结故而发展成为中国特色社会主义民主政治的重要形

式，然而协商民主的意义却超越了协商民主本身，聚焦于实现绝大多数群众的团结上。习近平对此有深刻的分析："在中国共产党统一领导下，通过多种形式的协商，广泛听取意见和建议，广泛接受批评和监督，可以广泛达成决策和工作的最大共识，有效克服党派和利益集团为自己的利益相互竞争甚至相互倾轧的弊端；可以广泛畅通各种利益要求和诉求进入决策程序的渠道，有效克服不同政治力量为了维护和争取自己的利益固执己见、排斥异己的弊端；可以广泛形成发现和改正失误和错误的机制，有效克服决策中情况不明、自以为是的弊端；可以广泛形成人民群众参与各层次管理和治理的机制，有效克服人民群众在国家政治生活和社会治理中无法表达、难以参与的弊端；可以广泛凝聚全社会推进改革发展的智慧和力量，有效克服各项政策和工作共识不高、无以落实的弊端。"[52]这就是说，从团结的局面和目的出发，通过协商民主来协调人民内部的各种关系、妥善解决人民内部的矛盾，从而巩固和强化团结以构造亿万中国人的同心圆，并且进一步依靠由绝大多数人团结而成的人民力量去创造美好生活。

在全面发展全过程人民民主的过程中，以协商实现团结有着极其重要的意义。"从民主创造国家治理和社会进步的角度讲，协商民主对中国的发展更具有全局性和根本性。"[53]中国共产党不仅将协商团结作为全过程人民民主的思想渊源，从而将协商"深深嵌入了中国社会主义民主政治全过程"，使协商民主成了"中国社会主义民主政治中独特的、独有的、独到的民主形式"[54]，而且从协商团结的角度丰富和发展了民主政治的内涵，民主政治不是个人、群体、利益集团、党派为了狭隘利益进行的争权夺利，而是在以各种途径和形式共同参与国家事务、社会事务、经济文化事业管理的过程中团结协作，凝聚成为一个整体，共创美好生活。以协商团结为思想渊源的全过程人民民主，就是这种被丰富和发展了内涵的现代民主政治。

第五节　代表政治理论

全过程人民民主是现代民主政治，代表政治理论作为支撑现代民主政治的重要思想基础，同样也在全过程人民民主中发挥着重要作用，并构成了全过程人民民主的重要思想渊源。但是，作为全过程人民民主思想渊源的代表政治理论，并不是完全从西方国家借鉴来的，而是在中国共产党探索实践现代民主政治的历史过程中逐渐发展起来的，因此在内涵上要比西方政治学中的代表政治理论更丰富。代表政治不仅意味着人民群众要选举代表组成国家机关行使国家权力，而且意味着中国共产党始终在维护和发展人民的根本利益的基础上赢得了民心从而成为人民的代表。这种代表政治理论，是从中国共产党领导人民治国理政的历史实践中生长出来的，因而能够同发展全过程人民民主相契合。

汉娜·皮特金对代表理论进行了系统性研究，根据她的归纳，现代政治中的代表具体包括五种类型。第一是授权，即代表必须得到被代表者的委托；第二是问责即代表必须对被代表者负责。这两种代表属于形式主义代表，它们关注的问题是代表是否经过法定程序产生和终止。第三是"符号代表"，即通过一种象征使被代表者出现在特定情境中；第四是"相似代表"，即代表要反映一个社会的政治构成；第五是"行动代表"，即代表的行为是否实现了被代表者的意愿。这三种代表属于实质主义代表，它们关注的问题则是什么构成了代表、代表具有怎样的特质以及代表做了什么。[55]从现代民主政治的实践来看，形式主义代表和实质主义代表都不同程度地存在于当今世界各个国家的政治过程中，所不同的主要是不同国家对于形式主义代表和实质主义代表各有侧重。

王绍光在比较分析的基础上提出了代议型民主和代表型民主的二分法。具体而言，西方工业国家的民主是代议型，它的侧重点是关注代议士如何产生，选举过程是否具有竞争性，政治制度是否带有民权、自由、程序性规则等特征；当代中国的民主则是代表型民主，它的侧重点是党和政府的施政是否代表着民众利益，政策是否满足了民众的基本需求，政治制度能否产生公平正义、良治、福利等效果。[56]当代中国的代表型民主是一种实质主义代表政治，首先，在代表谁上，党和政府是代表绝大多数民众的基本利益的；其次，在谁代表上，党员干部充当了代表民众利益的代表；再次，在代表什么上，民众的客观需求而非主观偏好是代表所要实现的标的；最后，在怎样代表上，党和政府以群众路线作为实现代表的核心机制。[57]

景跃进同样发现，当代中国政治体现了一种新代表理论的实践，他认为西方工业国家的政治是一种“选举式代表”理论的实践，当代中国政治则是一种“规律—使命式代表”理论的实践。“规律—使命式代表”理论的核心观点是，工人阶级是同现代化大生产紧密联系在一起的先进阶级，中国共产党是工人阶级的先锋队，因此中国共产党作为先锋队则集中体现了政治上的先进性。当然，在当代中国政治中，“选举式代表”同样是存在的，人民通过选举产生人民代表大会来体现人民主权同样是不可或缺的内容，但是中国共产党所体现的“规律—使命式代表”优越于“选举式代表”。[58]“规律—使命式代表”当然也是一种实质主义代表，只不过当代中国政治侧重于实质主义代表时并非完全排斥形式主义代表，“选举式代表”同样存在于中国政治实践中。

陈明明则延续了西方是“代议制”、中国是“代表制”的类型分析思路，进一步提出了系统的代表制政府理论。代表制政府理论的核心内容是认为代表制存在两个关系结构，一个是“国家—人民”关系结构。另一个是“政党—群众”关系结构。就“国家—人民”关系结构而言，它遵循着人民主权原则，通过选举实现定期的授权，并借助罢免实现问责。这是代表制的形式主义面相，显而易见，代表制吸收了现代民主政治的基本元素。就“政党—群众”关系结构而言，中国共产党是先锋队性质的党，它对民众的代表不是基于社会契约论，而是基于党的性质和宗旨，通过为国家社会谋发展、为中华民族谋复兴、为人民群众谋幸福的政治实践而获得了“实质性授权”或者说“信托”。这是代表制的实质主义面相，集中体现了中国共产党对于代表政治理论的独特创造。至关重要的是，“国家—人民”和“政党—群众”两个关系结构是相互嵌入、有机统一的，将它们衔接起来并构成了代表制政府的根本的内容是人民意志，而人民意志则是民心和民意的统一，是党主张和民众需要的统一，是国家整体利益和公民个体利益的统一。[59]

由上述讨论就能够发现，当代中国政治不仅借鉴吸收了现代政治的代表理论，而且在实践一种不同于西方代表理论的新代表政治理论。当代中国政治中的代表理论本身是中国共产党探索实践现代民主政治的产物，是中国共产党为了将人民主权具体落实为人民当家作主而创造的新理论，而且对社会主义民主政治也产生了强大的塑造效应，在全面发展全过程人民民主的过程中，中国共产党创造的代表政治理论同样构成了重要思想渊源。

中国共产党创造的代表政治理论是一种兼具实质主义代表和形式主义代表、并且以实质主义代表为主的代表理论。首先，人民主权是代表政治的基础，中国共产党的使命就在于将广大民众凝聚起来，进而使人民在中国共产党和广大民众密切结合的基础上形成，这样的人民就不再是抽象整体，而是整体性质的政治实体，只有这样的人民才能掌握主权、控制最高国家权力。[60]其次，政治上的先进性是代表政治的关键，中国共产党是先锋队性质的党，政治上的先进性是中国共产党的命脉所在，中国共产党必须始终保持政治上的先进性、保障先锋队性质，才能将广大民众凝聚成为人民，才能依靠人民执政，通过科学理论指导、高效组织动员体系、合理政策制定和执行，实现广大民众的基本利益、不断满足人民群众的美好生活需要。再次，人民代表大会制度是代表理论的基本实践形式，人民代表大会是国家权力机关，国家权力机关代表人民利益，中国共产党根据宪法和法律规定的程序运作人民代表大会，实现对国家权力机关的领导。最后，群众路线和统一战线是代表理论的两个主要实现机制，中国共产党的各级组织、全体党员干部和国家机构及其工作人员，在贯彻落实群众路线和统一战线的过程中同广大民众进行持续的、有约束力的互动，了解民情、汇集民意、守护民心。

从全过程人民民主的角度来分析，中国共产党在实践中创造的代表政治理论，对于实现全过程人民民主高质量发展而言有着以下方面的思想引导作用。

首先，实质主义代表意味着全过程人民民主必须是实质民主。全过程人民民主不是用来看的，也不是用来装点门面的，而是必须将人民主权具体落实为人民当家作主，只有当广大民众能够通过多种途径和形式，管理国家事务和社会事务、管理经济文化事业，人民才是有权利的，才是人民当家作主，因此人民主权才不是一种抽象的原则，而是一种政治实践状态。中国共产党在探索实践现代民主政治的过程中，从其确定必须将人民主权具体落实为人民当家作主之时起，就决定了社会主义民主政治必须实践实质主义代表，全过程人民民主也只能是实质民主。从实质主义代表的角度来说，人民当家作主还必须进一步取得保障广大民众的基本利益这一效果，只有通过人民当家作主调动广大群众的积极性、主动性、创造性，不断满足人民群众的美好生活需要，全过程人民民主才是最真实、最广泛、最管用的民主。

其次，实质主义代表意味着中国共产党始终是人民利益的坚定维护者，而中国共产党要做到始终代表人民利益，始终为人民服务，就必须始终是先锋队性质的党，必须始终保持政治上的先进性。对于一个长期执政的马克思主义政党来说，中国共产党面临着"执政考验、改革开放考验、市场经济考验、外部环境考验的长期性和复杂性"，面临着"精神懈怠危险、能力不足危险、脱离群众危险、消极腐败危险的尖锐性和严峻性"，[61]因此中国共产党必须以自我革命的精神推进全面从严治党。通过全面从严治党来推进自我革命，从而保障中国共产党的先锋队性质，是中国共产党保持生机和活力、保障政治上的先进性的根本途径。[62]中国共产党只有始终保障先锋队性质、始终保证政治上的先进性，才能同广大群众密切联系，与时俱进，运用不断发展的科学理论指导实践，制定和执行符合实际的方针政策，最终领导人民共同创造美好生活、不断实现和发展人民群众的基本需要和根本利益。

最后，形式主义代表意味着全过程人民民主必须全面落实民主选举、民主协商、民主决策、民主管理、民主监督。民主选举、民主协商、民主决策、民主管理、民主监督构成了一个完整的民主政治过程，这种完整性必然要求成熟的、可操行性的制度程序，否则无法保障民主选举、民主协商、民主决策、民主管理、民主监督。在发展全过程人民民主的过程中，形式主义代表不能一般地要求实现民主的制度化、规范化、程序化，而是必须围绕着如何将权力关进笼子里、如何保障人民群众的合法权利不受侵害、如何实现国家公职人员的政治责任、如何扩大公民有序政治参与来推进民主的制度化、规范化、程序化。

我国已经形成了以中国共产党领导制度为根本领导制度，以人民代表大会制度为根本政治制度，以中国共产党领导的多党合作和政治协商制度、民族区域自治制度、基层群众自治制度为基本政治制度的全过程人民民主制度体系，民主选举、民主协商、民主决策、民主管理、民主监督贯穿在这个制度体系之中。因此，只有实现了民主选举、民主协商、民主决策、民主管理、民主监督的制度化、规范化、程序化，全过程人民民主制度体系才能有效运转起来，社会主义民主政治才能实现高质量发展。

概括而论，代表政治理论是现代民主政治的思想基石，在近代中国被强制性纳入资本主义世界体系之后，代表政治理论作为一种能够建构新国家的资源开始在中国传播，并且逐渐为当时中国的先进分子接受。中国共产党根据马克思列宁主义的理论，立足长期以来的政治经验，创造了新的代表政治理论。这种新的代表政治理论不仅实践于中国共产党领导人民治理国家的具体过程中，而且也构成了发展全过程人民民主的重要思想渊源。

第六节　社会主义法治思想

法治是现代政治文明的核心要素之一，中国共产党对于法治的探索实践晚于对民主政治的探索实践，然而伴随着中国共产党对民主政治的认识日益深刻，法治和民主政治之间的紧密关系被党所认识到，从而使党将依法治国确立为治理国家的基本方略。中国共产党全面依法治国意味着社会主义法治已经在中国特色社会主义事业中扎下根系，社会主义法治一方面能够从全面依法治国中获取经验从而实现发展，另一方面也成为中国共产党领导中国特色社会主义政治建设的关键资源。如果说没有民主就没有社会主义，那么也可以说，没有社会主义法治，就没有健全、高质量的社会主义民主政治。因此，社会主义法治是全过程人民民主的重要思想渊源。

中国共产党对于法治的认识和探索实践是从宪法开始的，并且从一开始就和民主政治联系起来认识。毛泽东在分析这个问题时指出："不论是英国、法国、美国，或者是苏联，都是在革命成功有了民主事实之后，颁布一个根本大法，去承认它，这就是宪法。"[63]由此不难发现，在毛泽东看来，民主政治之所以具有同一性就在于宪法，宪法将已经形成的民主事实确定下来，由宪法继续调控民主政治实践，使民主政治实践接受宪法的规范。毛泽东在此时形成的关于宪法、民主政治之间关系的认识，后来进一步具体体现在中华人民共和国的宪法制定中。毛泽东在1954年修改审定宪法草案时强调，宪法必须以事实为根据，并且将事实巩固下来，这个事实就是“工人阶级领导的、以工农联盟为基础的人民民主国家已经巩固地建立起来”[64]。这个事实实际上体现了民主原则和社会主义原则，“用宪法这样一个根本大法的形式，把人民民主和社会主义原则固定下来”。[65]

发展社会主义民主政治必须依靠宪法，一方面要用宪法来巩固已经形成的社会主义民主政治，另一方面要用宪法来规范、调控社会主义民主政治从而推动其进一步发展，就成为中国共产党的思维方式和理论判断。邓小平在改革开放之初就强调：“为了保障人民民主，必须加强法制。必须使民主制度化、法律化，使这种制度和法律不因领导人的改变而改变，不因领导人的看法和注意力的改变而改变。”[66]随着社会主义民主政治建设越来越走向规范化、制度化、程序化，中国共产党在宪法的基础上进一步形成了依法治国的思想。党的十五大报告指出：“建设有中国特色社会主义的政治，就是在中国共产党领导下，在人民当家作主的基础上，依法治国，发展社会主义民主政治。”[67]江泽民对依法治国蕴含的逻辑进行了深入阐述，他指出：“依法治国，是党领导人民治理国家的基本方略，是发展社会主义市场经济的客观需要，是社会文明进步的重要标志，是国家长治久安的重要保障。党领导人民制定宪法和法律，并在宪法和法律范围内活动。依法治国把坚持党的领导、发扬人民民主和严格依法办事统一起来，从制度和法律上保证党的基本路线和基本方针的贯彻实施，保证党始终发挥总揽全局、协调各方的领导核心作用。”[68]胡锦涛在依法治国目标的基础上进一步明确“全面推进依法治国”的核心任务，他指出，“法治是治国理政的基本方式。要推进科学立法、严格执法、公正司法、全民守法，坚持法律面前人人平等，保证有法必依、执法必严、违法必究”，在全面推进依法治国的过程中，“更加注重发挥法治在国家治理和社会管理中的重要作用”。[69]虽然依法治国被定为中国共产党领导人民治理国家的基本方略，但是依法治国所要表达的关键内涵则是社会主义法治。

社会主义法治可以从实质法治和程序法治两个方面来理解。实质法治就是指法律秩序的“合道德性”，也就是说，法治内在的包含着一定的价值规范，这些价值规范构成了法律秩序的内核，是法律秩序被理解和被解释的基础和边界。社会主义的实质法治就是指中国共产党的宗旨和意识形态，其基本内容则是关于国家、社会和人民何去何从的政治正确性规范。[70]具体来说，社会主义的实质法治集中体现在宪法上，具体表现为宪法对于一系列事实、原则和价值的确定上。习近平指出："我国宪法以国家根本法的形式，确立了中国特色社会主义道路、中国特色社会主义理论体系、中国特色社会主义制度的发展成果，反映了我国各族人民的共同意志和根本利益，成为历史新时期党和国家的中心工作、基本原则、重大方针、重要政策在国家法制上的最高体现。"[71]宪法不仅是根本法，而且是党和人民意志的最高体现，"我们可以清楚地看到，宪法与国家前途、人民命运息息相关。维护宪法权威，就是维护党和人民共同意志的权威。捍卫宪法尊严，就是捍卫党和人民共同意志的尊严。保证宪法实施，就是保证人民根本利益的实现。只要我们切实尊重和有效实施宪法，人民当家作主就有保证，党和国家事业就能顺利发展，反之，如果宪法受到漠视、削弱甚至破坏，人民权利和自由就无法保证，党和国家事业就会遭受挫折"[72]。

宪法的内容之所以构成了社会主义的实质法治，其原因就在于宪法是党和人民意志的集中概括，同时是人民根本利益的集中概括。实施依法治国，必须坚持中国共产党领导、坚持人民主体地位，必须始终保障好和发展好人民的根本利益。进而论之，中国共产党实施依法治国实现的和不断完善的法治，之所以是中国的、社会主义的，根本原因也在于法治的实质内容是党和人民的意志、人民的根本利益。

程序法治就是指法律秩序的"合规则性"，也就是说法治是由一整套完整的明确的可操作的形式规则组成，并且这些形式规则具有内在的逻辑自洽性，符合形式主义的逻辑推演。[73]社会主义的程序法治就是指中国共产党的领导必须依靠社会主义法治，以依法治国作为中国共产党领导人民治理国家的基本方略，以依法执政作为中国共产党执政的基本方式，依法执政是社会主义法治的关键所在。习近平指出："我们要坚持党总揽全局、协调各方的领导核心作用，坚持依法治国基本方略和依法执政基本方式，善于使党的主张通过法定程序成为国家意志，善于使党组织推荐的人选成为国家政权机关的领导人员，善于通过国家政权机关实施党对国家和社会的领导，支持国家权力机关、行政机关、审判机关、检察机关依照宪法和法律独立负责、协调一致地开展工作。各级党组织和党员领导干部要带头厉行法治，不断提高依法执政能力和水平，不断推进各项治国理政活动的制度化、法律化。各级领导干部要提高运用法治思维和法治方式深化改革、推动发展、化解矛盾、维护稳定能力，努力推动形成办事依法、遇事找法、解决问题用法、化解矛盾靠法的良好法治环境，在法治轨道上推动各项工作。我们要健全权力运行制约和监督体系，有权必有责，用权受监督，失职要问责，违法要追究，保证人民赋予的权力始终用来为人民谋利益。”[74]

社会主义法治是实质法治和程序法治的统一。从注重宪法到注重依法办事，从依法治国和依法执政到系统的法治思想，不仅说明中国共产党对于法治的认识在不断发展，而且意味着中国共产党对于法治和民主之间关系的理解更为深入。发展社会主义民主必须依靠社会主义法治提供保障，社会主义民主和社会主义法治必须相互促进，全过程人民民主表明中国特色社会主义政治发展进入了新时期，要实现社会主义民主的高质量发展就必须扎实推进全过程人民民主，而要扎实推进全过程人民民主就必须依靠社会主义法治。“制度化、规范化、程序化是社会主义民主政治的根本保障”[75]，没有社会主义法治就没有制度化、规范化、程序化，社会主义法治是扎实推进全过程人民民主的不可或缺的关键资源。

党的十八届四中全会通过的《中共中央关于全面推进依法治国若干重大问题的决定》指出：“人民是依法治国的主体和力量源泉，人民代表大会制度是保证人民当家作主的根本政治制度。必须坚持法治建设为了人民、依靠人民、造福人民、保护人民，以保障人民根本权益为出发点和落脚点，保证人民依法享有广泛的权利和自由、承担应尽的义务，维护社会公平正义，促进共同富裕。必须保证人民在党的领导下，依照法律规定，通过各种途径和形式管理国家事务，管理经济文化事业，管理社会事务。必须使人民认识到法律既是保障自身权利的有力武器，也是必须遵守的行为规范，增强全社会学法尊法守法用法意识，使法律为人民所掌握、所遵守、所运用。”[76]保障人民当家作主是一个依托政治制度体系的有效运转而具体展开的政治过程，无论是政治制度体系本身还是政治制度体系的有效运转，都需要社会主义法治来提供基本资源。发展全过程人民民主，必须“以保障人民当家作主为核心，坚持和完善人民代表大会制度，坚持和完善中国共产党领导的多党合作和政治协商制度、民族区域自治制度以及基层群众自治制度，推进社会主义民主政治法治化”[77]。

全过程人民民主是最真实、最广泛、最管用的民主，社会主义法治不仅在实现全过程人民民主的制度化、规范化、程序化上扮演着不可或缺的关键作用，而且在保障全过程人民民主最真实、最广泛、最管用上同样扮演着极其重要的作用。首先，社会主义法治的根本目的是保障和发展人民的权利和利益。习近平指出：“推进全面依法治国。根本目的是依法保障人民权益。随着我国经济社会持续发展和人民生活水平不断提高，人民群众对民主、法治、公平、正义、安全、环境等方面的要求日益增长，要积极回应人民群众新要求新期待，坚持问题导向、目标导向，树立辩证思维和全局观念，系统研究谋划和解决法治领域人民群众反映强烈的突出问题，不断增强人民群众获得感、幸福感、安全感，用法治保障人民安居乐业。”[78]其次，全过程人民民主归根结底要落实到满足人民群众对于美好生活需要上，中国共产党的依法执政和政府的依法行政对于人民群众美好生活需要的实现而言是关键条件。习近平指出：“能不能做到依法治国，关键在于党能不能坚持依法执政，各级政府能不能依法行政。”[79]其中的道理是显而易见的，因为“法律的生命力在于实施，法律的权威也在于实施”[80]，所以“法治政府建设是全面依法治国的重点任务和主体工程”[81]。中国共产党依法执政和政府依法行政是推动社会主义法治发展的直接动力，只有依法执政和依法行政，人民群众才能获得准确的预期，才能在此基础上依靠政治制度体系开展共同行动，人民群众的美好生活需要才能得到切实保障。

概括来说，社会主义法治和社会主义民主政治是共生的，社会主义民主政治的每一次发展都会推动社会主义法治的进步，社会主义法治的每一次进步又将成为推动社会主义民主政治发展的关键资源。在中华民族伟大复兴的关键历史时期，中国特色社会主义政治发展已经到了全面发展全过程人民民主的新阶段，实现全过程人民民主高质量发展更加彰显了社会主义法治在此过程中的极端重要性。社会主义法治是全过程人民民主的重要思想来源，没有社会主义法治就不可能出现完善、成熟的全过程人民民主，无论是全过程人民民主的制度化、规范化、程序化，还是全过程人民民主的真实、广泛、有效，都有赖于社会主义法治提供资源支持。

小　结

全过程人民民主是中国共产党探索实践现代民主政治的结晶。全过程人民民主的提出标志着现代民主政治在中国已经形成了成熟的实践方案，当然，这种成熟的实践方案是中国共产党在长期探索的基础上反复总结实践经验的产物。用科学理论指导实践是中国共产党领导革命、建设和发展的鲜明特色，中国共产党在探索实践社会主义民主政治的过程中，不断推进马克思主义基本原理同中国具体实际相结合、同中华优秀传统文化相结合，因而产生了一系列重要的思想和理论成果，而这些思想和理论成果又在中国共产党探索实践社会主义民主政治的过程中发挥着至关重要的思想引领作用、理论支撑作用。

具体来说，工人阶级民主理论、人民民主专政理论、以人为本思想、以协商求团结思想、代表政治理论、社会主义法治思想，都是中国共产党发展全过程人民民主的重要思想渊源。正是由于这些思想渊源在中国共产党探索实践现代民主政治的历史过程中发挥着重要作用，故而使全过程人民民主不仅具有现代民主政治的一般性质，而且具有基于中国道路、中国制度、中国文化所形成的新特点。这种新特点集中体现在以整体性质的政治力量——人民——作为根本主体和以全过程作为实践品格。我们要完整理解全过程人民民主、扎实推进全过程人民民主，离开了工人阶级民主理论、人民民主专政理论、以人为本思想、以协商求团结思想、代表政治理论、社会主义法治思想，是不可能的。

值得说明的是，全过程人民民主的思想渊源对全过程人民民主的影响并不均衡，而全过程人民民主的实践也将反哺其思想渊源。更明确地说，在发展全过程人民民主的不同阶段，不同的思想渊源发挥着不同的作用，并且由于在特定的时期全过程人民民主的实践会面临着不同的突出问题，故而某一种思想渊源就会发挥着更为关键的作用。当然，人民民主专政理论始终是中国共产党发展全过程人民民主的思想基础。与此同时，各种思想渊源也会在中国共产党发展全过程人民民主的实践中得到丰富和发展，不仅会和人民民主专政理论形成更深入的融合，而且也会在此深度融合中形成引导和塑造全过程人民民主的新思想渊源。

发达的社会主义民主政治，高质量的全过程人民民主，都有赖于丰富的富于生机活力的思想资源的支持，并且民主政治实践的发展也会推动融会贯通的思想体系的形成。中国共产党在马克思列宁主义指导下，结合中国革命的实际情况和实践经验，创造了人民民主专政理论；在中国特色社会主义新时代不断推进马克思主义基本原理同中国实际相结合、同中华优秀传统文化的过程中，中国共产党也能够创造以全过程人民民主为经验基础的中国民主理论。

注释

1. 习近平：《高举中国特色社会主义伟大旗帜　为全面建设社会主义现代化国家而团结奋斗——在中国共产党第二十次全国代表大会上的报告》，北京：人民出版社2022年版，第37页。
2.《马克思恩格斯文集》第二卷，北京：人民出版社2009年版，第52页。
3.《列宁全集》第二十三卷，北京：人民出版社1958年版，第69页。
4.《马克思恩格斯文集》第三卷，北京：人民出版社2009年版，第191页。
5. 同上书，第192页。
6.《马克思恩格斯文集》第二卷，北京：人民出版社2009年版，第564、511页。
7.《马克思恩格斯文集》第三卷，北京：人民出版社2009年版，第193—194页。
8. 同上书，第195页。
9. 同上书，第154—156页。
10.《马克思恩格斯文集》第二卷，北京：人民出版社2009年版，第52页。
11. 同上书，第44页。
12. 同上书，第103—104页。
13. 王沪宁：《政治的逻辑：马克思主义政治学原理》，上海：上海人民出版社2016年版，第110页。
14.《毛泽东文集》第三卷，北京：人民出版社1996年版，第305页。
15. 刘德厚等：《毛泽东国家学说》，武汉：武汉大学出版社1993年版，第101页。
16.《毛泽东选集》第一卷，北京：人民出版社1991年版，第158页。
17.《毛泽东选集》第二卷，北京：人民出版社1991年版，第742页。
18. 同上书，第676—677页。
19.《毛泽东选集》第四卷，北京：人民出版社1991年版，第1475页。
20. 刘建军、陈周旺、汪仕凯主编：《政治逻辑：当代中国社会主义政治学》，上海：上海人民出版社2022年版，第197页。
21.《毛泽东文集》第三卷，北京：人民出版社1996年版，第305—306页。
22.《毛泽东文集》第七卷，北京：人民出版社1999年版，第211页。
23.《尚书·五子之歌》。
24.《孟子·尽心下》。
25. 张分田、张鸿：《中国古代"民本思想"内涵与外延刍议》，《西北大学学报(哲学社会科学版)》2005年第1期，第113—118页。
26. 梁治平：《为政：古代中国的致治理念》，北京：生活·读书·新知三联书店2020年版，第138页。
27. 张分田：《儒家的民本思想与帝制的根本法则》，《文史哲》2008年第6期，第18—27页。

28. 金耀基:《中国民本思想史》,北京:法律出版社 2008 年版,第 10 页。
29. 萧公权:《中国政治思想史》,北京:商务印书馆 2017 年版,第 97 页。
30. 梁治平:《为政:古代中国的致治理念》,北京:生活·读书·新知三联书店 2020 年版,第 174—175 页。
31.《吴玉章文集》下卷,重庆:重庆出版社 1987 年版,第 1065 页。
32.《毛泽东早期文稿》,长沙:湖南人民出版社 2013 年版,第 312 页。
33.《毛泽东选集》第一卷,北京:人民出版社 1991 年版,第 31 页。
34. 同上书,第 17 页。
35. 汪仕凯:《以人民为中心建构现代大一统国家:中国共产党的历史自觉》,《统一战线学研究》2023 年第 1 期。
36.《马克思恩格斯文集》第一卷,北京:人民出版社 2009 年版,第 520 页。
37. 林尚立、赵宇峰:《中国协商民主的逻辑》,上海:上海人民出版社 2016 年版,第 38 页。
38.《胡锦涛文选》第二卷,北京:人民出版社 2016 年版,第 166—167 页。
39.《习近平谈治国理政》第三卷,北京:外文出版社 2020 年版,第 9 页。
40.《胡锦涛文选》第三卷,北京:人民出版社 2016 年版,第 4—5 页。
41.《马克思恩格斯文集》第一卷,北京:人民出版社 2009 年版,第 505 页。
42. 吕思勉:《吕著中国通史》,上海:华东师范大学出版社 2005 年版,第 31 页。
43. 汪仕凯:《论政治大一统:内涵、本质和演进》,《学海》2022 年第 5 期。
44. [日]增渊龙夫:《中国古代的社会与国家》,吕静译,上海:上海古籍出版社 2017 年版,第 167—168 页。
45. 吕思勉:《吕著中国通史》,上海:华东师范大学出版社 2005 年版,第 31 页。
46. 钱穆:《中国历代政治得失》,北京:三联书店 2001 年版,第 32—33 页。
47. 钱穆:《国史大纲》上册,北京:商务印书馆 1996 年版,第 397 页。
48. 费孝通:《乡土中国》,上海:上海人民出版社 2006 年版,第 149—150 页。
49.《毛泽东选集》第二卷,北京:人民出版社 1991 年版,第 526 页。
50.《毛泽东文集》第七卷,北京:人民出版社 1999 年版,第 178 页。
51.《习近平谈治国理政》第二卷,北京:外文出版社 2017 年版,第 292—293 页。
52. 同上书,第 295—296 页。
53. 林尚立:《当代中国政治:基础与发展》,北京:中国大百科全书出版社 2017 年版,第 355 页。
54.《习近平谈治国理政》第二卷,北京:外文出版社 2017 年版,第 294、293 页。
55. [美]汉娜·皮特金:《代表的概念》,唐海华译,长春:吉林出版集团有限责任公司 2014 年版,第 16 页。
56. 王绍光:《中国·政道》,北京:中国人民大学出版社 2014 年版,第 192 页。
57. 同上书,第 196—201 页。
58. 景跃进:《代表理论与中国政治——一个比较视野下的考察》,《社会科学研究》2007 年第 3 期。
59. 陈明明:《马克思主义政府原理的中国逻辑》,上海:上海人民出版社 2021 年版,第 35—49 页。
60. 汪仕凯:《将人民带回当代中国政治研究》,《政治学研究》2023 年第 2 期。
61.《习近平谈治国理政》第三卷,北京:外文出版社 2020 年版,第 48 页。
62. 汪仕凯:《先锋队政党的治理逻辑:全面从严治党的理论透视》,《政治学研究》2017 年第 2 期。
63.《毛泽东选集》第二卷,北京:人民出版社 1991 年版,第 735 页。
64. 逄先知、金冲及主编:《毛泽东传(1949—1976)》上,北京:中央文献出版社 2003 年版,第 320 页。
65. 中共中央文献研究室编:《毛泽东年谱(一九四九——一九七六)》第二卷,北京:中央文献出版社 2013 年版,第 251 页。
66.《邓小平文选》第二卷,北京:人民出版社 1994 年版,第 146 页。
67.《江泽民文选》第二卷,北京:人民出版社 2006 年版,第 17 页。
68. 同上书,第 29 页。

69.《胡锦涛文选》第三卷,北京:人民出版社2016年版,第633—634页。

70. 陈明明:《发展逻辑与政治学的再阐释:当代中国政府原理》,《政治学研究》2018年第2期。

71.《习近平谈治国理政》,北京:外文出版社2014年版,第136页。

72. 同上书,第137页。

73. 陈明明:《发展逻辑与政治学的再阐释:当代中国政府原理》,《政治学研究》2018年第2期。

74.《习近平谈治国理政》,北京:外文出版社2014年版,第142页。

75. 中共中央文献研究室编:《十八大以来重要文献选编》(中),北京:中央文献出版社2016年版,第163页。

76. 同上书,第158页。

77. 同上书,第163页。

78.《习近平谈治国理政》第四卷,北京:外文出版社2022年版,第289页。

79.《习近平谈治国理政》第二卷,北京:外文出版社2017年版,第120页。

80. 中共中央文献研究室编:《十八大以来重要文献选编》(中),北京:中央文献出版社2016年版,第164页。

81. 习近平:《高举中国特色社会主义伟大旗帜　为全面建设社会主义现代化强国而团结奋斗——在中国共产党第二十次全国代表大会上的报告》,北京:人民出版社2022年版,第41页。

第二章　全过程人民民主的价值追求

全过程人民民主是社会主义的生命，是社会主义民主在中国大地上生根发芽结出的果实。全过程人民民主与社会主义的各项基本要素紧密相关，特别是它与人的全面发展直接相连，全过程人民民主通过推动自由人的共同体建设，实现人民的主体地位。人民主权是现代民主制度的核心概念，我国的人民主权原则保障了人民民主的实现，并通过全过程人民民主的实践巩固了这一原则。以民主求独立是我国的重要历史经验，全过程人民民主与独立自主战略相适应，塑造了团结局面并推进国家治理体系与治理能力现代化。全过程人民民主遵循了现代政治文明的规律，彰显了社会主义价值观和追求，推进了国际新格局的形成和人类命运共同体的建设。全过程人民民主体现了社会主义核心价值观和中国的独特道路，有力推动国家复兴目标，展现出中国在国际舞台上的积极担当。概括来说，社会主义、人民主权、独立自主、国家复兴、文明竞合构成了全过程人民民主的价值追求，这些价值其实就是全过程人民民主的基因，它们将在中国特色社会主义新时代极大地推进全过程人民民主的发展。

第一节　社会主义

全过程人民民主是社会主义类型的民主，它是在社会主义制度已经建立的历史条件下，中国共产党领导人民实践社会主义价值的政治成果，是社会主义建设成果在政治上层建筑上的集中体现。全过程人民民主是社会主义的生命，社会主义是全过程人民民主的基本价值追求，它内在地决定了全过程人民民主的制度选择和实践形态。

在《共产党宣言》中，马克思恩格斯就已经提出，“工人革命的第一步就是使无产阶级上升为统治阶级，争得民主”。[1]社会主义是民主实践的土壤。在马克思主义政治学理论中，经济基础决定上层建筑。在资本主义社会中，资本家对生产资料的私人占有导致无产阶级被剥夺了决定自己命运的权力。而在社会主义社会中，无产阶级通过建立工人阶级专政和生产资料的公有制，实现了对社会的控制和管理，从而获得了真正的民主权力。在社会主义社会中，民主不仅体现在政治领域，也涉及经济领域。马克思主义认为，生产资料的公有制为实现经济民主奠定了基础，经济民主意味着劳动者参与决策、共同管理和分享生产成果的权利。通过建立工人自治的企业组织形式，劳动者能够参与制定生产计划、决策投资和决定工作条件等，实现了经济民主的原则。巴黎公社就把建立无产阶级民主的注意力放到经济领域。社会主义的民主形式必须是多样的，在《国家与革命》中，列宁提出：“彻底发展民主，找出彻底发展的种种形式，用实践来检验这些形式等等，这一切都是为社会革命进行斗争的基本任务之一。任何单独存在的民主制度都不会产生社会主义，但在实际生活中民主制度永远不会是‘单独存在’，而总是‘共同存在’的，它也会影响经济，推动经济的改造，受经济发展的影响等等。这就是活生生的历史辩证法。”[2]

我国是一个社会主义国家，历经探索的社会主义民主实践经验和理论被总结为“全过程人民民主”这一概念。党的二十大报告指出：“我国是工人阶级领导的、以工农联盟为基础的人民民主专政的社会主义国家，国家一切权力属于人民。人民民主是社会主义的生命，是全面建设社会主义现代化国家的应有之义。全过程人民民主是社会主义民主政治的本质属性，是最广泛、最真实、最管用的民主。”[3]全过程人民民主的实践在我国不同的历史阶段和政策背景下有不同的发展形态，但自始至终，我国的人民民主与社会主义的关系是紧密的，旨在实现社会主义的目标，保障人民的权益和福祉，并促进社会稳定和发展。

从历史上看，全过程人民民主是我国社会主义建设道路上的重要实践成果和理论总结。“全过程人民民主代表着社会主义民主对资本主义民主的超越”，[4]全过程人民民主在社会主义建设中扮演了重要的角色，通过人民的参与和对权力的制约，民主推动了社会主义事业的发展和进步。“在中国革命、建设、改革的不同时期，协商的原则与方法都有效地满足了人民当家作主的具体愿望与实际要求，构成了我国人民民主的重要实现形式。"[5]在中国的革命斗争过程中，人民的广泛参与和民主权利的普及起到了重要作用。例如，在中国的土地革命和抗日战争中，人民通过农村的土地改革、抗日根据地的建设以及群众组织的发展，实现了基层民主和人民的积极参与。新中国成立后，中国通过建立人民代表大会制度，实现了人民对国家事务的广泛参与和决策权力。在改革开放和社会主义建设过程中，更加注重基层民主的发展，"我们在实行经济体制改革的同时，积极稳妥地推进政治体制改革，努力建设有中国特色的社会主义民主政治"，[6]通过建立村民委员会、城市居民委员会等基层组织，让人民在基层事务的决策和管理中发挥作用。"党的十一届三中全会以来，中央一再强调，没有民主，就没有社会主义，就没有社会主义现代化。进行政治体制改革，就是要兴利除弊，建设有中国特色的社会主义民主政治。"[7]

从现实上看，社会主义中的元素与全过程人民民主有着广泛的关联性。首先，生产资料公有制是社会主义经济体制的核心特征之一。在生产资料公有制下，生产资料，如土地、资源等，属于全体人民和代表人民的国家所有，而不是个人或特定阶级所有。这与资本主义的私有制相对立。生产资料公有制确保了资源和财富的公平分配，避免了少数人通过私有财产获取不正当的特权。这促进了社会的公平，为民主提供了均等的基础。人民作为生产资料的共同所有者，有权参与生产和决策过程，这为人民提供了广泛参与经济和社会事务的机会，增强了人民的参与意识和责任感，有利于资源的合理利用和社会效益的最大化，符合全体人民的利益。

表 2.1　社会主义元素与全过程人民民主的关联

社会主义元素	全过程人民民主的关联
生产资料公有制	人民对生产资料的共同所有，参与决策和管理的权利
工人阶级	工人阶级作为主导力量参与国家决策和管理
无产阶级政党	整合各方力量，领导全过程人民民主
人民代表大会制度	通过选举产生的代表机构，保障人民对国家决策和管理的参与权利
基层群众自治	通过选举产生的基层组织，让居民参与基层事务的决策和管理
社会福利与社会保障	通过全过程人民民主的参与，确保社会福利的合理分配和社会保障的实现

其次，从领导阶级来看，社会主义理念认为，要解决现代社会所面临的矛盾，必须消除资本主义的私有制和阶级剥削，实现生产资料的公有制，使社会的财富和权力掌握在全体劳动人民手中，这就需要工人阶级成为社会主义事业的领导者，通过工人阶级在政治、经济和文化各方面的领导地位，推动社会主义制度的建立和巩固。工人阶级作为主导力量参与国家的决策和管理，其所采用的形式是民主的形式。同时，无产阶级政党也是社会主义的内在要求，"……从资产阶级民主到无产阶级民主、从资产阶级专政到无产阶级专政是一个具有世界历史意义的转变"[8]。社会主义社会可以通过无产阶级民主的方式，实现全体劳动者共同管理社会生产和资源，逐渐过渡到共产主义社会。而人民代表大会制度是人民当家作主的保障，在马克思主义理论中，社会主义国家通常采用无产阶级专政的形式。人民代表大会作为中国的最高权力机关，是无产阶级实行专政的重要途径之一。无产阶级通过人民代表大会制度，确保他们在政治上拥有主导地位，保障了权力的归属——"我们必须坚持国家一切权力属于人民，坚持人民主体地位，支持和保证人民通过人民代表大会行使国家权力。"[9]

最后，基层群众自治与社会福利制度也是社会主义的重要元素，它们体现在全过程人民民主中的基层民主之中，我国的基层民主要求"健全基层党组织领导的基层群众自治机制，加强基层组织建设，完善基层直接民主制度体系和工作体系，增强城乡社区群众自我管理、自我服务、自我教育、自我监督的实效"[10]。基层民主制度能更加灵活地回应基层民众的关切。基层居民直接参与决策，可以更快速地发现和解决实际问题，推动基层社区、农村以及广大劳动者民主能力的提升。这种能够贴近人民群众的决策方式是社会主义制度优势的具体体现。在这种模式下，人民在政治决策中能发挥更为直接的作用，增强了人民的主人翁意识，反映了社会主义制度对人民群众基本利益的重视。此外，我国的社会福利与社会保障也是值得关注的，例如，社会保险、医疗保障、教育体系、住房保障、就业援助、社会救助等各项制度都致力于为人民提供各项基本生活服务和保障，旨在平衡公共资源分配和人民的基本需求。保证这些福利与保障措施的真实与有效也是社会主义国家政策制定的重要议题。我国民主实践从历史走到今天，一直处于发展与完善之中。

习近平指出:“民主是全人类的共同价值,是中国共产党和中国人民始终不渝坚持的重要理念。如何把民主价值和理念转化为科学有效的制度安排,转化为具体现实的民主实践,需要注重历史和现实、理论和实践、形式和内容有机统一,找到正确的体制机制和方式方法。”[11]全过程人民民主就是在总结人民民主发展经验的基础上形成的实现人民民主高质量发展的系统方案。

从未来看,全过程人民民主将助力社会主义的发展,并使之逐步迈向自由人的共同体——“代替那存在着阶级和阶级对立的资产阶级旧社会的,将是这样一个联合体,在那里,每个人的自由发展是一切人的自由发展的条件。”[12]共产主义社会的最终目标是实现阶级的消亡,消除社会的剥削和压迫。全过程人民民主强调广大劳动人民对社会生产的直接管理和控制,使生产资料归属于全体社会成员,这是逐步消除阶级矛盾的一个重要环节。此外,自由人的共同体是一个无国家的社会,共产主义社会的远景是消灭国家的存在,让人民实现自我管理和自我调节。全过程人民民主通过强调人民群众在社会管理中的直接参与,逐渐削弱国家机器的权力,为无国家社会的发展创造条件。正如有学者指出的,“全过程人民民主是对马克思、恩格斯评价的古代氏族原生民主形态的传承弘扬,是对马克思主义主张的人民主权思想的秉持光大,是对第一个无产阶级政权巴黎公社社会主义民主实践的赓续创新”[13]。

自由人的共同体的前提是人民群众的觉悟达到一定的高度。全过程人民民主还可以推动共同的价值观和意识形态的形成。自由人的共同体需要有共同的价值观和意识形态作为精神支撑。全过程人民民主在社会主义价值观的培育和传承中起到重要作用,通过参与和民主决策,形成共同的价值观念,推动全体成员形成共识和团结。不仅增强了人们对社会事务的关心和责任心,还提高了人民群众的政治觉悟和思想觉悟,这种政治形式本身就有助于形成团结协作的社会氛围,推动共产主义意识形态的普及。

此外,共享成果和共同发展也是全过程人民民主的内在要求。自由人的共同体强调共享社会成果和共同发展。全过程人民民主通过社会公平和人民的参与,推动社会资源的公平分配,让每个人都能分享社会进步的成果,共同实现自己的发展目标。通过人民的广泛参与和民主决策，确保每个社会成员都能够在社会主义建设中发挥作用，共同创造一个公平、和谐的共产主义社会。因此，要实现自由人的共同体，就需要不断完善和深化全过程人民民主，不断推进社会主义事业的发展。

第二节　人民主权

全过程人民民主是现代民主政治，人民主权作为现代民主政治的核心原则，同样构成了全过程人民民主的基本价值追求。全过程人民民主同现代民主政治不同的地方在于，社会主义价值强化了人民主权原则，故而社会主义价值和人民主权原则高度融合，这种融合不仅要求遵循人民主权这一基本价值，而且要求将人民主权具体落实为人民当家作主。

人民主权是现代国家的理论基石，现代民主政治以人民主权为核心原则，没有人民主权就不可能有现代民主政治。“群众从封建沉睡状态中觉醒，反对一切民族压迫，为争取人民主权、争取民族主权而斗争，这是进步。”[14]人民主权的学说由霍布斯、洛克等人奠基，到卢梭处得到了较为充分的表达。人民主权是指国家的主权归属于全体人民，人民是国家的最高统治者。在实行人民主权的国家中，政治权力来源于人民，政府的合法性是由人民的授权和选择所决定的。这一原则强调政治权力应该受到人民的监督和制约，政府应该为人民服务，并为人民的利益和福祉而存在。

人民主权的关键是在国家的宪法和法律上、制度上和机制上体现出这一原则。在历史上，各个现代国家都进行了不同的尝试，例如，美国的建国者詹姆斯·麦迪逊和亚历山大·汉密尔顿等人对美国宪法的民主原则的坚持作了重要贡献。托克维尔在分析美国的民主的时候就指出了民主与人民主权的密切关系，他认为“人民主权原则，一向或多或少地存在于几乎所有的人类社会制度的深处，通常隐而不现。人们服从它，但又不承认；即使有时它在片刻之间出现，人们也会立刻赶忙把它送回到圣殿的幽暗角落”，但人民主权实则需要“被民情所承认，被法律所公布的；它可以自由传播，不受阻碍地达到最终目的”[15]，在托克维尔看来，用民主彰显人民主权，是实现人民主权的关键。

在现代国家的发展过程中，“在以人民主权的名义取代旧贵族和国王统治的资产阶级已经登场的情况下，被人民主权激励的人数众多正走入历史的人民却必须予以适当的政治安顿”。[16]因此，人民主权的原则逐步与民主制度、选举、代议制等相关联。民主被认为是一种现代的政治制度或政治文化，它体现了人民主权的实际运行。民主制度通过选举、投票和公开讨论等机制，让人民能够直接参与政治决策，从而实现人民对政治的控制和参与。民主不仅是一种政治形式，更是一种价值观和政治文化，强调人民在政治中享有参与决策、表达意见、监督政府等方面的权利。因此，人民主权原则是民主政治的基础和前提。只有当政治权力来自人民，以人民的意愿为中心，并且允许人民广泛参与政治决策时，民主政治才能得以实现。同时，民主制度又是实现人民主权的有效途径，它让人民的意愿和诉求能够通过选举和表决等方式得到体现，进而影响政治决策的结果。概言之，人民主权和民主是相辅相成、密不可分的。人民主权是民主政治的基石，民主政治则是实现人民主权的实际体现。在民主政治中，人民主权得到尊重和实践，而人民的广泛参与又推动和加强了民主政治的发展。

人民主权原则保障了人民民主的实现，我国的人民主权观念是对现代主权观念的发展和超越，本质上是将阶级意义上的人民作为了国家主权的拥有者。民主是人类的共同价值。近代以来，西方国家纷纷建立了资产阶级民主制度。马克思深刻批判了资产阶级民主，主张通过无产阶级的革命斗争，超越资产阶级民主，建立真正的人民民主制度。[17]随着人民概念在“人民—敌人”这一统战意蕴中的发展，中国的人民主权观念又在马克思主义阶级主权的基础上，按照社会主义的本质要求在不同的历史时期不断得到扩展。[18]

我国的人民主权是历史的必然产物，有坚实的制度支撑。中国共产党的成立标志着中国工人阶级政治觉悟的觉醒，提出了人民主权的理念，代表工人阶级和广大劳动人民的利益，积极推动社会主义革命和建设。在中国的革命过程中，大量农民、工人和知识分子参与其中，为推翻封建主义和帝国主义而奋斗，使得人民主权的意识形态得到进一步觉醒。中华人民共和国成立，人民代表大会制度作为根本政治制度得以确立。这一制度将人民主权原则体现在国家的最高决策机构，强调人民代表大会是全国人民意志的集中体现。随着国家和社会的发展，社会主义民主制度得到进一步完善。同时也注重建设社会主义法治国家。通过强化法律保障和司法体系，人民的权利和利益得到更好的保护，人民主权原则在法治环境中得到更充分的体现。

在制度上，我国的人民主权原则首先体现为人民代表大会制度。宪法规定："人民行使国家权力的机关是全国人民代表大会和地方各级人民代表大会。""全国人民代表大会和地方各级人民代表大会都由民主选举产生，对人民负责，受人民监督。"[19]人民代表大会制度拥有最高的立法权、最高的决定权、最高的任免权和最高的监督权。"人民代表大会制度是符合中国国情和实际、体现社会主义国家性质、保证人民当家作主、保障实现中华民族伟大复兴的好制度。"[20]在我国，人民代表大会是代表全体人民的最高权力机关，人民通过选举，产生代表，这些代表是人民的代言人。人民代表大会制度使得人民通过选举的方式参与决策，将自己的意愿和需求通过代表传递给政府。选举代表的过程是直接民主的一种形式，人民代表大会通过将直接民主与代表民主相结合，显示了人民在社会主义建设的全过程中都应该有发言权和参与权。人民代表大会制度作为一个重要的民主制度，也是实现全过程人民民主的重要保障。通过不断完善和发展人民代表大会制度，可以进一步增强人民在政治决策中的直接参与权，推动全过程人民民主的深入发展。

人民主权原则与全过程人民民主之间是相互促进关系，一方面全过程人民民主将人民主权落实为政治实践，巩固了人民主权原则，另一方面人民主权为全过程人民民主的发展提供了精神动力；一方面全过程人民民主的实践为丰富和发展人民主权原则提供了基础，另一方面人民主权原则也为全过程人民民主理论的成熟提供了价值引导。

"全过程人民民主"这一概念在不断发展和完善。2019 年，习近平在上海考察时来到虹桥街道，听取社区开通社情民意直通车、服务基层群众参与立法工作等情况介绍时提出"人民民主是一种全过程的民主"这一重要命题，在庆祝中国共产党成立100周年大会上的重要讲话中强调“发展全过程人民民主”，在中央人大工作会议上阐述“全过程人民民主”的重大理念，在党的二十大报告中对于“全过程人民民主”进行了更为全面的概括。全过程人民民主是一种全链条、全方位、全覆盖的民主，是最广泛、最真实、最管用的社会主义民主。全过程人民民主的特征是人民主权原则的具体体现，全过程人民民主巩固了人民主权原则。

首先，全过程人民民主的广泛性巩固了人民在我国的各项政治、经济、社会生活中的主体地位。全过程人民民主之所以被认为是最广泛的民主形式，一方面是其覆盖范围广，涵盖政治、经济、社会各个方面，包括选举产生代表、参与政治决策、监督政府工作、参与社区和基层事务等，使人民在各个层面都有直接参与的权利。另一方面是其参与途径也多种多样，不仅包括选举，还包括群众性的讨论、听证会、意见征集、问卷调查等，让人民可以通过不同的方式表达意见和诉求。全过程人民民主强调权力下放和决策的民主化，使更多的人民参与到决策过程中。正是因为它在范围、途径和深度上都更加广泛，让更多的人民能够参与到社会事务中来，使人民的主体地位得到充分体现和保障。

其次，全过程人民民主的真实性巩固了我国人民对于国家权力以及其他各项权利的决定权。我国的全过程人民民主与依法治国相结合，重视法治建设，通过加强法律保障和司法体系，保障人民的权利和利益。人民可以通过法律途径维护自己的权益，在法律面前行使和捍卫自己的权利。此外，我国政治过程中还强调信息透明和公开，全过程人民民主的实施要求保障人民对信息的获取和知情权。政府和其他组织在决策和执行过程中，应当公开信息，接受公众监督，确保决策公正和权力的合法行使。这些方面的落实，使得人民的主体地位得到充分保障，人民对国家权力的掌握是真实的，是得到法律和制度保障的。

最后，全过程人民民主的管用性巩固了人民对于国家各项事业的管理效能。全过程人民民主包含了选举民主与协商民主，两者相互补充、相得益彰，共同构成了中国社会主义民主政治的制度特点和优势。“关系国计民生的重大问题，在中国共产党领导下进行广泛协商，体现了民主和集中的统一；人民通过选举、投票行使权利和人民内部各方面在重大决策之前进行充分协商，尽可能就共同性问题取得一致意见，是中国社会主义民主的两种重要形式。”[21]将协商民主与选举民主结合起来可以充分发挥两种民主形式的优势，弥补各自的不足，保证民主的效率和有效性。协商民主的多元性、问题导向和共识凝聚有助于决策的科学性和稳定性，选举民主的直接参与和监督机制则增强了民主决策的民意基础和合法性。这样的结合有助于更好地推进社会主义民主建设和国家治理体系的现代化。所以，“全过程人民民主可以有效地确保人民民主权利的全方位、全过程实现，有力地促进决策的科学化、民主化，有利于调动人民群众的积极性和创造性”[22]。

第三节　独立自主

以民主求独立是中国共产党领导革命、建设和改革的重要历史经验。在抗日战争时期，毛泽东就指出：“把独立和民主合起来，就是民主的抗日，或叫抗日的民主。没有民主，抗日是要失败的。没有民主，抗日就抗不下去。有了民主，则抗他十年八年，我们也一定会胜利。”[23]以民主求独立，是我国革命时期的一条重要经验。民主强调广泛的民众参与和集体决策。实施民主的政权，可以使其决策经过广泛讨论和民意协商后形成，而不是由少数权力掌握者单方面决定。这种广泛的参与和凝聚力有助于团结绝大多数的民众，形成国家整体的意志和力量，为国家独立奋斗提供坚实的基础。

中国共产党不仅呼吁和实施民主制度在中国的落实，并且讲清楚了其中的民主—团结—胜利的逻辑：“没有民主不能巩固和平与真正团结，抗日要全国人民参加，没有民主则老百姓不能参加，无和平团结，无人民参加，抗战成为不可能，即战亦不能保证胜利。所以民主制度为对日抗战胜利之必要条件，非它不可。我们所以把民主问题强调起来，为的要战胜日本帝国主义。”[24]“政治制度的民主改革和人民的自由权利，是抗日民族统一战线纲领上的重要部分，同时也是建立真正的坚实的抗日民族统一战线的必要条件。”[25]此外，中国共产党一直强调民主的广泛性，“民主必须是各方面的，是政治上的，军事上的，经济上的，文化上的，党务上的以及国际关系上的，一切这些，都需要民主”[26]。只有依靠各方面的民主，才能实现各方面的统一，最终实现抗日战争的胜利，取得国家的独立。

在社会主义建设时期，民主仍然是我国保持独立自主的基础。在《关于正确处理人民内部矛盾的问题》一文中，毛泽东指出，“我们的国家现在是空前统一的。资产阶级民主革命和社会主义革命的胜利，以及社会主义建设的成就，迅速地改变了旧中国的面貌。祖国的更加美好的将来，正摆在我们的面前”，“国家的统一，人民的团结，国内各民族的团结，这是我们的事业必定要胜利的基本保证”。[27]人民是历史的创造者和社会发展的决定力量。在民主的基础上，无产阶级革命成功后建立的是无产阶级专政的社会主义国家。此时的无产阶级还需要通过“国家”这一形式履行无产阶级专政政权的社会治理与公共管理职能，以推动社会生产力继续向前发展。[28]在社会主义建设中，人民民主体制可以让广大人民群众参与国家建设和决策，确保国家的独立和自主由人民来保障和维护。

改革开放以来，中国民主理论发展先后经历了改革开放初期、世纪之交、党的十八大以来三个关键时期，其间的系列民主制度创新实践助推了民主理论与知识的累积性发展。[29]社会主义建设时期，在民主的氛围下，人们更加积极地参与社会事务，提出新的观点和建议，推动国家发展和进步。同时也用民主的方式来协调社会矛盾，积极处理各方面的矛盾和冲突，通过公开和平等的对话，减少社会矛盾的激化，维护社会稳定。此外，民主制度增强了我国在国际事务中的合作能力。在民主的基础上，国家更容易与其他国家进行平等的谈判，增进友好合作关系，实现国家的独立和自主权。

我国的民主之所以能够成为国家独立的保障，关键在于以民主塑造出的团结局面。而团结的局面既需要通过民主过程塑造，又需要通过民主制度形式予以巩固。中国共产党在以民主实现团结进而奠定独立自主的过程中，民主集中制发挥着关键作用，可以说民主集中制塑造了独立自主的基础，其中的核心内容是民主集中制在最大程度上塑造了人民群众的团结，从而为独立自主提供了坚实的基础和制度保障。

毛泽东对民主集中制塑造团结有着深刻的认识，他指出：“没有民主，就不可能正确地总结经验。没有民主，意见不是从群众中来，就不可能制定出好的路线、方针、政策和办法。如果没有民主，不了解下情，情况不明，不充分搜集各方面的意见，不使上下通气，只由上级领导机关凭着片面的或者不真实的材料决定问题，那就难免不是主观主义的，也就不可能达到统一认识，统一行动，不可能实现真正的集中。我们的集中制，是建立在民主基础上的集中制。无产阶级的集中，是在广泛民主基础上的集中。”[30]各方面的民主可以实现多样的统一与团结。“陕甘宁边区抗日根据地之所以发展，所以巩固，依靠于政治上的民主、经济上的民主与文化上的民主，团结了各阶层各党派的人民成为一条心。”[31]在这种经验的指引下，“在中国共产党的领导下，中国人民创设了人民民主专政的国体，走出了一条与西方世界截然不同的民主之路，这也是最符合中国历史社会发展逻辑、最接近民主本真意义的道路”。[32]

民主与集中的关系是我国人民民主的核心命题。“我国的社会主义民主是国体和政体的有机统一，是对人民实行民主和对敌人实行专政的内容和形式的有机统一。”[33]同时，民主集中制也是中国共产党的基本组织原则，它是一种既强调民主又强调集中的组织原则。这种组织原则塑造了中国特色社会主义的团结局面，也为国家的独立自主提供了保障。“坚持党的领导、人民当家作主、依法治国有机统一，坚持人民主体地位，充分体现人民意志、保障人民权益、激发人民创造活力”，[34]这是我国全过程人民民主的基本要求，在民主的统合下，党与国家均实施民主集中制，这一制度所形成的团结局面是中国独立自主的保障。在内部团结统一的基础上，才能进一步追求国家的独立与自主。“民主集中制是我国国家组织形式和活动方式的基本原则，是我国国家制度的突出特点。在党的领导下，各国家机关是一个统一整体，既合理分工，又密切协作，既充分发扬民主，又有效进行集中，克服了议而不决、决而不行、行而不实等不良现象，避免了相互掣肘、效率低下的弊端。”[35]

民主集中制强调党的集中统一领导，确保国家决策的高效性。在国家重大问题上，通过充分协商和集中意志，能够迅速作出决策和行动，提高国家的应对能力，维护国家独立。同时，民主集中制鼓励广泛的民主讨论和协商，尊重各方面意见，在形成共识的基础上，能够凝聚国家内部的团结和统一，形成强大的合力，有利于国家抵御外部压力，维护国家的权益。此外，民主集中制在党和国家内部建立了权力有序运行的制度。权力集中和分散相结合，既保证了民主，又使民主的原则不被滥用，有助于维护国家的长期稳定，确保国家独立自主的发展。民主集中制强调以协商的方式解决社会矛盾。通过平等协商、多元融合的方式，调解社会各方面的利益，保持社会的稳定，为国家独立的发展创造良好的社会环境。

当前的国家独立自主是一个综合的概念，包含政治、经济、文化、军事、外交等多个方面。民主制度有助于确保国家在这些方面都能够实现独立和自主，从而推进社会主义建设和国家发展。国家的独立自主表现在许多方面，主要包括政治独立，即国家在决策和管理国内事务时不受外部干涉，拥有自主权；经济独立，即国家在经济发展中有自主权，能够独立制定经济政策和发展路径；文化独立，即国家在文化传承和创新中保持独立自主，保护本国文化传统；军事独立，即国家有能力维护自身的安全和军事主权，不受其他国家军事威胁；外交独立，即国家在国际事务中独立自主地制定外交政策，维护自己的国家利益。此外还有科技独立，即国家有自主的科技研发能力，不依赖外国技术；社会独立，即国家在社会治理和社会发展中拥有自主权，能够独立应对社会问题和挑战，等等。

全过程人民民主的发展同我国的独立自主战略是相适应的，全过程人民民主在中国特色社会主义新时代的全面展开，将有利于将我国建设成为国家统一、群众和谐、民族团结的社会主义现代化强国。首先，全过程人民民主强调广泛的民众参与和集体决策，通过政治协商、法律程序等形式，充分尊重各个地区和民族的合理诉求，有利于加强国家统一。各地区、各民族在参与全过程人民民主中，共同为国家的统一和整体发展作出贡献。其次，全过程人民民主强调保障少数民族和民族地区的参与权益，充分尊重少数民族的特殊文化和习俗。在全过程人民民主的推动下，各民族之间加强交流和互动，促进民族团结和整合，维护国家民族团结稳定。因此，全过程人民民主依托于中国的社会主义民主制度，包括人民代表大会制度、基层民主等。制度的稳固和健全有利于确保人民的合法权益和社会的稳定发展，为国家的整体建设提供可靠保障。全过程人民民主的广泛参与性还能够调动社会各方面的积极性和创造力，促进综合国力的提升。调动各方面的智慧和力量共同推动国家的发展，助力中国建设成为社会主义强国。

第四节 国家复兴

全过程人民民主是以人民为中心的民主实践，以人民为中心的民主制度和民主实践能够充分释放社会活力，而人民的活力正是实现中华民族伟大复兴最深厚的动力，中华民族伟大复兴必须依靠广大群众的共同参与，所以中华民族伟大复兴反过来就要求全面发展全过程人民民主，从而为中华民族伟大复兴创造源源不断的活力。

中国共产党对发展民主和实现中华民族伟大复兴之间的关系有着明确的认识。习近平指出："人民民主是社会主义的生命。没有民主就没有社会主义，就没有社会主义的现代化，就没有中华民族伟大复兴。"[36]在改革开放至今的40余年时间里，我国政治、经济、社会各方面都表现出对发展"动力"的强烈追求，这种在和平与发展的时代主题下，由一套不断探索中的制度体系保护的契合时代发展的"动力"，使得中国赢得了改革开放以来的巨大成就。"实现中华民族伟大复兴，必须坚持以人民为中心。人民是历史的创造者，是决定党和国家前途命运的根本力量。"[37]

中国共产党一再强调，"要坚持一切为了人民、一切依靠人民，保持同人民的血肉联系，紧紧依靠人民开拓事业新局面，促进全体人民共同富裕"[38]。充分发挥出这种人民群众的主体地位，需要民主的力量。民主制度确保人民群众参与社会政治事务的权利，让人民群众成为社会活力的源泉。人民群众的参与和投入，能够激发社会的创造力和积极性，推动社会朝着进步方向发展。中国之治是14亿中国人民共同创造的，需要拥有民主精神的人民参与进来，全体人民需要有主人翁的意识，这种主人翁的意识既有对国家复兴的认同和渴望，同时也是一种现代公民的责任和使命，是对于国家治理一种难能可贵的自发自动参与公共事务的状态。要充分释放人民的内在动力，调动人民的积极性、主动性、创造性，使之投入政治、经济、社会、文化等各个方面的国家建设。

首先，民主制度能更好地平衡社会利益，促进经济发展。社会活力的增强往往伴随着"社会结构、社会组织形式、社会利益格局发生深刻变化，社会建设和管理面临诸多新课题”，[39]社会是由各个阶级和阶层组成的复杂体系，各方面利益需要得到平衡。民主制度通过广泛的民主协商和权力制衡，保障各个社会利益得到充分代表和表达。这种平衡有利于调和社会矛盾，促进社会的稳定和谐，释放社会活力。民主制度鼓励多元观点的交流，这为创新提供了更广阔的平台。在民主制度之下，有助于培育社会网络和社会信任，这对社会活力的释放具有重要意义。人们更愿意参与社会事务，形成合作网络，促进社会资源的高效利用和社会问题的解决。民主也可以成为经济发展的动力，马克思主义认为经济基础决定上层建筑，经济发展是社会进步的动力。民主制度有利于形成公平公正的市场经济环境，强调政府的透明和公开，这增加了公众对政府的信任，能够促进社会的稳定和积极参与，有利于社会的发展和活力的释放。鼓励企业家的创新，激发社会的经济活力。

其次，民主制度能更好地推动创新，加速科技等方面的发展。我国的制度建设的是要“放手让一切劳动、知识、技术、管理、资本等要素的活力竞相迸发，让一切创造社会财富的源泉充分涌流不断建立了充满活力的体制机制”[40]。在当今时代，民族复兴尤其需要科技的发展，“实现‘两个一百年’奋斗目标，实现中华民族伟大复兴的中国梦，必须坚持走中国特色自主创新道路，面向世界科技前沿、面向经济主战场、面向国家重大需求，加快各领域科技创新，掌握全球科技竞争先机”[41]。民主制度能够促进知识产权保护、开放交流、科技投入、产学研结合、公共参与和反腐机制等，这些因素共同推动了科技的创新和应用，使国家在科技领域取得较为显著的成就。

全过程人民民主是将人民主权具体落实为人民当家作主的伟大实践，而人民当家作主过程必然对人民群众的思想意识产生极大的塑造作用，因此全过程人民民主能够推进新国民意识的塑造。“一个民族的复兴需要强大的物质力量，也需要强大的精神力量。没有先进文化的积极引领，没有人民精神世界的极大丰富，没有民族精神力量的不断增强，一个国家、一个民族不可能屹立于世界民族之林。”[42]民族复兴需要凝聚共识，当今世界是一个网络技术日新月异的时代、思想文化传播格局深刻调整的时代、意识形态生成方式深刻变革的时代，思想文化和意识形态建设必须放在重要位置。全过程人民民主与社会主义政治文明互为前提和基础，“全过程人民民主建设的过程就是社会主义政治文明建设的过程。全过程人民民主建设的内容、范围、程度决定着社会主义政治文明建设的内容、范围、程度”[43]。

梁启超等思想家在革命时代就认识到，“政治及其他一切设施，非通过国民意识之一关，断不能收效”。[44]在我国的革命和建设过程中，人民群众是民主制度的创造者、运行者、受益者，在制度的创造、推进、完善过程中，既需要着力于制度化、规范化、程序化的原则，也需要重视人民群众的创造精神。随着全过程人民民主的发展，应当进一步保护人民的知情权、参与权、表达权、监督权，提高人民参与国家治理的能力，落实众人的事情由众人商量的制度化实践。只有在这些权力意识之下，每个个体才会将民族复兴与自我实现相联系。“在社会主义阶段充分发扬人民民主，使人民养成民主的思维和民主的习惯，从而为共产主义社会下的个人高度自治、自律、自由、自主奠定人性基础。”[45]

国家复兴不仅要求民众有远大的理想，也需要民众有脚踏实地、求真务实的精神。这种实干精神要求“必须清醒认识到，中华民族伟大复兴绝不是轻轻松松、敲锣打鼓就能实现的。我们面临着难得机遇，也面临着严峻挑战。在这个关键当口，容不得任何停留、迟疑、观望，必须不忘初心、牢记使命，一鼓作气、继续奋斗”[46]。社会主义的问题不在于它的可欲性，而在于它的可行性。[47]全过程人民民主让人民群众直接参与政治决策和公共事务，使公民更加了解国家政策和社会问题。回归日常生活理解民主，可以从“人”的角度进一步把握民主的价值意蕴。社会主义协商民主深度嵌入在日常生活之中，找回民主的参与价值，夯实了“参与”的社会基础。[48]这种参与有助于提高公民的政治意识和政治素养，推动国民意识向着更加成熟和理性的方向发展。

与西方选举型国家中注重选前承诺相比，全过程人民民主的一大特点是重视政策的落地效果，在整个施政过程中处处体现出求真务实的精神。求真务实，即正确把握规律，真抓实干，务求实效。求真务实是辩证唯物主义和历史唯物主义一以贯之的科学精神，是我们党的思想路线的核心内容，也是党的优良传统和共产党人应该具备的政治品格，是党的各项事业不断取得新胜利的根本保证。在全过程人民民主的实施过程中，坚持以有效性标准作为检验国家治理现代化成效的首要标准。在各级党组织、各级政府推进国家治理现代化的过程中，切实防止为创新而创新的形式主义和官样文章，聚焦于我国的民主是否真正促进了思想解放、生产力解放和社会活力的解放，是否真正促进了中国社会的秩序与活力的有机统一上。

中华民族伟大复兴必须实现国家治理体系和治理能力现代化，没有国家治理体系和治理能力现代化，中华民族伟大复兴就缺乏政治支撑，全过程人民民主是推进国家治理体系和治理能力现代化的基本动力。习近平指出："实现中华民族伟大复兴，是中华民族近代以来最伟大的梦想，也是我们这一代人的历史使命。当今世界正处在大发展大变革大调整时期，当代中国正沿着中国特色社会主义道路奋力前进。"[49]全过程人民民主是指引社会治理全面深化改革勇闯"深水区"、啃下"硬骨头"的先进政治文明成果。全过程人民民主所强调的全链条、全方位、全覆盖的民主，是最广泛、最真实、最管用的民主，与中国特色社会治理具有理论和实践层面的内在契合性，为新时代破解中国社会治理难题提供了有效路径。[50]全过程人民民主的提出是直面了当前我国政治沟通和参与的有效制度供给不足，基层社会组织发育不够健全和成熟，因此加大制度供给，主动探索民主参与方面治理体系与治理能力的良性循环。

全面推进中国式现代化，推进国家治理体系与治理能力现代化，是在坚持和完善中国特色社会主义制度这一总目标之下的一项战略决策，是实现国家复兴的重要步骤，既具有时代意义，也具有历史意义。首先，全面建设社会主义现代化强国需要能够支撑中国伟大复兴的治理体系与能力，推进国家治理体系与治理能力现代化是中共执政的制度化、体系化、常态化的体现，是中共百年建党经验和长期执政经验丰富成果的系统总结。其次，中国特色的社会主义不是一个一成不变的教条，而是一个不断发展和完善的过程，国家治理体系与治理能力的成熟、定型，并发挥出明显的效果，标志着中国共产党的执政由获得合法性阶段转入了彰显优越性的阶段。在新的阶段中，人民的获得感、社会的活力与秩序、经济与科技的发展将进入一个新的局面。再次，制度优势是国家的最大优势，制度竞争是国家间最根本的竞争，治理模式是中国道路的核心支撑，可以使中国在国际竞争中赢得比较优势。中国治理体系与治理能力现代化是在吸收世界各国的现代治理经验的基础上立足中国自身国情的重要探索，这一制度体系的推进、巩固与彰显出优越性的过程也将具有世界历史意义。

全过程人民民主是我国国家治理体系和治理能力的重要制度载体，全过程人民民主通过广泛参与、民主监督、权力制衡、信息共享、社会治理、公共参与和社会信任等方面的作用，推动了国家治理体系与治理能力的现代化发展。这种现代化的国家治理体系和治理能力，将更加贴近广大民众的美好生活需求，使国家治理过程更加高效和科学，从而在推动国家治理水平不断提升的过程中更好地推进中华民族伟大复兴。

第五节　文明竞合

人民主权的理念和民主制度是现代国家的基本特征。全过程人民民主是一种新形态的现代民主政治，它不仅遵循了政治现代化的一般规律，而且体现了现代政治文明的一般发展规律。

现代政治文明视阈下的民主包括平等和自由价值观、人民主权原则、民众的政治参与、政府的责任意识、权力的制衡等要素。首先，民主政治倡导人人平等，赋予人民在政治上自由参与和表达意见的权利。在现代政治文明中，平等和自由价值观被广泛认可，民主制度为实现这些价值提供了实际途径。其次，民主政治强调人民主权原则，即国家的权力来源于人民，为人民所用。现代政治文明普遍认为政治权力应当得到人民的授权，民主制度体现了这一原则。再次，民主鼓励政治参与，鼓励民众参与政治决策和社会事务，增强其责任意识，现代政治文明认为民众的参与是政治稳定和社会进步的重要保障。此外，民主政治还要求政府的决策具有合法性和透明度，接受公众监督，这有助于增强政府的信任度和政治稳定。最后，现代民主政治还倡导权力之间的监督与制衡，防止权力滥用。

全过程人民民主体现了现代民主制度的核心原则和普遍特征，拥有现代民主制度的核心原则，包括民主参与、人民主权、政治多元性、政府透明度和问责制以及权力制衡等。这些特征使全过程人民民主成为一种符合现代政治文明的重要民主实践。在新时代全面发展我国的政治制度，建设我国的政治文明，就需要在全过程人民民主的逻辑中明确各项制度的价值定位、建立完善的制度体系、探索政治文明发展的基本进路。在全过程人民民主的价值定位方面，既要从历史传承和现实需求中理解社会主义民主的内涵，又要在全过程人民民主的框架下明确民主的未来发展目标。在体系构建方面，应从广泛多层次的制度化入手，统筹推进民主的体系建设，并通过将民主与党的领导、依法治国、统一战线等制度有机结合，来为我国的民主体系提供制度支撑。[51]新时代发展全过程人民民主，需要从体制、制度、组织、民意四位一体的层面协调推进，实现政党统合、法治保障、党建引领、舆论引导全过程人民民主的发展格局。[52]

全过程人民民主是建设现代国家形态和政治形态的关键，是马克思主义政治学的一个重要理论命题与实践命题。马克思主义经典作家曾经提出了构建社会主义新型国家形态的基本原则，但如何建设这样一个现代国家，如何治理一个现代化的民主的社会主义国家，尚需要理论与实践的探索。这种探索在当前中国的表现形式就是全过程人民民主的理论创新和实践创新。当前，随着知识和财富的增长，人民参与政治和公共生活的意愿和能力大为增强，各种非国家行为体、非政府行为体的政治参与日益改写传统的治理格局，旧的知识体系、旧的执政方式和行政方式已经难以应对当前中国转型发展中提出的治理问题，为此，必须重新学习和研究现代社会的治理规律，发展全过程人民民主理论，为人类政治文明贡献出中国的智慧。

全过程人民民主又是一种符合我国国情的、独特的民主制度，是一种社会主义的人民民主，它彰显出社会主义建设的规律性。习近平指出："党的十八大以来，我们深化对民主政治发展规律的认识，提出全过程人民民主的重大理念。我国全过程人民民主不仅有完整的制度程序，而且有完整的参与实践。我国实行工人阶级领导的、以工农联盟为基础的人民民主专政的国体，实行人民代表大会制度的政体，实行中国共产党领导的多党合作和政治协商制度、民族区域自治制度、基层群众自治制度等基本政治制度。"[53]中国特色社会主义制度是人民民主专政的实现形式，在这种民主制度中，要求巩固工人阶级领导地位，中国特色社会主义法治体系、中国共产党全面领导制度为人民民主的发挥构筑起制度保障。[54]中国的民主理论创新和民主实践，超越了西方政治发展理论和政治制度模式，为新的民主政治奠定了坐标。其中蕴含着对民主政治发展规律性的认识，指引着人类政治文明发展的正确道路。因此，有必要明确提出建设"民主中国"的命题，并构建与之相适应的"民主中国"理论体系，以此打破西方"民主"话语的垄断。[55]

全过程人民民主作为对社会主义民主政治理论的发展，它批判性地超越了西方民主的个人主义方法论、选举制度和权力监督制约模式。全过程人民民主强调人民主体地位、多元决策和广泛的社会监督体现了其独特的学术价值和政治意义。[56]具体言之，首先，全过程人民民主坚持以人民为本，强调人民在政治决策和治理过程中的主体地位，超越了西方民主的个人主义方法论，凸显了社会主义民主的集体价值取向。其次，全过程人民民主对西方民主选举制度进行了超越。在全过程人民民主中，选举不是唯一的决策方式，而是在广泛参与、多元决策的基础上的一种重要形式。这种超越反映了对西方民主单一选举制度的批判，强调民主决策的多样性。同时，全过程人民民主还超越了西方民主权力监督制约模式。在全过程人民民主中，权力制约不仅来自政府内部的相互监督，还包括广泛的社会监督和公众参与。这种超越体现了对西方民主权力制约模式的拓展，注重维护政府与民众之间的密切互动。因此，"中国特色社会主义政治制度是中国共产党和中国人民的伟大创造。我们完全有信心、有能力把我国社会主义民主政治的优势和特点充分发挥出来，为人类政治文明进步作出充满中国智慧的贡献！"[57]

我国的全过程人民民主的成熟定型也是一个动态过程，需要把握制度的稳定性与变动性之间的辩证关系。正如有学者指出的，"就内在的思想体系性而论，全过程人民民主重大理念主要包括民主的本质评价论、结构功能论、发展战略论等"。[58]每一个方面都可以拓展出丰富的政治实践。一方面，对于我国业已形成的选举民主和协商民主，必须坚定地坚持和巩固，同时也进一步放在"两个一百年"甚至更长时段的大历史视野下来不断审视，对于这些制度细节与时俱进的不断完善、对于这些制度体系的不断丰富是一项长期而艰巨的历史任务。另一方面，我国的全过程人民民主还应积极回应时代的要求，填补制度体系的空白点，研究和部署满足人民对美好生活新期待的必备的制度，需要持续不断的自主创新，永立时代潮头，紧跟历史潮流，以宽广博大的胸怀虚心学习、吸收和借鉴一切优秀的人类文明成果为我所用，勇于自我革命，勇于推出具有时代意义的新的重大制度。

全过程人民民主诚然是社会主义类型的民主，但同时也是现代民主政治的一种新类型，在社会主义价值的塑造下，全过程人民民主将人民主权具体落实为人民当家作主，从而创造了现代民主政治的新境界。发展全过程人民民主不仅对中国国家复兴而言有着非凡作用，而且对于世界而言亦具有重大意义，集中而论，全过程人民民主将为国际新格局形成注入动力，进而贡献于人类命运共同体的建设。

全面推进全过程人民民主是建立在综合研判世界发展大势的基础上的。当今世界正在经历着百年未有之大变局，一方面，世界各国的保护主义、单边主义、民粹主义等上升，世界经济呈现出低迷的趋势，全球市场萎缩。国际局势呈现出复杂性和不确定性的状态，政治、经济、科技、意识形态等方面的斗争在加剧。另一方面，新一轮的科技革命和产业革命正在蓬勃兴起，从长远看，全球的经济、科技等领域开放合作仍然是主流，推动建构符合人类共同利益的新型国际规则和国际秩序是各国外交的共同目标。面对国际形势的百年未有之大变局，世界各国都会根据其自身综合国力重新界定其在国际体系中的地位，确定其在全球事务和国际关系中的战略目标。世界政治经济新格局正在形成，中国始终是世界和平的建设者、全球发展的贡献者、国际秩序的维护者。坚持和完善独立自主的和平外交政策，推动构建人类命运共同体是我国治理体系现代化的重要组成部分，这一部分的实现，需要整个治理体系其他各部分的密切配合和支持，同时也是对我国治理能力的重大考验。

一方面，全过程人民民主体现了中国特色，同时蕴含着全人类共同价值。在中国的民主实践中，全过程人民民主树立了良政善治、人民当家作主、广泛持续、真实管用等良好形象。它在制度安排上突出了中国特色，超越了西方传统民主范式，使民主模式更具包容性和灵活性。[59]全过程人民民主的发展表明，“在人类普遍要求发展民主政治的历史潮流中，理应有多个方案供世界各国进行选择，全过程人民民主就是中国提供给世界各国的新方案，它集中体现了将人民主权具体落实为人民当家作主的重要经验"[60]。全过程人民民主作为展现中国特色和中国形象的重要方面，不仅为中国民主政治的发展提供了独特的参照和经验，而且为全球民主实践提供了有益的启示。其强调人民主体地位、多元参与和政策实效，以及构建独特的民主话语体系，塑造了中国作为一个有着悠久历史和独特文化的大国的积极形象。

另一方面，社会主义的价值追求是我国全过程人民民主的核心精神。当代中国社会主义实践所开辟的中国发展道路或中国发展模式，不仅深刻地改变了中国的历史命运，同时也深刻地影响了世界历史进程，全过程人民民主是中国特色社会主义制度的精华，蕴含着中国特色社会主义最根本的价值追求。我国的社会主义民主的建成，意味着党的领导、人民当家作主和依法治国将在更高层次上实现有机统一，从而确保在建国百年之时，党、国家和人民的政治生活将在更高质量发展的基础上达到更高水平，中国特色社会主义事业的发展也将在社会主义现代化强国的基础上进入新的历史征程。中国将成为世界和平的中坚力量，参与全球治理的能力将达到一个新的高度，拥有更多的对国际规则体系的创制权和话语权。全过程人民民主的建成，将突破原有的民主体系，构建以符合各国国情的民主为主体的新型治理体系，通过参与全球治理，提高我国在国际经济、国际安全、国际合作和国际社会各领域的协调能力。中国特色社会主义发展道路展现出更加光明的前景，人类命运共同体的理想将得以彰显，获得更加广泛的国际认同，产生更加深远的全球影响，创造更加伟大的世界历史意义。

小　结

全过程人民民主不只是在民主形态上进行了革新，也是系统的民主价值追求的再创造。全过程人民民主所内涵、所铸造、所追求的价值体系，构成了中国特色社会主义新时代的核心价值要素，包括了社会主义、人民主权、独立自主、国家复兴以及文明竞合等重要元素。这些价值观在中国特色社会主义新时代中起着至关重要的作用，不仅影响着全过程人民民主的发展方向，更在实践中深刻地塑造了我国社会主义事业的独特面貌。

社会主义是全过程人民民主的基石。社会主义的本质是实现社会的公平正义，让人民共享发展成果，确保社会的全面进步。在全过程人民民主中，社会主义价值观体现在构建公平竞争的市场环境、推动社会自治、发展社会福利与社会保障等方方面面。全过程人民民主的每一步推进都是为了实现社会主义事业更好更快的发展。人民主权在全过程人民民主中扮演着关键角色。人民主权是现代民主政治的核心，意味着国家的权力源于人民，国家的决策应当服务于人民。在全过程人民民主的实践中，人民主权得以充分体现，通过广泛的民意征集与民主协商、民主选举等各项制度，人民的意愿在政治决策中得到充分尊重和体现，实现了人民对国家事务的直接参与。独立自主是全过程人民民主的重要保障。自近代以来的历史演进过程中，我国不断强调民主与独立自主的有机结合。当下全过程人民民主的推进正是在独立自主的基础上，借助人民的力量推动国家的繁荣发展。在全过程人民民主的框架下的独立自主精神，不仅在国际舞台上维护了我国的国家利益，更在国内不断推进自主创新、自主发展，为国家的独立自主提供了坚实支撑。国家复兴是全过程人民民主的最终目标。中国特色社会主义的发展旨在实现中华民族的伟大复兴，这一目标也贯穿于全过程人民民主的价值追求中。通过全过程人民民主，我们能够更好地汇聚人民的智慧和力量，推动国家的全面发展，实现国家的繁荣昌盛。国家复兴是一个涵盖政治、经济、文化、社会、生态等各个方面的综合性目标，而全过程人民民主正是实现这一目标的重要手段之一。文明竞合是全过程人民民主的内在动力。文明竞合强调的是在尊重多样性的前提下，各国之间的交流互鉴，共同推动人类文明的发展。全过程人民民主的推进使得我国在国际舞台上不仅积极传播自己的经验和价值观，也在文明竞合中不断吸收借鉴其他国家的优点，为全球治理体系的完善作出了积极贡献。

社会主义、人民主权、独立自主、国家复兴、文明竞合等价值追求构成了全过程人民民主的基因，它们在中国特色社会主义新时代共同发挥作用，塑造了全过程人民民主不断发展的形态。通过全过程人民民主的实践，我国不仅在政治体制上取得了显著成就，更为国家的繁荣复兴注入了持久的动力。这些价值观不仅为我国的发展提供了内在的驱动力，也为人类社会的进步作出了重要贡献。

注释

1.《马克思恩格斯选集》第一卷，北京：人民出版社2012年版，第421页。

2.《列宁选集》第三卷，北京：人民出版社1995年版，第181页。

3. 习近平：《高举中国特色社会主义伟大旗帜　为全面建设社会主义现代化国家而团结奋斗——在中国共产党第二十次全国代表大会上的报告》，北京：人民出版社2022年版，第37页。

4. 李锋、尹俊：《全过程人民民主视域下的社会主义协商民主》，《长白学刊》2022年第5期。

5. 马梦菲：《以人民为中心：中国共产党发展社会主义协商民主的逻辑基点》，《天津社会科学》2021年第3期。

6. 江泽民：《阔步前进中的中国与世界》，《人民日报》1995年7月14日，第1版。

7. 江泽民：《关于坚持和完善人民代表大会制度》，载中共中央文献研究室编：《十三大以来重要文献选编》中册，北京：人民出版社1993年版，第940—941页。

8. 列宁：《列宁专题文集　论社会主义》，北京：人民出版社2009年版，第139页。

9. 习近平：《在庆祝全国人民代表大会成立60周年大会上的讲话》，北京：人民出版社2014年版，第7页。

10. 习近平：《高举中国特色社会主义伟大旗帜　为全面建设社会主义现代化国家而团结奋斗——在中国共产党第二十次全国代表大会上的报告》，北京：人民出版社2022年版，第39页。

11.《习近平著作选读》第二卷，北京：人民出版社2023年版，第529页。

12.《马克思恩格斯选集》第一卷，北京：人民出版社2012年版，第422页。

13. 许耀桐：《当代中国全过程人民民主的汲古通今与守正创新》，《东南学术》2023年第1期。

14.《列宁选集》第二卷，北京：人民出版社2012年版，第347页。

15. [法]托克维尔：《论美国的民主》，董果良译，北京：商务印书馆2017年版，第70页。

16. 陈明明：《马克思主义政府原理的中国逻辑》，上海：上海人民出版社2021年版，第17页。

17. 董伟伟：《社会主义民主的理论探索与实践道路》，《南开学报（哲学社会科学版）》2022年第2期。

18. 李瑞昌主编：《行政逻辑：当代中国政府治理原理》，上海：上海人民出版社2021年版，第46页。

19.《中华人民共和国宪法》，中国政府网，https://www.gov.cn/guoqing/2018-03/22/content_5276318.htm。

20. 习近平：《在庆祝全国人民代表大会成立60周年大会上的讲话》，北京：人民出版社2014年版，第5页。

21. 习近平：《在庆祝中国人民政治协商会议成立65周年大会上的讲话》，北京：人民出版社2014年版，第14—15页。

22. 王宗礼、李振江：《全过程人民民主：社会主义民主政治理论与实践的重大创新》，《行政论坛》2021年第4期。

23.《毛泽东选集》第二卷，北京：人民出版社1991年版，第732页。

24.《毛泽东文集》第一卷，北京：人民出版社1993年版，第500页。

25.《毛泽东选集》第一卷，北京：人民出版社1991年版，第257页。

26.《毛泽东军事文集》第二卷，北京：军事科学出版社、中央文献出版社1993年版，第719页。

27.《毛泽东文集》第七卷，北京：人民出版社1999年版，第204页。

28. 张锴、王洪生：《列宁社会主义国家治理思想的内涵要义与当代启示》，《西南大学学报（社会科学版）》2022年第4期。

29. 李俊：《改革开放以来的民主理论：历程、议题及趋势》，《政治学研究》2020年第6期。

30. 中共中央文献研究室编：《毛泽东思想年编：1921—1975》，北京：中央文献出版社2011年版，第914页。

31.《毛泽东文集》第三卷，北京：人民出版社1996年版，第179页。

32. 陈周旺：《社会主义民主的全方位建设》，《上海行政学院学报》2022年第6期。

33. 李慎明：《试论马克思主义人民民主思想：基本内涵和实践路径》，《政治学研究》2020年第6期。

34. 习近平:《高举中国特色社会主义伟大旗帜　为全面建设社会主义现代化国家而团结奋斗——在中国共产党第二十次全国代表大会上的报告》,北京:人民出版社 2022 年版,第 37 页。

35. 习近平:《论坚持全面依法治国》,北京:中央文献出版社 2020 年版,第 265 页。

36. 习近平:《在庆祝全国人民代表大会成立 60 周年大会上的讲话》,北京:人民出版社 2014 年版,第 7 页。

37. 习近平:《在纪念中国人民抗日战争暨世界反法西斯战争胜利 75 周年座谈会上的讲话》,北京:人民出版社 2020 年版,第 11 页。

38. 同上书,第 12 页。

39. 胡锦涛:《高举中国特色社会主义伟大旗帜　为夺取全面建设小康社会新胜利而奋斗——在中国共产党第十七次全国代表大会上的报告》,北京:人民出版社 2007 年版,第 14 页。

40. 习近平:《论把握新发展阶段、贯彻新发展理念、构建新发展格局》,北京:中央文献出版社 2021 年版,第 293 页。

41. 习近平:《为建设世界科技强国而奋斗——在全国科技创新大会、两院院士大会、中国科协第九次全国代表大会上的讲话》,北京:人民出版社 2016 年版,第 5 页。

42. 习近平:《在文艺工作座谈会上的讲话》,北京:人民出版社 2015 年版,第 5 页。

43. 张爱军:《全过程人民民主与社会主义政治文明的互嵌与驱动》,《中共天津市委党校学报》2022 年第 2 期。

44.《梁启超选集》,上海:上海人民出版社 1984 年版,第 207 页。

45. 胡玉鸿:《"人民民主是社会主义的生命"释论》,《法制与社会发展》2023 年第 2 期。

46. 习近平:《在党史学习教育动员大会上的讲话》,北京:人民出版社 2021 年版,第 7 页。

47. 段忠桥:《分析的马克思主义者的社会主义追求》,《马克思主义与现实》2022 年第 2 期。

48. 张力伟:《走向日常生活:社会主义协商民主的特质探源》,《社会主义研究》2023 年第 2 期。

49. 习近平:《在中国文联十大、中国作协九大开幕式上的讲话》,北京:人民出版社 2016 年版,第 3 页。

50. 刘银喜、杨莹:《全过程人民民主:中国特色社会主义社会治理保障机制》,《理论探讨》2023 年第 1 期。

51. 参见张贤明:《社会主义协商民主的价值定位、体系建构与基本进路》,《政治学研究》2023 年第 1 期。

52. 吴玲娜、赵欢春:《全过程人民民主:党领导社会主义民主政治建设的历史必然》,《江苏社会科学》2021 年第 6 期。

53.《习近平著作选读》第二卷,北京:人民出版社 2023 年版,第 531 页。

54. 参见车宗凯:《人民民主专政国体与中国特色社会主义制度的内在逻辑》,《当代世界与社会主义》2023 年第 2 期。

55. 孙代尧:《中国政治发展新道路对人类政治文明的贡献》,《马克思主义研究》2021 年第 12 期。

56. 参见贾中海、曹向阳:《全过程人民民主:中国特色社会主义民主新形态》,《理论探讨》2022 年第 5 期。

57. 习近平:《论坚持全面深化改革》,北京:中央文献出版社 2018 年版,第 367 页。

58. 上官酒瑞、程竹汝:《支撑全过程人民民主重大理念的九个论断——基于习近平相关重要论述的分析》,《学术界》2022 年第 6 期。

59. 参见董树彬:《全过程人民民主对中国民主形象的塑造与提升》,《马克思主义研究》2022 年第 12 期。

60. 汪仕凯:《群众路线与全过程人民民主的实践起源》,《郑州大学学报(哲学社会科学版)》2023 年第 2 期。

第三章 全过程人民民主的制度框架

民主是一种国家制度,没有成熟定型的国家制度,就不可能有高质量的民主。全过程人民民主的有效运行,归结于在中国共产党领导下形成了一套完整的制度体系,为其提供系统性支持。具体而言,中国共产党领导人民创造了人民当家作主的制度体系,其中,中国共产党全面领导制度是根本领导制度,人民代表大会制度是根本政治制度,中国共产党领导的多党合作和政治协商制度、民族区域自治制度、基层群众自治制度是基本政治制度。在中国共产党的领导下,各种制度构成了一个有机整体,为全过程人民民主的有效运行提供了组织、规则、程序等必不可少的政治资源,可以说社会主义民主正是在制度体系的实践中逐渐提升为全过程人民民主的。全过程人民民主有赖于制度体系的支持,制度体系的完善同样有赖于全过程人民民主的实践,但是相对而言,制度体系的地位更具有根本性,其作用也更为长远,全过程人民民主的发展在很大程度上依赖于制度体系的完善,也在很大程度上体现为制度体系的成熟定型。

第一节 中国共产党全面领导制度

从根本而言,全过程人民民主制度实践的发展与深化,是建立在中国共产党全面领导这块“政治基石”的基础之上的。党的领导是全过程人民民主落实人民主权原则的根本政治保证,并在价值意蕴、制度逻辑和最终结果方面切实保障人民当家作主的地位。在新时代,党的全面领导制度通过政治领导机制、制度供给机制和社会参与机制全面落实人民主权原则,并且坚持从政治领导的全方位、组织领导的全覆盖、机制领导的全链条等维度,完善着党领导全过程人民民主制度的发展实践。

毫无疑问,中国共产党是中华人民共和国的领导核心,是当代中国政治体制的中轴。[1]当然,全过程人民民主制度的建设也离不开中国共产党的全面领导。这一领导过程形成于民主革命年代,在社会主义革命和建设时期、改革开放和社会主义现代化建设时期得到长足发展,在中国特色社会主义新时代走向成熟,并以全过程人民民主创造人类政治文明新形态。

中国共产党自始至终都将民主作为至关重要的价值坚持不懈地予以追求。在民主革命年代,中国共产党就开启了探索民主政治的发展之路。中共二大时就以民主方式凝聚起革命力量,提出"主张与工人、贫民和小资产阶级建立民主主义联合阵线"。在陕甘宁革命根据地,中国共产党探索民主政治建设进入新的发展阶段。1935 年,中国共产党在瓦窑堡会议上提出建立"人民共和国"代替"工农共和国"。1937 年,新成立的陕甘宁边区政府颁布《陕甘宁边区议会及行政组织纲要》和《陕甘宁边区选举条例》,前者实行议会民主制,后者摈弃以阶级成分来规定选民资格的原则,扩大了边区政府的合法性基础。[2]在此基础上,毛泽东提出新民主主义理论,并在根据地抗日民主政权中实现"三三制"的组织原则,即在政权机构和民意机关的人员名额分配上,代表工人阶级和贫农的共产党员、代表和联系广大小资产阶级的非党左派进步分子和代表中等资产阶级、开明绅士的中间分子各占三分之一。为防止地主豪绅钻进政治机关,规定基层政权的成分可以依据实际情况酌情变通。这一制度团结中间党派、进步知识分子,反对国民党的独裁专制统治,合作推动大后方的民主运动,发挥了"推动全国民主化的重大的模范作用"。[3]

新中国成立之后,毛泽东根据中国社会主要矛盾的变化,将新民主主义论上升到人民民主专政理论,进一步深化人民民主建设。1949 年颁布的具有临时宪法作用的《共同纲领》明确规定:"中国人民民主专政是中国工人阶级、农民阶级、小资产阶级、民族资产阶级及其他爱国民主分子的人民民主统一战线的政权。"[4] 1954 年,新中国通过首部宪法,该部宪法不仅规定了中国人民民主的国家性质,还确立了人民代表大会制度作为我国的根本政治制度。[5]

改革开放之后,党的工作中心转移到经济建设上来,民主政治在这一历史时期得到长足发展,制度化水平得到显著提升。一方面,党内民主恢复运转,带动社会主义民主政治发展。1994年党的十四届四中全会通过的《中共中央关于加强党的建设几个重大问题的决定》指出，发扬党内民主是建设社会主义民主政治的一条重要途径。随后，依据党章制定的《中国共产党党员权利保障条例（试行）》为新时期党内民主建设提供了制度支撑。党的十六大进一步指出，党内民主是党的生命，对人民民主具有重要的示范和带动作用。[6]另一方面，基层民主和协商民主实践遍地开花。1983年始，在民政部门的推动下，村委会民主选举工作逐步推进。随后，《中华人民共和国村民委员会组织法（草案）》（1987年）和《中华人民共和国城市居民委员会组织法》（1989年）相继出台，奠定了基层民主选举的制度基础。1992年，党的十四大首次明确提出"基层民主"，并将其划定在职代会、居委会和村委会等三个方面。党的十五大提出"扩大基层民主"的政治建设目标，将扩大基层民主视为社会主义民主最广泛的实践。[7]2006年2月，在中共中央印发的《关于加强人民政协工作的意见》中，中国社会主义民主被表述为选举民主和协商民主两种形式。[8]经过长期发展，协商民主具有政党协商、人大协商、政府协商、政协协商、人民团体协商、基层协商、社会组织协商等七种协商渠道，并且形成了诸如"温岭模式"等具有特色的民主实践，极大地丰富了协商民主的理论和实践。

2019年11月2日，习近平在上海市长宁区虹桥街道古北市民中心考察时指出，我们走的是一条中国特色社会主义政治发展道路，人民民主是一种全过程的民主。"全过程人民民主是一个历史性概念，是对中国政治发展道路的总结。尽管其中有很多曲折，但在中国共产党的带领下，人民民主由小到大、由点到面，逐渐发展出全过程人民民主，这是中国人民民主新路的历史必然。"[9]作为中国民主政治实践最新成果的全过程人民民主，在价值上追求"人民本位"，在过程上实现全链条、全方位、全覆盖，在结果上切实保障人民群众的根本利益，并落实人民当家作主的地位。在党的领导下，中国人民通过各种民主渠道、途径和形式，全覆盖、全领域、全周期地参与国家政治生活和社会公共生活，使人民民主的优势得以从全过程的程序机制和参与实践中得到证明。

实践表明，我国实行的全过程人民民主是民主的一种全新形态，有力打破了西方民主话语霸权。现阶段西方社会不平等日益扩大、民粹主义泛滥，政治体制出现系统性危机，这与其民主体制的衰落是分不开的。一方面，西式民主异化成精英的统治；另一方面，其民主体制丧失治理能力，这将严重削弱西方社会民众对于其政治体制的认同感。通过中西方民主体制的比较可以看到，全过程人民民主在本质、效能、包容性方面具有西式民主无法比拟的优越性。[10]因此，在世界百年未有之大变局的背景下，作为一种政治文明新形态的全过程人民民主，从中国的民主实践中构建起一套完整体现中国式民主的理论话语，并落实在中国的民主政治制度实践之中，为世界各国发展民主政治提供新范例，为人类民主政治的发展确立新目标。

毫无疑问，中国共产党是中国社会主义民主政治建设的根本领导力量，不论是革命年代"三三制"的民主实践，还是社会主义现代化建设时期基层民主和协商民主试验，以及新时代全过程人民民主的落实与发展，党的领导全方位保障中国民主政治实践走向深化，并引领人类民主政治发展走向新的历史纪元。

2002年，党的十六大报告对党的领导方式和执政方式作了新的概括："党的领导主要是政治、思想和组织的领导，通过制定大政方针，提出立法建议，推荐重要干部，进行思想宣传，发挥党组织和党员的作用，坚持依法执政，实施党对国家和社会的领导。"[11]2017年，习近平在党的十九大报告中强调指出，"党政军民学，东西南北中，党是领导一切的"。[12]概而言之，"中国特色社会主义最本质的特征是中国共产党领导，中国特色社会主义制度的最大优势是中国共产党领导，中国共产党是最高政治领导力量"。[13]

党的领导地位的铸就不仅仅有其历史逻辑，而且在社会主义民主发展的历史脉络中党的领导有其深刻的理论逻辑。集中而论，党的领导与全过程人民民主是有机统一的，中国共产党是全过程人民民主的领导力量。中国共产党的领导落实在全过程人民民主的实践之中，实现了中国共产党对全过程人民民主在政治领导上的全方位、在组织领导上的全覆盖、在机制领导上的全链条。

第一，政治领导的全方位。毫无疑问，中国社会主义伟大事业取得如此辉煌成就离不开党的坚强领导。党的领导地位的确立，就其历史逻辑而言，自从中国共产党登上历史舞台，就将国家解放、民族独立和人民幸福作为党的奋斗目标。总结共产主义理想和社会主义实践在中国大地上的产生、存在、发展和壮大的历史，归根到底有一条根本经验，就是没有中国共产党的领导，就没有中国社会主义民主的伟大成就；就其理论逻辑而言，中国共产党的领导贯穿在“塑造人民”“代表人民”和“维持作为整体性政治实体的人民”的政治过程中，这使得人民当家作主的地位在全过程人民民主的制度运作中得以凸显；就其实践逻辑而言，党的领导不仅仅规定了全过程人民民主以“人民为本位”的制度属性，同时还确保了全过程人民民主发展和深化的方向。

党的十八大以来，党加强了在中国社会各个领域的领导和调控，这一过程中党不断地加强了政治建设，这一改革落实在全过程人民民主的制度实践之中，实现了对全过程人民民主的全方位领导。发展全过程人民民主作为一项系统工程、整体工程，是在中国共产党领导下对中国特色社会主义政治制度的重大创新，党的领导是全过程人民民主发展的根本前提。2021 年，国务院新闻办公室发布了《中国的民主》白皮书，不仅总结了中国共产党领导中国人民进行民主政治探索的艰辛历程，而且在新的历史进程，党和国家还做好民主发展的战略规划，为人类民主事业贡献政治文明新形态。[14]可见，党的政治领导规定了全过程人民民主的发展方向，绘制了中国式民主未来的发展前景。同时，党还以覆盖各领域的领导体制和工作机制为支撑将民主贯彻到政治生活的各个环节，实现对全过程人民民主全方位的政治领导。

第二，组织领导的全覆盖。中国共产党在长期领导中国革命的过程中形成了具有高内聚力、强组织性和复杂性的组织体系，并且具有严明的组织边界、严密的组织体系、严肃的组织生活和严格的组织纪律，实现在国家层面通过建立党的各级组织以及向政权机关推荐党的重要干部，以掌控国家权力，在社会层面通过建立党的各级组织和发挥党组织的领导核心作用，以整合社会力量，[15]其组织体系实现了对国家和社会的全覆盖。在组织领导功能的约束下，中国共产党一方面要支持人大、政府、政协和审判机关、检察机关、监察机关依照法律与章程独立负责、协调一致地开展工作，研究和统筹解决这些机关工作的重大问题；另一方面要通过这些机关中的党组与党员干部贯彻党的决策、决定和工作部署。在国家政权之外，作为党联系群众和社会的桥梁纽带，工会、共青团、妇联等人民团体也是实现党的组织领导的重要依托。总之，通过遍布国家和社会领域各个方面的组织网络与党员的工作，中国共产党有效地把自己的政治意图落实到国家、地方、基层和民众中。[16]

在全过程人民民主制度建设过程中，党实现了组织领导的全覆盖。党依托自身高度的组织化体系实现了对社会力量的有效整合，其组织领导覆盖在民主选举、民主决策、民主协商、民主管理、民主监督等所有的环节之中，将党的价值理念推广、民主原则落实、制度体系建构与主体权利保障贯彻到全过程人民民主制度体系的建设过程中。党的十八大以来，组织体系的建设是党领导体制改革的一个重要方向。2019 年，习近平在中央和国家机关党的建设工作会议上讲话指出："建设好党的组织体系这座大厦，要让组织体系的经脉气血畅通起来，让党支部强起来。"[17]进入新时代，中国共产党通过加强基层党建、强化基层党组织的作用，构建全方位基层民主组织体系，成为全过程人民民主推进的重要组织基础。

第三，机制领导的全链条。党的十九大报告明确提出，"扩大人民有序政治参与，保证人民依法实行民主选举、民主协商、民主决策、民主管理、民主监督"。[18]这就指明了全过程人民民主是全链条的民主。同时，这也对党的领导提出要求，即党的领导贯彻在全过程人民民主建设的所有环节之中，形成了相互关联、相互衔接的机制领导的全链条，实现了民主选举、民主协商、民主决策、民主管理、民主监督等各个环节融合于一体的完美"闭环"。这与西方民主仅仅依托选举来实现人民主权原则形成鲜明对比，在全过程人民民主的制度运作中，选举仅仅是民主的重要一环，民众还可以依托民主协商、民主监督等环节真正参与到民主政治的建设过程中，从根本上保障人民当家作主的地位并使之得到贯彻落实。

这些环节的有效运作离不开党的坚强领导。一方面，党的领导是各个环节高效运转的"牵引力"，中国共产党是中国政治的"中轴"，是中国民主政治发展的"内源动力"。党的领导制度的发展与完善，推动着中国社会主义制度的发展与优化，必然也将助推全过程人民民主的建设；另一方面，党的领导是各个环节畅通和有效衔接的"润滑剂"。其中，党的组织体系不仅仅提供了全过程人民民主有效运行的组织基础，同时以党的价值理念、体制机制和实践方式，协调国家与社会关系，统筹个人权利和公共权力，兼顾程序正义和实质正义，形成全过程人民民主有效运作的制度合力。

概而言之，中国共产党是全过程人民民主的领导力量，其领导体制的发展和完善，实现对全过程人民民主全方位的政治领导、全覆盖的组织领导和全链条的机制领导，正推进着全过程人民民主制度的发展与深化，不断地落实人民当家作主地位，并且为人类民主政治建设提供中国智慧和中国方案。

第二节　人民代表大会制度

全过程人民民主将人民主权具体落实为人民当家作主，既体现了以人民主权为特征的现代政治的核心原理，又体现了制度运行中的全过程实践。中国共产党凝聚的人民实体规定社会主义国家制度，并通过全过程的制度实践保障人民当家作主，这是全过程人民民主的基本原理。人民代表大会制度是我国的根本政治制度，是实践全过程人民民主和落实人民主权的基本制度形式，是实现人民当家作主的根本制度保障。人民代表大会制度有其制度设计的历史发展历程，具有“复合型机关”[19]的性质，其制度运行中代表政治与代议政治的重叠下人民利益与公民利益的相互嵌入的逻辑正是全过程人民民主的体现，并在全过程人民民主的制度实践中展现出全领域、全层级和全流程的特点。

理解人民代表大会制度在全过程人民民主中的运行逻辑必须首要考虑中国共产党社会革命的塑造以及政党与政府之间关系的影响。人民代表大会制度是中国共产党领导中国人民进行社会革命的产物，是长期探索与中国国情相结合的成果。从中国共产党所建立的代议制度的发展史来看，主要经历了革命阶段的苏维埃体制、延安时期的参议会模式、政治协商会议以及人民代表大会制度的建立、改革与完善这四个过程。为了在制度层面实现社会主义政权的合法性以及践行苏维埃模式和民主集中制的基本原理，1954 年宪法明确规定了人民代表大会制度为中国的根本政治制度。人大制度的设计与变迁体现了中国共产党为适应社会发展变化而进行制度调试，以及通过不断吸纳整合不同群体从而凝聚人民的过程。诚然，人民代表大会制度建立至今，其在实际运行过程中遇到了一系列内在问题和外部挑战，经历了曲折发展和改革完善的阶段。

由于中国革命是以马克思主义思想为指导思想并学习苏联革命建设经验，中国的人大制度萌芽于苏联的苏维埃模式，人民代表大会制度表现出苏维埃模式的部分特征。首先，从党政关系来看，人民代表大会必须接受中国共产党的领导并实行集体领导制度，具有苏维埃模式特点的人大制度体现了中国共产党群众路线的代表观，强调由人民自己来主动代表自己以及代表对人民负责任。[20]其次，在议行关系上，人民选举产生的人民代表大会是全权机关，在开会期间全面掌握所有的国家权力，在闭会期间授权机构代行"议事"和"执行"职能，因而体现了"议行合一"的组织特点[21]，是一种民主集中制的政府形式[22]。具有苏维埃模式特点的人民代表大会制度不仅体现了中国共产党整合不同阶级利益群体、凝聚人民，推动人大代表代表人民利益实现人民民主的特征，还体现了作为全权机关的人民代表大会统一行使国家权力的全过程组织程序。

一些学者将人民代表大会制度看成一种一般政体类型，美国学者墨宁(Melanie Manion)对人民代表大会制度的认识跳出了一般政体理论，认为人民代表大会制度是一种特殊的"半议会制"，认为中国人大与政府、政党之间的关系不同于西方的议会政体。一方面，人大与政府之间缺乏紧密互动，人大常委会监督政府的权力较弱；另一方面，由于政党对人大和政府同时具有领导权，人大的任免权和监督权都受到了一定的限制。[23]墨宁看到了人大与政党和政府之间的复杂关系互动，却忽视了对人大运行机制逻辑的阐释。何俊志在此基础上提出了更富洞见的观点，认为人民代表大会制度是"一党领导下的双层委托制的政府形式"，即人民代表大会制度是人民将权力委托给人民代表大会，人民代表大会再将权力委托给"一府一委两院"等机构的双重委托机制，"一府一委两院"的责任对象是产生它们的临时性聚会的人民代表大会。这一制度运行的全过程都是在中国共产党的领导下进行的。[24]这种观点不仅强调了政党在人大制度运行全过程中整合民意的关键作用，而且准确地反映了人民与人民代表大会之间的关系、人民代表大会与"一府一委两院"之间的关系以及"一府一委两院"之间的相互关系，从整体上概括了人民代表大会制度在全过程人民民主中的组织结构和运行机制。

人民代表大会制度是社会主义国家政权组织形式的重要组成部分，在中国政治制度体系中居于核心地位，决定着其他制度的产生与运行，是一切民主制度在全过程有效运作的根本制度保障。从国家与人民的角度来看，人民代表大会制度体现了社会主义国家人民当家作主的本质特征，人民通过一定的方式选出人大代表组成人民代表大会，由人民代表大会代行管理国家和政治参与的权力，再由其产生“一府一委两院”，人大本身依照宪法和法律的规定行使权力并履行具体工作职责，因而人民代表大会是我国的代表机关、民意机关、权力机关和工作机关。从党与政权角度来看，人民代表大会制度是中国共产党领导社会革命的产物，具有政治机关的性质。全过程人民民主就是中国共产党将不同阶级的公民凝聚成为人民并用人民代表大会制度以政治体制的形式将人民整体确立下来，并通过全过程的制度实践持续塑造和巩固人民。[25]

可以看出，中国共产党在人大制度的设计与运作过程中都发挥了关键作用，人民代表大会制度在运行过程中体现了以人民整体利益为核心的代表政治与反映公民利益的代议政治相重叠的特点。这就是说人大制度在“代表政治所维护的人民整体利益的基础上不断推进代议政治所维护的公民利益，同时以代议政治所维护的公民利益的程度来检验和确认代表政治所维护的人民整体利益的真实性”[26]。人民代表大会制度首先是一种代表政治，代表政治就是指人民代表大会要代表以国家利益或公共利益形式表现的人民整体利益。人民整体利益是在中国共产党领导社会革命、建设现代国家的过程中形成的。中国共产党在领导中国革命的过程中将工人阶级、农民阶级、城市小资产阶级、民族资产阶级进行动员整合，从而凝聚成人民整体。由于社会主义国家的政治要求是社会主导国家最终保障国家服从于社会，也即人民主导国家从而有效落实人民主权。[27]而中国共产党是凝聚松散的社会集合为人民整体的关键，因而中国共产党领导社会革命建立的现代国家必须是社会主义国家。在社会革命胜利基础上建立的现代国家必须通过建立社会主义国家制度将人民整体利益固定下来，并通过制度运转不断保障和巩固人民整体利益。作为国家政权组织形式的人民代表大会制度通过成立国家机关代表人民意志，在制度和宪法层面确立了中国共产党的领导地位，并通过组织机构、程序规定、运行机制将人民整体利益落实为人民当家作主的制度实践。[28]因此，作为整体的人民与中国共产党、人民代表大会制度实现了高度的同构。这不仅体现在中国共产党在人民代表大会召开期间和闭会期间的组织领导和过程领导，而且体现在人民代表大会的代表构成与人民的社会结构的镜像对应，因而人民代表大会是作为整体人民的制度化形式。

人民代表大会制度也是一种代议政治，即实现以群体利益或地方利益形式出现的公民利益的政治过程。从人民代表大会制度的设计来看，组成人民代表大会的人大代表来自不同地区、阶层、行业的公民，是反映中国社会结构的“缩小的人民”[29]。人民代表大会制度正是通过将千差万别且不断变化的公民利益进行提炼、重整和确认，以形成整体的人民利益。“代表好人民利益是实现公民利益的基础，而实现好公民利益则是代表人民利益的最终目的。”[30]在人民代表大会制度的具体运行过程中，党和政府的法律规章与方针政策必须广泛征求公民意见并与人大代表协商讨论，在得到认可的前提下才会提交人民代表大会审议和表决。人民代表大会制度正是人民整体利益与公民利益相互交融的运行过程，人民利益在不断吸收越来越多新兴社会阶层的多样化公民利益，不断变化的公民利益也在重新界定和提炼人民利益。

因此，人民代表大会制度运行中所表现的代表政治与代议政治的重叠下人民利益与公民利益的相互嵌入逻辑就是全过程人民民主。全过程人民民主的本质特征就是不同公民群体在中国共产党的领导下凝聚成人民整体，并以人民代表大会制度这一根本的社会主义国家政治制度的形式将凝聚而成的人民整体确认下来，通过人民利益与公民利益的持续互动来不断整合塑造人民实体。由于不同群体和地区的公民利益诉求是随着社会经济发展而不断变化的，人民利益也需要在吸纳整合公民利益的基础上不断调整和重塑。因此，人民民主持续塑造人民实体的过程必然是全过程的。[31]或言之，“全过程人民民主的重点，就是在公民利益的基础上提炼人民利益，进而在实现人民利益的基础上不断改善公民利益。人民代表大会制度是人民民主体制的主体部分，它的具体运行过程就是全过程人民民主的实践”[32]。

习近平强调指出:“我国全过程人民民主不仅有完整的制度程序,而且有完整的参与实践。”[33]人民民主在制度实践中将人民主权具体落实为人民当家作主必然发展为全过程人民民主,人民也正是在制度的全过程实践中行使当家作主的权利才能真正感受到是人民整体的一份子。人民代表大会制度在全过程民主实践中真实有效地保障人民当家作主,其全过程的实践展现出全领域、全层级和全流程的特点。

首先,人民代表大会制度在全过程人民民主的实践运行中具有“全领域”的特点,主要体现在“主体全”和“内容全”两个方面。

人民、人大代表和中国共产党是人民代表大会制度的实践主体。人民代表大会制度是确认和巩固中国共产党领导下的人民整体的根本制度保障,中国共产党通过组织领导与过程领导的方式对人大工作进行部署和要求。人民代表大会制度在全过程人民民主的制度运行中将全体人民都纳入了民主实践。中国全体人民不仅拥有选举与被选举的权利,而且拥有广泛地参与到人民代表大会制度实践的权利。我国宪法规定:“中华人民共和国年满十八周岁的公民,不分民族、种族、性别、职业、家庭出身、宗教信仰、教育程度、财产状况、居住期限,都有选举权和被选举权。”[34]

从人大代表的结构来看,《选举法》明确规定了人大代表结构应充分考虑工人、农民、知识分子、妇女、归侨以及基层代表的比例,从而让人大代表的结构尽可能涵盖各阶层、地域、行业、党派、民族和妇女群体,体现了人大代表结构比例的“均衡参与”原则。[35]从历史维度观察,早在1948年举行的华北人民临时代表大会的代表就由工人、农民、妇女、革命家、工商业者、自由职业者、新式富农、社会贤达、开明绅士、民盟盟员、少数民族、国统区人民团体等不同的代表构成[36],涵盖了不同地域、阶层、职业、性别、党派、团体的代表,代表结构具有广泛性。新中国成立后,全国和地方各级人大在代表结构上承续了这一传统,对代表结构有着广泛性的内在要求。以十四届全国人大为例,在2 977名人大代表中少数民族代表有442名,涵盖了全国55个少数民族,占代表总数14.85%;归侨代表42名;妇女代表790名,占代表总数26.54%，与十三届相比提高了1.64个百分点；一线工人、农民代表497名，占代表总数16.69%，与十三届相比提高了0.99个百分点；专业技术人员代表634名，占代表总数21.3%，与十三届相比提高了0.73个百分点；党政领导干部代表969名，占代表总数32.55%，与十三届相比降低了1.38个百分点。此外，香港特别行政区、澳门特别行政区以及台湾省分别选出全国人大代表36名、12名和13名。[37]可以看出，工人、农民、专业技术代表所占比例稳中有升，各地区代表、少数民族代表和妇女代表也得到保障。参与全过程人民民主实践的人民代表大会制度的主体具有全覆盖性，这不仅体现在选民和制度参与主体覆盖到全体人民，还表现在选举产生的人大代表具有广泛的代表结构，是中国社会结构镜像下的"缩小的人民"。正是由于人民代表大会制度主体的全覆盖性，制度运行中的民主政治必定是全体人民的人民民主，而不再是为少数人谋利益的形式民主。

由于人民代表大会制度是中国共产党领导下整合民意、代表人民整体利益的根本政治制度，人民代表大会也具有政治机关、国家权力机关、工作机关、代表机关四个机关的"复合型"功能职权。[38]因此，人民代表大会制度在全过程人民民主政治运行中不仅涉及代表、立法、决策、任免、监督等全领域的工作职权，而且各职权工作议题领域也具有全领域性，涉及社会经济发展和人民群众热切关心问题的方方面面。

人大代表在人大制度的全过程人民民主实践过程中是代表人民利益、反映人民诉求的关键力量。人大代表通过走访调研、集中视察、参与代表联络站工作平台等方式密切联系群众，以在人民代表大会中提出议案建议的形式解决国家发展的重大问题和人民群众"急难愁盼"的事，因而代表议案建议具有全领域的特征。以第十四届全国人大代表议案建议内容为例，大会秘书处共收到代表提出的议案271件，代表建议8 000多件。在这些代表议案中，有关立法方面的268件，有关决定事项的3件，有关监督方面的3件，代表议案关涉到人大职权的全领域范围。代表建议主要关注的内容涉及国家创新体系、数字技术、实体经济发展、乡村振兴、生态治理、医疗卫生等国家经济发展和社会民生的方方面面。[39]

此外，全过程人民民主的全领域性还体现在人民代表大会的立法权、决定权、任免权和监督权等职权范围的全覆盖特点。在立法方面，宪法的修改和各领域基本法律的制定修改都需经全国人民代表大会讨论通过，立法范围具有全领域的特点。“十八大以来，全国人大及其常委会制定出台反家庭暴力法、基本医疗卫生与健康促进法、民法典、公共文化服务保障法，修改个人所得税法、未成年人保护法、著作权法等和人民群众权利利益相关的法律。”[40]在地方层面，近些年，省、设区的市级地方人大及其常委会针对地方治理中存在的具体问题进行专门立法，在养老服务、生态治理、教育减负、社会保障等方面回应了人民群众的迫切要求。在重大事项决定权和监督权方面，全国和地方人大通过审议政府、人大常委会、人民法院和检察院工作报告，审议政府改革方案，审查经济社会发展计划、预算执行情况和草案对国家社会全领域的重大事项进行决策，并对人大常委会和其他国家机关的全领域的履职工作进行监督。在任免权方面，全国和各级人大拥有对全部国家机关领导人和组成人员进行选举、任命、罢免、免职和撤职的权力。

其次，全过程人民民主是全层级的民主，不仅在中央层面要求实行民主，各级地方和基层也要求实行民主，只不过各层级民主所要解决的重点问题各有侧重。人民代表大会制度在民主实践中是纵向上从中央到地方共五个层级的制度设计，形成了一种全层级的人民民主实践。

人民代表大会在纵向上设置了从中央到地方五个层级，可以分为全国人民代表大会、县以上地方各级人民代表大会和乡镇人民代表大会，不同层级人民代表大会之间是监督指导和工作联系关系，在全过程人民民主运行中具有全层级的特点。甚至，为了填补街道人大代表的“真空”，打通代表与选民的“最后一公里”，全国多地如苏州市相城区黄桥街道[41]、镇江市丹徒区宜城街道[42]等多地探索在街道层面设立议政代表。从横向结构看，各层级人民代表大会的职权和组织机构有所差异，各级人大在其各自的职权范围内和略有差异的组织运行中践行全过程人民民主。在职权上来看，全国人民代表大会在立法权方面拥有修改宪法、制定与修改国家基本法律和授权立法的权力。设区的市、自治州以上层级的人民代表大会只能在与上位法不抵触的前提下依照法律法规的权限制定地方性法规。设区的市、自治州以下层级的人民代表大会不具有立法权。[43]在重大事项决定权方面，全国人大及其常委会拥有针对国家大政方针和社会经济重大问题的决定权，拥有决定涉及国家主权和地方建置、特赦相关问题的权力。地方人大特别是基层人大在决定本地区民政、社会经济事项时更多涉及社会治理、民生发展等具体工作，基层人大在联系群众、整合民众方面打通了党和政府与人民群众的“最后一公里”。从组织机构来看，人民代表大会的层级越高，组织越完善。市、自治州以上的人民代表大会均设有常委会和专委会，以在人大闭会期间行使人大职权并针对不同类别问题更专业地处理公共事务。县、市辖区人民代表大会设有常委会，但不设专门委员会，乡镇级人大不设置常委会和专委会[44]，主要处理基层选举、任免、决策和监督工作。

最后，人民代表大会制度在全过程人民民主实践的运行过程中形成了从民主选举到民主协商、民主决策、民主管理和民主监督的全流程民主程序，这一人民代表大会制度在民主运行过程中首先通过一定的民主程序选举产生人大代表，并由人大代表组成人民代表大会。人大代表经常通过视察调研、履职平台等方式密切联系群众，在重大决策和立法表决之前以民主咨询和听证工作的方式与各方主体进行充分的民主协商，在得到大多数人民和人大代表认可之后才会在人民代表大会上通过投票表决的方式进行民主决策，最后对国家机关的决策落实和法律执行情况以及人大代表和国家工作人员的履职工作进行民主监督。此外，人大代表的选举、履职、监督、罢免以及人大内部的各项工作制度都是以民主管理的方式进行的。因此，人民代表大会制度在整个制度运行中形成了从民主选举到民主协商、民主决策、民主管理和民主监督的全流程闭环。

全领域、全层级、全流程，在制度实践中是一个完整的过程，人民代表大会制度民主实践的全过程具体体现在时间上的持续性、内容上的整全性、行动上的系统性、参与的广泛性、多环节的联系性等多重特征。[45]这种全过程的制度实践背后蕴含着人民代表大会制度在中国共产党的领导下以人民整体利益为核心的代表政治与反映公民利益的代议政治相重叠的运作逻辑，人民利益与公民利益的持续互动和相互嵌入正是全过程人民民主的突出特征所在。

第三节　中国共产党领导的多党合作和政治协商制度

中国共产党领导的多党合作和政治协商制度是中国民主建设的重要制度形

式，同时也是中国共产党统一战线的重要组织形式。其中，人民政协在全过程人民民主制度建设中发挥着重要的平台作用，它沟通着国家和社会，平衡和协调不同社会阶层之间的利益关系，体现着中国特色社会主义民主的广泛性和真实性，推动着中国民主的高质量发展。习近平指出，“70 年来，在中国共产党领导下，人民政协坚持团结和民主两大主题，服务党和国家中心任务，在建立新中国和社会主义革命、建设、改革各个历史时期发挥了十分重要的作用”。[46]中共十九届四中全会进一步明确了中国共产党领导的多党合作和政治协商制度在国家政治生活中的重要作用，并将中国共产党领导的多党合作和政治协商制度作为坚持和完善人民当家作主制度体系、发展社会主义民主政治的制度之一。

全过程人民民主是社会主义的生命，其本质是人民当家作主。人民当家作主有两种基本形式，“一种是选举，即民主授权；另一种是民主治理，即以民主的方式执掌和行使国家权力”。[47]在中国政治体制中，不仅仅有依托选举来进行民主授权的人民代表大会制度，而且还有多种方式和渠道保障人民群众进行民主治理。这里需要指明的是，人民能在多大范围和深度上介入和影响政策过程，其利益实现程度如何，已越来越成为判断一个国家民主化水平的关键标准。其中，作为基本政治制度的中国共产党领导的多党合作和政治协商制度，是人民群众参与政治的重要途径，亦是落实人民当家作主的重要方式。

宪法规定了我国人民民主专政的国家性质，决定了我国“不但需要有共产党对国家机关的坚强领导，而且需要最广大人民群众对国家政权的积极参加和对国家事务的积极参与”；[48]同时，在宪法的第二条第一款（“中华人民共和国的一切权力属于人民”）和第三款（“人民依照法律规定，通过各种途径和形式，管理国家事务，管理经济和文化事业，管理社会事务”）规定了参与的方式和原则。[49]人民政协是各民主党派参与和影响政策过程的重要平台和中介。人民政协本身不是国家权力机关，它作为“协商民主的重要渠道”和“专门协商机构”，[50]但是在事实上又构成了当代中国政治体系的重要部分和政治过程的重要环节。

人民政协作为统一战线组织，是团结社会各界人士、广泛联系权力体系外人士的组织，是社会各界人士进行政治协商的重要平台。社会各界人士作为“人民”的重要组成部分，借助这一政治形式，充分展现了社会主义民主制度的代表性与人民性。这里需要指出的是，改革开放以后社会结构的变迁，人民的范围不仅囊括了“全体社会主义劳动者、社会主义事业的建设者、拥护社会主义的爱国者和拥护祖国统一的爱国者”，还涵盖私营企业和外资企业的管理人员和技术人员、社会组织从业人员、自由职业人员、新媒体从业人员等在内的新社会阶层，其内涵变成“拥护祖国统一和致力于中华民族伟大复兴的爱国者”。因此，作为“人民”重要组成部分的人民政协的参与者，能够有效参与到中国政治体制之中，不仅仅展示了社会主义民主的广泛性和真实性，同时也发挥着推动中国民主政治建设不可替代的作用。

人民政协具有政治协商、民主监督和参政议政三项基本职能。就政治协商而言，协商的结果虽然不具有法律效力，但对中国共产党和国家的决策能起到重要的咨询、参谋作用。[51]尤其是政治协商纳入决策程序规则的确立，为解决政协工作与党委政府工作的衔接问题提供了重要制度保障。就民主监督而言，它是对国家宪法法律和法规实施情况，党和国家大政方针、重大改革举措、重要决策部署贯彻执行情况等，[52]“以提出意见、批评、建议的方式进行的协商式监督”，“监督的重点是党和国家重大方针政策和重要决策部署的贯彻落实情况，监督目的是协助党和政府解决问题、改进工作、增进团结、凝心聚力”[53]。这种监督是一种有组织的反映统一战线各方面意见的群众性的监督。它不同于人大的监督，不具有法律效力，但对于改进国家机关的工作能起到重要的监察、督促作用。[54]就参政议政而言，它是“对政治、经济、文化和社会生活中的重要问题以及人民群众普遍关心的问题，开展调查研究，反映社情民意，进行协商讨论。通过调研报告、提案、建议案或其他形式，向中国共产党和国家机关提出意见和建议”[55]。基于非国家权力机关的性质和上述三项基本职能，不难看出人民政协在国家政治生活中的基本作用是参与和影响政策过程，而非直接进行权威决策。可以说，人民政协是一个制度化、规范化程度非常高的有序公共参与平台。[56]

此外，人民政协是推动中国协商民主发展的重要实践平台。2012 年，中共中央办公厅转发《中共政协全国委员会党组关于〈中共中央关于加强人民政协工作的意见〉贯彻落实情况的报告》，第一次在中共中央的文件中使用“协商民主”这一概念，并指出“人民政协这种民主形式融协商、监督、合作、参与于一体，极大丰富了我国社会主义民主的内涵，成为协商民主的重要渠道”。[57] 2014年，在庆祝中国人民政治协商会议成立65周年大会上的讲话中，习近平第一次全面系统阐述了社会主义协商民主问题。他明确指出，“在中国社会主义制度下，有事好商量，众人的事情由众人商量，找到全社会意愿和要求的最大公约数，是人民民主的真谛”[58]。2015年初，中共中央颁布《关于加强社会主义协商民主建设的意见》(以下简称《意见》)，对社会主义协商民主建设作出全面部署。《意见》构建了由政党协商、人大协商、政府协商、政协协商、人民团体协商、基层协商、社会组织协商等七种主要渠道组成的社会主义协商民主制度体系。[59]其中，政协协商是社会主义协商民主制度体系的重要组成部分。

中国共产党领导的多党合作和政治协商制度是中国政治体系中沟通国家和社会力量的重要组织形式，为不同社会力量参与国家与社会事务提供了有效平台，是发扬社会主义民主的重要方式。中国共产党领导的多党合作和政治协商制度在全过程人民民主实践中切实保障人民当家作主的地位，让不同社会主体真正能够有效参与到国家政治生活之中。

人民政协作为全过程人民民主实践的重要实现平台，是全领域的人民民主实现形式，体现了“参与主体全”和“议题领域全”两个方面的特征。

1954年，毛泽东明确指出：“政协是全国各民族、各民族阶级、各民主党派、各人民团体、国外华侨和其他爱国民主人士的统一战线组织。”[60] 1996年3月，时任政协主席李瑞环在全国政协八届四次会议闭幕会上指出：“人民政协由各党派、各团体、各族各界人士组成……各个界别、各位委员要真诚合作，做大联合的表率。”[61]从中不难发现，政协参与者成分的多元性与代表的广泛性，决定了中国共产党领导下的中国，是一个受广大人民拥护与众多政治社会力量认可的民主政权。作为统一战线组织的人民政协具有广泛代表性和巨大包容性，实行“大团结、大统一、囊括一切代表人物”的方针，聚合了统一战线中所有的政党、所有重要的人民团体、无党派代表人士、各少数民族和各界的代表、台湾同胞、港澳同胞和归国侨胞的代表等各个方面。其中，作为人民政协主要参与者的民主党派在人员数量上呈现大幅增长趋势。据2021年6月25日国务院新闻办公室发表的《中国新型政党制度》白皮书披露，八个民主党派大约有130万成员。并且，民主党派的代表范围上日益覆盖更多的群体。研究发现，政协界别在变迁过程中呈现界别数量增加，覆盖面增加；党派、团体界别人数比例稳中有降，职业性界别数量和人数比例增加；特邀界别人数减少、比例下降等特征。[62]可见，随着中国政治社会的变迁，人民政协不断吸纳社会新生力量，将其融入中国民主政治的建设，将社会主义民主的真实性和广泛性展示出来。

中国共产党中心工作始终围绕着社会主要矛盾展开。因此，在不同历史时期，党根据社会主要矛盾来制定经济社会发展政策，并满足不同历史时期人民群众的发展需要。作为政治协商、参政议政的重要平台的人民政协，在不同历史时期人民群众表达的利益诉求也会不同，所以，它涵盖了诸多的民主参与和协商讨论的议题领域。肖存良指出，“人民政协的代表性是纵向的、群体性、职业性的，通过推荐产生的功能团体代表”。[63]这些功能团体都代表着不同群体的利益诉求。以八大民主党派为例，各自的民主党派都有关注的主要议题领域。像民革以促进祖国和平统一为工作重点，拥护“和平统一、一国两制”的方针，坚定维护国家的主权和领土完整，坚决反对任何旨在制造“台湾独立”和分裂祖国的企图和行动；赞同和推动两岸关系和平发展；团结海内外所联系人士，为祖国统一大业而努力。民盟则是贯彻科教兴国战略、人才强国战略、可持续发展战略和依法治国方略，为发展教育和文化事业，提高全民族素质而努力，为扎实推进社会主义文化强国建设、促进社会主义文化大发展大繁荣而努力。2002年至2007年，民盟中央就“完善现代国民教育体系”的调研课题，分农村义务教育保障、农村劳动力转移培训、职业技术教育、义务教育资源配置、高等教育的质量与改革、高校贷款问题等一系列子课题，坚持逐年推进，形成意见建议、调研报告和政协会议发言、提案。因此，八大民主党派和人民团体，以及群众组织在人民政协这一平台上，将全过程人民民主实践推向纵深发展，其咨政范围囊括了经济社会发展的所有议题领域。

全过程人民民主是全层级的民主，人民政协在制度设计过程中也将全层级的民主落实在具体的制度实践过程中，形成了从中央到地方的制度设计。在中国的政治制度中，通常讲"四套班子"，即党委、人大、政府和政协。党拥有严密的组织体系，这是中国共产党的组织特性之一。目前，中共的组织在体制内已基本实现全覆盖，并在不断加强体制外空间（主要是非公有制企业和社会组织等）的党建力度，[64]其特征可以概括为"纵向到底，横向到边"，这是"使我们党的组织基础放在社会组织的细胞中"的建制要求。[65]其"组织的严密性使得组织的渗透无远弗届，组织的力量无所不在，从根本上说是为了确保党对国家和社会的全面领导，已实现党的历史使命和现实责任"[66]。而人大和政府的组织设置到乡镇一级为止，政协的组织设置到县一级为止。人民政协组织建制主要集中在中央、省级和地市级三个层级，具有以下三个特征。第一，中央组织健全规范，省级地方组织基本健全（除西藏自治区外）。其中，中国大陆30个省、市、自治区共有民主党派省级组织212个，平均每个省级行政区划单位7个左右。第二，市级地方组织发展不平衡。经济发达地区的地级市民主党派市级组织建制相对多一些，而经济相对欠发达地区的相对会少一些。第三，县级组织以基层组织为主（包括基层委员会、总支、支部等），地方组织非常少。截至2015年底，各民主党派共有县级地方组织346个。[67]党的十八大以来，人民政协的组织体系日益完善，构建起完善的社会主义协商民主的政治体系，助力全过程人民民主的高质量发展。

全过程人民民主形成了集民主协商、民主决策、民主管理和民主监督等四个环节于一体的全流程的民主形式。人民政协将四个环节全方位地融入制度实践。其中，就民主协商而言，人民政协对国家和地方的大政方针以及政治、经济、文化和社会生活中的重要问题在决策之前进行协商，并就决策执行过程中的重要问题进行协商。人民政协之所以主要实行协商民主，不仅因为政协作为统一战线组织，政协委员需要经过协商产生，参加政协的统一战线各方面关系的和谐需要经过协商来协调；而且因为协商民主是一种适应政协性质定位、能够通过充分协商寻求最大公约数广泛凝聚共识的民主形式，是一种能够在尊重多数的同时保护少数的民主形式，这是政协协商不同于其他领域协商的一大特点。就民主管理而言，中国共产党领导的多党合作和政治协商制度是中国基本政治制度，全国政协是全国各民族、各民主阶级、各民主党派、各人民团体、国外华侨和其他爱国民主人士的统一战线组织，是“各党派的协商机关”。它有别于国家权力机关——全国人大，也不是国家行政机关——中央人民政府。但是，它是落实人民当家作主地位的重要方式，亦是人民履行管理国家权利的重要制度平台。就民主决策而言，人民政协定期召开会议，就国家和地方的大政方针以及政治、经济、文化和社会生活中的重要问题展开政治协商，在每年召开的政治协商会议中，政协代表提供很多国计民生的提案，为党和国家的决策科学化、民主化作出重要贡献。就民主监督而言，参加政协的各党派团体和各族各界人士通过政协组织对国家机关及其工作人员的工作进行监督，也是中国共产党在政协中与各民主党派和无党派人士之间进行的互相监督。人民政协依照国家宪法、法律和法规进行民主监督，提升权力运行透明度和责任性。

总体而言，人民政协是践行全过程人民民主重要的制度平台，代表并整合不同群体的利益诉求，对于缓解社会矛盾、推动社会各界有序的参与、促进协商治理发展具有重要作用。党的十八届三中全会提出推进国家治理体系和治理能力现代化的改革目标，人民政协制度化水平得到进一步发展，对于提升治理体系和治理能力现代化具有重要的现实意义，同时为全过程人民民主的发展提供强有力的制度支撑。

第四节　民族区域自治制度

民族区域自治制度是中国共产党将多民族共同体凝聚成为人民整体进行现代国家建构而建立的人民民主国家制度，是重塑现代大一统国家的基本政治制度。[68]《中华人民共和国民族区域自治法》序言中指出：“民族区域自治是在国家的统一领导下，各少数民族聚居地方实行区域自治，设立自治机关，行使自治权。”[69]这种制度安排具有统一与自治、民族因素与区域因素相结合的特征，体现了民主集中制的组织原则。作为我国人民当家作主制度体系的重要组成部分，民族区域自治制度是发展全过程人民民主、将人民主权落实为人民当家作主的重要制度安排，在与其他政治制度协同互动的运行过程中展现出全领域、全层级、全流程的全过程制度特征。

作为根本政治制度的人民代表大会制度与作为基本政治制度的中国共产党领

导的多党合作和政治协商制度、民族区域自治制度、基层群众自治制度共同构成了中国全过程人民民主制度体系，这些政治制度的相互融合贯通共同支撑了全过程人民民主[70]。民族区域自治制度是在人民代表大会制度的前提下设计的，并在与其他政治制度的相互融合作用下运行，其本质是在国家统一领导下保障少数民族人民当家作主。“多数至上”并不是真正的民主，“如果多数人有一种共同利益联合起来，少数人的权利就没有保障”，民主应当是做集体决定的政治机构的结构、组成和实践对社会所有成员给予同等关注和尊重。[71]因此，要在一个统一的多民族国家内部予以社会所有成员同等关注和尊重，必须赋予不同种族、语言、宗教信仰的公民平参与政治的权利，必须在政权架构中设置一个少数人拥有集体话语权的机构。[72]民族区域自治制度正是为实现少数民族人民当家作主权利的制度安排，“从制度和政策层面保障了少数民族公民享有平等自由权利以及经济、社会、文化权利”[73]。民族区域自治制度以坚持民族平等为原则，保护了少数民族群体平等参与政治的权利，体现了全过程人民民主的价值追求。

民族区域自治制度是中国共产党领导社会革命、凝聚多民族共同体为人民整体、以人民为中心进行现代国家建构的国家制度，是在现代国家总体框架内处理国内民族关系、维护国家统一的政策选择和制度安排。中国共产党持续塑造的人民整体让多民族共同体以人民的形态得以保存，不仅在国族层面成为中华民族的政治基础，而且在国家层面成为中国现代国家的政治基础。[74]因此，民族区域自治制度的本质是人民民主，是现代国家建构中重建政治大一统塑造人民整体力量，在少数民族聚居区域将人民主权具体落实为人民当家作主的制度形式。

中国共产党运用马克思列宁主义原理解决我国民族问题的探索经历了民族自决、联邦制和民族区域自治三种形式，体现了中国共产党在处理民族问题上的认识不断深入和成熟的过程。实施民族区域自治的前提包括民族识别、划分民族地区并以少数民族干部作为本民族的代表在民族区域自治机关实行自治权三个过程。有关民族区域自治的官方定义最早见于李维汉对中国共产党关于新中国民族问题的基本理论的阐述：“民族的区域自治，是中华人民共和国领土之内的，在中央人民政府统一领导下的，遵循着中国人民政治协商共同纲领总道路前进的，以少数民族聚居区为基础上的区域自治。”[75]此外,《中华人民共和国民族区域自治法》第二条规定:“各少数民族聚居的地方实行区域自治。民族自治地方分为自治区、自治州、自治县。各民族自治地方都是中华人民共和国不可分离的部分。”[76]由此可看出,民族区域自治制度是在维护国家主权统一和中央集权的基础上所实施的民族区域自治,三级自治机关加民族乡的设置让少数民族聚居地区拥有广泛的自治权,体现了民主集中制的组织原则。一方面,自治权是一种国家授权,少数民族聚居区是在国家统一的行政区划基础上确定的,自治机关为中央人民政府领导下的不同层级地方政权,国家本位构成了民族区域自治的第一条基本准则。另一方面,少数民族地区自治机关拥有广泛的自主权根据本民族地区的特点处理地方事务,有利于保证少数民族人民当家作主的权利。因此,民族区域自治制度使统一与自治、民族因素与区域因素有机结合,并调和了不同区域内民族关系的平衡。[77]此外,中央集中统一领导正是政治大一统的核心内容,而民族区域自治制度所体现的民主集中制则是现代国家政治大一统的核心要素。[78]因此,通过中央统一领导下的民族区域自治,中国共产党实现了对多民族的政治整合,凝聚而成的人民实体让多民族共同体以人民的形态得以保存,重塑了中国大一统的现代国家。

民族区域自治制度是保障少数民族人民当家作主权利的基本政治制度,是全过程人民民主制度体系的重要组成部分,其制度实践同样展现出全领域、全层级、全流程的特征。

首先,民族区域自治制度正是中国共产党将不同民族群体凝聚成人民整体、实现少数民族地区人民当家作主权利的制度安排,体现出全领域特征的人民民主实践。

民族区域自治制度所覆盖的少数民族人口和地区范围具有全领域特点。据统计,“截至 2010 年,实行民族区域自治的少数民族人口占少数民族总人口的 70%以上,民族自治地方的面积占全国国土总面积的 64%左右,我国在少数民族聚居地方先后共建立了 155 个民族自治地方,包括 5 个自治区、30 个自治州、120 个自治县(旗)”[79]。此外,民族自治地方的自治机关人民代表大会和人民政府在行使自治权的过程中广泛开展民主政治活动,努力实现政治参与主体的全覆盖性和少数民族民主参与的真实性。

中央机关和自治机关工作人员覆盖到少数民族人口和地区范围的全领域。为了保障少数民族真正享有自治权，中央机关及民族自治地方的自治机关（人民代表大会和人民政府）中依法配备了少数民族人员。民族自治地方实行人民代表大会制，人大代表结构需包括居住在自治地方的各民族代表，并增加人口较少民族的名额与比例。自治地区的人民政府行政首长和人大常委会主任或副主任必须由实施区域自治的民族的公民担任。[80]从全国人大代表和政协委员结构中的民族比例来看，十四届全国人大代表中少数民族代表 442 名，占代表总数 14.85%，全国 55 个少数民族都有本民族的全国人大代表和全国政协委员；[81]人口超过 100 万的少数民族都有本民族的全国人大常委会委员。一些优秀的少数民族干部还可以被选拔到中央和国家机关担任领导职务。[82]

少数民族自治地方的自治机关依法享有并行使全领域的自治权。自治机关的自治权不仅包括民族立法权、变通执行权、文化、语言文字自主权，还具有较大程度的财政经济自主权，并可以基于民族身份享受国家的群体优惠政策，自治权的内容涉及立法、经济、政治、文化、社会等方方面面。此外，每项自治权的具体内容范围也具有全领域的特点。[83]以民族立法权为例，民族自治地方的人民代表大会有权根据本民族地方特点制定自治条例和单行条例，立法内容兼具区域特点和民族特点，覆盖少数民族地区发展立法工作的全领域内容。

其次，全过程人民民主是从中央到地方的全层级人民民主，民族区域自治制度在少数民族聚居的地区不同层级地方的自治实践展现出全层级人民民主的特征。

与全国各省的行政区划一致，少数民族自治地方设立自治区、自治州、自治县（旗）三级行政区划，自治区与省同级，自治州与地级市同级，自治县与县同级。对于部分少数民族聚居地域较小、人口规模较小且分散的少数民族自治地区通过设立民族乡的办法实施民族区域自治，[84]每一层级的民族自治地方都展现出生动的全过程人民民主实践。自治地方的三层行政区划都设有自治机关，即各自治地方层级的人民代表大会和人民政府。民族区域自治制度是在人民代表大会制度的指导前提下运行的，在自治县（旗）、民族乡层级的自治地区通过直接选举的方式选出人大代表，自治州、自治区人民代表大会由下级人民代表大会选举代表组成。自治地区各层级人大代表都必须有一定名额比例的自治地区民族和居住在本行政区的其他民族代表。各层级自治地方的其他国家机关都由人民代表大会选举产生，其国家机关工作人员构成都具有民族占比要求。民族自治地方的人民政府对本级人民代表大会和上一级国家行政机关负责并报告工作，在本级人民代表大会闭会期间，对本级人民代表大会常务委员会负责并报告工作。各层级自治机关依法行使自治权，开展全过程人民民主实践，具体来说，自治区、自治州层级的自治机关更加关注地方经济社会发展战略、自治地区立法、民族关系、地区稳定等重大问题，自治县、民族乡的自治机关更注重有关社会民生、基层治理等具体问题的实施。

最后，民族区域自治制度是在与人民代表大会制度、中国共产党领导的多党合作和政治协商制度、基层群众自治制度的协同运行中运作的，其制度实践在全过程人民民主实践的运行过程中形成了从民主选举到民主协商、民主决策、民主管理和民主监督的全流程民主程序。首先，以人民代表大会制度为依托，少数民族地区的人民通过一定程序的民主选举产生人民代表大会，并由人民代表大会产生人大常委会、人民政府、法院、检察院和监察委。其次，在我国的政党制度与基层群众自治制度的配合下，自治机关在立法或政府决策前通过不同政党、公民主体间充分的民主协商达成共识，在得到大多数少数民族人民认可的情况下在人大或政府会议中通过投票的方式进行民主决策。再次，基层群众自治制度运行下的基层群众性自治组织实现了少数民族群众的自我管理、教育与服务，这是少数民族实现民主管理的基本制度形式。最后，民主监督的实践主要表现在少数民族人民对国家机关及其工作人员进行监督以及各级人大对人大常委会和其他国家机关的民主监督。因此，民族区域自治制度在与其他政治制度相互配合互动的过程中实现了从民主选举到民主协商、民主决策、民主管理和民主监督的全流程闭环。此外，自治地区的民族自治权在各自的行使过程中都具有全流程的程序，自治地区的各类国家机关在与中国共产党和少数民族人民协同联动的全过程人民民主实践中展现了全流程特征。

民族区域自治制度在全过程人民民主实践中所展现的全领域、全层级、全流程特征是在少数民族自治地区将人民主权落实为人民当家作主的具体体现。民族区域自治制度是中国共产党领导的社会革命的产物，中国共产党将多民族共同体凝聚成人民整体，进而重塑现代大一统国家，这正是民族区域自治制度践行人民民主的政治原理所在。

第五节　基层群众自治制度

习近平强调："基层民主是全过程人民民主的重要体现。健全基层党组织领导的基层群众自治机制，加强基层组织建设，完善基层直接民主制度体系和工作体系，增强城乡社区群众自我管理、自我服务、自我教育、自我监督的实效。完善办事公开制度，拓宽基层各类群体有序参与基层治理渠道，保障人民依法管理基层公共事务和公益事业。全心全意依靠工人阶级，健全以职工代表大会为基本形式的企事业单位民主管理制度，维护职工合法权益。"[85]

因此，基层群众自治制度是践行全过程人民民主，将人民主权落实为人民当家作主最直接的制度形式。其主要表现为基层群众在党组织的领导下依照宪法和法律直接管理同切身利益相关的公共事务。作为一种非国家政权形态的民主制度形式，基层群众自治实质上就是一种社会自治，是推进基层社会治理、保障人民群众利益的直接途径。基层群众自治制度体现了中国共产党的领导与人民当家作主、依法治国的有机统一，其具体制度形式主要包括城市居民自治、农村村民自治和企业职工自治，其制度运行展现了全过程的实践特征。

基层群众自治制度是人民群众在社会基层领域以自治的形式实现人民当家作主的制度形式。从人民民主的角度来说，基层群众自治是一种社会自治，即中国共产党将民众凝聚形成的人民整体可以控制国家权力的运行，也即社会在凝聚而成的人民的基础上获得解放并足以控制国家。在国家尚未消亡，人民主导国家的历史时期，人民通过人民代表大会和基层群众自治的方式共同行使着当家作主的权利。因而，基层群众自治孕育着更高级别的人民民主，即国家权力回归于社会并以社会自治的形式实现社会解放。[86]

中国共产党动员和组织民众实践民主政治的群众路线方针贯穿于基层群众自治制度之中。群众路线是中国共产党凝聚人民实现人民当家作主最初的实践形态,是“党的生命线和根本工作路线”[87]。群众路线在确立人民主体地位的前提下打破了妨碍广大民众政治参与的各种阻碍,使人民能够直接管理公共事务,行使政治参与权利。“由于群众路线在将人民主权落实为人民当家作主上发挥着重大作用,因此群众路线就构成了全过程人民民主的实践起源。”[88]基层群众自治制度正是中国共产党积极将群众路线制度化的探索实践,通过让广大民众能够在日常生活中进行民主参与,管理与民众切身利益相关的公共事务,从而切实感受到人民当家作主的真实性和有效性。因此,全过程人民民主的实践起源在政治制度体系上得以巩固与发展。

农村村民自治与城市居民自治是基层群众自治制度最重要的两大组成部分,是发展全过程人民民主过程中将人民主权落实为人民当家作主最直接的制度形式,在党领导人民群众直接参与政治,保障人民利益的过程中展现出全过程的人民民主实践。

村(居)民自治制度是由村(居)民选举的成员组成作为群众性自治组织的村民(居民)委员会,从而实施村(居)民自我管理、自我教育、自我服务和自我监督的制度。[89]村(居)民自治制度的行为主体和议题范围具有全领域特征。从行为主体来看,不仅所有的基层民众都可以参与到体现直接民主的公共事务管理之中,而且在制度运行中涉及党组织、公民、上级人民政府、公民团体等多样化主体;从制度议题范围来看,村(居)自治制度的民主实践议题是基层社会治理中关系到民众切身利益的问题,涉及经济、政治、文化、社会、生态建设等方方面面的议题。此外,作为群众性自治组织的村居委员会具有全覆盖的特征。据《中国的民主》白皮书发布的数据,截至2020年底,全国50.3万个行政村全部建立了村民委员会,11.2万个社区全部建立了居民委员会。[90]村(居)民自治制度行为主体和议题范围的全领域性以及村居委员会的全覆盖性有利于全过程人民民主在基层真实有效落地,切实保障基层群众人民当家作主的权利。

村(居)民自治制度在运行过程中表现出从民主选举到民主协商、民主决策、民主管理和民主监督的全流程特征。首先,民主选举是村(居)民自治制度的第一链条,村(居)民通过直接选举的方式产生村民委员会主任、副主任和委员。其次,村居委员会在对公共事务决策之前与"两委"主要负责人、群众代表、利益相关方、专家学者、政府相关职能部门等多元主体通过专题议事会、民主听证会的方式进行充分的民主协商,并严格按照"党员群众建议、村(社区)党组织提议、村(社区)'两委'会商议、党员大会(党员议事会)审议、村(居)民会议或村(居)民代表会议决议"[91]的程序以少数服从多数的机制对公共事务进行民主决策。最后,村(居)务公开制度和民主管理制度中的相关法律法规章程对村(居)自治的整个过程进行民主管理,基层民众、村居委员会、上级政府依照相关法律对村居委员会组织及成员进行民主监督。由此,村(居)自治制度形成了从民主选举到民主协商、民主决策、民主管理和民主监督的全流程闭环。此外,每个环节内部也具有各自全流程、规范的民主程序。以民主协商为例,村居自治中的民主协商流程包括以科学的方式遴选协商参加者、参与协商、协商落实与监督三个部分。首先,遴选协商参加者可以保证协商参加者的广泛性和有效性,然后由"两委"主要负责人、群众代表、专家学者、相关利益方、政府相关职能部门等多方协商主体通过收集议题、拟订方案、开展商议、公布协商结果、落实成果等环节进行民主协商,最后通过协商成果采纳、落实、反馈和监督机制接受群众监督。[92]

伴随着农村治理方式的改革,中国乡村社会的基层治理先后经历了"集中式""选举式"与"参与式"三种治理模式的变迁,更加强调村民对公共事务的全过程参与,在村民自治中形成了诸如"社区理事会""农民议会""党群理事会""乡贤理事会"等多样化的治理形式。[93]随着城市现代化和市场化的快速发展,城市社区治理先后经历了"单位制""街居制"与"社区制"三种治理模式的变迁,社区制在街居制的基础上以居民自治为核心,形成了居民与政党、政府、社会组织等多元主体协同参与的治理模式,这是城市基层治理回归社会的必由之路,也是在基层社会实现全过程人民民主运作的必然要求。总体而言,在新型城乡基层自治模式下,通过发挥基层党组织的"领头雁"作用,加强协商民主在城乡基层自治中的运用,进而形成政党政府引领、社会参与、居民自治的多元共治模式,[94]形成"共建共治共享"的社会治理格局，是全过程人民民主在基层治理中的生动、有效实践。

以职工代表大会制度为核心的企业职工自治是基层群众自治制度的重要组成部分，也是在全过程人民民主实践中保障职工权益的直接有效的制度形式。在生产领域实现基层群众自治，需要通过职工代表大会制度和工会制度落实职工的民主管理权，保障职工的合法权益，让职工在直接参与企业（单位）管理的全过程中实现人民当家作主的权利。党的十九届四中全会通过的《中共中央关于坚持和完善中国特色社会主义制度、推进国家治理体系和治理能力现代化若干重大问题的决定》中指出："全心全意依靠工人阶级，健全以职工代表大会为基本形式的企事业单位民主管理制度，探索企事业单位职工参与管理的有效方式，保障职工群众的知情权、参与权、表达权、监督权，维护职工合法权益。"[95]职工代表大会制度通过让劳动者行使政治权利来维护社会经济权利，将劳动者塑造成现代国家的公民，从而在生产领域中建构了一个基层群众自治的政治空间，[96]这正是全过程人民民主在基层生产领域将人民主权具体落实为人民当家作主的具体体现。

职工代表大会制度最早源于计划经济时期，在市场经济的冲击下渐渐难以发挥维护职工权益的作用。随着市场化改革的推进，重新将职工代表大会制度融入企业（单位）的治理结构，对于维护职工当家作主权利非常关键。通过职工选举产生的职工代表大会是实现劳动者在生产领域的政治权利、实现当家作主的主体。此外，工会作为工人阶级实现团结权的群众性组织，是职工代表大会的常设工作机构，通过职工代表大会制度与工会制度的整合，有利于职工自治在生产领域的进一步实现。[97]

职工代表大会制度在企业职工自治中体现了从民主选举到民主协商、民主决策、民主管理和民主监督的全过程的民主实践，并在具体运行中具有一系列的具体机制。首先，职工代表大会和工会作为劳动者利益的代表性组织由企业职工民主选举产生，企业工会负责提出职工代表大会代表选举方案、征集职工代表填议题，负责职工代表大会制度会议的相关工作。其次，企业职工通过参与职工代表大会对企业发展和涉及劳工切身利益的议题进行充分的民主协商，通过大会讨论调整并修订集体劳动合同，审议职工福利、人事任免、公司发展等相关议题进行民主决策。最后，《企业民主管理规定》《劳动合同法》《工会法》的相关规定促进企业民主管理的有效实施，从而保障职工参与企业自治中的民主管理权。职工代表大会制度通过厂务公开机制向企业职工公开有关企业经营和职工权益的具体事项，并接受职工的民主监督。[98]

总体而言，党在城市居民、农村村民和企业职工三大基层群众自治领域中，通过各自的制度设计与运行，将人民主权直接落实为具体的人民当家作主权利。这一系列制度设计是全过程人民民主在基层的生动实践。基层群众自治制度的全过程人民民主实践不仅展现出中国共产党动员和组织民众过程中的群众路线工作机制，而且蕴含了作为整体力量的人民主导国家从而实现社会自治的人民民主政治原理。

小　结

中国是中国共产党领导的人民当家作主的社会主义国家，人民当家作主是社会主义民主的本质和核心。经过长期政治探索，在中国共产党的领导下，人民共和国形成一套完整实践全过程人民民主的政治制度体系。其中，中国共产党全面领导制度是根本领导制度，由中国共产党凝聚而成的人民实体是全过程人民民主制度的“政治根基”，人民代表大会制度、中国共产党领导的多党合作和政治协商制度、民族区域自治制度、基层群众自治制度，共同构成了全过程人民民主制度体系能够有效运作的“骨架”。

在中国特色社会主义新时代，中国共产党立足于世情、国情、党情的深刻变化，审时度势、把握历史主动，在百年未有之大变局之际，提出以全过程人民民主推动中国特色社会主义民主政治建设，从而将对社会主义政治发展规律的认识提高到了新的高度。在中国共产党全面领导下，全面发展全过程人民民主，不断推进党的领导、人民当家作主、依法治国有机统一，进而为全过程人民民主制度体系的成熟定型提供“内核”。进一步讲，全过程人民民主的制度框架及其有效运作，代表着人类现代民主政治的一种新形态。

在以制度框架保障全过程人民民主实践的历史过程中，中国特色社会主义政治制度体系仍需要不断地发展和完善。通过不断地夯实中国共产党全面领导制度，强化根本政治制度和基本政治制度的“人民性”，从代表人民根本利益出发，围绕着更好实现人民美好生活需要形成有效支撑全过程人民民主的制度性程序和规则。高质量的全过程人民民主是对中国特色社会主义制度优越性的最佳证明，同样完善的制度体系则是高质量的全过程人民民主的基本保障，全过程人民民主与中国特色社会主义政治制度体系之间的相互依赖关系具有重要的示范意义，它将为广大发展中国家走上符合自身国情的独立自主的政治发展道路提供经验借鉴和中国智慧。

注释

1. 景跃进、陈明明、肖滨主编：《当代中国政府与政治》，北京：中国人民大学出版社 2016 年版，第 3 页。

2.《中国共产党编年史》编委会编：《中国共产党编年史》，北京：中共党史出版社 2002 年版，第 920 页。

3.《刘少奇选集》上卷，北京：人民出版社 1981 年版，第 176 页。

4.《中共党史参考资料》第七卷，北京：人民出版社 1980 年版，第 17 页。

5. 全国人大常委会法制工作委员会编：《宪法资料选编》第一辑，北京：北京大学出版社 1982 年版，第 152 页。

6.《江泽民文选》第三卷，北京：人民出版社 2006 年版，第 570 页。

7.《江泽民文选》第二卷，北京：人民出版社 2006 年版，第 30 页。

8.《中共中央关于加强人民政协工作的意见(摘要)》，载中共中央文献研究室编：《十六大以来重要文献选编》(下)，北京：中央文献出版社 2008 年版，第 261 页。

9. 佟德志：《全过程人民民主的历史必然与实践逻辑》，《天津日报》2021 年 11 月 8 日。

10. 郭明飞、张春发：《全过程人民民主对西方民主话语霸权的批判与超越》，《毛泽东邓小平理论研究》2022 年第 10 期，第 25—32 页。

11.《江泽民文选》第三卷，北京：人民出版社 2006 年版，第 555 页。

12. 习近平：《决胜全面建成小康社会　夺取新时代中国特色社会主义伟大胜利——在中国共产党第十九次全国代表大会上的报告》，北京：人民出版社 2017 年版，第 20 页。

13. 习近平：《高举中国特色社会主义伟大旗帜　为全面建设社会主义现代化国家而团结奋斗——在中国共产党第二十次全国代表大会上的报告》，北京：人民出版社 2022 年版，第 6 页。

14. 中华人民共和国国务院新闻办公室：《中国的民主》白皮书，2021 年 12 月 4 日，http://www.scio.gov.cn/ztk/dtzt/44689/47513/index.htm。

15. 景跃进、陈明明、肖滨主编：《当代中国政府与政治》，北京：中国人民大学出版社 2016 年版，第 53 页。

16. 同上。

17. 习近平：《在中央和国家机关党的建设工作会议上的讲话》，《求是》2019 年第 21 期。

18. 习近平：《决胜全面建成小康社会　夺取新时代中国特色社会主义伟大胜利——在中国共产党第十九次全国代表大会上的报告》，北京：人民出版社 2017 年版，第 37 页。

19. 孙莹：《我国人民代表大会的制度特征及职权发展逻辑》，《复旦学报(社会科学版)》2022 年第 5 期，第 180 页。

20. 何俊志:《作为一种政府形式的中国人大制度》,上海:上海人民出版社 2013 年版,第 68 页。

21. 同上书,第 3 页。

22. 都淦:《中国国家机构的民主集中制原则》,载许崇德主编:《宪法与民主政治》,北京:中国检察出版社 1994 年版,第 66—77 页。

23. Melanie Manion, "When Communist Party Candidates Can Lose, Who Wins? Assessing the Role of Local People's Congresses in the Selection of Leaders in China," *The China Quarterly*, Vol.195, Sep., 2008, pp.607—630.

24. 何俊志:《作为一种政府形式的中国人大制度》,上海:上海人民出版社 2013 年版,第 25 页。

25. 汪仕凯、孟雨微:《代表政治与代议政治的重叠:以人民代表大会制度为中心的观察》,《中央社会主义学院学报》2022 年第 3 期,第 50—58 页。

26. 同上文,第 53 页。

27. 汪仕凯:《人民民主:中国共产党对现代政治的集大成创造》,《南京社会科学》2021 年第 7 期,第 1—10 页。

28. 汪仕凯、孟雨微:《代表政治与代议政治的重叠:以人民代表大会制度为中心的观察》,《中央社会主义学院学报》2022 年第 3 期,第 54 页。

29. 林尚立:《当代中国政治:基础与发展》,北京:中国大百科全书出版社 2017 年版,第 84 页。

30. 汪仕凯、孟雨微:《代表政治与代议政治的重叠:以人民代表大会制度为中心的观察》,《中央社会主义学院学报》2022 年第 3 期,第 55 页。

31. 汪仕凯、陈沿潮:《由群众到人民:中国共产党领导的历史基础和实践路径》,《江苏社会科学》2021 年第 2 期,第 7—15、247 页。

32. 汪仕凯、孟雨微:《代表政治与代议政治的重叠:以人民代表大会制度为中心的观察》,《中央社会主义学院学报》2022 年第 3 期,第 56 页。

33.《习近平著作选读》第二卷,北京:人民出版社 2023 年版,第 531 页。

34. 全国人民代表大会常务委员会法制工作委员会编:《中华人民共和国法律(2018 年版)》,北京:人民出版社 2018 年版,第 6 页。

35. 孙莹:《我国人民代表大会的制度特征及职权发展逻辑》,《复旦学报(社会科学版)》2022 年第 5 期,第 178—179 页。

36. 阚珂:《人民代表大会那些事》,北京:法律出版社 2017 年版,第 22 页。

37.《第十三届全国人民代表大会常务委员会代表资格审查委员会关于第十四届全国人民代表大会代表的代表资格的审查报告》,中国人大网,2023 年 2 月 24 日,http://www.npc.gov.cn/npc/c30834/202302/be334508d78a41c4bf3b2d2b47a22fd0.shtml。

38. 孙莹:《我国人民代表大会的制度特征及职权发展逻辑》,《复旦学报(社会科学版)》2022 年第 5 期,第 180 页。

39.《十四届全国人大一次会议收到代表议案 271 件　收到代表建议 8 000 多件》,中国政府网,2023 年 3 月 11 日,https://www.gov.cn/xinwen/2023-03/12/content_5746279.htm。

40. 孙莹:《人民代表大会制度是实现全过程人民民主的重要制度载体——基于结构—功能视角的阐释》,《江苏社会科学》2023 年第 3 期,第 56 页。

41.《苏州市相城区黄桥街道人大:扎实推进基层人大工作》,2017 年 10 月 26 日,http://www.jsrd.gov.cn/zt/rdzd/jcjs/201710/t20171026_476859.shtml。

42.《宜城街道首届议政代表会成立》,2021 年 8 月 28 日,http://www.dtqrd.gov.cn/onenews.aspx?id=1545。

43. 2021 年《中华人民共和国全国人民代表大会组织法》。

44. 2022 年《中华人民共和国地方各级人民代表大会和地方各级人民政府组织法》。

45. 桑玉成:《拓展全过程民主的发展空间》,《探索与争鸣》2020 年第 12 期,第 10 页。

46. 习近平:《在中央政协工作会议暨庆祝中国人民政治协商会议成立 70 周年大会上的讲话》,北京:人民出版社 2019 年版,第 2 页。

47. 余逊达:《民主治理是最广泛的民主实践》,《浙江社会科学》2003 年第 1 期,第 28—31 页。

48. 金太军等:《政治文明建设与权力监督机制研究》,北京:人民出版社 2010 年版,第 198 页。

49. 全国人大常委会办公厅秘书二局编:《中国宪法文献通编》,北京:中国民主法制出版社 2004 年版,第 4—5 页。

50. 习近平:《在庆祝中国人民政治协商会议成立 65 周年大会上的讲话》,《人民日报》2014 年 9 月 22 日第 2 版。

51. 浦兴祖主编:《中华人民共和国政治制度》,上海:上海人民出版社 2005 年版,第 618 页。

52.《全国政协办公厅负责人就学习贯彻中办〈关于加强和改进人民政协民主监督工作的意见〉答记者问》,《人民日报》2017 年 3 月 7 日第 6 版。

53. 同上。

54. 浦兴祖主编:《中华人民共和国政治制度》,上海:上海人民出版社 2005 年版,第 618 页。

55. 政协全国委员会办公厅、中共中央文献研究室编:《人民政协重要文献选编》(下),北京:中国文史出版社 2009 年版,第 695 页。

56. 程竹汝:《中国共产党领导的多党合作和政治协商制度基本理论问题思考》,《政治学研究》2011 年第 2 期,第 19—28 页。

57.《中共中央办公厅转发〈中共政协全国委员会党组关于〈中共中央关于加强人民政协工作的意见〉贯彻落实情况的报告〉》,《人民日报》2012 年 8 月 21 日第 1 版。

58. 习近平:《在庆祝中国人民政治协商会议成立 65 周年大会上的讲话》,《人民日报》2014 年 9 月 22 日第 2 版。

59. 中共中央文献研究室编:《十八大以来重要文献选编》(中),北京:中央文献出版社 2016 年版,第 293 页。

60.《毛泽东文集》第六卷,北京:人民出版社 1999 年版,第 385 页。

61. 李瑞环:《在全国政协八届四次会议闭幕会上的讲话》,载中共中央文献研究室编:《十四大以来重要文献选编》(中),北京:人民出版社 1997 年版,第 1814 页。

62. 高秉雄、张江涛:《人民政协界别:变迁与改革》,《社会主义研究》2009 年第 6 期,第 60—65 页。

63. 肖存良:《平衡与优化:人民政协与政治体系研究》,上海:上海人民出版社 2017 年版,第 111 页。

64. 景跃进、陈明明、肖滨主编:《当代中国政府与政治》,北京:中国人民大学出版社 2016 年版,第 48 页。

65. 刘少奇:《关于修改党章的报告》,载夏利彪编:《中国共产党党章及历次修正案文本汇编:1921—2012》,北京:法律出版社 2016 年版,第 131 页。

66. 景跃进、陈明明、肖滨主编:《当代中国政府与政治》,北京:中国人民大学出版社 2016 年版,第 48 页。

67. 黄天柱:《当代中国的民主党派——以政策过程为视角》,上海:上海人民出版社 2020 年版,第 81—82 页。

68. 汪仕凯:《以人民为中心建构现代大一统国家:中国共产党的历史自觉》,《统一战线学研究》2023 年第 1 期,第 7—28 页。

69.《中华人民共和国民族区域自治法》序言。

70. 黎宜春:《全过程人民民主视域下民族自治地方立法的理论逻辑及实践进路——以广西 12 个民族自治县为例》,《河北法学》2023 年第 4 期,第 105—122 页。

71. [美]德沃金:《自由的法:对美国宪法的道德解读》,刘丽君译,上海:上海人民出版社 2001 年版,第 21 页。

72. 陈建樾:《以制度和法治保护少数民族权利——中国民族区域自治的路径与经验》,《民族研究》2009 年第 4 期,第 2 页。

73. 中华人民共和国国务院新闻办公室:《中国的民主》白皮书,2021 年 12 月 4 日,http://www.scio.gov.cn/ztk/dtzt/44689/47513/index.htm。

74. 汪仕凯:《以人民为中心建构现代大一统国家:中国共产党的历史自觉》,《统一战线学研究》2023 年第 1 期,第 7—28 页。

75. 李维汉:《统一战线问题与民族问题》,北京:人民出版社 1981 年版,第 510 页。

76.《中华人民共和国民族区域自治法》第二条。
77. 周平:《民族区域自治制度的内在逻辑》,《学术界》2019 年第 6 期。
78. 汪仕凯、孟雨微:《代表政治与代议政治的重叠:以人民代表大会制度为中心的观察》,《中央社会主义学院学报》2022 年第 3 期,第 56 页。
79. 熊文钊:《民族法学》,北京大学出版社 2016 年版,第 150—151 页。
80.《中华人民共和国民族区域自治法》第十六、十七条。
81.《全国两会代表委员 56 个民族全覆盖》,《中国日报》2023 年 3 月 4 日,http://cn.chinadaily.com.cn/a/202303/04/WS64034608a3102ada8b231df3.html。
82. 王允武:《民族区域自治制度运行:实效、困境与创新》,《中央民族大学学报(哲学社会科学版)》2014 年第 3 期,第 6 页。
83.《中华人民共和国民族区域自治法》第三章。
84.《中华人民共和国民族区域自治法》第五十条。
85. 习近平:《高举中国特色社会主义伟大旗帜,为全面建设社会主义现代化国家而团结奋斗——在中国共产党第二十次全国代表大会上的报告》,《求是》2022 年第 21 期。
86. 汪仕凯:《人民民主:中国共产党对现代政治的集大成创造》,《南京社会科学》2021 年第 7 期,第 1—10 页。
87.《毛泽东选集》第三卷,北京:人民出版社 1991 年版,第 899 页。
88. 汪仕凯:《群众路线与全过程人民民主的实践起源》,《郑州大学学报(哲学社会科学版)》2023 年第 2 期,第 6—11、128 页。
89.《中华人民共和国村民委员会组织法》《中华人民共和国居民委员会组织法》。
90. 中华人民共和国国务院新闻办公室:《中国的民主》白皮书,2021 年 12 月 4 日,https://www.gov.cn/zhengce/2021-12/04/content_5655823.htm。
91. 蒯正明:《村(居)民自治实践全过程人民民主的路径探析》,《甘肃社会科学》2023 年第 2 期,第 24 页。
92. 同上文,第 23—24 页。
93. 韦广雄:《村域基层社会治理的创新与村民自治的有效实现》,《求实》2015 年第 2 期,第 93—98 页。
94. 房亚明:《“全过程民主”视域下城市社区自主治理的机制建构》,《湖北社会科学》2020 年第 2 期,第 33—41 页。
95.《中共中央关于坚持和完善中国特色社会主义制度 推进国家治理体系和治理能力现代化若干重大问题的决定》,北京:人民出版社 2019 年版,第 13 页。
96. 汪仕凯、冯雅静:《工会与职工代表大会的有效衔接:劳动治理中的制度优势》,《工会理论研究》2020 年第 2 期。
97. 同上。
98.《企业民主管理规定》第三章。

第四章　多元一体的主体力量

全过程人民民主是中国共产党领导人民探索社会主义民主的新概念、新实践、新成果，是中国共产党以人民为中心领导治国理政具体过程的典型形态。在全过程人民民主实践中，作为整体性质的人民是民主实践的根本主体力量，虽然人民的范围随着时代变迁和社会发展而不断调整，但是人民始终是促进革命发展和社会进步最坚定的推动力量。在当代中国政治经验中，人民是中国共产党和广大群众密切结合在一起的整体性质的政治力量，中国共产党是内在于人民之中的领导核心，民主党派、人民团体、群众组织等都是人民的重要组成部分。在发展全过程人民民主的过程中，中国共产党是最坚定的领导力量，党保障人民当家作主的地位得到贯彻落实，无论是在革命、建设和改革开放时期，还是在新时代，中国共产党通过组织、动员、教育等方式，将广大群众团结在自身领导之下，从而塑造了能够推动历史进步的积极力量即人民，中国共产党既塑造人民又代表人民，并且使人民始终存在于政治生活中，进而在使人民成为全过程人民民主的根本主体力量的同时，也使构成人民的各种要素能够共同参与政治生活、推动全过程人民民主的深入发展。

第一节　作为全过程人民民主根本主体的人民

现代政治以人民主权为基本原则，因为人民主权是现代政治正当性的根基。然而，如何在国家制度设计和政治实践中具体落实人民主权原则，不同国家受制于特定的历史、社会、文化条件，走向了不同的政治发展道路。中国和欧美国家在如何落实人民主权原则上有着重大差异，在欧美国家，人民只是抽象整体，在中国则是整体性质的政治实体，这种差异决定了中国的政治发展必须将人民主权原则具体落实为人民当家作主。

西方自由主义的民主理论秉持“个人本位”，否定“人民本位”。其理由是：第一，“个人”是具体的而“人民”作为集合体是虚幻的，缺乏明确的主体性；第二，强调“人民”这集合体往往容易导致对“个人”的否定，因而具有重新迈向集权专制的风险。[1]然而，如若深究这一理论，则会发现西方的民主理论的逻辑前提是“抽象的个人”，而非具体的个人。马克思直截了当地指出“一种抽象的——孤立的——人的个体”。[2]在这种异化的民主理论和原则的基础上构建起来的民主制度及其实践过程难以切实落实人民主权原则，亦不能真正实现人民当家作主。

全过程人民民主在理论和价值上始终秉持“人民本位”，这源于马克思对社会共和国的思考。马克思指出基于“劳动解放”和“社会解放”所形成的社会共和国，是劳动者为生产资料的主人以及社会为国家的主人的共和国，其集中体现形式就是人民当家作主的社会共和国。在马克思看来，巴黎公社就是“社会共和国”的雏形，社会共和国意味着“社会把国家政权重新收回，把它从统治社会、压制社会的力量变成社会本身的充满生气的力量；这是人民群众把国家政权重新收回，他们组成自己的力量去代替压迫他们的有组织的力量；这是人民群众获得社会解放的政治形式，这种政治形式代替了被人民群众的敌人用来压迫他们的假托的社会力量”[3]。要言之，在社会共和国中人民群众实现了政治解放和社会解放，真正获得了当家作主的地位。

以社会共和国为“蓝本”的政治建构，始终秉持“人民本位”原则，不仅以“公民个人”作为行动主体，而且以“作为集体身份存在的人民”作为行动主体，它有效地平衡了“人民本位”和“个体本位”的关系，其内在机理是：“以人为本，尊重生命的价值和每个人的自由发展；坚持人民主体地位，实现、维护和发展人民的根本利益；坚持人人平等，保障公平正义，实现共享发展。”[4]在这一理论和原则的指导下，中国共产党在探索中国民主政治发展之路时，始终坚持“人民本位”。人民是政治生活中占据着中心地位和发挥着决定作用的整体性质的实体，并且，人民的这种地位和作用是通过人民当家作主具体落实的。进而论之，只有实现人民当家作主，人民主权才从一种制度原则和政治理念转变成一种真实的政治实践。

为此，中国共产党进行了长期探索，“人民”的内涵也随着中国革命和社会主义实践的推进而不断地丰富和发展。在民主革命年代,“人民”与阶级联系在一起,并被道德化和赋予了神圣的含义。“人民”主要指的是“各民主阶级联合”。毛泽东关于“人民”的概念框架,在《论反对日本帝国主义的策略》中确定了四个基点。第一,“人民”的内涵:属于“革命的动力”,便是人民;否则,不在人民之列。第二,“人民”的外延:工人、农民、城市小资产阶级、其他阶级(包括民族资产阶级)中愿意参加民族革命的分子属于人民;买办阶级和地主阶级是敌对阶级,不属于人民。第三,“人民”的主体:占全民族人口的百分之八十至九十的工人、农民。第四,“人民”的数量:工人、农民、城市小资产阶级、民族资产阶级构成全国人口的“最大多数”即超过90%。[5]他在《新民主主义论》中就革命政权的性质进行回答时指出,国体“只是指一个问题,就是社会各阶级在国家中的地位”。换言之,新民主主义的共和国的“国体——各革命阶级联合专政”,而各革命阶级联合专政就是指“一切革命的阶级对于反革命汉奸们的专政,这就是我们现在所要的国家”。[6]其中,一切革命的阶级都属于人民的范畴。

在人民共和国成立前夕,毛泽东在总结中国共产党领导人民进行革命实现解放的历史经验时指出:“人民是什么?在中国,在现阶段,是工人阶级,农民阶级,城市小资产阶级和民族资产阶级。这些阶级在工人阶级和共产党的领导之下,团结起来,组成自己的国家,选举自己的政府,向着帝国主义的走狗即地主阶级和官僚资产阶级以及代表这些阶级的国民党反动派及其帮凶们实行专政。”[7]因此,从这个意义上而言,“各革命阶级联合”就是人民的初始形态,即以政治立场和政治态度划分是否是人民的标准,在革命年代人民主要是由工人阶级、农民阶级、城市小资产阶级和民族资产阶级构成。

1949年,中华人民共和国成立,在中国共产党领导下实行人民民主专政的国体和人民代表大会的政体。在主要由国体和政体构成的政治体制中,“人民”嵌入政治秩序的建构。[8]“人民”的概念不仅继续被赋予政治含义,同时,“人民—敌人”的框架影响了政治秩序的建构。毛泽东认为,“人民”的概念在不同历史阶段有不同的内容,与此相应的是,“敌人”也是变化的。他进而指出:“人民这个概念在不同的国家和各个国家的不同的历史时期,有着不同的内容。拿中国的情况来说,在抗日战争时期，一切抗日的阶级、阶层和社会集团都属于人民的范围，日本帝国主义、汉奸、亲日派都是人民的敌人。在解放战争时期，美帝国主义和它的走狗即官僚资产阶级、地主阶级以及代表这些阶级的国民党反动派，都是人民的敌人；一切反对这些敌人的阶级、阶层和社会集团，都属于人民的范围。在现阶段，在建设社会主义的时期，一切赞成、拥护和参加社会主义建设事业的阶级、阶层和社会集团，都属于人民的范围；一切反抗社会主义革命和敌视、破坏社会主义建设的社会势力和社会集团，都是人民的敌人。”[9]在这一政治框架下，党在人民内部实行民主原则，对反对派则实行专政原则。某种程度上而言，进入社会主义革命和建设时期，人民民主专政是对各革命阶级联合专政进一步发展的结果，其重要者在于两端，一个是人民作为革命阶级联合的高级形态出现了，也就是说，人民不是几个革命阶级的简单联合，而是在工人阶级领导下形成的整体性质的政治力量，另一个是不仅有专政而且有民主，人民内部的民主是主要的，对敌人的专政服务于人民内部的民主。

1978 年，中国实行改革开放的伟大战略，并逐渐建立成熟的社会主义市场经济体制。随着市场化进程的不断深入，新中国成立初期形成的社会阶层结构发生了变迁，这也就意味着人民的社会构成结构发生变化，它不仅包括社会主义劳动者，而且包括社会主义事业的建设者。党的十六大报告指出：“随着改革开放的深入和经济文化的发展，我国工人阶级队伍不断壮大，素质不断提高。包括知识分子在内的工人阶级，广大农民，始终是推动我国先进生产力发展和社会全面进步的根本力量。在社会变革中出现的民营科技企业的创业人员和技术人员、受聘于外资企业的管理技术人员、个体户、私营企业主、中介组织的从业人员、自由职业人员等社会阶层，都是中国特色社会主义事业的建设者。”[10]

进入中国特色社会主义新时代，由于社会主要矛盾的转化和社会发展阶段的变迁，人民的范围也随之发生调整。就人民的社会构成而言，它的范围随着社会结构的变迁而日益扩大，其中包括私营企业和外资企业的管理人员和技术人员、社会组织从业人员、自由职业人员、新媒体从业人员等新社会阶层。人民的内涵也变成“拥护祖国统一和致力于中华民族伟大复兴的爱国者”，共同致力于国家统一和民族复兴大业。

从社会主义发展史观之，人民表明的是一种新的政治主体的出现，一种推动人类社会历史进步的积极力量的出现。[11]虽然人民的范围在不同历史时期有所不同，但是能够组成人民的群众始终有着不变的特质：人民意指一切能够促进革命发展和社会进步的推动力量；“人民”的外延数次重新调整，越扩越宽，包括了绝大多数阶级、阶层和社会集团；“人民”的主体也大大增容，包括工人、农民、知识分子等广大体力与脑力劳动群众；“人民”的数量则始终是全民族的“最大多数”。[12]此外，人民作为整体性质的政治实体存在，构成了推动人民主权向人民当家作主转化的根本动力。而且，人民在中国政治社会变迁的过程中，党通过组织、制度、意识形态等多种方式进行持续塑造，进而保证人民作为整体性质的实体始终贯穿在中国的政治生活之中。在新时代，人民作为全过程人民民主的根本主体力量，其当家作主地位具体落实在全方位、全链条、全覆盖的民主政治实践之中。

第二节　作为全过程人民民主领导力量的中国共产党

中国共产党是中国特色社会主义事业的领导核心，在中国政治社会发展过程中起到了根本性作用。中国共产党领导地位的奠定，就其历史逻辑而言，自从登上历史舞台，它就将国家解放、民族独立和人民幸福作为党的奋斗目标，在党的旗帜下凝聚了全体中国人民的意志，推翻了三座大山的统治，建立了新中国。新中国成立以后，在党的领导下，顺利完成了新民主主义革命和社会主义改造的任务，建立了社会主义制度。总结共产主义理想和社会主义实践在中国大地上的产生、存在、发展和壮大的历史，归根到底有一条根本经验，就是中国特色的社会主义是中国共产党一手创建和缔造的，并且结合中国的具体国情，赋予了中国特色社会主义特定的价值内涵。没有中国共产党，就没有中国特色社会主义。其领导地位是在长期革命、建设和改革中形成的。这是中国革命、建设和改革作出的历史发展的客观结论。因此，作为中国共产党带领中国人民探索民主政治发展最新制度成果的全过程人民民主，其制度的发展和深化都始终离不开中国共产党的领导。当然，中国共产党亦是全过程人民民主制度参与主体的重要组成部分。

就其理论逻辑而言，中国共产党的领导贯穿在“塑造人民”“代表人民”和“维持作为整体性政治实体的人民”的政治过程中。就塑造人民而言，中国共产党作为自觉的主体，在传统中国崩溃的情况下，将“一盘散沙”的中国社会组织起来，构建起现代国家。革命在本质上是人类为实现自我解放所形成的社会历史运动。汉娜·阿伦特（Hannah Arendt）在其著作《论革命》一书中这样写道：“革命这一现代概念与这样一种观念是息息相关的，这种观念认为，历史进程突然重新开始了，一个全新的故事，一个之前从不为人所知、为人所知道的故事将要展开。十八世纪末两次伟大革命之前，革命这一现代概念并不为人所知。”[13]她进而认为，对于革命者来说，革命“更重要的是改变社会的结构，而不是政治领域的结构”。[14]然而，中国革命并不是由成熟的、自我觉醒的革命者寻求自我解放的过程。林尚立指出，“中国革命不是爆发于内生的革命主体力量为实现自我解放而孕育的革命形式与革命行动，而是爆发于古代的国家与政权在现代化冲击下所深陷的全面危机。……因而，它虽然诞生于革命过程中，但其本质不是整个革命的直接产物，即人实现自我解放的产物，而是实现国家现代转型的产物”。[15]进而言之，中国的革命不是人民群众自发寻求政治解放和社会解放的产物，而是被动地卷入政治现代化的历史进程。其中，作为具有历史自觉的中国共产党扮演着“动员者”的角色。

马克思在《哲学的贫困》一书中区分了“自在阶级”和“自为阶级”，前者指的是无产阶级对资本主义社会的认识还处在感性阶段，没有认识到自己受剥削受压迫的真正原因（如归罪于机器），没有觉悟到资本家和工人队伍之间的整个阶级对立，不了解自己的阶级地位和历史使命。斗争是分散的、自发的，仅限于经济要求。后者指的是无产阶级对资本主义社会的认识上升到理性阶段，他们认识到：工人受苦的根源是资本主义剥削制度，是整个资产阶级利用国家机器压迫整个无产阶级的结果；无产阶级是资本主义的掘墓人，肩负着消灭一切剥削阶级、解放全人类的历史使命；无产阶级要求得到解放，必须团结起来，进行有意识、有组织的经济斗争、思想斗争和政治斗争。这一过程中，无产阶级政党发挥着重要的领导作用。

罗荣渠将近代中国社会变迁的历程放在世界大变革的总体进程中进行考察，提出近代中国形成的“殖民主义与反殖民主义的矛盾”“资本主义生产方式与前资本主义生产方式的矛盾”“以基督教文化为核心的现代工商文明与以儒教为核心的东方农耕文明的矛盾”三组矛盾相互交织，进而使得中国社会出现衰败化、半边缘化、革命化、现代化的趋势。[16]同时，他还认为“革命化不仅仅是中国巨变的四大趋势之一，而且是中国现代化的一种特殊表现形式”[17]。但革命只是在特定历史时期和历史条件下的现象，“只有现代化才能概括中国现代社会转变的广泛内容与宏大目标”。[18]无论是革命化，还是现代化，它的前提都是建立起有组织的力量，将“一盘散沙”的中国社会重新组织起来。在这一过程中，就需要对中国社会的革命阶级进行政治动员。

鸦片战争之后，中国被拽入世界资本主义的进程之中，传统王朝秩序加速瓦解，作为传统国家与社会“粘合剂”的士绅阶层也随之分化解体。一部分流入通商口岸成为软弱的依附性的商业知识阶层，一部分沉淀于基层乡村社会成为土豪劣绅。[19]中国社会由此陷入“低组织化”甚或“无组织化”状态。虽然，西方资本主义在中国不断地扩张，但是，中国的无产阶级、半无产阶级在社会结构中仍只是很小的一部分。毛泽东在《中国社会各阶级的分析》一文中指出，“（中国）现代工业无产阶级约二百万人。中国因经济落后，故现代工业无产阶级人数不多。二百万左右的产业工人中，主要为铁路、矿山、海运、纺织、造船五种产业的工人，而其中很大一个数量是在外资产业的奴役下”。[20]在调查过程中，毛泽东看到了农民运动在民主革命阶段的重要作用。他指出，“很短的时间内，将有几万万农民从中国中部、南部和北部各省起来，其势如暴风骤雨，迅猛异常，无论什么大的力量都将压抑不住。他们将冲决一切束缚他们的罗网，朝着解放的路上迅跑。一切帝国主义、军阀、贪官污吏、土豪劣绅，都将被他们葬入坟墓。一切革命的党派、革命的同志，都将在他们面前受他们的检验而决定弃取”。[21]因此，党后来在农村普及宣传，发挥其革命先锋的作用，将农民组织进农会之中，旋即开启了轰轰烈烈的新民主主义革命。

由于社会阶级的分散性、革命意识的模糊性，党通过组织、宣传、动员等方式，将各个革命阶层组成革命同盟军，即“人民”早期的形态。这常见诸中国共产党早期的革命历史之中。裴宜理（Elizabeth Perry）在《安源：发掘中国革命之传统》一书中就指出，在中国共产党早期的革命过程中，工人运动领袖通过“文化置位”

(cultural positioning)、“文化操控”(cultural patronage)等手段,将当地民众熟知的节日、风俗、仪式与阶级化的社会分层观、阶级斗争的革命理念嫁接起来,创造“从前做牛马,现在要做人”的口号,建构出更易被底层民众所接受的策略性框架,增加革命话语的动员效能。同时,在大罢工胜利之后,通过工人教育与自治组织的建立来实现与当局的和平共处,采取非暴力抗议的行动风格。[22]

就代表人民而言,在中国共产党探索实践现代民主政治的历史过程中,形成了有别于西方的代表制理论。汉娜·皮特金(Hanna Pitkin)划分了五种代表类型,即授权、问责等两种形式主义代表和“符号代表”“相似代表”“行动代表”等三种实质主义代表类型。从现代民主政治的实践来看,形式主义代表和实质主义代表都不同程度地存在于当今世界各个国家的政治过程中,所不同的主要是不同国家对于形式主义代表和实质主义代表各有侧重。在中国共产党的领导下,经过长期探索,中国的全过程人民民主形成了以实质主义代表为主导、兼具形式主义代表特质于一体的代表体系。

王浦劬认为,在当代中国政治背景下,国家意志、人民意志与执政党意志在本质上高度统一,中国共产党的本质属性和执政地位在法理意义上决定了中国共产党必然代表人民执掌政权、运行治权,执政党组织与其层级对应的政府体系必然融合而成“党政体制”,进而现实地体现为当代中国治理的党政结构和路径,使得中国共产党不仅是人民意志的引领和代表主体,也是国家意志的实施和运行主体。[23]王绍光指出,当代中国的代表型民主是一种实质主义代表政治,首先,在代表谁上,党和政府是代表绝大多数民众的基本利益的;其次,在谁代表上,党员干部充当了代表民众利益的代表;再次,在代表什么上,民众的客观需求而非主观偏好是代表所要实现的标的;最后,在怎样代表上,党和政府以群众路线作为实现代表的核心机制。[24]景跃进指出,当代中国政治则是一种“规律—使命式代表”理论的实践,其核心观点是:工人阶级是同现代化大生产紧密联系在一起的先进阶级,中国共产党是工人阶级的先锋队,因此中国共产党作为先锋队则集中体现了政治上的先进性。当然,在当代中国政治中,“选举式代表”同样是存在的,人民通过选举产生人民代表大会来体现人民主权同样是不可或缺的内容,但是中国共产党所体现的“规律—

使命式代表"优越于"选举式代表"。[25]"规律—使命式代表"当然也是一种实质主义代表，只不过当代中国政治侧重于实质主义代表时并非完全排斥形式主义代表，"选举式代表"同样存在于中国政治实践中。陈明明则延续了西方是"代议制"、中国是"代表制"的类型分析思路，进一步提出了系统的代表制政府理论。代表制政府理论的核心内容是认为代表制存在两个关系结构，一个是"国家—人民"关系结构，另一个是"政党—群众"关系结构。就"国家—人民"关系结构而言，它遵循着人民主权原则，通过选举实现定期的授权，并借助罢免实现问责。这是代表制的形式主义面相，显而易见，代表制吸收了现代民主政治的基本元素。就"政党—群众"关系结构而言，中国共产党是先锋队性质的党，它对民众的代表不是基于社会契约论，而是基于党的性质和宗旨，通过为国家社会谋复兴、为中华民族谋发展、为人民群众谋幸福的政治实践获得了"实质性授权"或者说"信托"。这是代表制的实质主义面相，集中体现了中国共产党对于代表政治理论的独特创造。至关重要的是，"国家—人民"和"政党—群众"两个关系结构是相互嵌入、有机统一的，将它们衔接起来并构成了代表制政府的根本的内容是人民意志，人民意志则是民心和民意的统一，是党主张和民众需要的统一，是国家整体利益和公民个体利益的统一。[26]当然，党领导人民探索的这套完整的代表体系的根本目的，就是践行党全心全意为人民服务的宗旨，并落实在中国的民主实践过程中。

就维持作为整体性政治实体的人民而言，人民实体要持续存在并落实在全过程人民民主的政治实践中，离不开中国共产党领导。中国共产党的领导是绝大多数民众能够从分散走向整体的关键。现代政治都是由政党领导的，政党"是通向政治权力之路，也是政治稳定的基础，因而也就是政治自由的前提"。[27]在中国现代政治中，人民不是类似于自由主义民主中的那种抽象整体，而是整体性质的实体。人民实体是由具有公民身份的绝大多数民众组成的，并且这种组成不是松散的集合，而是在中国共产党领导下、依靠中国共产党领导的组织网络凝聚起来的，所以人民实体是高度组织化的。当然，人民的内涵和范围并不是一成不变的。改革开放以来，在市场化进程中，中国社会结构发生巨大变化。人民的范围又增加了诸如私营企业和外资企业的管理人员和技术人员、社会组织从业人员、自由职业人员、新媒体从业人员等新社会阶层。其内涵也变成“拥护祖国统一和致力于中华民族伟大复兴的爱国者”。当然，作为整体性质的人民的利益是一致的，但是，在市场化进程中，作为政治参与主体的公民个人的利益却是日益分化的。这也侵蚀了作为整体性政治实体的人民。从这一维度而言，中国共产党在推动全过程人民民主建设的过程中，需要始终维持对作为整体性政治实体的人民，保持人民整体利益的一致性，全面落实人民当家作主的地位。

面对改革开放以来分权化改革造成的日益分化的利益格局，以及其带来的诸多经济社会问题，党通过集权化的改革来调整社会的利益结构，保证人民整体性结构的维持。有学者指出，集中统一始终是党领导人民治国理政的核心逻辑：“(1)中国共产党的领导是解决当代中国社会发展问题的唯一方法；(2)改革开放30余年，中国共产党的领导在取得重大成就的同时也面临着严峻的挑战；(3)有必要重新强化中国共产党在中国社会各个领域的领导和调控。党政体制改革回到了集权逻辑的重心。”[28]基于此，党强化了领导制度和领导能力。习近平指出，“中国特色社会主义最本质的特征是中国共产党领导，中国特色社会主义制度的最大优势是中国共产党领导，党是最高政治领导力量”，“党的领导制度是我国的根本领导制度”。[29]集中体现为：其一，强化党的政治建设。党的政治建设的首要任务是保证全党服从中央，坚决维护党中央权威和集中统一领导。其主要内容是增强“四个意识”、坚定“四个自信”、做到“两个维护”，坚决执行党的政治路线，遵守政治纪律和政治规矩，要求在政治立场、政治方向、政治原则、政治道路上同党中央保持高度一致。其二，重视意识形态工作和领导权。党的十八大以来，党强化了对新闻出版网络的监管，加大对思想文化舆论的引导。此外，在发展战略方面，更加凸显社会公平正义，推行了区域协调发展战略，重视发挥第三次分配作用，走共同富裕的发展道路。这些战略举措有利于平衡社会利益结构、缓和社会矛盾冲突，以及避免长期利益分化导致作为整体性政治实体的人民遭到严重侵蚀。

在这一过程中，党加强了自身作为先锋队政党的建设，以不断强化在社会领域的领导和调控能力，来应对分权化改革带来的利益结构分化的问题，以及及时调节人民内部的矛盾和利益关系。中国共产党是中国特色社会主义事业的领导核心，

“党的领导是全面的、系统的、整体的，必须全面、系统、整体加以落实”。[30]更明确地说，中国共产党在全过程人民民主中的领导作用，不是分散民众而是凝聚民众，不是代替人民而是塑造人民，不是为国家治理设置政策障碍而是为国家治理创造动力，要言之，“中国特色社会主义最本质的特征是中国共产党领导，中国特色社会主义制度的最大优势是中国共产党领导，中国共产党是最高政治领导力量”。[31]由于中国共产党领导根源于将绝大多数民众凝聚成人民这一使命，因此中国共产党领导就不是外在于而是内生于全过程人民民主的，并且党的全面领导内置于全过程人民民主之中有全方位的组织体系保障。只有贯彻中国共产党领导，人民实体才能始终存在于全过程人民民主之中，人民主权才能在全过程人民民主中具体落实为人民当家作主。因此，中国共产党的领导是全过程人民民主的根本政治保障。

第三节　作为全过程人民民主重要参与力量的民主党派

中国共产党是中国特色社会主义事业的领导核心，是领导治国理政的执政党。在中国共产党之外，中国还有八个民主党派，分别是中国国民党革命委员会（简称“民革”）、中国民主同盟（简称“民盟”）、中国民主建国会（简称“民建”）、中国民主促进会（简称“民进”）、中国农工民主党（简称“农工党”）、中国致公党（简称“致公党”）、九三学社、台湾民主自治同盟（简称“台盟”）。截至 2021 年 6 月，全国民主党派成员大约有 130 万人，[32]并且每个党派都有一定的代表性，各自联系着一部分特定的社会成员，有各自的政治影响范围，是全过程人民民主发展中不可缺少的重要政治力量。各民主党派作为中国特色社会主义参政党，是参与性政治主体。它们紧紧围绕国家政权履行职能、发挥作用，其主要功能就是全链条参与政策过程的各个环节，进行利益综合和表达，提供政策意见和建议，监督政策实施并反馈信息，从而影响公共政策的制定和实施。[33]新中国成立以后，民主党派是人民构成的重要一部分，亦是全过程人民民主的重要参与者。

民主党派作为全过程人民民主的重要参与者，贯穿于中国共产党带领人民探索民主政治实践的全过程。在民主革命年代，中国共产党深刻认识到革命同盟军的重要性，认为中国人民革命阵营必须扩大，必须容纳一切愿意参加目前革命事业的人们。毛泽东强调指出，无产阶级领导的人民政权离不开革命同盟者，革命同盟者成为以民主集中制为基础的人民政权中不可或缺的一部分，其中，陕甘宁边区的“三三制”，是中国共产党提出的旨在扩大民主参与、促进社会团结的民主新模式。1944 年边区的一份文件指出：“各级参议会、常驻委员会与政府委员会，即边区政权的权力机关，共产党人约束自己只占三分之一，让其他三分之二，属于各阶级、各党派、各民族中赞成抗日与民主的非共产党人士。共产党责成自己的党员选举他们，并宣传群众选举他们；选举结果，遇有共产党人超过三分之一时，大多以辞职办法退至三分之一。”[34]这也奠定了民主党派与中国共产党合作致力于民主政治建设的基调。

理论的清醒带来行动上的自觉，对革命政权未来的思考为团结革命同盟军提供了广阔空间。毛泽东在中共七届二中全会上提出：“无产阶级领导的以工农联盟为基础的人民民主专政，要求我们党去认真地团结全体工人阶级、全体农民阶级和广大的革命知识分子，这些是这个专政的领导力量和基础力量。没有这种团结，这个专政就不能巩固。”[35]人民民主专政理论很好地实现了马克思主义无产阶级专政学说与人民民主统一战线的完美结合，丰富发展了人民民主理论的内涵和外延，为全过程人民民主奠定了理论基础。

1948 年，中国共产党领导的人民解放军取得了解放战争的重大胜利。胜利在望的趋势越来越明显，党和人民渴望建立一个独立、自由、民主、统一和富强的新中国。在此背景下，1948 年 5 月 1 日，中共中央在《晋察冀日报》发布纪念“五一”劳动节口号，口号共有二十三条，其中最核心的是第四条号召全国知识分子、各阶级力量扩大统一战线，建立新中国，以及第五条号召各民主党派召开政治协商会议，成立联合政府。5 月 1 日，香港《华商报》全文转载相关内容，随后社会各界和海内外民主人士对此持续关注和热议。5 月 5 日，八大民主党派及无党派人士的主要负责人等 12 人联名响应“五一口号”，这表明各民主党派和无党派人士彻底摒弃了原有的中间路线这一不切实际的想法，真心实意地接受中国共产党的领导并与之同心同德地建设独立、和平、民主的新中国。

各民主党派积极拥护中国共产党的领导，为新中国的成立和现代国家民主制度框架的建构奠定坚实基础。1995 年，著名党史专家胡绳重点讲了“中间势力”在新旧民主主义革命阶级的重要作用。他说：“革命能胜利，是因为我们把中间势力拉过来了，如果中间势力都倒向国民党，共产党就不可能胜利。”[36]中间势力在政治上的主要代表就是当时活跃在政治舞台上的各个民主党派，这些党派团体也成为了后来与中国共产党合作完成抗日、反蒋和建国大业的民主党派的主要基础和来源。可见，民主党派作为中国共产党的革命同盟军在民主革命阶段具有重要作用，并且深深影响了中国革命的进程，当然也为中国人民民主的全方位展开奠定坚实的政治条件。

新中国成立之后，民主党派与中国共产党通力合作，共同致力于社会主义的伟大建设，亦在社会主义民主制度建设中发挥着重要作用。在完成社会主义改造后，我国于 1954 年开启了社会主义制度建设的新篇章，当时党内和党外对民主党派作为民族资产阶级的政党是否继续有存在的必要，有着不同的意见。1956 年 4 月 25 日，毛泽东在《论十大关系》中指出：“究竟是一个党好，还是几个党好？现在看来，恐怕是几个党好。不但过去如此，而且将来也可以如此，就是长期共存，相互监督。”[37]李维汉在《巩固和扩大人民民主统一战线》中指出：“共产党和各民主党派长期共同存在，互相监督，首先是对共产党起监督作用的方针。”[38]党的八大正式宣布将“长期共存，互相监督”作为共产党同民主党派关系的基本方针，该方针充分肯定了民主党派所发挥的政治作用和历史地位，也进一步加重了民主党派的责任，有力纠正当时中国共产党内极少部分人轻视民主党派工作和部分民主党派人士的消极情绪，有效调动各方参与决策的积极性。“文化大革命”开始后不久，作为民主党派参政议政平台的人民政协就基本上陷入瘫痪和停止活动的状态，中国社会主义民主建设出现严重倒退。但毛泽东数次发话，在取消民主党派和人民政协的问题上“不松口”，表示民主党派和人民政协“还是要的”。[39]周恩来也在可能范围内保护了一批民主人士。[40]

1989 年，中共中央印发《中共中央关于坚持和完善中国共产党领导的多党合作和政治协商制度的意见》，在八字方针的基础上增加了“肝胆相照、荣辱与共”，发展为“长期共存、互相监督、肝胆相照、荣辱与共”的十六字方针，将该项制度明确为一项基本的政治制度。1993年，孙起孟提议将“中国共产党领导的多党合作和政治协商制度写入宪法”，经过多番调研和论证，八届人大一次会议全体代表正式通过了“在宪法序言中增加‘中国共产党领导的多党合作和政治协商制度将长期存在和发展’”相关内容，标志着将新型政党制度以国家根本大法的形式确定下来。这也再次向世界展示了我国各民主党派主动参政议政的生动实践和成功范例。2002年，各民主党派修订章程，概括起来就是：把民主党派建设成为同中共长期亲密合作、致力于中国特色社会主义事业的参政党。原则主要包括：坚持中共的领导和发扬民主；体现进步性与广泛性相统一；体现政治联盟的特点。在实践中，学习借鉴中共党建的经验，结合民主党派自身建设实际，提出由思想建设、组织建设、制度建设三部分内容组成的自身建设框架。[41]这一章程进一步明确了民主党派作为参政党建设的目标、原则和内容，规范了民主党派民主参与的方式，推动了中国社会主义民主政治建设向纵深处发展，也为新时代中国新型政党制度建设和全过程人民民主的高水平发展打下坚实制度基础。

进入中国特色社会主义新时代后，民主党派与中国共产党通力合作，共同致力于中国新型政党制度建设，并且推进全过程人民民主的高水平发展。首先，各民主党派的代表性日益增强。各个民主党派的利益代表群体的格局在新中国成立初期已经大致形成。根据《中国政党制度年鉴2015》公布的数据，截至2015年底，各民主党派成员的界别构成分别如表4.1所示。一方面，改革开放以来民主党派的人员数量迅速发展壮大。据统计，民主党派成员总数由20世纪70年代的6.5万人，发展到2021年的130多万人，成员总量增加了近20倍，并且呈现持续增长的态势。另一方面，在新的经济形态下催生的新社会阶层也被吸纳到民主党派之中。2020年底，中共中央印发修订后的《中国共产党统一战线工作条例》(以下简称《条例》)，其中新增加了“新的社会阶层人士统一战线工作”。[42]新社会阶层是新经济的产物，这个群体被吸纳到民主党派，并成为党的统一战线工作的重要内容，反映了中国全过程人民民主的广泛代表性、真实参与性并在不断地深化等特征，以全过程人民民主制度的深化来推动经济社会的发展。

表 4.1 中国各民主党派成员的界别构成

民主党派成员	界别构成
民革	公有制经济界 22 343 人，占比 18.5%；普通教育界 19 791 人，占比 16.4%；非公经济界 17 365 人，占比 14.4%；医药卫生界 14 329 人，占比 11.8%；高等教育界 12 408 人，占比 10.3%；私营企业主界 6 982 人，占比 5.8%；科技界 5 011 人，占比 4.1%；文化艺术界 4 133 人，占比 3.4%；机关团体及其他 25 579 人，占比 21.1%。
民盟	教育、科技医卫、文化艺术、出版传媒共 208 876 人，占 77.3%。其中，高教 63 047 人，占 23.3%；普教 82 857 人，占 30.7%；科技医卫 47 190 人，占 17.5%；文化艺术、出版传媒 15 782 人，占 5.8%；新的社会阶层 19 381 人，占 7.2%。
民建	经济界会员 131 539 人，占会员总数的 78.8%。其中企业界会员 104 308 人，占会员总数的 62.5%。企业界会员中担任各种经济实体的正副董事长、总经理、厂长等高级管理人员 35 891 人，占企业界会员的 34.4%，占会员总数的 21.5%；其中私营企业主 26 025 人，占企业界会员的 25.0%，占会员总数的 15.6%。政府机关 20 939 人，占会员总数的 12.5%。司法机关 100 人，占会员总数 0.6%。党派机关 2 518 人，占会员总数 1.5%。高等教育 10 206 人，占会员总数 6.1%。基础教育 6 684 人，占会员总数 4.0%。科技界 3 722 人，占会员总数 2.2%。医药卫生 6 945 人，占会员总数 4.2%。文化艺术 1 682 人，占会员总数 1.0%。出版传媒 1 206 人，占会员总数 0.7%。社会团体 2 233 人，占会员总数 1.3%。其他 3 425 人，占会员总数 2.1%。会员中共有新的社会阶层人士 52 601 人，占比 31.5%。
民进	高教界 19 818 人，占比 13.1%；基础教育界 73 457 人，占比 48.6%；文化艺术界 8 820 人，占比 5.8%；出版传媒界 3 204 人，占比 2.1%；科技界 3 374 人，占比 2.2%；医卫界 9 821 人，占比 6.5%；公有制经济界 5 632 人，占比 3.7%；新的社会阶层 11 157 人，占比 7.4%；机关、团体和其他界别 15 674 人，占比 10.4%。
农工党	医卫界 83 704 人，占比 56.6%；人口资源、生态环境界 3 380 人，占比 2.3%；基础教育界 11 322 人，占比 7.7%；高教界 11 317 人，占比 7.7%；科技界 8 055 人，占比 5.4%；政府和司法机关 8 070 人，占比 5.5%；人大政协机关 463 人，占比 0.3%；新的社会阶层人士 7 665 人，占比 5.2%；文化艺术界 4 353 人，占比 2.9%；公有制经济界 3 784 人，占比 2.6%；党派机关 1 931 人，占比 1.3%；出版传媒界 606 人，占比 0.4%；团体 373 人，占比 0.3%；其他 2 961 人，占比 2%。
致公党	教育界 15 205 人，占比 31.16%；科技界 3 126 人，占比 6.41%；医卫界 7 226 人，占比 14.81%；文化艺术界 1 356 人，占比 2.78%；出版传媒界 472 人，占比 0.97%；公有制经济界 5 726 人，占比 11.73%；新的社会阶层 7346 人，占比 15.05%；人大政协机关 225 人，占比 0.46%；政府机关 5 341 人，占比10.95%；司法机关 247 人，占比 0.51%；社会团体 586 人，占比 1.20%；党派机关 850 人，占比 1.74%；其他 1 091 人，占比 2.24%。成员中有“侨”“海”关系的人数 37 224 人，占比 76.28%。

续表

民主党派成员	界别构成
九三学社	高校 35 938 人，占比 22.9%；普教 4 033 人，占比 2.6%；科技界 53 547 人，占比 34.2%；文化艺术界 2 035 人，占比 1.3%；公有制经济界 7 407 人，占比4.7%；新阶层人士 7 532 人，占比 4.8%，其中私营企业主 2 351 人，占比1.5%；医药卫生界 30 601 人，占比 19.5%；机关团体及其他 15 633 人，占比 10.0%。
台盟	高校 227 人，占比 7.5%；普教 281 人，占比 9.2%；科技界 180 人，占比 5.9%；文化艺术界 54 人，占比 1.8%；公有制经济界 639 人，占比 21.0%；新的社会阶层 558 人，占比 18.3%；医卫界 334 人，占比 11.0%；新闻出版界 35 人，占比 1.1%；机关团体 488 人，占比 16.0%；其他 248 人，占比 8.1%。

资料来源：中央社会主义学院中国政党制度研究中心编：《中国政党制度年鉴 2015》，北京：中国文史出版社 2016 年版。

其次，各民主党派参政议政的专业履职能力日益增强。一方面，民主党派成员的专业化程度很高。据统计，以八个民主党派作为整体计算，大专以上学历占成员总数的比重在 90%以上，大学本科以上的比重为 70%左右，中、高级职称的比重为 80%左右。[43]另一方面，各民主党派都具有明显的阶层代表性和专业领域代表性，他们主要是科技、教育、文化、医卫、法律、经济等领域的知识分子，他们大多学有专长，其中不乏各领域的学术带头人和代表性人士。可以说，民主党派是“专业参与者”。[44]某种程度上而言，“各民主党派成员来自不同的行业和领域，都有自身的专业特长。这些特长和优势决定了民主党派在符合中共代表的全局方向和根本利益的同时，在某个方面、某个部分、某个局部有侧重、有重点地反映、服从和服务于大局和根本利益方面具有一定的优势”。[45]

党的十八大以来，中共中央召开或委托有关部门召开政党协商会议 170 余次，先后就中国共产党全国代表大会和中央全会报告、修改宪法部分内容的建议、制定国民经济和社会发展中长期规划的建议、国家领导人建议人选等重大问题同党外人士真诚协商、听取意见，确保重大问题决策更加科学、民主。各民主党派中央、无党派人士深入考察调研，提出书面意见建议 730 余件，许多建议转化为国家重大决策。[46]民主党派在新时代参政议政的专业履职能力日益增强，与中国共产党一道共同致力于高水平社会主义协商民主的建设和发展，为全过程人民民主贡献了重要资源。

再次，各民主党派嵌入中国民主政治发展的程度日益深化。1989年中共中央出台《关于坚持和完善中国共产党领导的多党合作和政治协商制度的意见》(以下简称"1989年14号文件")，2005年中共中央颁布了《关于进一步加强中国共产党领导的多党合作和政治协商制度建设的意见》(以下简称"2005年5号文件")，这两个重要的文件奠定了民主党派全面嵌入中国政治体系的问题。根据文件精神，民主党派成员在人大中要有适当比例、在政协中要有较大比例并且有专门界别、在政府及司法部门要有适当安排。此外，"就重大问题在决策前和决策执行中进行协商"已基本形成制度，特约人员制度、参事制度、考察调研制度、信息报送制度、"直通车"制度等都逐步建立、健全和规范起来，民主党派参与政治过程的渠道日益畅通。[47]进入新时代，民主党派携手中国共产党推进中国的民主政治建设的功能更加凸显、平台更加广阔。2021年6月25日，国务院新闻办公室发表《中国新型政党制度》白皮书，进一步强化了民主党派在中国政治体制中发挥着不可或缺的重要作用。

回顾新中国成立以来民主党派的演变历程，民主党派的政党功能日益凸显，从突出政治动员的政治参与逐渐转向影响公共政策的政治参与。民主党派政治参与的演变某种程度上折射出当代中国政治发展的轨迹。[48]"文化大革命"结束之后，中国民主政治的道路探索日益走向常态化，人民群众在政治参与、利益表达、权利保障等多方面和多维度都得到了日益充分的满足和实现。其中，民主党派作为代表中国社会中较高社会阶层利益诉求的群体，在全过程人民民主的实践过程中，日益增加其对公共政策的影响，并推动着中国高水平协商的实现，让全过程人民民主的制度优势体现得更加充分。

第四节　在国家与社会之间的人民团体

人民团体也是全过程人民民主的重要参与主体。迄今为止，对群团组织的涵盖范围给出最明确规定的文件是2006年8月22日中共中央组织部、人事部(后并入人力资源和社会保障部)联合发布的关于印发《工会、共青团、妇联等人民团体和群众团体机关参照〈中华人民共和国公务员法〉管理的意见》(以下简称《管理意见》)。《管理意见》规定,“工会、共青团、妇联等使用行政编制或由中央机构编制部门直接管理机构编制的人民团体和群众团体机关参照公务员法进行管理”,并列举了 21 家参照管理的组织。[49]除此之外,由于中华全国工商业联合会也属于参加人民政协的人民团体,因此也是群团组织的一种。其中,人民团体包括以下单位:工会、共青团、妇联、科协、侨联、台联、青联、工商联、中国作协、中国文联所属 10 个文艺家协会、新闻工作者协会、对外友协、外交学会、贸促会、残联、宋庆龄基金会、法学会、红十字总会、思想政治工作研究会、欧美同学会、黄埔同学会、中华职教社等。

我国的人民团体从一般意义上可归于群众团体或社会团体,但又不同于一般的群众团体或社会团体,它具有政治性、群众性、组织性和统一战线的功能与属性。[50]它们是党在以群体的“人民性”作政治取向划分的基础上,对能够广泛地代表人民、联系人民、服务人民的部分团体在政治地位、功能作用和资源保障等方面作出的制度化安排。进而言之,被纳入这种制度化安排的团体才是人民团体,反之,则只是普通的社会团体。人民团体具有鲜明的国家和社团的“双重属性”:一方面既要代表国家整合社会、联系群众,另一方面又要代表群众利益、反映群众需求。它们的根本任务是接受和服从中国共产党的领导,服务于中国共产党社会整合和政治动员的国家目标。[51]在新时代,人民团体是全过程人民民主的重要一环,致力于中国民主政治的发展与深化。

人民团体形成于革命年代。1936 年,“西安事变”后,国共合作组成了抗日民族统一战线,参加统一战线的不仅有农民、工人、城市小资产阶级和民族资产阶级,还包括除了汉奸、大地主大资产阶级投降派以外的一切政治力量。这时再用革命团体、群众团体的概念已有一定的局限性,因此,中国共产党采用了“民众团体”这一相对中性的词汇。如在《中华民国陕甘宁边区政府告民众书》中向“民众团体”发出倡议,“全边区的一切民众团体,如抗敌后援会、工会、青年救国会、妇女联合会、农民会、文化界救亡协会等,都要动员他们所有组织的力量,来保证一切抗战工作之顺利进行”。1942 年,陕甘宁边区政府制定了《陕甘宁边区民众团体组织纲要》《陕甘宁边区民众团体登记办法》,赋予民众团体法律地位。[52]1947 年 10 月,毛泽东在《中国人民解放军宣言》中提出:“联合工农兵学商各被压迫阶级、各人民团体、各民主党派、各少数民族、各地华侨和其他爱国分子，组成民族统一战线，打倒蒋介石独裁政府，成立民主联合政府。”这一历史时期，人民团体是中国共产党统战的对象，已经具有很强的政治属性。但是，它们并未被纳入党的制度化管理程序。

在新中国成立过程中，人民团体是新政协的重要组成部分。其中，1949 年参加人民政治协商会议的人民团体包括：中国共产主义青年团、中华全国总工会中华全国妇女联合会、中华全国青年联合会、中华全国工商业联合会、中国科学技术协会、中华全国台湾同胞联谊会、中华全国归国华侨联合会，共 8 个。这次会议共有代表 600 余人，其中包括人民团体代表共 150 余人，代表们共同商议建国事项。这也奠定了在新中国成立之后人民团体构成的格局。随后出台的《社会团体登记暂行办法》(1950 年 9 月 29 日中央人民政府政务院第 52 次政务会议通过)又对社团进行了重新分类。根据《社会团体登记暂行办法》，社会团体包括下列各项范围：人民群众团体、社会公益团体、文艺工作团体、学术研究团体、宗教团体及其他合于人民政府法律组成的团体。其中，人民群众团体系指广泛从事群众性社会活动的社会团体，如工会、农民协会、工商业联合会、民主妇女联合会、民主青年联合会、学生联合会等。此时，人民团体已经被纳入国家制度化管理。届时，人民团体就具有“国家属性”和“社会属性”这两重属性，在中国共产党的坚强领导下，共同致力于中国社会主义伟大事业的建设。

虽然在“文化大革命”期间，人民团体服务于国家建设的事业遭到重创，但是改革开放以后，人民团体恢复了其工作职能，并随着市场化的进程迎来了新的“春天”。1982 年，党的十二大报告虽然并未就人民团体做详细论述，但是报告分别对工会、共青团和妇联提出工作要求。报告要求工会“成为联结党和工人群众的强大纽带”；要求共青团“按照青年的特点进行工作”，“充分发挥党的助手和后备军作用，真正成为广大青年在实践中学习共产主义的学校”；要求妇联“成为代表妇女利益，保护和教育妇女，保护和教育儿童的有权威的群众团体”。[53] 1987 年，党的十三大报告采用“工会、共青团、妇联等群众团体”作为论述用语。报告指出，“工会、共青团、妇联等群众团体历来是党和政府联系工人阶级和人民群众的桥梁和纽带，在社会主义民主生活中具有重要作用”，提出“要理顺党和行政组织同群众团体的关系，使各种群众团体能够按照各自的特点独立自主地开展工作，能够在维护全国人民总体利益的同时，更好地表达和维护各自所代表的群众的具体利益”[54]。1997年，党的十五大报告又恢复了“工会、共青团、妇联等群众团体”提法，并提出“工会、共青团、妇联等群众团体要在管理国家和社会事务中发挥民主参与和民主监督作用，成为党联系广大人民群众的桥梁和纽带”。[55]因此，在改革开放以后，人民团体发挥着连接国家和社会的“纽带”作用，作为其特定利益群体的“代表者”积极发挥民主参与和民主监督的功能，推动着社会主义民主政治建设。

表 4.2　我国八大人民团体基本概况

名　　称	成立时间	联系群众	会员情况	基层组织情况
中华全国总工会	1925.5.1	中国共产党领导的职工	近 30 000.0 万	近 280 万
中国共产主义青年团	1922.5	中国共产党领导的先进青年	7 358.3 万	409.3 万
中华全国妇女联合会	1949.4.3	全国各族各界妇女	团体会员 19 个	—
中国科学技术协会	1958.9	科技工作者	两级学会个人会员 1 302.6 万；团体会员 56.2 万个	各级科协所属学会 22 477 个
中华全国归国华侨联合会	1950.7.8	全国归侨、侨眷	—	26 670 家
中华台胞联谊会	1981.12.22	台湾各族同胞	—	—
中华全国青年联合会	1949.5.4	各族各界青年	51 个团体会员，1 507 名委员，16 个界别	—
中华全国工商业联合会	1953.10	非公有制企业和非公有制经济人士	4 714 984 个	3 407 个

资料来源：根据公开数据信息统计制作。中华全国总工会会员数据来源于新华社，截止时间：2022 年 7 月 29 日，基层组织数据来源于央视新闻客户端，截止时间：2022 年 7 月 20 日；中国共产主义青年团数据来源于新华社，截止时间：2023 年 5 月 3 日；中华全国妇女联合会数据来源于澎湃新闻，截止时间：2020 年 8 月 3 日；中国科学技术协会数据来源于《中国科协 2021 年度事业发展统计公报》，截止时间：2022 年 8 月 22 日；中华全国归国华侨联合会数据来源于《中国侨联基层建设部五年工作总结》，截止时间：2023 年 8 月 17 日；中华全国工商业联合会数据来源于《2016 年下半年关于会员和组织发展情况的通报》，全国工商联官方网站，截止时间：2016 年 12 月。

进入新时代，人民团体的民主参与和民主监督功能得到进一步强化。党的十八大报告中明确强调，“支持工会、共青团、妇联等人民团体充分发挥桥梁纽带作用，更好反映群众呼声，维护群众合法权益”。[56]同时强调，“改进政府提供公共服务方式，加强基层社会管理和服务体系建设，增强城乡社区服务功能，强化企事业单位、人民团体在社会管理和服务中的职责，引导社会组织健康有序发展，充分发挥群众参与社会管理的基础作用”。[57]习近平指出：“党的群团工作只能加强、不能削弱，只能改进提高、不能停滞不前。”[58]在党中央的高度重视和支持之下，人民团体得到有序发展，这突出表现为：首先，人民团体组织架构完善化，形成了从中央到地方的自成体系的层级制的组织架构。例如，中华全国工商业联合会分为中央—地方（省、市、县三级）—基层（街道、社区、乡镇）三级组织，形成了覆盖全国的组织架构。其次，人民团体的作用和影响力不断扩大。党的十八大以来，政府对于自身定位的认识更加明确，提出了“凡是社会能够做到的交给社会”的理念，再加上人民团体自身的组织架构得以完善化，因而使得人民团体能够更加充分地发挥自己的作用和影响。

人民团体是全过程人民民主建设的重要一环，以其人民团体协商推动民主参与、民主协商等民主程序的有序推进。人民团体协商是2015年中共中央印发的《关于加强和改进社会主义协商民主建设的意见》（以下简称《意见》）中的新提法、新概念。人民团体协商民主作为一个新概念，《意见》并未对其内涵、特点等内容进行阐述，学术界对其研究才刚刚起步，因而也缺乏较为深入的研究。对人民团体协商内涵的提法，比较具有代表性的观点是由胡永保、刘世华提出来的。他们指出：“所谓人民团体协商民主是指人民团体代表各自所联系的社会群众就经济社会发展中的重大问题和涉及群众切身利益的实际问题等，通过协商对话、民主交流、座谈商讨等民主协商形式，实现群众民意的汇聚和有效表达，以促进民众与党委、政府的良性互动，实现党委、政府决策的科学化、民主化。”[59]可见，人民团体的民主参与功能和协商功能，是指中国践行民主并致力于将人民当家作主落实到人民生活的方方面面。

关于人民团体协商民主这一提法在学界引起了热议。胡永保和刘世华认为，

"人民团体协商的内容体现在两个方面:一方面,人民团体作为人民政协的界别组织,直接参与人民政协的政治协商活动;另一方面,人民团体作为党和政府联系群众的桥梁和纽带,有组织和引导群众参与社会协商的责任"。布成良则认为,人民团体协商的内容主要与人民团体的层级有关,不同层级的人民团体,其协商内容有不同的侧重点:人民团体的基层组织侧重于围绕促进基层群众有效自治的方面开展;人民团体的地方组织是人民团体协商的侧重点,其应围绕涉及人民群众切身利益的实际问题同党政部门积极协商;全国性的人民团体组织如全国妇联,则应在政治协商方面发挥作用。

当然,现阶段学界就人民团体的民主协商功能定位还存在一定的争议。布成良认为人民团体协商是单一的社会协商,即"人民团体协商与政协协商、基层民主协商都不同,人民团体协商是社会协商"[60]。李俊则不这么认为,他指出人民团体协商不仅属于社会协商,而且还属于参政协商和民主协商。[61]胡永保和刘世华则提出,人民团体协商兼具政治协商和社会协商的性质,[62]并指出,人民团体始终是人民政治协商会议的重要参与者,在人民政协中占据重要位置,不仅如此,人民团体协商民主在我国社会主义协商民主发展中的重要性日益突出。[63]李俊则进一步肯定人民团体协商民主的地位,他指出"人民团体协商民主是我国社会主义协商民主政治的特有形式"[64]。不论是社会协商形式,还是兼具政治协商和社会协商属性,人民团体在"国家和社会"之间扮演着民主实现过程中的"利益代表者"角色,真正将全过程人民民主的实践推向更广泛的人民群众之中。

人民团体作为一种特殊的政治团体,是国家政治建设的一支重要力量。每个人民团体都代表和联系着不同领域的人民群众,加强各人民团体之间的协商,可以成为有效解决不同领域群众之间矛盾的有效渠道。不仅如此,人民团体还可以通过代表其所联系的群众参与政协协商、政府协商、人大协商,有效实现政府、社会、群众之间的相互理解。因此,人民团体协商民主在调解社会矛盾方面,有着得天独厚的优势。如由工商联、工会与人力资源和社会保障部等组成的"国家协调劳动关系三方会议",就是人民团体协商民主的有效平台之一。在"三方会议"中,工商联、工会以及人力资源和社会保障部进行广泛深入的协商,为调解非公有制企业劳资关系、建立和谐劳动关系作出了突出贡献。因此，作为全过程人民民主的重要参与主体的人民团体，在实现党的组织体系对社会的全覆盖的同时，也将人民群众的利益诉求通过制度化的途径反馈给各个层级的党政机关，以保证民众的声音真正能够被倾听到，进而落实成符合绝大多数人民根本利益的公共政策。

第五节　扎根社会之中的群众团体

群众团体是中国共产党话语体系中的概念，是一种历史延续下来的习惯用法。根据《管理意见》，采用排除法可知，群众团体是指除了人民团体之外的群众组织。群众团体在数量上多于人民团体，在位置上更加接近基层群众，同人民团体一样，群众团体也起着党和人民群众之间桥梁纽带的作用。群众团体是全过程人民民主的重要参与力量，以群众团体作为主要支撑力量的基层民主是全过程人民民主的重要体现。

群众团体包括但不限于以下几种：第一，兴趣爱好类组织：如文艺、体育、科技、环保、公益等；第二，行业协会组织：如企业协会、商会、工会、农民协会等；第三，社区组织：如居民委员会、村委会、社区发展委员会、居民自治组织等；第四，宗教组织：如佛教、道教、伊斯兰教、基督教等；第五，教育组织：如学生会、教职工工会、家长委员会等；第六，专业组织：律师协会、医学会、会计师协会等；第七，服务组织：如志愿者服务组织、慈善组织等。这些群众团体一方面有其特定的利益诉求，为特定群体的利益表达和民主参与提供平台基础，另一方面也是党和国家了解社情民意、践行群众路线的重要方式。

群众团体始于革命年代，自中共领导乡村革命始，群众团体就作为乡村动员的民主形式而存在。[65]在陕甘宁革命根据地时期，就有工会、农会等行业团体积极支持中国共产党的抗日革命，并组建了抗敌后援会。抗战全面爆发以后，国统区中各种抗日群众团体为抗日救亡而奔走呼号，为新民主主义革命作出重要贡献。据统计，各大根据地的群众团队在中国共产党的支持和领导下如雨后春笋般发展壮大。其中，在苏南(包括皖南、浙西的部分地区)，到 1938 年底，“农抗会、妇抗会、青抗会、工人救国会、商界救国会、教育界救国会、儿童团等群众组织纷纷建立起来。像镇句金丹四县抗敌总会建立不久，就有 60 多个乡的农抗会先后成立，5 万多农民参加了抗日组织”[66]。在鄂豫边区，“据 1940 年底统计，全边区参加各类群众组织的人数约有 15 万多人，其中‘抗十团’团员 12.6 万人，农民救国会会员近 5 000 人，工人救国会会员 3 000 余人，商人救国会会员 2 000 余人，青年救国会会员 2 000 余人，妇女救国会会员 5 000 余人，抗敌文化协会会员 1 000 余人”[67]。这些群众团体为民主和自由而努力奔走，在革命年代是中国共产党重要的革命同盟军。

1949 年新中国成立后，党的统一战线的目标逐渐从实现人民民主专政转变为巩固人民民主专政。为了巩固人民民主专政政权，党和国家一方面通过阶级斗争的方式，对民族资产阶级群团以斗争求团结，将其纳入新的群众团体以融入国家的制度体系。郭圣莉就指出，20 世纪 50 年代初，为了巩固新政权，建立新的社会秩序，党发动了“镇压反革命”“城市民主改革”“三反五反”等一系列政治运动以肃清基层社会中旧的社会—政治势力。[68]另一方面，对于其他职业类社团，也通过改造等形式将其纳入组织范畴，比如对文艺团体、曲艺团体等加强团结和教育，加强福利互助事业。某种程度上而言，党和国家通过这种组织化的方式，将群众团体纳入国家的制度体系，巩固人民民主专政的社会主义国家，而这些群众团体属于人民的范畴，亦是新社会的政治社会基础。

改革开放以后，随着单位制的解体和社会多元利益主体的分化，社会组织逐渐成为了组织社会的一种新的机制，群众团体呈现出数量上飞速发展的态势。民政部提供的数据显示，在各级登记管理机关登记注册的民间组织年末累计总数，2007 年为 38 169 万家，比 1999 年增长了 171%。在这一阶段，不仅登记注册的社会团体、基金会和民办非企业单位发展迅速，而且在社会生活的各个领域和层面都涌现出一大批未经登记注册或采取工商登记注册的各种民间组织，其中较为活跃的领域如环境保护、扶贫开发、妇女儿童权益保护、教育支持、公共卫生、社会福利、行业管理，等等。在城乡社区乃至因特网等虚拟空间，也日益涌现出越来越多的民间组织，它们开始在社会生活的各个方面发挥重要的作用。群众团体的迅速增加也满足了市场化进程中人民群众政治参与的需要，同时也为党和国家在市场化进程中进行“再组织化”提供相应的组织支撑。当然，群众团体畅通了政治参与渠道，让不同社会阶层的民众能够广泛参与到社会主义民主政治建设中来，同时推动了人民民主的高水平发展。

在发展全过程人民民主的过程中，以城市居民委员会、农村村民委员会、企事业单位职工代表大会为代表的群众组织，有着非常重要的地位，发挥着关键作用。中国共产党探索实践社会主义民主政治伊始，就注重通过城市居民委员会、农村村民委员会、企事业单位职工代表大会落实人民当家作主，其历史经验构成了全过程人民民主理论的实践来源之一。党高度重视基层民主在全过程人民民主中的地位和作用，“基层民主是全过程人民民主的重要体现。健全基层党组织领导基层群众自治机制，加强基层组织建设，完善基层直接民主制度体系和工作体系，增强城乡社区群众自我管理、自我服务、自我教育、自我监督的实效。完善办事公开制度，拓宽基层各类群体有序参与基层治理渠道，保障人民依法管理基层公共事务和公共事业。全心全意依靠工人阶级，健全以职工代表大会为基本形式的企事业单位民主管理制度，维护职工合法权益”[69]。在中国特色社会主义新时代，基层民主在全过程人民民主中的基石地位越发重要，高质量的基层民主是全过程人民民主真实、管用、有效的重要标尺。

进入中国特色社会主义新时代，习近平尤为重视群众团体在服务人民群众中的作用。2015 年 7 月，中共中央召开党历史上首次群团工作会议，习近平指出，要切实保持和增强群团组织的群众性。群团组织和群团干部特别是领导机关干部要深入基层、深入群众，争当全心全意为人民服务宗旨的忠实践行者、党的群众路线的坚定执行者、党的群众工作的行家里手。同时，强烈批判组织脱离群众“四化”，强调保持党的群团工作和群团组织的政治性、先进性和群众性，使之成为推进国家治理体系和治理能力现代化的重要力量。[70]在这一过程中，群众团体的“政治性”日益凸显，同时也将党的群众路线落实到组织生活中去，进一步强化了群众团体的代表性特征，也推动着全过程人民民主参与广泛性的落实。

在中国政治生活中，群众团体的核心功能是代表、表达其所联系的社会群体的利益，即把相关社会群体的利益以制度化的渠道“输入”执政党的执政体系之中，通过一定的协商程序“输出”成为党的具体政策或公共政策。群众团体的利益代表功能的核心取向是在“输入”和“输出”这两个终端之间进行转换，直接反映特定群体的诉求，避免这些民情信息在层层传递和传达过程中发生扭曲甚至失真，使执政党与社会之间的信息沟通更顺畅。因此，经由这样的“输入—输出”过程，社会中个体化、原子化的利益诉求有了组织化、制度化的表达通道，相关社会群体对群众团体的身份认同、组织认同得到了进一步强化，在这一过程中也就完成了人民群众的利益表达。群众团体作为国家和社会之间的“纽带”，以庞大的组织体系，代表着庞大的利益群体。因此，群众团体所代表的群体表达，是中国全过程人民民主广泛参与性的体现，亦是全过程人民民主最真实的体现，它们发挥着国家和社会之间“桥梁”和“纽带”的作用，在新时代更加凸显其政治意义。

小　结

全过程人民民主是中国共产党领导人民将社会主义民主付诸实践的具体形态，其核心内容在于通过政治建设将人民主权具体落实为人民当家作主，从而使人民作为一种整体性质的政治实体始终存在于政治生活中。人民是中国共产党和广大群众密切结合在一起的整体性质的政治实体，中国共产党是内在于人民之中的领导核心，民主党派、人民团体、群众组织等都是人民的重要构成部分，它们都在中国共产党的领导下对人民的塑造过程发挥着关键作用。人民是全过程人民民主的根本主体，中国共产党是全过程人民民主的领导力量，民主党派、人民团体、群众组织等都是全过程人民民主的重要参与力量。

当然，全过程人民民主的各种主体力量，并不是在政治生活中分散发挥作用的，也不是在全过程人民民主中占据相同位置、发挥相同作用，各种政治主体遵循一定的原则集合在一起、各得其所。进而论之，人民其实是一种以中国共产党为核心的多元一体的最大程度上涵盖了广大群众的政治力量。人民是全过程人民民主的根本主体，需要强调的是，人民是多元一体的政治主体，只有以人民形态出现的政治力量才构成了推动全过程人民民主发展的根本动力。可以说，没有人民这种整体性质的政治实体，就不会有社会主义民主政治制度，没有人民这种整体性质的政治实体，同样就不会有将人民主权具体落实为人民当家作主的历史实践，要言之，就没有全过程人民民主。

全过程人民民主是人民这种整体性质的政治实体对于社会主义民主政治实践的基本要求，只要以人民作为社会主义民主政治的根本主体力量，那么社会主义民主政治的历史实践就必须是全过程人民民主。因为人民并不是自然形成的，而是中国共产党领导的政治过程塑造的，将人民塑造出来是中国共产党的政治使命，而塑造人民的政治过程在社会主义制度条件下就是全过程人民民主，这就是说，全过程人民民主是塑造人民的基本政治过程。人民作为根本主体推动全过程人民民主，同全过程人民民主塑造人民，是高度融合在一起的。

注释

1. 林尚立：《论人民民主》，上海：上海人民出版社 2016 年版，第 25 页。
2.《马克思恩格斯选集》第一卷，北京：人民出版社 1995 年版，第 56 页。
3.《马克思恩格斯文集》第三卷，北京：人民出版社 2009 年版，第 195 页。
4. 林尚立：《论人民民主》，上海：上海人民出版社 2016 年版，第 46 页。
5.《毛泽东选集》第一卷，北京：人民出版社 1991 年版，第 156—161 页。
6. 同上书，第 676—677 页。
7.《毛泽东选集》第四卷，北京：人民出版社 1991 年版，第 1475 页。
8. 袁光锋：《"人民"概念与政治现代性》，《党史研究与教学》2015 年第 2 期，第 100—107 页。
9.《毛泽东文集》第七卷，北京：人民出版社 1999 年版，第 205 页。
10.《江泽民文选》第三卷，北京：人民出版社 2006 年版，第 539 页。
11. 陈培永：《"人民"范畴究竟何指》，人民网，2019 年 1 月 21 日，http://theory.people.com.cn/n1/2019/0121/c40531-30579865.html。
12. 王绍光：《人民至上："人民""为人民""人民共和国"》，《中央社会主义学院学报》2021 年第 2 期，第 50—60 页。
13. [美]汉娜·阿伦特：《论革命》，陈周旺译，南京：译林出版社 2007 年版，第 17 页。
14. 同上书，第 14 页。
15. 林尚立：《当代中国政治：基础与发展》，北京：中国大百科全书出版社 2017 年版，第 8 页。
16. 罗荣渠：《现代化新论：中国的现代化道路》，上海：华东师范大学出版社 2018 年版，第 193—197 页。
17. 同上书，第 198 页。
18. 同上。
19. 陈明明：《中国现代化道路的历史与政治之维》，《南京大学学报（哲学·人文科学·社会科学）》2023 年第 1 期，第 48—57 页。
20.《毛泽东选集》第一卷，北京：人民出版社第 1991 年版，第 7—8 页。
21. 同上书，第 13 页。
22. 裴宜理：《安源：发掘中国革命之传统》，阎小骏译，香港：香港大学出版社 2014 年版。

23. 王浦劬、汤彬:《当代中国治理的党政结构与功能机制分析》,《中国社会科学》2019年第9期,第4—24页。

24. 王绍光:《中国·政道》,北京:中国人民大学出版社2014年版,第196—201页。

25. 景跃进:《代表理论与中国政治——一个比较视野下的考察》,《社会科学研究》2007年第3期,第16—21页。

26. 陈明明:《马克思主义政府原理的中国逻辑》,上海:上海人民出版社2021年版,第35—49页。

27. [美]塞缪尔·亨廷顿:《变化社会中的政治秩序》,王冠华等译,沈宗美校,上海:上海人民出版社2008年版,第382页。

28. 陈明明、李松:《当代中国党政体制的沿革:路径与逻辑》,《统一战线学研究》2022年第4期,第1—17页。

29. 本书编写组:《〈中共中央关于坚持和完善中国特色社会主义制度、推进国家治理体系和治理能力现代化若干重大问题的决定〉辅导读本》,北京:人民出版社2019年版,第70—71页。

30. 习近平:《高举中国特色社会主义伟大旗帜 为全面建设社会主义现代化国家而团结奋斗——在中国共产党第二十次全国代表大会上的报告》,北京:人民出版社2022年版,第64页。

31. 同上书,第6页。

32. 中华人民共和国国务院新闻办公室:《中国新型政党制度》白皮书,《人民日报》2021年6月26日第2版。

33. 黄天柱:《参与性政策主体:民主党派在中国公共政策过程中的制度定位新探》,《政治学研究》2013年第2期,第20—28页。

34. 陕西省社会科学院、陕西省档案馆编:《陕甘宁边区政府文件选编》第八辑,北京:档案出版社1988年版,第211页。

35. 中共河北省委统战部编:《李家庄时期统一战绩史料选编》(上),北京:华文出版社2018年版,第485页。

36. 胡绳:《胡绳论"从五四运动到人民共和国成立"》,北京:社会科学文献出版社2001年版,第3页。

37.《毛泽东文集》第七卷,北京:人民出版社1999年版,第34页。

38. 李维汉:《回忆与研究》(下),北京:中共党史资料出版社1986年版,第818页。

39. 参见刘延东主编:《当代中国的民主党派》,北京:当代中国出版社1999年版,第346—348页。

40. 朱晓明、甄小英主编:《周恩来统一战线思想与实践》,北京:华文出版社2006年版,第108—120页。

41. 郑宪:《中国民主党派建设理论》(第二版),北京:中共中央党校出版社2005年版,第13页。

42.《中共中央印发〈中国共产党统一战线工作条例〉》,新华社,2021年1月5日,https://www.gov.cn/zhengce/2021-01/05/content_5577289.htm。

43. 中央社会主义学院编:《中国政党制度年鉴2015》,北京:中国文史出版社2016年版。具体数据根据年鉴提供的数据计算所得。

44. 吴先宁:《我国的党际协商与公共政策过程》,《中央社会主义学院学报》2011年第6期,第5—11页。

45. 孙照红:《中国各民主党派章程研究》,北京:知识产权出版社2012年版,第106—107页。

46. 中华人民共和国国务院新闻办公室:《中国新型政党制度》白皮书,《人民日报》2021年6月26日第2版。

47. 政协全国委员会办公厅、中共中央文献研究室编:《人民政协重要文献选编》(中),北京:中国文史出版社2009年版,第480页。

48. 黄天柱:《当代中国的民主党派——以政策过程为视角》,上海:上海人民出版社2017年版,第72页。

49. 这21家参照公务员法管理的团体包括中国共产主义青年团中央委员会、中华全国总工会、中华全国妇女联合会、中国文学艺术界联合会、中国科学技术协会、中国作家协会、中华全国归国华侨联合会、中国法学会、中国人民对外友好协会、中华全国新闻工作者协会、中华全国台湾同胞联谊会、中国国际贸易促进委员会、中国红十字会总会、中国残疾人联合会、中国人民外交学会、黄埔军校同学会、中国宋庆龄基金会、中国思想政治工作研究会、欧美同学会、中华职业教育社、中国计划生育协会等。

50. 李俊:《论人民团体的民主协商功能》,《中州学刊》2014年第9期,第24—27页。

51. 陈明明、李松:《当代中国党政体制的沿革:路径与逻辑》,《统一战线学研究》2022 年第 4 期,第 1—17 页。

52. 陕西省档案馆、陕西省社会科学院编:《陕甘宁边区政府文件选编》,北京:档案出版社 1986 年版,第 173 页。

53. 中共中央文献研究室编:《十二大以来重要文献选编》(上),北京:人民出版社 1986 年版,第 55 页。

54. 中共中央党史和文献研究院编:《全面建成小康社会重要文献选编》(上),北京:人民出版社 2022 年版,第 192 页。

55. 江泽民:《高举邓小平理论伟大旗帜,把建设有中国特色社会主义事业全面推向二十一世纪——在中国共产党第十五次全国代表大会上的报告》,载中共中央党史和文献研究院编:《全面建成小康社会重要文献选编》(上),北京:人民出版社 2022 年版,第 397 页。

56. 胡锦涛:《坚定不移沿着中国特色社会主义道路前进,为全面建成小康社会而奋斗——在中国共产党第十八次全国代表大会上的报告》,载《十八大报告辅导读本》,北京:人民出版社 2012 年版,第 52 页。

57. 同上文,第 38 页。

58.《习近平谈治国理政》第二卷,外文出版社 2017 年版,第 307 页。

59. 胡永保、刘世华:《人民团体协商民主发展存在的问题及对策》,《天津行政学院学报》2016 年第 5 期,第 40—46 页。

60. 布成良:《人民团体在我国协商民主中的性质和作用》,《中国政协理论研究》2015 年第 2 期,第 22—25 页。

61. 李俊:《论人民团体的民主协商功能》,《中州学刊》2014 年第 9 期,第 24—27 页。

62. 胡永保、刘世华:《人民团体协商民主发展存在的问题及对策》,《天津行政学院学报》2016 年第 5 期,第 40—46 页。

63. 同上。

64. 李俊:《论人民团体的民主协商功能》,《中州学刊》2014 年第 9 期,第 24—27 页。

65. 王建华:《革命的组织艺术——以中共与群众团体为中心的历史考察》,《人文杂志》2017 年第 8 期,第 95—102 页。

66. 中共镇江市委党史办公室:《新四军开辟以茅山为中心的苏南抗日根据地概述》,载中共镇江市委员会党史资料征集研究委员会办公室编:《镇江革命史料选》第 8 辑,1986 年内部发行,第 78—79 页。

67. 鄂豫边区革命史编辑部编:《鄂豫边区抗日民主根据地史稿》,武汉:湖北人民出版社 1995 年版,第 160—161 页。

68. 郭圣莉:《城市社会重构与国家政权建设:建国初期上海国家政权建设分析》,天津:天津人民出版社 2006 年版,第 62 页。

69.《习近平著作选读》第一卷,北京:人民出版社 2023 年版,第 32 页。

70.《中央首次召开党的群团工作会议》,人民网,2015 年 7 月 6—7 日,http://politics.people.com.cn/n/2015/0708/c70731-27268797.html。

第五章 广泛参与的技术程序

全过程人民民主作为一种更理想的民主形态，其付诸实践有赖于广泛参与的技术程序。经过不断探索，中国的全过程人民民主已经形成了较为完备的技术程序，主要包括选举代表、广泛协商、群众路线、统一战线、来信来访、信息公开等。选举代表是将人民主权落实为人民当家作主的基础性环节，通过人大代表、党代表以及村居委员会与业主委员会选举等多样化的代表选举，夯实全过程人民民主的基石。广泛协商是人民民主的鲜明特色与重要支撑，政党协商、人大协商、政府协商、政协协商、人民团体协商、基层协商以及社会组织协商等不同协商平台，有效保障了全体人民全过程地参与人民民主的实践。群众路线作为中国共产党的生命线和根本工作路线，本质上是群众表达和政府回应的交互过程，通过政府与群众的互动将人民主权付诸实践，是全过程人民民主的一种生动形式与实践起源。与中国共产党百年历史相伴相生的统一战线有着广泛的民主实践，民主协商、民主决策和民主监督等统一战线的重要实践形式都属于全过程人民民主的范畴，内化于全过程人民民主之中，两者同向同行。人民来信来访制度是中国特色社会主义民主政治制度的有益补充，作为一种具有中国特色的制度形式，不仅体现着全过程人民民主的深刻价值，而且能将全过程人民民主带回到民主的本意。信息公开作为党政机关民主管理、民主监督的一种手段，随着信息公开制度化与规范化建设的推进，它已成为全过程人民民主有效运行的重要支撑，也是全过程人民民主的重要组成部分。

第一节 选举代表

所谓代表，主要是指通过一定的形式产生代替被代表者开展活动并履行代表职责的政治代表。代表的政治意涵随着政治社会的发展不断变化。代表与民主的联盟在代议制度建立与完善的过程中逐渐形成,“伴随着自由民主体制在全世界的扩张,选举制度在现代国家治理中的重要性得到前所未有的重视”[1]。西方代议政治下的选举是实现政治代表授权与问责的必经程序,选民通过选举产生政治代表反映人民利益从而实现对国家的统治,并通过换届选举压力实现对代表的问责,代表因而得以构成现代民主政治的关键环节。[2]

从广义角度看,选举代表主要指被代表者按照公认规则通过投票选出一定的代表进行履职的活动。在中国的全过程人民民主实践中,选举代表最主要的形式就是作为国家权力机关的人民代表大会的人大代表选举、作为领导力量的中国共产党组织内部的党代表选举,以及作为基层民主基石的村(居)民委员会与业主委员会选举。总体来看,中国建构起了全领域、全层级与全流程的选举形式,涵盖了各行业领域的民主代表选举,包括了自中央到地方的多个层级设置,实现了各行业领域民主的程序闭环。

从学界现有代表选举的研究来看,有关中国代表选举的研究主要集中于人大代表选举制度的研究,包括中西方选举制度的比较、选举权的配置、选举制度与程序的制度化与规范法等方面的研究,也包括代表结构与代表行为等方面的研究。尤其是对代表结构及其存在的问题进行了深入探讨,主要包括通过实证资料描述分析代表结构的特征趋势,也包括从理论层面对代表结构进行历史与现状的分析。有关党代表选举的研究多集中于党代表选举的历史变迁、党代表结构的优化以及党代表选举制度的问题分析和对策完善等方面。有关村(居)民委员会和业委会委员选举的研究则集中于选举投票中的模式、困境、投票行为的机制分析,偏重于技术层面的关注,也有研究通过个案考察分析基层民主选举中的问题并提出解决方案。纵观现有研究,不论是人大代表、党代表还是村(居)民委员会与业委会选举,它们的一个共同指向都是为了构建在范围、层级与流程方面更为全面的民主制度及其实践。

一、人大代表选举

人民代表大会制度是我国的根本政治制度,人民代表大会是实现人民当家作主的根本组织形式。在中国，人民享有选举权与被选举权，选举权是人民选举代表参与国家事务的根本途径，也是通过聚合表达民意强化政治合法性的重要渠道。[3]选举人大代表是全过程人民民主实践中的基础环节，即广大人民通过一定的程序选举产生人大代表，人大代表组成各级人民代表大会代表人民行使当家作主的权利。选举人大代表的过程体现了一种多层级的间接民主形式[4]，即县乡两级基层政权的人民代表大会采取人民直接选举人民代表的直接民主形式，基层政权以上的人民代表大会的代表由下级人民代表大会选举产生，体现了社会主导国家的基本原则。[5]

此外，选举人大代表是民众在党的领导下实现人民当家作主的基础性环节，这一过程体现了中国共产党与人民整体的高度同构。人民通过选举产生的代表表达民意，参与国家公共事务的管理，中国共产党在选举人大代表的过程中通过组织和过程领导将不同的民意聚合成人民整体利益，体现了人民民主的本质要求。[6]人大代表选举在全过程人民民主的技术程序上展现出了全领域、全层级和全流程的特征。

首先，人大代表选举的主体、内容与结果都具有广泛性，体现了全过程人民民主的全领域特征。选举人大代表是全过程人民民主实践的基础性环节，并通过人民代表大会制度的运行将全体人民纳入这一民主实践。除了依法被剥夺政治权利的人外，所有成年公民，不分民族、种族、性别、职业、家庭出身、宗教信仰、教育程度、财产状况、居住期限，都具有选举人民代表和被选举为人民代表的权利。[7]从选举制度的内容变化来看，在选举权利范围方面，1982 年宪法明确规定了公民身份的标准，进一步巩固了 1954 年宪法树立的公民原则；在城乡人大代表配额方面，1995 年修订的选举法将城乡每一代表所代表的人口数比例由 1∶8 缩小为 1∶4，此后，2010 年通过的选举法以法律的形式确认了党的十七大报告中确立的城乡选票等值原则。自此，所有公民在选举人大代表的过程中享有了广泛而平等的政治权利。

从人大代表的代表结构分析来看，《选举法》明确规定了人大代表结构应充分考虑工人、农民、知识分子、妇女、归侨以及基层代表的比例，从而让人大代表的结构尽可能涵盖各阶层、地域、行业、党派、民族和妇女群体，体现了人大代表结构比例的“均衡参与”原则。[8]长期以来，优化广泛性和代表性的人大代表结构是我国人民代表大会制度运行实践的重要目标，党的十八大报告明确提出，“提高基层人大代表特别是一线工人、农民、知识分子代表比例，降低党政领导干部代表比例”。党的十九届四中全会通过的《关于坚持和完善中国特色社会主义制度 推进国家治理体系和治理能力现代化若干重大问题的决定》两次提及“适当增加基层人大代表数量”，提高基层代表的比例。从选举法和指导性文件来看，党员与非党员、少数民族代表、妇女代表、军队代表、城乡人口代表的比例受到特别关注，基层代表、归国华侨、新社会阶层、流动人口等也是代表结构优化的重要因素。[9]以十四届全国人大代表结构为例，全国2 977名人大代表中，442名少数民族代表涵盖了全国55个少数民族，占代表总数的14.85%；归侨代表42名；妇女代表790名，占代表总数的26.54%；一线工人、农民代表497名，占代表总数的16.69%，其中农民工代表56名；专业技术人员代表634名，占代表总数的21.3%；党政领导干部代表969名，占代表总数的32.55%。此外，香港特别行政区选出全国人大代表36名，澳门特别行政区选出全国人大代表12名，台湾省出席第十四届全国人民代表大会代表协商选举会议选举产生13名全国人大代表。[10]可以看出，工人、农民、专业技术代表所占比例稳中有升，各地区代表、少数民族代表和妇女代表也得到保障。

由此可见，作为选举人大代表的主体的全体中国公民具有平等的选举权利，且选举产生的人大代表具有广泛的代表性，是中国社会结构镜像下的“缩小的人民”。因此，选举人大代表是全体或全领域人民的民主实践。

其次，选举人大代表的过程体现了全层级的人民民主特征。主要体现在人大代表选举上采取直接选举与间接选举相结合的方式进行，即县乡两级基层政权的人大代表通过直接选举产生，基层政权以上的各级人大代表由下一级人民代表大会的代表间接选举产生。从选举机构来看，县乡两级基层政权由本级选举委员会主持选举工作，乡镇级选举委员会组成人员由县级人大常委会任命，县级选举委员会成员由本级人大常委会任命。[11]选举委员会是基层直接选举代表的主导机构，主要负责划分选区、分配选区代表名额，进行选民登记，审查选民资格，决定选民名单，确定选举日期，组织介绍候选人情况，主持投票选举，公布当选代表名单等直接选举工作。[12]县级以上人民代表大会的选举工作由本级人大常委会参照法律并根据本地实际情况主持。

从代表名额分配来看，全国人大代表名额分配主要根据各省人口数量，按照城乡代表人口数比例相同的原则，保证各地区、民族、职业、性别等方面都有一定数量的代表。地方各级人大代表名额分配以行政区域为单位确定代表名额基数，再根据各行政区域人口数的增长而增加代表名额。地方各级人民代表大会的代表总名额由各地所确定的代表名额基数与按人口数增加的代表数相加而得。依照选举法的具体规定，从省到乡镇四级地方人大代表名额基数分别为 350 名、240 名、120 名和 40 名，从中央到乡镇五级人大代表名额上限分别为 3 000 名、1 000 名、650 名、450 名和 160 名。[13]

从不同层级人大代表的选举程序来看，县级以下的基层人大代表通过直接选举产生，在代表选举过程中主要包括划分选区、选民登记、提名推荐代表候选人、候选人宣传介绍、投票选举等程序。县级以上人大代表由下一级人民代表大会的代表间接选举产生，间接选举无选区划分和选民登记流程，在提名、介绍候选人、投票程序上与直接选举类似，在选举代表过程中由该级人大主席团主持并接受上级人大常委会领导。

最后，人大代表选举具有完整、规范的选举程序，体现了全过程人民民主的全流程特征，也体现了人民与人大代表、人民代表大会和中国共产党的全流程互动。全国和地方人大代表选举流程主要可分为划分选区与选民登记、代表候选人的酝酿与提名、选举投票与确认当选和选举监督。第一，选区划分与选民登记是县乡直接选举的特有流程，县乡两级的选区划分与选区代表名额分配工作由本级选举委员会负责，选区划分以地域为主，也可按居住状况、工作单位进行划分。每一选区的人大代表为 1—3 名，行政区域内各选区每一代表所代表的人口数大体相等。[14]选民登记是确认公民选举权并保障公民依法参与选举的基础。选民登记按选区进行，经登记确认的选民资格长期有效。[15]流动人口可以通过书面委托其他选民投票或者在现居住地的选举参与选举。[16]

第二，代表候选人的酝酿、提名与确定是选举人民代表的关键环节。代表候选人的提名推荐方式主要包括选民或代表 10 人以上联名推荐和各政党、各人民团体联合或单独推荐代表候选人两种。[17]在组织提名中，党委在实际运作中通过考察并兼顾典型结构特征向人大常委会推荐代表人选，从而得以实现党的决定。然后由直接选举中的选民小组或人大各代表团经过酝酿讨论、协商确定正式人大代表候选人名单。[18]

第三，在选举投票和确认当选的过程中，选举委员会或人大主席团在投票表决之前向选民介绍候选人的基本情况，并根据选民的要求组织候选人与选民互动。投票选举采取差额选举和无记名投票的方式进行，具体来说，人大代表直接选举的投票方式主要有设立投票站、流动票箱、举行选举大会三种，而在人大代表间接选举中则一律采用举行会议的方式，投票均采用半数投票者参与且半数通过的原则。投票结束后经核对审查后向社会公布当选代表名单。[19]

第四，全国和地方各级人大代表受选民和原选举单位的监督，人民有权罢免自己选出的代表。[20]

总体来看，人大代表选举具有全领域、全层级和全流程的人民民主的实践特征，并在选举过程、制度规范等方面呈现出人民、人大代表、人民代表大会和中国共产党之间的全过程互动。

二、党代表选举

中国共产党的领导是中国特色社会主义最本质的特征，是发展全过程人民民主的根本保证。党内代表选举是保障党内民主实现的主要形式，关乎中国共产党政治合法性的生产与维系。党内民主是民主的基本原则和精神在党内生活中的具体体现，不仅保障了党内权力的民主授予与平稳运行，还带动了国家民主的蓬勃发展。[21]

除了涉及的人数与规模相对较小之外，党代表选举与人大代表选举一样，形成了规范的选举制度设计以及程序与过程，并在全过程人民民主的实际运行过程中呈现出全领域、全层级和全流程的特点。

在全领域人民民主方面，成为党代表需要通过“党员—党代表候选人—党代表”的过程。[22]首先，在党员资格方面，中国共产党的党员覆盖到全领域的人民群众。中国共产党是群众性政党，党员结构包括了来自中国社会任何一个阶级、阶层、职业、性别、学历、民族、地区、成年年龄段的人，[23]所有拥护中国共产党的群众都可以申请加入中国共产党。其次，在党代表候选人资格标准方面，所有具有坚定的理想信念、正确的政治立场、良好的品德作风、优秀的工作业绩和较强的履职能力的先进党员都可以被推荐为党代表候选人。[24]最后，从党代表的选举和代表结构来看，党代表是由不同选区党员选举产生，代表选区党员参与党内事务的讨论和决定。改革开放以来，历次党代表数量不断增加，代表结构覆盖到不同性别、年龄、民族、学历、职业的人，并出现了基层代表增加、干部代表减少、妇女与少数民族代表人数增加、学历层次提高等新的变化[25]，可归纳出其具有趋增性、多样性、趋高性的特点[26]，具有广泛的代表性。

在全层级人民民主方面，党组织的触角覆盖到从中央到地方再到基层的全部层级，包括党的中央组织、地方组织和基层组织，各级党组织代表都按照一定规则和程序选举产生。《中国共产党章程》规定：“企业、农村、机关、学校、医院、科研院所、街道社区、社会组织、人民解放军连队和其他基层单位，凡是有正式党员三人以上的，都应当成立党的基层组织。”[27]因此，中国共产党的组织遍布基层社会的各个角落。党的中央、地方和基层组织代表的选举以民主集中制为基本原则，党的基层委员会成员在广泛征求群众意见的基础上由党员大会或代表大会选举产生；党的地方代表大会代表的名额和选举办法由同级党的委员会决定，并报上一级党的委员会批准；党的全国代表大会代表的名额和选举办法，由中央委员会决定。[28]在党组织代表全层级选举的过程中，一般采取上下互动协商、充分酝酿、逐级遴选的办法提出候选人推荐名单，然后再按照差额比例对候选人进行初选，最终通过多数决的选举方式确定党代表。

在全流程人民民主方面，《中国共产党章程》和《中国共产党基层组织选举工作条例》对党代表的选举作了详细的规定，形成了选区划分、代表结构、选举的实施以及选举的纪律和监督等全流程的制度规范。并呈现了一些基本的特征：首先，党代表的选举以下级党组织设置为主要依据划分选举单位，以方便民主议事为主要原则设置代表规模并充分考虑代表结构规定名额;其次,以代表的先进性原则规定代表资格条件并以民主集中制为基本原则提名候选人,在代表选举中以竞争性为原则规定差额比例,并公开透明、规范地举行投票工作;最后,对选举产生的党代表进行产生程序和代表资格的审查,以保障党代表选举的严肃性、有效性与民主性。[29]

三、村(居)民委员会和业主委员会选举

村(居)民委员会选举是我国基层群众自治制度运行的基础性环节,是推进基层社会治理和基层民主发展的重要举措,也是全过程人民民主实践中将人民主权落实为人民当家作主最直接的形式。业主委员会是随着住房制度改革为维护住宅小区业主合法权益、实现小区民主管理而成立的社区自治组织,因而业委会委员选举也是全过程人民民主实践的重要组成部分。

通过几十年的探索与发展,村(居)民委员会和业委会委员选举在具体实践过程中也呈现出了全过程人民民主的全领域与全流程的特征。

村(居)民委员会委员选举是全领域的人民民主。从行为主体看,所有的基层民众都有直接选举村(居)民委员会的权利。从基层群众自治制度实践的覆盖领域来看,作为群众性自治组织的村(居)民委员会具有全覆盖的特征。"截至 2020 年底,50.3 万个行政村全部建立了村民委员会,11.2 万个社区全部建立了居民委员会。"[30]由于我国的村居委员会已经实现了城市和乡村的全领域覆盖,所有城乡基层的民众都可以参与其居住地所设立的村(居)民委员会委员的民主选举。从村居委员会委员候选人的提名要求来看,能够从全体村(居)民利益出发,遵守法律、品行良好、公道热心、具有一定文化水平和工作能力的村(居)民都可以被提名为候选人人选。从村(居)民委员会委员的代表结构来看,村(居)民委员会成员比例应当充分考虑到妇女、民族以及各下属委员会的专业功能要素。[31]以兰考县第七届村委会选举产生的村委会成员来看,此届共选出 2 517 名村委会成员,其中党员 2 031 名,占 79%,妇女干部 375 人,高中文化和大专以上文化程度的委员占 51%,代表结构比例较为合理,村委会素质明显提高。[32]

村(居)民委员会委员选举是全流程的人民民主。从选举过程来看,村居委员

会委员选举具有全流程的完整程序。以村民委员会委员选举为例，村委会的选举由村民选举委员会主持，由村民直接选举产生。主持选举的村民选举委员会主任和委员候选人由村民会议、村民代表会议或者各村民小组会议推选产生。[33]村民会议由本村18岁以上的村民组成，村委会对村民会议负责。在村委会选举之前，选举委员会对《村民委员会组织法》所规定的村民进行登记并在选举日前20日公布名单。村民委员会委员由登记参加选举的村民直接提名候选人，村民选举委员会在选举之前组织候选人与村民见面互动，由候选人介绍履行职责设想，回答村民提出的问题。在选举投票过程中遵循直接选举、差额选举和无记名投票的原则，候选人获得半数以上参加投票村民的选票，始得当选。[34]居委会委员的选举与村委会委员选举大致相同，其流程的区别在于居委会委员选举不仅可以由本居住地区全体有选举权的居民选举产生，也可由每户派驻代表选举产生，亦可根据居民意见，由每个居民小组选举代表2—3人选举产生。[35]此外，村(居)民委员会选举是在与基层党组织、基层政府与选民的全流程互动中实现的。村(居)民委员会选举之前，候选人与民众之间会进行密切联系和充分酝酿，并通过对选举程序的严格规范选举出村(居)民满意的代表。基层党委政府指导、监管、支持但不得直接干预村(居)民委员会的选举，从而保证选举的顺利进行。

业委会委员选举也是全过程人民民主实践中的重要组成部分，业委会是由业主基于权益保护意识自发组织起来，通过依法召开业主大会，选举成立的社区自治机构，业主大会和业主委员会是社区自治的主体力量。[36]首先，业委会委员选举具有全领域人民民主的特征，业委会基本覆盖到所有城市居民小区，所有业主都可参加业主大会会议，并通过业主大会选举产生业主委员会，参与主体具有广泛性。此外，业委会委员的代表结构具有全领域性。业主委员会候选人的提名会充分考虑参选人的资格、物业规模、物权份额、委员的代表性和广泛性等因素确定业委会委员候选人名单[37]，从而保障不同利益业主的民主权利。

业委会选举具有全流程人民民主的特征。从选举过程来看，在选举之前，业主委员会候选人由业主推荐或者自荐并充分考虑代表结构因素确定业主委员会委员候选人名单。在选举之中，“业主委员会委员由业主大会会议选举产生”，“业主大会自首次业主大会会议表决通过管理规约、业主大会议事规则，并选举产生业主委员会之日起成立”[38]。在选举之后的任期和罢免方面，业主委员会委员实行任期制，每届任期不超过5年，可连选连任。对于出现不履行业委会委员职责、不履行行业义务、侵害他人合法权益等情况的业委会委员，经业主委员会三分之一以上委员或者持有20%以上投票权数的业主提议，业主大会或者业主委员会根据业主大会的授权，可以决定是否终止其委员资格。[39]由此可见，业委会委员的选举程序具有全流程性。

最后，村(居)民委员会、业委会委员的选举实现了国家政权以外群众自我管理、服务、教育和监督的基层自治民主，通过基层群众自治组织的建立实现中国共产党、民众和基层政权之间的互动，打通了基层政权与群众的“最后一公里”，建立了国家民主的基石。

选举人民代表、党代表、基层群众组织的代表是全过程人民民主实践中选举代表的不同形式。选举代表不仅是将人民主权落实为人民当家作主的基础性环节，也在具体制度运行过程中展现了全过程人民民主的性质与特征。

第二节　广泛协商

选举民主与协商民主是全过程人民民主中两种相互补充的基本形式。如果只重视选举民主多数决定的短暂投票程序，便会忽视投票之前不同群体的利益整合和共识形成。如果没有决策之前的充分协商，便很难形成作出决策的多数，协商民主有效避免了资本主义国家相互攻讦政治僵局的发生。[40]因此，协商民主不仅是人民民主的重要组成部分，而且有效保障了全体人民全过程地参与人民民主的实践。

社会主义协商民主是中国共产党领导人民在长期革命、建设和改革实践过程中发展的具有中国特色的民主形式，并深深嵌入了人民民主实践的全过程运行之中。习近平指出，“有事好商量，众人的事情由众人商量，找到全社会意愿和要求的最大公约数，是人民民主的真谛”[41]。人民民主是一种整体意义上的民主，一方面表现为中国共产党与群众通过广泛协商的方式进行阶级动员和政治整合从而形成人民整体，另一方面表现为在中国共产党领导下的人民内部各方面在决策之前和决策实施之中开展充分协商，使人们在根本利益的基础上达成基本共识，形成整体的人民意志。

社会主义协商民主在人民当家作主的具体实践中已经形成了广泛、多层和制度化的发展。党的二十大报告指出，“完善协商民主体系，统筹推进政党协商、人大协商、政府协商、政协协商、人民团体协商、基层协商以及社会组织协商，健全各种制度化协商平台”[42]。因此，社会主义协商民主广泛、多层和制度化的发展不仅将不同主体的民主协商嵌入国家治理的不同领域，而且在横向领域和纵向层级上构建起能够沟通协调的协商体系，“不仅在国家公共权力与公民社会之间架起沟通的桥梁，而且在社会各方面、各群体间建立起具有广泛联动性的战线”[43]。

作为实践全过程人民民主的重要形式，社会主义协商民主的全面发展也展现出全过程人民民主全领域、全层级、全流程的特征。

社会主义协商民主是全领域的人民民主。从协商主体来看，也即“由谁协商”的问题，社会主义协商民主囊括了最广大人民群众，所有中国民众都可以参与到协商民主实践中来，是具有广泛性和开放性的整体人民的民主。从参与协商的组织来看，政党、政府、人大、政协、企事业单位、基层组织、人民团体、各类智库都构建出了民主协商的机制程序，让人民群众在工作生活中具有民主参与的渠道和机会。[44]从协商内容来看，协商民主内容具有全领域性，涉及国家治理的方方面面，不仅包括国家经济社会发展的重大问题，而且涉及关系到人民群众切身利益的民生问题。“协商民主以多样、畅通、有序的民主渠道，充分调动各地区、各民族、各方面、各阶层的积极性、主动性、创造性，充分发挥各方面的优势和作用。”[45]对于涉及不同人民群众利益的问题，“涉及全国各族人民利益的事情，在全体人民和全社会中广泛商量；涉及一个地方人民群众利益的事情，在这个地方的人民群众中广泛商量；涉及一部分群众利益、特定群众利益的事情，在这部分群众中广泛商量；涉及基层群众利益的事情，在基层群众中广泛商量”[46]。协商民主在实践中采取不同的形式，保障每个主体都能够实现民主参与的权利。

社会主义协商民主是全层级的人民民主，从中央、地方到基层，从国家、政府再到社会都完整贯穿了广泛、多层次、制度化的协商民主形式。[47]政党协商聚焦于中央层面，主要是中国共产党对国家层面的重大问题同民主党派开展协商；人大协商、政协协商、政府协商和人民团体协商的民主协商活动都贯穿于从中央到地方的全层级实践；基层协商、社会组织协商主要集中于基层社会领域，其实践形式包括城乡社区协商议事、企事业单位民主管理等多样化的形式，这些协商民主形式有利于让人民群众广泛参与到社会公共事务管理之中，回应与人民群众切身利益相关的诉求，从而保障人民群众当家作主的民主权利。此外，在具体的实践过程中，构建起协商民主全层级上下有效沟通的纵向治理体系至关重要，通过多层次的协商民主体系把顶层设计和地方治理、政策统筹和灵活执行统一起来，从而实现协商民主的多层级上下联动。[48]

社会主义协商民主是全流程的人民民主，协商民主是在全流程的制度程序中实现“有事好商量”的过程。整体来看，“在各层次各领域，人民群众就改革发展稳定的重大问题以及事关自身利益的问题，通过提案、会议、座谈、论证、听证、评估、咨询、网络、民意调查等多种途径和方式，在决策之前和决策实施之中开展广泛协商”[49]。在决策之前，协商主体要针对特定协商议题在利益相关群体之间进行充分酝酿与讨论；在决策之中，将决策的环节纳入协商的程序，通过协商主体之间充分交换意见使决策成果最大化惠及利益群体，以达成人民群众对公共政策的共识。[50]协商民主贯穿于选举、决策、管理和监督全过程[51]，通过在民主选举、决策、管理、监督领域纳入协商民主环节，有利于增强全过程人民民主实践中人民群众的共识性和满意度。具体来说，在政党协商、人大协商、政府协商、政协协商、人民团体协商、基层协商以及社会组织协商的不同协商平台之中，每一种协商平台以及不同机构之间的联动协商都有其各自完整的全流程实践。下文将主要介绍政协协商、人大协商与基层协商在全过程人民民主实践中的制度设计与实践经验。

一、政协协商

人民政协是中国共产党建立和发展统一战线的历史结果，是中国人民最广泛的爱国统一战线组织，是中国共产党领导的将社会各界、不同利益群体进行政治整合，从而塑造人民实现人民民主的制度平台。这一平台以中国共产党领导的多党合作和政治协商制度为依托，推动了中国共产党和各民主党派、人民内部的社会各阶层之间以及党和国家的科学民主决策。

作为社会主义协商民主的制度化渠道和专门协商机构，人民政协通过聚焦国家大政方针和社会重要问题，把协商民主贯穿到政治协商、民主监督与参政议政的履职全过程当中，以更广泛、多层次和制度化的协商民主完善协商形式、凝聚人民共识。人民政协作为“专门协商机构”的性质定位进一步明确了人民政协在协商民主体系中的独特地位，通过人民政协在政治协商的基础上深入社会、经济、政府决策以及基层治理领域，政协协商的发展有利于带动其他层面协商平台的全方位发展和全过程嵌入。[52]政协协商在全过程人民民主实践中表现出全领域、全层级和全流程的特征。

政协协商是全领域的人民民主。从政协协商的主体来看，作为爱国统一战线的人民政协具有广泛的社会代表性，分属不同界别的政协委员是政协协商的主体。全国政协设 34 个界别，覆盖到不同党派、团体、职业、民族、阶层群体，在委员结构上体现了人民民主的全领域特征。政协委员由协商推荐产生，在各级政协中，非中共代表人士占 60%，体现了人民政协大团结大联合的特征。[53]从政协协商的议题内容来看，组成人民政协的各党派团体和各族各界人士，针对经济、政治、文化、社会、生态、党的建设等方方面面的问题进行民主协商，大到国家经济社会发展的重大问题，小到人民群众热切关心的柴米油盐，都是政协协商关注的议题。从履职平台和会议形式来看，人民政协打造了多样化的履职平台，形成了全方位的会议形式。全国各地不同层级政协涌现了政协委员工作室、政协委员管理服务平台以及政协委员协商议政平台等各式各样的履职平台。在会议形式上，除常态化会议外，人民政协广泛采用专题协商会议、双周协商座谈会议、网络议政远程协商会等多样化的会议形式对不同问题进行充分协商，体现了政协协商民主全领域的多样化形式。[54]

政协协商是全层级的人民民主。人民政协在纵向上设置了从中央到地方的四个层级，每一层级人民政协都在民主协商中发挥着重要作用。中央层面的全国政协主要针对国家大政方针和社会经济发展的重大问题进行民主协商。基层政协除了对本地区经济社会发展重大问题进行民主协商以外,更多发挥着联系群众、推动社会治理发展的重要作用。尤其是市县两级人民政协的协商对带动基层协商和社会协商有着重要的作用,是打通协商民主的"最后一公里",保障基层群众参与民主协商的重要路径,关涉到全过程人民民主发展的根基。

政协协商是全流程的人民民主。人民政协协商民主不仅上承民主选举,下启民主决策、民主管理、民主监督,而且其协商程序还嵌入民主选举、决策、管理和监督环节,形成了五大民主链条的全流程制度实践。[55]此外,政协协商构建了"协商互动—凝聚共识"的制度化、规范化的链条。[56]在决策前和决策执行中,人民政协通过搭建协商平台让党和政府与社会各阶层、团体进行成分协商,在推动重要议题进入决策、充分沟通决策方案、监督决策成果有效实施等各个环节建立全流程的运行机制。在这一过程中,人民政协通过中国共产党与社会各界群众的充分协商沟通凝聚了社会共识,增强了社会信任。[57]

二、人大协商

人大协商是社会主义协商体系的重要组成部分,推动人大协商,对于坚持和完善人民代表大会制度、推进全过程人民民主具有重要意义。"人大协商是各级人大在依法行使职权中与有关国家机关、社会组织、专家学者、人民群众开展协商。"[58]大多学者将人大协商视为"协商民主机制在人大制度框架及人大工作中的嵌入与运用",认为"人大协商就是在人大代表选举以及人大行使立法权、决定权、人事任免权、监督权等工作中引入和运用协商民主的机制"[59]。

协商民主贯穿于人民代表大会制度形成发展的全过程,主要表现为在中国共产党的领导下,在决策之前和决策实施之中,人大在人民内部进行广泛协商、凝聚共识的过程。人大协商在全过程人民民主运行中表现出全领域、全层级和全流程的实践特征。

人大协商具有全领域人民民主的特征。从主体来看,人大协商的主体具有广泛性,主要包括人大机构、政协、社会公众、其他国家机关等多个层面。其中,具有相应职权的人大机构是主导力量，人大代表是主要参与主体；人民政协是参与单位，政协委员是基本参与主体；涉及利益相关方的社会公众也是重要参与主体。[60]由于我国的人大代表和政协委员具有广泛的代表性，因而社会公众与参与人大协商的多种机构主体皆具有全领域性。从人大协商的内容来看，所有围绕人大在代表选举以及立法、人事任免和决策监督工作方面的议题都是人大协商的内容，包括经济社会发展的重大问题、涉及群众切身利益的问题的方方面面。从人大协商多样化的制度安排来看，依据各自法律法规和地方性政策文件进行总结主要包括“听证、论证调研、审议辩论等人大立法协商制度，意见咨询、民意测验等人大决策和监督协商制度，正式代表候选人预选等人大代表选举协商制度，人大常委会主任接待日、人大代表述职评议等人大代表联系群众制度等”[61]。其中，人大立法协商方面的制度建设已经较为成熟，具体实践中包括立法听证、辩论、咨询、评估等全领域的民主协商。人大协商也形成了三种主要的协商模式，分别是以立法听证、协商和辩论为典型的自上而下主动作为型，以人大代表工作站为典型的自上而下促动型以及以基层人大为载体的“民主恳谈”和“公共预算改革”为典型的上下互动型。[62]

人大协商具有全层级人民民主的特征，全国到地方五级人大都积极推进人大协商的发展。全国人大在协商中更注重国家治理和社会民生的重大问题，地方人大在协商实践中更加注重基层治理、地方创新以及与人民群众的密切联系。地方人大通过建立健全立法项目论证评估、公开征集立法建议、法规草案征求意见、立法专家顾问等制度，通过常委会组成人员联系代表、代表联系群众的方式搭建代表联络站、代表之家等工作平台，实现了人大协商实践在乡镇、街道的全覆盖。因此，人大协商已经成为全国人民代表大会和地方各级人民代表大会依法履职的有机组成部分。[63]

人大协商是全流程的人民民主。人大协商贯穿于民主选举、民主决策、民主管理和民主监督的全过程实践之中，民主协商在人大选举、决策、管理和监督工作中形成了全流程的程序闭环。人大协商中的具体协商也具有全流程的民主程序，以立法协商为例，广东省人大常委会出台的一系列立法规定打通了民主协商在立法论证、立法公开、立法听证、立法咨询和立法评估的全流程实践。[64]

三、基层协商

基层协商民主是全过程人民民主实践中直接落实人民当家作主的重要形式，也是发展基层民主、推进社会治理创新的重要途径。“基层协商，是基层党组织、基层政府、基层群众性自治组织、经济社会组织和群众等，就基层社会发展及事关群众切身利益的问题开展协商。”[65]基层民主协商在实践中多表现出不同党政机关、民众、社会组织在基层社会的民主协商，有利于将基层协商民主制度优势转化为基层社会治理效能。

基层协商民主是全领域的人民民主。从基层协商主体来看，所有的基层民众、国家机构、社会组织、人民团体都可以参与到基层协商民主之中。从协商范围和内容来看，基层社会的政治、经济、文化、民生、环保等所有涉及群众利益的大事小事都在协商范围内，协商范围具有全领域性。从协商方式来看，基层协商民主具有全面多样的协商方式。比如，改革开放后的基层群众自治、社会协商对话、浙江温岭“民主恳谈”等创新形式丰富了基层协商方式。其中，民主恳谈形式又衍生出“协商民意测验”“参与式预算恳谈”“决策议事会”“居民论坛”等多种协商方式；村级“一事一议”制度、参与式预算、村民议事等公民协商形式也在基层社会大量涌现。[66]

基层协商民主是全流程的人民民主。基层协商民主贯穿于基层民主选举、民主决策、民主管理和民主监督的全流程之中。在基层协商民主的具体运行流程中，基层协商民主在调研、议事、听证、决策、反馈、监督等各个环节运行中都有体现，[67]形成了协商民主完整的全流程闭环程序。

在具体的实践过程中，不同主体的协商形式如人大协商、政协协商又融于基层协商之中，表现出不同机构、组织与社会公众共同协商的多领域格局。以温岭市“民主恳谈”为例，温岭“民主恳谈”是中国起步早、发展时间长的基层协商民主实践模式，从最初的干群对话模式发展到决策性民主恳谈再到参与式公共预算，对其他地区的基层协商民主起到了示范作用。按照主体划分，温岭“民主恳谈”“把温岭市委、市人大、市政府、基层政权、自治组织和群众等多方主体汇聚在基层治理结构中”；“按照内容划分，温岭已形成了对话型、决策型、党内民主、参与式预算、行业工资集体协商等协商治理类型”，具有全领域的人民民主的实践特征；按照过程划分，温岭“民主恳谈”形成了“从动议、筹备、协商、投票、反馈到监督的全过程的基层协商工作惯例和制度体系”，具有全流程人民民主的实践特征。[68]

再比如，徐州市“有事好商量”协商民主议事是通过人民政协在基层治理中进行搭台，“推动政协协商与基层协商有效衔接”基层协商实践。通过党委、政府、政协、基层自治组织、群众等各方主体的民主协商整合基层资源，打破了各部门、干群、制度、地域中的界限，形成了“党委领导、政府支持、政协搭台、法治保障、各方参与、服务群众”的基层协商形态。徐州市通过建立协商议事平台和协商议事机制形成了全流程的协商议事制度，有效解决了基层治理中群众急难愁盼的问题，创新了全过程人民民主运行中的基层协商民主实践。[69]

选举代表和广泛协商是发展全过程人民民主的两种基本形式，在全过程人民民主的实践中，两者是相互补充的。社会主义协商民主是将人民主权落实为人民当家作主的直接有效形式，不断推进社会主义协商民主的广泛化、多层次和制度化发展是全过程人民民主发展的应有之义。

第三节　群众路线

扎根于中国土壤的群众路线是中国共产党的生命线和根本工作路线，从萌芽到成熟，历经百年，彰显了极大的生命力，至今仍在不断创新发展。群众路线的本质是群众表达和政府回应的交互过程，并在运行中体现出以政党为主体的自上而下和以群众为主体的自下而上的互动逻辑，实际上就是将人民主权付诸实践的一种生动形式。群众路线的工作路线与工作方法贯穿于人民民主实践的各个环节。因此，从民主政治在中国的历史实践来看，群众路线其实就是全过程人民民主的实践起源。[70]

一、实践起源

群众路线是中国共产党从革命、建设、改革的伟大实践中总结出来的领导艺术和工作方法，是党的生命线和根本工作路线，是党永葆青春活力和战斗力的重要传家宝。[71]从中国共产党确立的群众路线的发展史来看，群众路线主要经历了萌芽、形成、成熟和丰富发展四个阶段。

与目前理论界将党的群众路线的源头锁定在中国共产党成立之后、定位于1929年9月周恩来主持起草的“九月来信”等有明显不同的是，部分学者认为群众路线的孕育应追溯到建党初期，即1921年中国共产党诞生到1927年7月大革命失败，该阶段为群众路线的萌发时期。如刘红凛指出，由中共一大通过本身就包含着“建党”与密切联系群众（工人）的根本要求的纲领性文件，由中共二大明确提出“群众党”及四大、五大发展壮大“群众党”[72]，可见在建党伊始，党的群众路线的思想已经萌芽。也有其他研究认为，党的群众路线早在中共一大至六大对工会、青年团、妇女会等群团组织进行系统建构时就已酝酿出来[73]。由此可见，理解中国共产党的群众路线的萌发不能拘泥于“群众路线”字面意思的提出，而应该结合历史背景对群众、群众路线的思想本质做具体了解。

关于群众路线的正式形成，既有研究通常把“九月来信”即1929年9月《中共中央给红军第四军前委的指示信》视为群众路线概念的正式提出。不过学界尚存争议，一些学者认为，1928年11月，李立三为贯彻党的六大精神，首次提出并使用了“群众路线”的概念。[74]其主要依据在于李立三在此次谈话中指出：“在总的争取群众路线之下，需要竭最大的努力到下层群众中去。”[75]另一些研究则对此观点进行了反驳，中共六大通过的《政治决议案》明确把“争取群众”作为当时的总路线，“九月来信”中的“群众路线”，应是贯彻落实中共六大提出的“争取群众”这一党的总路线的精神要求，而李立三所言的“在总的争取群众路线之下”一句，则是“争取群众这一党的总路线”的口语化或非标准化表达，因此党的群众路线的概念应在中共六大正式形成。[76]

党的群众路线成熟于1937年至1945年的全面抗战时期。多数学者将中共七大作为党的群众路线走向成熟的重要标志。1945年，中共七大概括性地提出了党在革命时期形成的“三大优良作风”，这可以看作对党的群众观点与群众路线作出的完整而科学的概括，标志着革命时期党的群众路线的成熟与定型。在中共七大政治报告中，毛泽东将“理论和实践相结合、和人民群众紧密联系在一起、批评与自我批评”总结概括为党在革命时期形成的“三大优良工作作风”，把密切联系群众视为中国共产党区别于其他政党的一个显著标志。[77]中共七大修订的党章，第一次明确规定了党的群众路线的基本内容和基本要求，系统地阐述了党的群众路线的问题。至此，党的群众路线理论建构整体成型，且以党规的形式确立了党的群众路线的地位、作用及其重要性，从而在党的历史上首次将群众路线从"领导方法""工作方法"层面上升到"根本路线"的战略高度。

新中国成立以后至今，中国共产党根据全面执政面临的新形势和新任务，对群众路线作了新的丰富和发展。1956年党的八大第一次把"群众路线"的提法载入党章，并科学、完整地规定了群众路线的基本内涵与具体要求。1981年党的十一届六中全会通过的《关于建国以来党的若干历史问题的决议》，是党的群众路线的理论定型与实践发展的新标志，把党的群众路线概括为"一切为了群众，一切依靠群众，从群众中来，到群众中去"，是对马列主义的重大发展。1982年党的十二大修改后的党章，进一步强调要"把党的正确主张变为群众的自觉行动"[78]。至此，群众路线发展成为一个有鲜明立场、完整表述、严密逻辑、系统内容、深刻内涵和明确取向的党的根本工作路线。1992年党的十四大党章修正，完整载入了群众路线内容体系的"五个半句"，即"一切为了群众，一切依靠群众，从群众中来，到群众中去，把党的正确主张变为群众的自觉行动"，并沿用至今。

党的十八大以来，以习近平同志为核心的党中央立足实现"两个一百年"目标和直面世界"百年未有之大变局"，"深刻认识'群众'主体新变化，立足'群众'推进群众路线"[79]，深化了对民主政治发展规律的认识，并提出全过程人民民主的重大理念。其目的是以"人民为中心"更好地实现人民民主，这与中国共产党群众路线的政治传统一脉相承，同时又是在新的时代条件下的拓展和深化[80]。纵观群众路线的发展历史，在其萌芽、形成、成熟和丰富发展的每个阶段中都蕴涵了依靠人民、为了人民的朴素的人民民主观。群众路线与人民民主有着天然的契合，或者说群众路线是全过程人民民主的实践起源。

二、实践逻辑

事物的运行都有其自身规律，群众路线的运作是一个循环往复、不断发展的动态过程，体现了马克思主义的实践论和认识论。群众路线在运行过程中实际上具有两条逻辑：一是以政党为主体，自上而下地践行群众路线；二是以群众为主体，自下而上地践行群众路线。[81]要言之，群众路线的实践逻辑包括到群众中去和从群众中来两个关键关节。

第一，到群众中去。自上而下的逻辑强调的是以中国共产党为行为主体，要自发地、主动地深入群众。首先，党通过调查研究来了解群众情况，收集群众意见，根据群众的需求为其办事。其次，经过调查研究收集到群众意见以后，要将其升华，形成党的路线、方针、政策，再向群众进行宣传、解释、教育。最后，通过在群众中反复实施这些政策，将群众的诉求和方法放回到群众的实践中去检验，检验的结果体现为群众的满意度和实践的成功率，可反映出这些"计策智慧"是否能够解决实际当中存在的问题，若能顺利解决，则证明群众路线达到了预期的目标，反之，继续在实践当中加以完善和修正。[82]因而，毛泽东指出："在我党的一切实际工作中，凡属正确的领导，必须是从群众中来，到群众中去。这就是说，将群众的意见(分散的无系统的意见)集中起来(经过研究，化为集中的系统的意见)，又到群众中去作宣传解释，化为群众的意见，使群众坚持下去，见之于行动，并在群众行动中考验这些意见是否正确。"[83]

第二，从群众中来。在第二条逻辑之中，群众为主体，强调群众是行动主体，社会存在与发展最终取决于群众，群众实践是一切知识和智慧的源泉[84]。群众路线运作的开端就来源于群众的实践，群众在日常实践过程中会遇到问题，产生自己的利益诉求，并创造出解决实际问题方式和方法。群众若想使自己的诉求得到满足，首先需要主动地将自己的利益诉求反映给党和政府，党和政府在整合群众意见以后，尽最大可能制定出能够协调群众利益的政策，回应群众的诉求。其次，群众处在生产生活的第一线，总能找出解决问题的具体办法，例如在改革开放初期，安徽凤阳小岗村的村民为解决食不果腹的难题，创造性地发明了家庭联产承包责任制。邓小平早在党的八大报告中指出："一个党和它的党员，只有认真地总结群众的经验，集中群众的智慧，才能指出正确的方向，领导群众前进。"[85]基于此，党应向群众学习，吸收成功经验，问计于民。

在具体实践中，群众路线需要上述两条逻辑结合，形成循环往复、上下互动的过程，使得党与群众构建起良性互动关系。如果群众的利益诉求和实践经验没有获得共产党的回应，或者共产党没有深入社会去发现群众的所思所想所为，就无法建立起共产党与人民群众之间的输入与输出的系统闭环，进而无法建立系统完整的群众路线。群众路线本质上是群众的表达和政府的回应的交互过程，它把民主带回到民主的核心——“人民的统治”，而这便指向了全过程人民民主的核心本义[86]。

三、实践形式

全过程人民民主是党的十八大以来，中国共产党在深化对中国民主政治发展规律的认识以及民主实践经验的总结上提出来的，是具有中国特色的社会主义民主。“从民主政治在中国历史实践的角度来看，群众路线其实就是全过程人民民主的实践起源。群众路线包含由民主选举、民主协商、民主决策、民主管理、民主监督共同构成的完整的全过程人民民主的基本环节，内在地贯彻了人民当家作主的精神。”[87]因此，也可以说，群众路线是全过程人民民主具体实践的现实回归[88]，群众路线贯穿于全过程人民民主的各环节。

第一，民主选举中的群众路线。民主选举中的群众路线就是由群众以选举的方式将党员干部输送到基层政权、国家机关中去，从民主选举的角度来看，群众路线就是一个争取群众信任和赢得群众支持的过程。[89]而民主选举无论是内容还是要求上都体现了“以人民为中心”，不同层级的选举都要求人民群众认真负责地行使民主权利，真正选举出来自人民群众、政治素养过硬、工作能力突出、能够代表人民利益的政治代表，以这种立足于人民、服务于人民的选举方式确保民主选举的代表性与人民性。民主选举是联系国家政权与人民群众的重要方式，是政权合法性的重要来源，因而也是需要大力发挥群众路线作用的重要环节。

第二，民主协商中的群众路线。民主协商在我国具有丰厚的历史积淀、政治基础与现实经验，是中国共产党领导中国人民在长期革命、建设和改革实践过程中发展出来的，具有中国特色的民主形式，是深深嵌入并支撑全过程人民民主的重要形式与力量。习近平指出："有事好商量，众人的事情由众人商量，是人民民主的真谛。"[90]依靠民主协商能够将分属全国各地不同社会阶层的广大群众团结起来，就各种关涉人民利益问题在人民内部进行广泛而深刻的协商，画出最大同心圆，寻求最大共识。经过长期探索，我国形成了政党协商、人大协商、政府协商、政协协商、群团协商以及社会组织协商等七种主要的协商形式，基本覆盖所有重要的党政机构、人民团体、社会组织和群众自治组织，能够全领域地在党和政府与人民群众之间建立沟通、协商、参与的渠道，以通过"一切依靠群众"来发展全过程人民民主。

第三，民主决策中的群众路线。"没有民主，就不可能正确地总结经验。意见不是从群众中来，就不能制定出好的路线、方针、政策和办法。"[91]首先，到群众中去，提升决策科学性。要确保决策的正确性，就必须深入群众中去收集意见，进行广泛的调查研究，提升决策的科学水平。其次，一切为了群众，好的政策应反映人民意愿、保障人民权益、增进人民福祉，这是民主决策的本源。再次，一切依靠群众，提升决策的民主性。民主的决策只能来源于人民群众的实践，且要依靠人民群众的实践来检验其是否正确，如此循环往复，才能不断发展。例如，我国在《重大行政决策程序暂行条例》中明确规定要畅通社会公众参与民主决策的便捷渠道，要以便于群众参与的形式与方法听取决策意见，决策后的评估要以社会公众和各个组织的意见作为评估参考[92]。因此，群众路线是推动实现人民群众参与民主决策的重要指向，最大限度地发挥人民群众的能动性和创造性，既实现了人民当家作主，又保证了决策的科学性。

第四，民主管理中的群众路线。习近平强调，"评价一个国家政治制度是不是民主的、有效的，主要看国家领导层能否依法有序更替，全体人民能否依法管理国家事务和社会事务、管理经济和文化事业"[93]。因此，各行各业的管理是否民主，人民群众的利益与意见是否得到保障与珍重，是人民民主最直接有效的"试金石"。新中国成立以来，经过70余年的探索发展，我国在各行各业发展出了多样化的民主管理制度。例如，为了在企业(单位)里实现民主管理而设计运行的职工代表大会制度，为了在基层村社实现民主管理而设计运行的基层群众自治制度，等等。这些民主管理制度都是为了实现人民当家作主权利，为此中国共产党领导中国人民在各行各业不断进行探索与实践，并通过制度设计与程序规范的不断完善，将群众路线的内在精神转化为现实的政治制度体系，使得民主管理与群众路线紧密结合，提升了民主管理的水平与效能，成为有效保障人民当家作主权利的有效形式。

第五，民主监督中的群众路线。民主监督是全过程人民民主的重要一环，对权力最有效的监督来自社会力量，来自人民群众的力量。“与群众打成一片，时刻接受群众监督，使群众在日常生活中了解党员干部、并对其具体表现进行评判，使群众成为决定党员干部是否合格的一个重要因素。”[94]中国共产党通过调查研究收集并整合了群众诉求，将其升华后形成党的路线、方针、政策，再将其放回群众中去检验、纠偏、完善，使其真正立足于人民、服务于人民，让人民群众自发地去执行、维护。并通过民主监督使党员干部保持先进性和纯洁性，保证国家权力的行使受到人民群众的监督与信任，保证全过程人民民主是最广泛、最真实、最管用的民主。

总之，群众路线贯穿了我国人民民主的民主选举、民主协商、民主决策、民主管理与民主监督的全过程和各个环节，群众路线的内在精神与指导原则嵌入全过程人民民主的每个环节，提升了全过程人民民主的质量与效能，并通过不断实践，证明了全过程人民民主是最广泛、最真实、最管用的社会主义民主。

第四节　统一战线

《中国的民主》白皮书指出：“在人民民主实践中，中国共产党始终把统一战线摆在重要位置。”[95]百年来，统一战线以“变”中有“常”的逻辑不断调适自身以服务于不同历史时期的总任务。与中国共产党百年历史相伴相生的统一战线，内化于全过程人民民主之中，两者同向同行。

一、定位和功能

中国共产党的统一战线历经百年，从其百年历程来看，可以分为新民主主义革命时期的统一战线、社会主义革命和建设初期的统一战线、改革开放和社会主义现代化建设新时期的统一战线、中国特色社会主义新时代的统一战线；从统一战线的功能作用看，可以分为革命形态的统一战线、爱国形态的统一战线和治理形态的统一战线。[96]

新民主主义革命时期的统一战线，是以推翻帝国主义、封建主义、官僚资本主义的压迫，实现民族独立，建立起无产阶级领导的人民民主专政的共和国为目的；社会主义革命和建设初期的统一战线，先后面临着恢复国民经济、实现社会主义改造、实现国家工业化的重大任务，主要围绕社会主义建设展开探索；改革开放和社会主义现代化建设新时期的统一战线，主要任务是实行改革开放、全面建设小康社会，巩固和扩大爱国统一战线，为把中国建设成为社会主义现代化强国而奋斗；中国特色社会主义新时代的统一战线，为全面建设社会主义现代化国家、实现中华民族伟大复兴服务，为坚持和完善中国特色社会主义制度、推进国家治理体系和治理能力现代化服务，为维护社会和谐稳定、维护国家主权安全发展利益服务，为保持香港澳门长期繁荣稳定、实现祖国完全统一服务。[97]

中国共产党在实现中华民族伟大复兴的百年征程中，始终注重在革命、建设、改革时期及新时代加强统一战线建设，根据不同时期的主要矛盾、历史任务与党的路线方针，不断更新统战的对象与内容，形成了三种不同形态并先后发挥各自作用的统一战线。

首先是革命形态的统一战线。它是以革命目标一致性为基础而结成的阶级联盟，以划分敌我为主要特点，以武装斗争为主要手段。[98]在我国社会主义改造基本完成后，“革命时期的大规模的急风暴雨式的群众阶级斗争基本结束”[99]，这一统一战线也逐渐退出历史舞台。

其次是爱国形态的统一战线。它是以劳动者、建设者、爱国者为联盟主体，以社会主义和爱国主义的政治认同为共识，以现代化的经济建设和祖国统一为工作主线。[100]随着改革开放，我国不断涌现出新的社会阶层，爱国统一战线也必然要不断吸纳新的爱国力量以扩大群众基础，体现其广泛性、包容性等特点。

最后是国家治理形态的统一战线。它以中华民族命运共同体为联盟主体，以中华民族伟大复兴的文化认同为共识，以推进国家治理体系和治理能力现代化为工作主线。[101]中国特色社会主义进入新时代，对国家治理提出了新的、更高的要求，身处新的历史起点，肩负新的使命任务，以习近平同志为核心的党中央将统一战线纳入党治国理政的战略全局，标志着统一战线实现了由革命战略向治国方略的转变。

统一战线是中国共产党夺取革命、建设和改革事业胜利的重要法宝，是增强党的阶级基础、扩大党的群众基础、巩固党的执政地位的重要法宝，是全面建成小康社会、加快推进社会主义现代化、实现中华民族伟大复兴中国梦的重要法宝。[102]党的统一战线历经百年，在不同时期根据社会主要矛盾和根本使命任务，创建体现符合时代特点的统一战线，为中华民族实现从站起来、富起来到强起来的历史性飞跃奠定了重要基础。统一战线历史定位与功能作用不断调适的根本目的旨在最广泛地凝集民意、整合共识，这与全过程人民民主的内在特征存在天然的契合性。

二、演进逻辑

百年来，党的统一战线是马克思主义基本原理同中国实际相结合的产物，在统一战线实践演进的过程中，结合政治、经济、文化、社会与国际环境的具体变化，统一战线处在不断变化调适当中，体现出"变"中有"常"、继承性与创新性相结合的逻辑特点。正是因为统一战线"变"中有"常"的初衷保障了其始终在中国共产党的领导之下，始终服务于党在不同历史时期的总路线、总任务。[103]

在统一战线的发展过程中，其继承性主要体现在坚持党的领导，坚持马克思主义科学理论的指导。在坚持中国共产党的领导方面，毛泽东指出，"没有中国共产党的坚强的领导，任何革命统一战线也是不能胜利的"。[104]领导权是最核心、最根本的问题，它决定着统一战线发展的方向和命运。历史实践表明，中国共产党能否掌握对统一战线的领导权，决定着党的事业兴衰成败。党对统一战线的领导主要是政治领导，体现为对路线、方针、政策的领导。在不同时期，党制定了服务于特定目的的路线方针，引领国家和社会向前革新发展。进入新时代以来，在实现中华民族伟大复兴的新征程中，面对更为复杂的国际形势、更加艰巨的任务，以习近平同志为核心的党中央进一步加强和完善了党对统一战线的领导，牢牢掌握统一战线工作的领导权和主动权，坚持和巩固党的领导地位和执政地位。

在坚持马克思主义科学理论的指导方面，统一战线是马克思主义的基本原理之一。百年来，中国共产党在马克思主义统战理论的指导下，先后建立了民主联合战线、工农民主统一战线、抗日民族统一战线、人民民主统一战线、爱国统一战线，有效地团结各革命阶级和社会力量，实现了近代以来久经磨难的中华民族从站起来、富起来到强起来的伟大发展。党的十八大以来，以习近平同志为核心的党中央进一步巩固和发展了统一战线，系统回答了新时代需不需要统一战线、需要什么样的统一战线以及怎样巩固和发展统一战线等重要问题[105]，用鲜活丰富的当代中国实践推动马克思主义理论的发展，也进一步为统一战线注入了鲜活力量。

纵观中国共产党领导下的统一战线的实践历史，其变化大致呈现出三方面特征：一是统一战线在中国革命、建设和改革中的作用在不断发生变化；二是统一战线的基本原则和策略在不断变化；三是统一战线的对象和范围在不断变化。[106]在内部因素变化和外部环境变化共同作用的结果。在外部环境变化方面，主要体现为国际形势与国际格局的发展变化，统一战线为服务于不同形势下的根本任务发生变化。在新民主主义革命时期，革命统一战线服务于推翻三座大山、实现民族独立、建立共和国的目的；在社会主义革命和建设时期，革命统一战线服务于实现工业化、建立社会主义基本制度的目的；在改革开放和社会主义现代化建设时期，爱国统一战线服务于社会主义现代化建设的根本任务；党的十八大以来的新时代统一战线则服务于实现中华民族伟大复兴的伟业。外部环境的变化使得统一战线重新审视不同时代的根本任务、客观条件、敌我关系，为完成这种变化所提出的时代任务，只有改变自身，充分适应环境，才能始终呼应时代主题。

统一战线结合不同时期的社会主要矛盾、新任务与新问题，不断地丰富理论与实践的新内涵，实现了继承性与创新性的统一。这种“变”与“常”的演进逻辑，最终目的也是服务于最广泛地凝集民意、整合共识，服务于人民主权的实现。

三、统一战线与全过程人民民主的耦合

历史发展到今天，中国共产党立足新的历史方位，创造性提出了全过程人民民

主这一全新的民主理念，走出了一条中国式民主的新道路。与中国共产党百年历史相伴相生的统一战线，内生于全过程人民民主之中，既集中体现了全过程人民民主的广泛性、全程性、真实性的特质，又成为全过程人民民主实践的重要实现形式。

统一战线集中体现了全过程人民民主的特质。首先，统一战线集中体现了全过程人民民主的广泛性与全域性。全过程人民民主的广泛性不仅体现在民主参与主体的广泛性，还体现在民主内容的广泛性。就统战的主体来看，《中国共产党统一战线工作条例》工作范围规定了“十二类”对象，他们可以各种身份、通过各种途径和形式，广泛参与到民主选举、民主协商、民主决策、民主管理、民主监督各个环节之中。就统战的内容而言，统一战线的工作内容主题涵盖经济、政治、文化、社会、生态文明等各个方面，参与形式多样，包括政治协商、参政议政和民主监督等。其次，统一战线集中体现了全过程人民民主的全程性。人民民主的全过程至少包括三个环节：民意输入、民意转化、民意输出[107]。统一战线通过反映社情民意、征求意见座谈会等工作机制服务于民意输入环节，通过政党协商、政协协商、民主协商、民主决策等将汇聚的民意转化为国家意志，最后通过民主管理、民主监督监督公共政策实施情况，发现问题以后再一次进入民意输入环节，实现了民主过程的闭环，是全过程的民主。最后，统一战线集中体现了全过程人民民主的真实性。全过程民主是具体的、真实的、有效的民主，而不是抽象的、空洞的、无力的民主。全过程人民民主不仅仅是过程性民主，更是结果性民主，能够切实回应并保障人民群众的利益诉求。统一战线通过协商达成共识，中国特色社会主义协商民主形式包括政党协商、人大协商、政府协商、政协协商、人民团体协商、基层协商以及社会组织协商，推动协商民主广泛、多层、制度化发展的落脚点在于增强人民民主的真实性。[108]可见，统一战线与民主协商两者相得益彰，共同推进了人民当家作主权利的落实，增进了全过程人民民主的真实性。

统一战线一直有广泛的民主实践，这些实践属于全过程人民民主的范畴，其中最重要实践形式的是民主协商、民主决策和民主监督。[109]在民主协商方面，“统一战线中的团结与联合，不是基于权力威势，而是基于共同的认同、相互的尊重和利益的互惠，因而协商就自然成为其中内在机制”[110]。统一战线参与民主协商有完整的制度安排，民主协商包括政党协商、人大协商、政府协商、政协协商、人民团体协商、基层协商、社会组织协商等多种渠道和形式。这些丰富的实践形式既产生了统战的效果，也提升了民主的质量。在民主决策方面，统一战线所作出的制度设计、程序规范与内在要求，必然会提升民主决策的水平。首先，统战工作保证了一定数量的民主党派和无党派人士，他们履行人民代表的职责，参与各项相关决策。其次，统一战线中的精英和人才通过在中央召开的协商会、座谈会，就国家、社会中的各类问题建言献策。最后，部分民主党派成员和无党派人士担任政府和司法机关领导职务，对行政管理和司法等工作的决策也直接起到作用。[111] 在民主监督方面，依托于统一战线的监督逐渐成为一种有效的民主监督方式。党的十八大以来，中共中央支持各民主党派加强对重大方针政策、决策部署执行和实施情况的监督检查。自 2016 年起，中共中央不断委托各民主党派参与专项对口监督工作，同时各民主党派也向对应政府和中共党委提出了意见和建议。民主党派和无党派人士的民主监督是政治监督或者协商式监督，可以起到其他监督形式意想不到的效果，正在发挥越来越重要的作用。[112]

第五节　来信来访

信访制度是我国民主政治体系的重要组成部分，是中国特色社会主义民主政治制度的有益补充。作为一种制度，蕴涵着政治和行政双重逻辑，发挥着“大信访”与“小信访”两种功能。信访制度体现着全过程人民民主的深刻价值，将全过程人民民主带回到民主的本意。

一、发展历程

信访，即来信、来访的总称。信访有广义概念和狭义概念之分。狭义上的信访制度指的是行政信访，根据 2005 年国务院通过的《信访条例》第二条之规定，信访是指公民、法人或者其他组织采用书信、电子邮件、传真、电话、走访等形式，向各级人民政府、县级以上人民政府的工作部门反映情况，提出建议、意见或者投诉请求，依法由有关行政机关处理的活动。[113]在广义上的信访制度中，信访活动的指向除了各级人民政府和县级以上人民政府的工作部门以外，还包括中国共产党各级党组织、各级权力机关、各级司法机关及其他社会团体、企事业单位。[114]在我国，人们日常生活中所提及的信访制度一般指广义上的信访。

我国的信访制度主要经历了三个阶段。第一阶段是新中国成立后至20世纪70年代末，1957年11月，国务院颁布了《国务院关于加强处理人民来信和接待人民来访工作的指示》，初步形成信访制度；第二阶段是改革开放初期至20世纪90年代初，1982年2月，国家颁布了《党政机关信访工作暂行条例（草案）》，标志着我国信访制度逐渐步入正轨；第三阶段是20世纪90年代至今，国务院在1995年颁布了我国第一部信访行政法规《信访条例》，2005年颁布新修订的《信访条例》，2022年1月24日中共中央政治局会议审议批准，2022年2月25日中共中央、国务院发布《信访工作条例》[115]，至此信访制度不断完善，开启了信访制度发展的新局面。[116]

二、制度逻辑

信访制度是一套复杂的制度，既是群众路线的一部分，又是政府部门的一项具体事务。作为一种制度，来信来访既包含政治逻辑和行政逻辑，拥有"大信访"和"小信访"双重功能[117]。

就政治逻辑而言，"大信访"功能主张的是信访的广义概念，从民众权利的角度理解信访制度，强调其政治功能，信访体现宪法所规范的公民基本政治权利，包括公民表达意见和进行政治参与、政治监督的权利[118]，是对公民权利的保护，在此视角下，有效地回应民意成为我国信访制度的首要目的。"大信访"所体现出的信访制度的政治逻辑，强调信访作为党的群众路线的功能定位，或者认为信访是《宪法》所规定的人民民主权利的保障机制。[119]1995年和2005年的《信访条例》都强调了"保护信访人的合法权益"，对信访流程作了详细规定，为真实反映信访人意愿、解决其合理诉求提供坚实的制度保障。信访制度在近年来的改革中坚持群众路线基本方向的举措，便是信访制度在执行机制上越来越向政治逻辑发展的体现。

就行政逻辑而言，“小信访”功能则强调了信访制度的狭义概念，从政府行政的角度理解信访制度，强调其行政功能。我国的信访制度愈发规范化、程序化，2014年印发的《关于创新群众工作方法解决信访突出问题的意见》等文件明确强调：“积极引导群众以理性合法方式逐级表达诉求，不支持、不受理越级上访。”规范信访秩序，同样是信访制度必须肩负的重大使命。[120]“小信访”所发挥的功能便是为信访制度明确界限，筛选出哪些诉求可以进入信访渠道。信访制度的行政逻辑却有着明确的制度规范和法律范畴，它强调信访只依法接纳、处理行政纠纷类或政策类的民众诉求，其他类型的社会纠纷应依法通过其他纠纷解决机制寻求解决。[121]近年来的“信访法治化”改革，致力于实现法治对信访案件的全盘治理，实际上正体现着信访制度在执行机制上越来越向行政逻辑发展的趋势。

“政治”与“行政”的双重制度逻辑为信访工作带来了一些不确定性，回应民意和规范秩序之间存在明显的张力。一方面，严格依法行事可能关照不到各类信访诉求与事项及其发生于其中的现实的复杂性[122]；另一方面，群众路线因其在表述上的相对抽象性及在实践中的灵活性而难以被一般、确定地把握，亦为托群众之名行各种投机之实并滋生与法治相悖的随意与任意留下了空间。[123]

习近平指出，信访工作是党的群众工作的重要平台，要求努力把矛盾化解在早、化解在小、化解在基层，又指出解决群众合理诉求与维护正常信访秩序的关系，要求做到诉求合理的解决问题到位、诉求无理的思想教育到位、生活困难的帮扶救助到位、行为违法的依法处理。习近平强调法治对做好信访工作的引领、保障作用，依法依规协调处理群众诉求，引导涉法涉诉信访问题在法治轨道上妥善解决。[124]因此，这两种逻辑本质并不冲突，都是信访制度应有的逻辑。

政治逻辑是信访制度的根本，而行政逻辑是信访制度走向法治化、专业化和全面制度化的重要途径[125]。政治逻辑体现党对信访工作的总体指导精神，强调的是信访工作的立意宗旨、思想态度，信访制度发轫于党的群众路线，要端正党的干部的思想态度，站在人民群众的立场上认真对待信访工作，回应信访诉求。行政逻辑则强调的是信访制度的具体工作程序，借助法治，明确制度边界和工作范围，过滤掉不合理的、投机的诉求，集中精力处理合理诉求，维护正当权益。

三、信访制度与全过程人民民主

在新时代，人民信访制度逐步发展和完善，融入治国理政的各方面，成为我国全过程人民民主政治体系的重要组成部分。[126]信访制度对党政机关、群团组织、企事业单位回应人民诉求做了内在的规定，这实际上就是要把全过程人民民主带回到民主的本意。[127]信访制度本身内含着深刻的全过程人民民主价值，体现为以人民为中心的理念、全功能覆盖的民主功能和全过程对接的民主运行过程[128]。

"以人民为中心"的理念贯穿信访制度始终。《信访工作条例》第六条规定，"各级机关、单位应当畅通信访渠道，做好信访工作，认真处理信访事项，倾听人民群众建议、意见和要求，接受人民群众监督，为人民群众服务"[129]。具体来看，从参与主体来看，信访的参与者是广大的人民群众，包括所有的公民个人、法人组织和团体。其次，就信访形式而言，信访制度为公民直接参与政治生活提供了渠道，公民可通过网络、书信、电话、传真、直接走访等形式直接向有关机关、单位提出建议意见或投诉请求。《信访工作条例》强调必须保持信访渠道的畅通，为群众信访提供便利。

信访体制在功能上体现了全领域的涵盖性，主要体现在两方面：一方面，信访涵盖了人民利益的各个方面，可以说一切与人民切身利益相关的事务都可以纳入信访的过程中来[130]；另一方面，信访涵盖了参与过程的各个层面，包含了政治参与功能、利益表达功能、权力监督功能、权利救济功能等方面。[131]

信访作为治理民主的重要机制，其中内含着民主管理、民主沟通、民主协商、民主决策和民主监督等诸多民主要素[132]，是一种涵盖所有环节的完整性的、系统性的民主制度体系。[133]2005 年以后的《信访条例》明确了以信访工作程序为架构，强化责任重点，将程序性规定与实体性规定相结合，从信访事项的提出、受理、办理和督办的整个过程进行了较为完整和系统的规定。权利和义务在每个阶段都有涉及，不再独立成章，成为一个完整的系统。[134]从过程上看，信访贯穿于整个民主运行过程中，由此让群众的参与真正落在实处。

王绍光认为，政府对人民的回应性即政府政策在多大程度上反映了公民的需求、要求和偏好，更贴近民主的真实含义[135]，即"人民的统治"或"人民当家作主"。作为党和政府加强与人民联系的一种方法，人民信访制度通过程序主义回应、事本主义回应、人本主义回应三个层次的制度设计来实现党和政府对人民意志和诉求的有效回应，把政府运作置于人民意志之下，回归到“人民的统治”的民主本意上来。[136]

信访制度的程序性是指信访的方式、步骤、路径由相关法律、法规和规范性文件所规定，不仅对信访人的信访行为进行规范，也对党和政府的回应行为形成约束。信访制度的程序主义对党和政府回应人民诉求提出具体标准、规则、要求，信访案件的受理、转办审批、回复期限、督办审查和各部门之间的职责划分等均有相应规定，并且通过三级办理机制和书面回应机制督促信访工作机构对信访事项作出回应。

所谓事本主义回应是指党政信访工作机构对信访问题的事实上的解决和回应，即对“事要解决”的重视。[137] 2014年国务院印发的《关于创新群众工作办法解决信访突出问题的意见》中提出的健全解决特殊疑难信访问题工作机制、督查督办信访事项工作机制和健全科学合理的信访工作考核评价体系等工作机制的核心在于信访事项问题的解决，强调的是信访工作的处理结果。

信访工作的人本主义回应实现的是信访的最终目的，即化解群众的“心病”，达到“事心双解”。信访工作的基本原则是诉求合理的解决到位、诉求无理的思想教育到位、生活困难的帮扶救助到位及行为违法的依法处理[138]。同时在信访过程中，也应注重通过经常性的教育疏导机制，教育和引导人民群众正确认识发展中存在的问题，这也是“人本主义”应注重的一个面向，通过信访来进行群众教育和群众救助。

第六节　信息公开

当前，我国信息公开实践主要集中于两方面，一是政府信息公开，二是司法信息公开。在政府信息公开方面，2007年4月5日，国务院颁布了《中华人民共和国政府信息公开条例》(以下简称《条例》)，由此拉开了我国政府信息公开的序幕。在司法信息公开方面，2009年最高人民法院颁布了《关于司法公开的六项规定》和

《关于人民法院接受新闻媒体舆论监督的若干规定》，由此揭开司法信息公开的序幕。信息公开可以看作党政机关民主管理、民主监督的一种手段，随着信息公开的日益制度化，它已成为全过程人民民主有效运行的重要支撑，也是全过程人民民主的重要组成部分。

一、发展过程

政府信息公开制度的建立经历了从村务公开到乡镇机关政务公开和厂务公开，再到各级人民政府的政府信息公开这一发展过程。在我国，政府信息公开制度可追溯到20世纪80年代进行的村务公开的探索。1987年，《村民委员会组织法（试行）》的制定首次将村务公开作为一项法律制度固定下来。[139]这一举措虽推动了村务公开的制度化，但并未在全国范围内形成一套统一的做法，公开的形式、内容与程序等都存在一定差异。直到1998年，中办、国办印发《关于在农村普遍实行村务公开和民主管理制度的通知》，明确规定了村务公开的内容和方法、督促检查，村务公开得以正式施行。2010年修订的《村民委员会组织法》第30条对村务公开进一步作了一系列明确规定。由此，村务公开在全国范围内得到了有效推进。乡镇机关政务公开和企业厂务公开制度相继建立在村务公开探索的基础上。2000年中办、国办发布《关于在全国乡镇政权机关全面推行政务公开制度的通知》，将村务公开的范围扩展到乡镇。2002年，中办、国办印发《关于在国有企业、集体企业及其控股企业深入实行厂务公开制度的通知》，推进了厂务公开制度的确立。[140]

随着改革开放以及依法行政、透明政府建设进程的加快，政府信息公开的意识逐步成为全社会的共识。在政策层面以政务公开为主要形式的政府信息公开实践的推动下，政府信息公开立法逐渐提上议事日程。[141]1999年，中国科学院为政府信息公开的具体立法事项成立专门机构进行研讨。2002年，国务院正式开启了《条例》的起草工作。与此同时，地方政府也在探索信息公开立法工作。2002年，广州发布了地方规范性文件《广州市政府信息公开规定》，成为我国第一个开启行政信息公开的城市。不久，上海、湖北等直辖市、省政府相继制定了各地方政府的信息公开规定或办法。经过全国上下五年的不懈努力，《条例》经2007年1月17

日国务院第165次常务会议通过，自2008年5月1日起施行。

经过30余年的探索发展，我国的信息公开制度日益规范化、制度化，成为党政机构、企事业单位、群团组织等的日常性规范制度，不断发挥着人民群众、社会对党政机构、企事业单位、群团组织的民主管理和民主监督的作用，成为实现人民当家作主权利的重要制度安排，因而也成为全过程人民民主的重要组成部分。

二、民主价值

政府信息公开的全面展开，促进了人民群众的知情权保障，推动了透明政府建设，强化了对党政机关、企事业单位和群团组织的民主管理与民主监督，但同时也在政府与人民群众之间产生了“不平衡”的张力，主要表现在三个方面。

第一，信息公开实践的供需失衡。信息公开需求和信息供应不匹配，即行政机关公开的信息社会不需要，而社会需要的信息并未公开。整体表现为信息供应的准确性、及时性、针对性和动态性不够，这一现象本质上反映出政府信息公开的“供给侧”问题，因而需要推进信息公开的供给侧改革。[142]在各地域、各层级之间，信息公开的供求失衡状况也存在较大差别。

第二，信息公开实践的路径失衡。《条例》设计了主动公开和依申请公开两种信息公开的路径，并且主动公开为主，依申请公开为辅。然而，在具体实践中却出现主动公开落实不到位，依申请公开阻力重重的现实问题。[143]尽管《条例》明确了行政机关的主动公开义务，但在主动公开方面，相关领域的实践表明应公开信息未公开、公开不全面、公开不及时等问题仍然十分突出。[144]由于主动公开的信息需求没有得到满足，依申请公开的需求数量不断增长，却在实践中面临申请难、答复难、救济难等困境[145]，进而引发了“知情权滥用”问题的产生。

第三，信息公开实践的监督救济不平衡。尽管《条例》规定了对政府信息主动公开的监督制度与依申请公开的救济制度，但当前这两方面均处于失衡状态。政府本应主动公开的信息迟迟未公开，却未受到任何行政问责。依申请信息公开的救济渠道是行政复议与行政诉讼，但实施效果并不理想。[146]

信息公开蕴涵着极强的民主管理与民主监督的价值，是实现人民当家作主权利的重要制度设计。

三、实践拓展

诚然，我国当前的政府信息公开制度在实践过程中还存在诸多问题。在法律方面，一是《条例》的位阶低、受制于其他法律，影响实施效果。[147]政府信息化缺乏统一的立法条例和管理理念[148]，《保密法》《档案法》和《条例》是目前我国涉及政府信息公开与保密的三项法律法规，前两部法律均由全国人大常委会颁布，而《条例》由国务院颁布，再无其他国家层面的信息公开法律法规出台。并且《保密法》与《档案法》属于上位法，《条例》属于下位法，下位法服从上位法，受其制约。二是《条例》自身规定的不完善之处导致了公开与保密的失衡。《条例》选择的是否定型概括除外确定公开范围加肯定型列举公开事项的立法设计模式[149]，这些明确列出的信息公开事项才是政府信息公开的真正范围及对象，而针对不得公开的信息，《公开条例》对范围界定得较为宽泛，将涉及国家安全、公共安全、经济安全、社会稳定和国家秘密、商业秘密、个人隐私作为公开的例外。看似规定了有限且较小的不公开信息的范围，但既不明确也不具有操作性，留下众多“空隙”，令执行者保有较大自由裁量权。

在制度设计方面，首先，政府信息公开义务主体有权无责。如前所述，信息公开义务主体具有较大的自由裁量权，但却缺乏与该权力相匹配的责任。虽然《条例》设定了对信息公开义务主体的监督和问责机制，但这些机制的落实还很不到位。例如，监督主体对于应该监督而不监督，或者监督“错位”、不及时监督等，要承担什么责任及如何承担责任均无法在政府信息公开条例和监察法等中找到相应的有效依据。[150]此外从监督和责任的落实看，对这些明显未落实《条例》规定职责的情况，实践中并未追究相应法律责任。[151]其次，外部监督缺乏有效性，体现为社会监督不足和司法监督未达到预期效果[152]。人民群众有权对于不依法履行信息公开义务的政府机构向其上级机关或主管部门举报，但是使用这项权利带来的风险并没有相应的制度保障。行政诉讼虽然是司法机关对行政机关的监督，但是由于地方法院人、财、物均受制于地方政府，在司法地方化的现状下，行政诉讼往往受到行政机关的影响控制[153]，司法救济的效果大打折扣。

分析信息公开制度实践面临的问题及其背后成因，可从以下几个方面，对症下药，提升信息公开的质量，以此拓展信息公开蕴涵的民主价值。

第一，推动政府信息公开专门法律的出台，或将《条例》从行政法规升格为法律，并完善《条例》与《保密法》《档案法》中相冲突的部分，着重处理好公开与保密的关系，明确两者之间的界限。此外，在未来政府信息公开条例的修正或者信息公开立法中，立法者还应当用法律的形式明确规定行政内部监督主体的责任[154]，同时建立起人民群众合法权利的制度保障。

第二，加强政府信息公开机构建设和人才培养工作。应为各机关信息公开工作配备专门机构和工作人员，并且经过培训使其具有较强的信息公开意识和相关技术能力，使其真正意识、理解信息公开工作的价值，将信息公开观念内化于心、外化于行。同时，在信息公开工作中要注意由于信息鸿沟无法获取共享信息的公众，利用技术升级真正做到方便群众获取和有利于政府管理。

第三，重视主动的信息公开工作[155]。了解群众需求，准确、及时、有效地公开群众需要的信息，既满足了群众的诉求，提高政府信息公开的效率和政府公信力，又缓解了依法申请信息公开带来的工作成本压力。

一定程度上讲，信息公开是衡量民主管理与民主监督的一面镜子。政府信息公开是政府决策与公共政策的具体反映，是政府管理效果和效率的具体体现，理应接受全体人民群众的监督，并根据人民群众反馈和提议，按程序调整已定政策或者优化未来决策。党的二十大报告明确指出，“全过程人民民主是社会主义民主政治的本质属性，是最广泛、最真实、最管用的民主”。最广泛、最真实与最管用的落脚点在于每个服务于人民当家作主权利实现的制度设计的真实、有效与管用。我国正不断探索加强人民当家作主权利实现的制度保障，确保人民依法通过各种途径和形式管理国家事务，政府信息公开是其中一个重要的面向。简言之，多维并举推动信息公开是提升民主管理与民主监督水平、拓展民主价值实现的有效路径，是发展全过程人民民主的应有之义。

小　结

选举代表、广泛协商、群众路线、统一战线、来信来访与信息公开六方面的技术程序是支撑全过程人民民主运行、将人民民主的理想形态付诸实践的重要元素。经过不断探索，中国的全过程人民民主已经形成较为完备的技术程序，但与支撑高质量全过程人民民主还存在一些差距和问题，需要在未来不断发展完善。

在选举代表方面，代表结构还存在一定的广泛性与代表性不足的问题，选举过程也存在竞争性、透明度和公正性不足的问题。高质量的全过程人民民主在代表性、公正性、透明性等方面都有着严格的要求，因此进一步优化代表结构，改变中国大多代表结构中基层代表、女性代表、非干部代表少，党员代表与干部代表多的普遍问题，尤其是进一步增加来自基层一线代表的比例，是提升代表性与广泛性的重要路径。确保选举过程的竞争性、透明度和公正性是建立健康的民主制度的关键，未来需要通过加强选举的监督和透明度，提供信息和资源，向民众公开选举相关信息，包括候选人资格要求、选举日程等，以确保民众能够作出知情的决策。

在广泛协商方面，不同的协商形式，尤其是基层协商，在某些情况下容易变成一种形式化的程序，难于做到真正的意见交流和决策制定。未来需要强调真实的协商和意见交流，鼓励不同意见的表达，确保决策更具代表性和普遍性。一方面，要进一步促进多元化参与，确保广泛协商过程中涵盖不同社会群体、利益相关方和专业领域的代表，以确保各种意见和利益得到充分反映。另一方面，要进一步形成开放、透明、持久性的协商机制，制定明确的协商规则和程序，不仅在特定问题或事件发生时进行协商，还应建立持续性机制不断收集意见和建议；公开协商议程、文件和讨论，以便公众能够了解和监督协商的过程和结果；进行体制机制创新，以便民众对协商议程有一定的影响力。

在群众路线方面，多年来，责任型政府、回应型政府的建设以及新时代"枫桥经验"的要求，促使政府不断坚持群众路线，积极回应民意，为全过程人民民主形成了有力的支撑，但距离高质量的全过程人民民主的要求还有一定差距。比如，群众路线可能在实际落地时受到地方政府和官员的局限，导致反馈不够灵活和及时。未来需要进一步加强政府与群众的互动机制，确保政府更好地回应民众的需求和意见，促进更高效的政策制定和执行。一方面，可建立多层次沟通渠道，建立多种途径，如公开听证会、在线反馈平台、社区咨询会议等，以便民众能够向政府表达意见和关切。另一方面，还可利用移动互联、大数据等现代科技工具，如移动应用程序和社交媒体，以促进政府与民众之间的即时互动和信息分享，确保数字鸿沟不会排除部分人群，采取措施确保所有人都能参与互动。

在统一战线方面，强调包容性和多元性，确保统一战线更广泛地代表与整合不同社会群体的利益和意见，是践行全过程人民民主的内在要求。为实现高质量的全过程人民民主，统一战线需要从多维度加以推进。一方面，需要根据社会经济发展与社会结构变迁，不断扩大统一战线的参与范围，高度整合不同政治派别、宗教、民族、行业、社会组织等不同社会群体的意见。另一方面，探索建立常态化的对话协商机制，组织定期对话和协商会议，让不同代表能够交流意见、解决分歧、达成共识，建立意见分歧处理机制，以推动合作和协调。此外，还可通过对公众和统一战线参与者进行宣传教育，强调包容性和多元性的重要性，鼓励尊重不同声音和观点，提升政治吸纳与社会整合的能力。

在来信来访方面，信访制度是我国民主政治体系的重要组成部分，是中国特色社会主义民主政治制度的有益补充，体现着全过程人民民主的深刻价值。但来信来访制度也存在滞后、反应不足、处理低效等问题，导致人民的关切未能得到及时解决。一方面，在一些涉及多部门的来信来访问题的处理过程中，存在较为明显的部门“踢皮球”现象，不仅导致了行政效率低下，而且未能较好及时地回应民意，损害政府形象与公信力。因此，应探索多部门联动处理信访工作的机制，建立相关联席会议制度，统筹解决复杂信访问题。另一方面，在自上而下压实信访责任的背景下，存在地方政府信访工作的“扭曲”现象，背离了信访工作的初衷。为此，应探索可持续的信访责任与绩效考核机制，避免“一刀切”现象的蔓延。

在信息公开方面，推动透明政府建设，保障人民群众的知情权，强化对党政机关、企事业单位和群团组织的民主管理与民主监督，是高质量全过程人民民主的必然要求。但政府与人民群众在信息公开方面存在明显的“不平衡”张力。一方面，信息公开的供需不匹配，即行政机关公开的信息社会不需要，而社会真正需要的信息并未公开。为此，需要进行政府信息公开的“供给侧”改革，打破信息公开的“形式主义”，做到信息公开关切人民群众真实需求。另一方面，法律法规界定模糊，导致公开与保密的失衡。《条例》对公开范围界定得较为宽泛，看似规定了有限且较小的不公开信息的范围，但给执行者保有较大自由裁量权，不仅导致了政府在信息公开中的“保守主义”，法律未明确规定公开的一定不公开，而且容易引发了人民群众的“知情权滥用”问题，浪费了大量行政资源和社会成本。为此，应通过法律法规的修订，进一步细化不公开范围。

总体来说，中国在全过程人民民主的技术程序方面取得了显著进展，但仍然面临诸多挑战。未来应沿着提高选举的代表性、加强协商的实效性、强化群众路线的实施、促进统一战线的多元性、改进来信来访制度以及加强信息公开等发展路径，不断发展完善支撑全过程人民民主的技术程序。

注释

1. 汪仕凯：《选举制度与现代国家：一个比较分析》，《理论探讨》2018 年第 3 期，第 33 页。

2. 参阅[美]汉娜·费尼切尔·皮特金：《代表的概念》，唐海华译，长春：吉林出版集团有限公司 2014 年版；聂智琪、谈火生编：《代表理论：问题与挑战》，广州：广东人民出版社 2018 年版。

3. 汪仕凯：《选举制度与现代国家：一个比较分析》，《理论探讨》2018 年第 3 期。

4. 刘建军、陈周旺、汪仕凯主编：《政治逻辑：当代中国社会主义政治学》，上海：上海人民出版社 2022 年版，第 208—209 页。

5. 《马克思恩格斯选集》第三卷，北京：人民出版社 1995 年版，第 56 页。

6. 汪仕凯、孟雨微：《代表政治与代议政治的重叠：以人民代表大会制度为中心的观察》，《中央社会主义学院学报》2022 年第 3 期。

7. 全国人民代表大会常务委员会法制工作委员会编：《中华人民共和国法律（2018 年版）》，北京：人民出版社 2018 年版，第 6 页。

8. 孙莹：《我国人民代表大会的制度特征及职权发展逻辑》，《复旦学报（社会科学版）》2022 年第 5 期，第 178—179 页。

9. 孙龙：《关于代表结构比例安排的历史考察与思考》，《人大研究》2020 年第 10 期，第 20 页。

10. 《十四届全国人大代表：妇女代表 790 名，与上届相比提高 1.64 个百分点》，澎湃新闻，https://www.thepaper.cn/newsDetail_forward_22101405。

11. 参见 2015 年修订《选举法》第八、九条。

12. 参见 2015 年修订《选举法》第十条。

13. 参见 2015 年修订《选举法》第十一、十五、十六条。

14. 参见 2015 年修订《选举法》第十、二十四、二十五条。

15. 参见 2015 年修订《选举法》第二十六条。

16. 参见《全国县乡人大换届选举工作宣传提纲》。

17. 参见 2015 年修订《选举法》第二十九条。

18. 沈寿文:《人大代表"贿选"的逻辑——辽宁贿选案的警示》,《东方法学》2017 年第 1 期。

19. 参见 2015 年修订《选举法》第三十八至四十六条。

20. 参见 2015 年修订《选举法》第四十八条。

21. 林尚立:《党内民主——中国共产党的理论与实践》,上海:上海社会科学院出版社 2002 年版。

22. 马国祥:《党代表选举的若干问题分析》,《毛泽东思想研究》2015 年第 3 期,第 111 页。

23. 王绍光:《人民的化身:中国共产党组织的代表性》,《决策与信息》2021 年第 7 期,第 11 页。

24.《关于党的十八大代表选举工作的通知》,中国政府网,2011 年 11 月 1 日,https://www.gov.cn/jrzg/2011-11/01/content_1983642.htm。

25. 孟轲、张蕾:《从党代会代表构成看党内民主发展——基于改革开放以来七次全国代表大会的分析》,《理论探索》2014 年第 4 期。

26. 孙喜英、罗维:《新时期党代表构成变化的特点及其原因分析》,《毛泽东思想研究》2014 年第 1 期。

27. 2022 年修订《中国共产党章程》第三十条。

28. 2022 年修订《中国共产党章程》第三十、二十五、十九条。

29. 张鸽:《中国共产党代表大会代表选举制度研究》,中共上海市委党校 2013 年硕士学位论文,第 25—29 页。

30. 中华人民共和国国务院新闻办公室:《中国的民主》(白皮书),北京:人民出版社 2021 年版,第 20 页。

31. 2018 年《中华人民共和国村民委员会组织法》第六、七条;2018 年《中华人民共和国城市居民委员会组织法》第七、十三条。

32. 张海珍:《从村委会换届选举看农村基层民主建设——以兰考县第七届村委会换届选举为例》,《云南行政学院学报》2012 年第 6 期,第 129 页。

33. 2018 年《中华人民共和国村民委员会组织法》第十二条。

34. 2018 年《中华人民共和国村民委员会组织法》第十三至十五条。

35. 2018 年《中华人民共和国城市居民委员会组织法》第八条。

36. 雷弢:《社区业主代表大会模式的制度创新——以北京市海淀区上地西里小区为例》,《北京社会科学》2010 年第 6 期,第 59 页。

37.《业主大会和业主委员会指导规则》第十四、三十一条。

38.《业主大会和业主委员会指导规则》第三十一、十五条。

39.《业主大会和业主委员会指导规则》第十四、三十二、四十四条。

40. 汪仕凯:《人民民主:中国共产党对现代政治的集大成创造》,《南京社会科学》2021 年第 7 期,第 8 页。

41.《习近平谈治国理政》第二卷,北京:外文出版社 2017 年版,第 292 页。

42. 习近平:《高举中国特色社会主义伟大旗帜 为全面建设社会主义现代化国家而团结奋斗——在中国共产党第二十次全国代表大会上的报告》,北京:人民出版社 2022 年版,第 38 页。

43. 刘晖:《协商民主在全过程人民民主中的独特作用及其实现机制》,《上海市社会主义学院学报》2022 年第 4 期,第 16 页。

44. 张贤明:《社会主义协商民主的价值定位、体系建构与基本进路》,《政治学研究》2023 年第 1 期,第 44 页。

45. 陈家刚:《协商民主与全过程人民民主的实践路径》,《中州学刊》2022 年第 12 期,第 4 页。

46.《习近平谈治国理政》第二卷,北京:人民出版社 2023 年版,第 270 页。

47. 陈家刚:《协商民主与全过程人民民主的实践路径》,《中州学刊》2022 年第 12 期,第 3 页。

48. 张贤明:《社会主义协商民主的价值定位、体系建构与基本进路》,《政治学研究》2023 年第 1 期,第 46 页。

49. 中华人民共和国国务院新闻办公室:《中国的民主》(白皮书),北京:人民出版社 2021 年版。

50. 丁煌、马小成、梁健:《从观念到行动:公共政策的共识型执行及其逻辑——以贵州数字经济发展政策为例》,《贵州社会科学》2022 年第 6 期。

51. 陈家刚:《协商民主与全过程人民民主的实践路径》,《中州学刊》2022 年第 12 期,第 3 页。

52. 张贤明:《社会主义协商民主的价值定位、体系建构与基本进路》,《政治学研究》2023 年第 1 期,第 48 页。

53. 周淑真:《人民政协:全过程人民民主重要制度载体——历史逻辑、方位体现与职能机制考察》,《当代世界与社会主义》2022 年第 2 期,第 23 页。

54. 刘乐明、孟雨微:《人民政协践行全过程人民民主的三个面向》,《中国社会科学报》2023 年 2 月 15 日,第 8 版。

55. 吴凡、蒋锐:《人民政协:全过程人民民主的重要制度安排》,《当代世界社会主义问题》2022 年第 3 期,第 73 页。

56. 张贤明:《社会主义协商民主的价值定位、体系建构与基本进路》,《政治学研究》2023 年第 1 期,第 49 页。

57. 吴凡、蒋锐:《人民政协:全过程人民民主的重要制度安排》,《当代世界社会主义问题》2022 年第 3 期,第 74 页。

58. 中华人民共和国国务院新闻办公室:《中国的民主》(白皮书),北京:人民出版社 2021 年版,第 20 页。

59. 李蕊:《人大协商:内涵、理论与要素》,《经济社会体制比较》2018 年第 4 期,第 58 页。

60. 同上书,第 62—63 页。

61. 李蕊:《人大协商的实践成就与挑战应对》,《学习论坛》2019 年第 7 期,第 51 页。

62. 隋斌斌:《有限政治市场下的多赢治理——中国人大协商民主的发生、运作逻辑与政策建议》,《经济社会体制比较》2014 年第 4 期。

63. 郝大为:《论推进人大协商制度体系建设》,《人大研究》2021 年第 2 期,第 8—9 页。

64. 李蕊:《人大协商的实践成就与挑战应对》,《学习论坛》2019 年第 7 期,第 51 页。

65. 中华人民共和国国务院新闻办公室:《中国的民主》(白皮书),北京:人民出版社 2021 年版。

66. 黄敏璇:《渐进性调适:中国基层协商民主制度的演进逻辑——基于历史制度主义的分析》,《社会主义研究》2022 年第 2 期,第 119—120 页。

67. 赵秀玲:《中国式基层协商民主的成功经验与未来发展》,《甘肃社会科学》2022 年第 3 期,第 11 页。

68. 汪仕凯、陈沿潮:《乡村基层协商治理:基础、动力和形态》,《公共治理研究》2021 年第 5 期。

69. 参见政协徐州市委员会编:《有事好商量——徐州市推进基层协商民主建设探索实践》,2021 年版。

70. 汪仕凯:《群众路线与全过程人民民主的实践起源》,《郑州大学学报(哲学社会科学版)》2023 年第 2 期,第 5—10 页。

71.《习近平谈治国理政》第一卷,北京:外文出版社 2018 年版,第 27 页。

72. 刘红凛:《党的群众路线的理论逻辑与革命时期的实践经验》,《江西社会科学》2021 年第 5 期,第 5—16 页。

73. 刘佳:《中国共产党"群众路线"百年演进的政治逻辑》,《内蒙古社会科学》2021 年第 5 期,第 16—22 页。

74. 杨金卫:《党的群众路线的百年演进及其历史经验》,《东岳论丛》2021 年第 2 期,第 15—26 页。

75. 雷青松:《党的群众路线的百年演进及其经验启示》,《长白学刊》2021 年第 6 期,第 23—32 页。

76. 刘红凛:《党的群众路线的理论逻辑与革命时期的实践经验》,《江西社会科学》2021 年第 5 期,第 5—16 页。

77.《毛泽东选集》第三卷,北京:人民出版社 1991 年版,第 1094 页。

78. 赵中源:《党的群众路线的百年演进逻辑与基本向度》,《求索》2021 年第 4 期,第 5—14 页。

79. 刘同舫:《深入探索党的群众路线时代路径——读赵中源教授新作〈群众路线新论〉》,《毛泽东研究》2020 年第 3 期。

80. 齐惠:《群众路线为全过程人民民主提供内生动力》,《人民论坛》2021 年第 23 期,第 113—121 页。

81. 肖存良:《职责与生成:群众路线的政治逻辑研究》,《学术月刊》2021 年第 2 期,第 97—106 页。

82. 郭燕来:《生成·运行·实践:群众路线的内在逻辑分析》,《云南行政学院学报》2014 年第 5 期,第 40—43 页。

83.《毛泽东选集》第三卷,北京:人民出版社 1991 年版,第 899 页。

84. 肖存良:《职责与生成:群众路线的政治逻辑研究》,《学术月刊》2021 年第 2 期,第 97—106 页。

85. 中共中央文献研究室编:《建国以来重要文献选编》第九册,北京:中央文献出版社 1994 年版,第 125 页。

86. 孔凡义:《群众路线:一种新型民主治理模式》,《郑州大学学报(哲学社会科学版)》2023 年第 1 期,第 7—13 页。

87. 汪仕凯:《群众路线与全过程人民民主的实践起源》,《郑州大学学报(哲学社会科学版)》2023 年第 2 期,第 5—10 页。

88. 敖梦、鲍中义:《群众路线:实现全过程人民民主的重要法宝》,《福州党校学报》2022 年第 2 期,第 31—36 页。

89. 汪仕凯:《群众路线与全过程人民民主的实践起源》,《郑州大学学报(哲学社会科学版)》2023 年第 2 期,第 5—10 页。

90.《习近平谈治国理政》第三卷,北京:外文出版社 2020 年版,第 29 页。

91.《毛泽东文集》第八卷,北京:人民出版社 1999 年版,第 294 页。

92.《重大行政决策程序暂行条例》,中国政府网,2019 年 5 月 8 日,https://www.gov.cn/gongbao/content/2019/content_5392293.htm。

93.《习近平在中央人大工作会议上发表重要讲话》,中国人大网,2021 年 10 月 14 日,http://www.npc.gov.cn/npc/kgfb/202110/4edb8e9ea1f240b9bfaf26f97bcb2c27.shtml。

94. 汪仕凯:《群众路线与全过程人民民主的实践起源》,《郑州大学学报(哲学社会科学版)》2023 年第 2 期,第 5—10 页。

95. 中华人民共和国国务院新闻办公室:《中国的民主》(白皮书),北京:人民出版社 2021 年版。

96. 李俊:《统一战线的现代化国家建设逻辑及其优势》,《社会主义研究》2021 年第 5 期,第 118—124 页。

97.《中共中央印发〈中国共产党统一战线工作条例〉》,中国政府网,2021 年 1 月 5 日,https://www.gov.cn/zhengce/2021-01/05/content_5577289.htm。

98. 林绪武、张玉杰:《中国共产党统一战线建设的百年变迁及当代价值》,《马克思主义与现实》2021 年第 2 期,第 44—50 页。

99.《毛泽东文集》第七卷,北京:人民出版社 1999 年版,第 216 页。

100. 李俊:《统一战线的现代化国家建设逻辑及其优势》,《社会主义研究》2021 年第 5 期,第 118—124 页。

101. 同上。

102.《中共中央印发〈中国共产党统一战线工作条例〉》,中国政府网,2021 年 1 月 5 日,https://www.gov.cn/zhengce/2021-01/05/content_5577289.htm。

103. 叶子鹏、黄甄铭:《中国共产党统一战线的实践演进与历史规律——以党史为中心的考察》,《广西社会科学》2021 年第 4 期,第 45—50 页。

104.《毛泽东选集》第四卷,北京:人民出版社 1991 年版,第 1257 页。

105. 丁俊萍、颜苗苗:《中国共产党百年来统一战线工作的历程和经验》,《江苏社会科学》2021 年第 3 期,第 11—27 页。

106. 叶子鹏、黄甄铭:《中国共产党统一战线的实践演进与历史规律——以党史为中心的考察》,《广西社会科学》2021 年第 4 期,第 45—50 页。

107. 杨松禄:《统一战线与全过程人民民主的耦合与互动》,《团结》2022 年第 4 期,第 26—29 页。

108. 樊士博、徐敏:《统一战线与全过程人民民主:团结与民主的辩证实践》,《统一战线学研究》2022 年第 1 期,第 78—85 页。

109. 束赟:《统一战线在全过程人民民主中的位置与作用》,《科学社会主义》2023 年第 1 期,第 89—

98 页。
110. 林尚立、赵宇峰:《中国协商民主的逻辑》,上海:上海人民出版社 2016 年版,第 6、9、209 页。
111. 束赟:《统一战线在全过程人民民主中的位置与作用》,《科学社会主义》2023 年第 1 期,第 89—98 页。
112. 杨松禄:《统一战线与全过程人民民主的耦合与互动》,《团结》2022 年第 4 期,第 26—29 页。
113.《信访条例》,中国政府网,2005 年 5 月 23 日,https://www.gov.cn/zwgk/2005-05/23/content_271.htm。
114. 常满:《刍议我国信访制度的完善》,《东南大学学报(哲学社会科学版)》2019 年第 1 期,第 33—37 页。
115.《中共中央　国务院印发〈信访工作条例〉》,中国政府网,2022 年 4 月 7 日,https://www.gov.cn/zhengce/2022-04/07/content_5683923.htm。
116. 常满:《刍议我国信访制度的完善》,《东南大学学报(哲学社会科学版)》2019 年第 1 期,第 33—37 页。
117. 夏瑛:《信访制度的双重逻辑与“非行政信访”——以 A 市重复集体访为例(2010～2014 年)》,《政治学研究》2019 年第 4 期,第 102—111 页。
118. 束锦:《信访是民意诉求的一种重要表达方式》,《求实》2007 年第 5 期。
119. 夏瑛:《信访制度的双重逻辑与“非行政信访”——以 A 市重复集体访为例(2010～2014 年)》,《政治学研究》2019 年第 4 期,第 102—111 页。
120. 唐皇凤、王锐:《在回应民意与规范秩序之间寻求均衡:我国信访制度 70 年变迁的内在逻辑》,《行政论坛》2019 年第 4 期,第 45—54 页。
121. 夏瑛:《信访制度的双重逻辑与“非行政信访”——以 A 市重复集体访为例(2010～2014 年)》,《政治学研究》2019 年第 4 期,第 102—111 页。
122. 李贺楼:《信访制度改革中的两难问题:实质与解决方向》,《中国行政管理》2018 年第 4 期,第 115—120 页。
123. 李贺楼、王郅强:《信访制度的现实处境与改革方向:制度传统和现实需求视角下的分析》,《中国行政管理》2017 年第 1 期,第 51—56 页。
124. 舒晓琴:《新时代开创人民信访工作新局面的强大思想武器——深入学习贯彻习近平总书记关于加强和改进人民信访工作的重要思想》,《求是》2018 年第 24 期。
125. 夏瑛:《信访制度的双重逻辑与“非行政信访”——以 A 市重复集体访为例(2010～2014 年)》,《政治学研究》2019 年第 4 期,第 102—111 页。
126. 舒晓琴:《新时代开创人民信访工作新局面的强大思想武器——深入学习贯彻习近平总书记关于加强和改进人民信访工作的重要思想》,《求是》2018 年第 24 期。
127. 郭坚刚:《人民信访制度与全过程人民民主的彰显》,《浙江学刊》2023 年第 2 期,第 61—65 页。
128. 钟伟军、黄玥:《迈向全过程人民民主:基层信访治理的逻辑及其转型》,《江苏行政学院学报》2022 年第 5 期,第 113—118 页。
129.《中共中央　国务院印发〈信访工作条例〉》,中国政府网,2022 年 4 月 7 日,https://www.gov.cn/zhengce/2022-04/07/content_5683923.htm。
130. 钟伟军、黄玥:《迈向全过程人民民主:基层信访治理的逻辑及其转型》,《江苏行政学院学报》2022 年第 5 期,第 113—118 页。
131. 王彦平:《回归法治化轨道——信访制度的功能定位、面临困境及化解途径》,《社会主义研究》2015 年第 1 期。
132. 王浦劬:《以治理民主实现社会民生——我国行政信访制度政治属性再审视》,《信访与社会矛盾问题研究》2012 年第 3 期,第 2—19 页。
133. 桑玉成:《拓展全过程民主的发展空间》,《探索与争鸣》2020 年第 12 期。
134. 吴超:《当代中国信访制度史》,北京:当代中国出版社 2019 年版,第 159 页。
135. 王绍光:《民主四讲》,北京:生活・读书・新知三联书店 2008 年版,第 73 页。

136. 郭坚刚:《人民信访制度与全过程人民民主的彰显》,《浙江学刊》2023 年第 2 期,第 61—65 页。

137. 同上。

138. 舒晓琴:《新时代开创人民信访工作新局面的强大思想武器——深入学习贯彻习近平总书记关于加强和改进人民信访工作的重要思想》,《求是》2018 年第 24 期。

139. 马怀德:《政府信息公开制度的发展与完善》,《中国行政管理》2018 年第 5 期,第 11—16 页。

140. 谭世贵:《公共信息公开的理论探讨与制度建构》,《江汉论坛》2016 年第 10 期,第 113—121 页。

141. 蒋卫荣:《中外政府信息公开范围制度设计差异及其启示——兼谈〈中华人民共和国档案法〉第一条的修改》,《档案学研究》2015 年第 5 期,第 48—53 页。

142. 王锡锌:《政府信息公开制度十年:迈向治理导向的公开》,《中国行政管理》第 2018 年第 5 期,第 17—22 页。

143. 吕艳滨:《政府信息公开制度实施状况——基于政府透明度测评的实证分析》,《清华法学》2014 年第 3 期,第 51—65 页。

144. 同上。

145. 吴光芸、吴金鑫、赵改霞:《政府信息公开中的公众参与困境及对策探究》,《理论视野》2013 年第 7 期。

146. 吴光芸、吴金鑫:《我国政府信息公开制度的失衡与平衡》,《理论视野》2014 年第 10 期,第 42—46 页。

147. 吕艳滨:《政府信息公开制度实施状况——基于政府透明度测评的实证分析》,《清华法学》2014 年第 3 期,第 51—65 页。

148. 沈晓:《政府信息公开制度发展现状与存在问题研究》,《人民论坛》2014 年第 11 期,第 45—47 页。

149. 蒋卫荣:《中外政府信息公开范围制度设计差异及其启示——兼谈〈中华人民共和国档案法〉第一条的修改》,《档案学研究》2015 年第 5 期,第 48—53 页。

150. 黄霞、付艳芳:《政府信息公开制度的缺陷及应对》,《人民论坛》2011 年第 32 期,第 56—57 页。

151. 王锡锌:《政府信息公开制度十年:迈向治理导向的公开》,《中国行政管理》2018 年第 5 期,第 17—22 页。

152. 黄霞、付艳芳:《政府信息公开制度的缺陷及应对》,《人民论坛》2011 年第 32 期,第 56—57 页。

153. 吴光芸、吴金鑫:《我国政府信息公开制度的失衡与平衡》,《理论视野》2014 年第 10 期,第 42—46 页。

154. 黄霞、付艳芳:《政府信息公开制度的缺陷及应对》,《人民论坛》2011 年第 32 期,第 56—57 页。

155. 吕艳滨:《政府信息公开制度实施状况——基于政府透明度测评的实证分析》,《清华法学》2014 年第 3 期,第 51—65 页。

第六章　真实的民主过程

人民民主是社会主义的生命,人民当家作主是社会主义民主政治的本质和核心。全过程人民民主是中国共产党在总结社会主义民主政治实践经验的基础上,根据新的历史条件对人民民主进行升级而形成的成果,人民当家作主同样是全过程人民民主的本质和核心,全过程人民民主同样是社会主义的生命。全过程人民民主以其真实的民主过程,推动着中国国家治理不断进步,反过来也证明了自身的真实性。

习近平在中央人大工作会议上指出:“民主不是装饰品,不是用来做摆设的,而是要用来解决人民需要解决的问题的。一个国家民主不民主,关键在于是不是真正做到了人民当家作主,要看人民有没有投票权,更要看人民有没有广泛参与权;要看人民在选举过程中得到了什么口头许诺,更要看选举后这些承诺实现了多少;要看制度和法律规定了什么样的政治程序和政治规则,更要看这些制度和法律是不是真正得到了执行;要看权力运行规则和程序是否民主,更要看权力是否真正受到人民监督和制约。”[1]全过程人民民主正是以人民为根本政治主体,以实现人民当家作主为核心,贯穿全过程、全阶段和全链条的新型现代民主政治。

在传统意义上,几乎所有社会科学研究都倾向于认为偏好的传递对民主政治具有基础意义,因为民主政治的特征在于对公民的选择作出一视同仁的回应,民主政治运作的精髓在于公民向政治精英表达偏好,政治精英也由此制定与之相一致的政策。[2]通常而言,完整的公共政策周期包含政策问题形成、政策议程设置、政策制定、政策执行以及政策评估等环节。大到国家政策的规划与制定,小到社区中公共规则的协商与确立,公共政策的整个周期都蕴涵了民主空间。全过程人民民主将议题识别、议程设置、政策制定、政策执行、政策监督整合为一个完整的政治过程，更为重要的是同时将民主贯彻在此完整的政治过程中，这也正是全过程人民民主的“全过程”之内涵所在。

第一节　议题识别

政策过程从议题识别开始，而议题识别本来就是一个多方参与的开放过程。当广大民众成为必不可少的政治主体并将议题推到政策过程中时，议题识别就具备了民主性质。当代中国公共政策过程是全过程人民民主实践的实质领域，它不仅以最广大人民的根本利益作为出发点和落脚点从而具有民主性，而且在议题识别这个政策过程的起点上注重发挥广大民众的重要作用从而具有民主性。

1951年，美国学者哈罗德·拉斯韦尔(Harold Lasswell)和丹尼尔·勒纳(Daniel Lerner)合作出版了《政策科学：范围与方法之最近发展》(*The Policy Sciences*: *Recent Development in Scope and Method*)一书，标志着现代政策科学系统理论的诞生。随后拉斯韦尔将公共政策的具体研究过程阶段化，构建了政策过程的概念图系，也是早期政策科学研究的主流范式。

议题识别是公共政策研究中的起始环节，但在研究中议题识别经常被归属到政策问题形成的大类，即某类问题是如何被界定为公共政策问题的。詹姆斯·E.安德森(James E. Anderson)曾经指出，“以往对政策形成的研究很少关注公共问题的性质与界定，通常问题被认为是既定的，因此不加以分析”[3]。安德森所认为的政策问题实际上是指当社会上的一部分人对社会产生新的需求或不满之时，希望诉诸政府行为进行解决或改进的公共问题。但实际上，政策问题的确认往往是比较复杂的，现实中许多人认为需要改进和存在不满的问题并没有成为政策问题，更没有进入政策议程之中。托马斯·R.戴伊(Thomas R. Dye)认为，决定哪些社会问题成为政策问题的主体对政策过程而言是关键性的，甚至比问题的解决办法更重要。[4]这些主体既包含自上而下的、具有正式政府职务的政治精英、政治活动家和领导集团，也包含自下而上的、没有正式政府职务的利益集团、研究人员、学者、咨询顾问、有影响力的人士、大众舆论、新闻媒体等。

约翰·金登(John W. Kingdon)的回应是,公共政策议程和备选方案受到问题流、政策流和政治流的影响,这三条政策溪流是相互独立的,但当政策之窗(policy windows)敞开时,三者汇合在一起,项目进入决策议程的可能性就会明显增强,也被称为"多源流理论"(Multiple-Streams Theory)。[5]这实际上回答了为什么有些议题会进入政府的政策议程设置,有的主题却被忽视。金登在《议程、备选方案与公共政策》中重点考察的不是问题怎样被总统、国会或其他的决策者权威性地决定,而是这些问题如何首先成为问题的。他认为,指标、焦点事件、反馈和预算等使得问题引起政府的关注。金登敏锐地指出,"有时,一个紧迫问题的识别就足以使某一主题在政策议程上获得显著地位",但他也表明,"正如通常的情况那样,问题识别本身并不足以把某一项目推上议程。在政府环境中存在的问题太多了,而且官员们只认真关注其中的一部分问题"。[6]我们可以发现,金登虽然意识到了问题识别的重要性,但只是将问题识别作为引发政策议程设置的一个环节来考量的。也有学者指出,目前公共政策过程的研究主要集中在公共政策议程设置主体、价值、途径和模式上,对议题识别、公众参与政策议题、政策议程与政策问题构建的关系等研究相对较少。实际上,在金登所提出的"问题是如何引起官员关注的""为什么有些议题可以进入政府议程,而另一些议题却无法进入"等问题之外,我们需要进一步追问的是,在引起官员关注之前,问题何以被识别?

提及西方公共政策的议题识别,政治动员、社会运动、突发事件、大众传媒以及政治博弈等都是潜在的影响因素。但中国公共政策过程与西方的公共政策既有共通性的原理,亦有相异之处。政策科学过程中的一般原理是相通的,但是中国公共政策在运作过程、运作机制和工作程序上存在不同。

首先,超大规模单一制国家面临规模治理负荷与难题,使得公共政策的议题识别更应注重民主的广泛性与有效性,广大群众的民主参与是识别公共政策议题的重要力量。中国领土广袤、人口众多、地域差异显著,因而作为单一制国家,超大规模的物理空间和人口规模,使得中国的国家治理始终面临如何处理好中央权威与地方权力关系的问题。正如周雪光所言,治理规模取决于治理内容,国家机构承担的公共服务与提供公共物品的责任越大,治理规模和负荷也越大。[7]例如,在中国乡村的治理实践中，依赖的并不是标准化的科层治理，而是群众路线、驻村、工作组、包村制、统分结合等非科层化的、以党组织为基础的简约治理，这使得乡村不需要依托庞大的人力资源和经费预算，便能低成本、高效率地完成国家在各个时期的政策目标。[8]政府与社会合二为一，国家实行单向的自上而下的治理模式，社会被裹挟到国家之中，因而需要承担更多的公共事项，这就使得国家的治理内容更复杂，治理负荷更大。因而，在公共政策的议题识别过程中，公共政策民主化所带来的挑战也更大。

其次，中国政治统一体长期延续形成的多元的、不平衡的区域性经济与社会，使得公共政策的议题识别过程更具包容性，广大群众通过各种途径和形式参与国家和社会事务管理、参与经济文化事业管理，从而在最大程度上将不同利益反映到议题识别中。由于自然和历史的原因，中国国家形成的轨迹造就了一个多元的、包容的、发展不平衡的区域性社会。[9]以中国文化为例，儒家学说虽然是中国文化的重要组成部分，但无论是从孔子的诗书礼乐教，还是汉武帝的“罢黜百家，独尊儒术”，抑或是宋明理学，儒家思想始终没有成为任何一个时期的唯一统治思想，也没有建立起像基督教之于欧洲诸国那样的一统地位。[10]中华民族形成和发展过程中，始终以汉族为核心，但在中国历史上不仅存在着非汉族人统治的王朝，在国家分裂的时候，还出现过各种非汉族人统治的政权。[11]中国对待各种不同的文化始终以兼容并包的态度，因此不同民族得以共存、儒佛道三家得以长期并存。正是这种多民族统一的民族共同体，与中央集权的政治共同体与以农业文明为特征的文明共同体，构成了中国政治统一体的长期延续。[12]因而，在中国公共政策的议题识别中，民意表达的渠道更为广泛，方式也更为多元，且更具包容性。

最后，中国复杂的政府机构设置，使得中国的公共政策过程更难抽象和一般化，而国家治理体系与治理能力现代化的需求又要求，广大群众的民主参与不仅要注重人民的授权，而且更要关注民意的连续性表达与实质性实现。就“市”这一级而言，有直辖市、副省级市、计划单列市、地级市、副地级市、县级市、特区城市等。再如“局”这一级，有副部级的国家局、作为部委内设机构的局或司、作为省府职能部门的局（厅）、市或地区职能部门的局（处）、作为县政府职能部门的局（科），以及党中央各工作部门内设的局等。每一种特定的“市”、每一个特定的“局”，就会产生特定的政府关系和公共政策过程。[13]也就是说,公共政策的议题识别过程及政策的后续阶段将更为复杂,无疑对中央政府、地方政府和基层政府的政策能力提出了很高的要求。

公共政策民主化主张通过公民参与、对话和民主制度实现公共政策价值。中西方不同的特点导致了公共政策过程中的议题识别也有不同的来源和运作。如果民主是关于代表性的,那么选举就是关键,因为它们代表了大众的意见。[14]在西方国家,大多数民众对政治参与局限在选举环节,因而民主选举与公众舆论成为民意表达与议题识别的重要组成部分。事实上,议程研究的政治变化很大程度上受到问题定义的变化和先前无动于衷的公民因之而产生的活动的驱策。[15]约翰·杰克逊(John Jackson)通过对1956年至1960年美国国内政策项目的追踪研究,曾提出一个有关公众政策舆论的结构模型,这个模型包括三个要素:第一,立场明确且具有共同的导向或舆论;第二,与政策有关的影响和利益的特定问题;第三,政党认同。[16]通过研究,杰克逊发现,最重要的结果是观察到一个大的、稳定的、有影响力的共同取向,在很大程度上解释了人们对政府提供的就业、教育和医疗等国内政策的偏好,这个共同部分正是政府提供的服务。

在美国的公共政策过程中,选举政治中的冲突维度反映了国家政策议程中的变化。[17]正如布赖恩·琼斯(Bryan D. Jones)所言:"在整个20世纪60年代的后期和70年代早期,被称为'社会问题'的那一堆问题在选举政治中的出现或许是一个普遍现象……当一个政党决定利用新的冲突维度的出现,并且向那些被新的维度激活的投票者提出呼吁的时候,新的冲突维度就抵达了选举舞台……至少从1828年,新的冲突维度的出现或许就是全国政治的一个周期性的特征,当选举变得足够民主,能反映大众情绪的时候。"[18]如果将议程路径(the agenda approach)与民主治理的代表路径(representational approach)相比较的话,在代表路径中,公民的偏好往往通过代表们转化为公共政策。但琼斯进一步指出,"当从一个适当的时间范围观察议程过程,它是如此生硬,以至于关于政策建构的议程概念简直不能与传统的代表模型相协调——至少在我们将偏好视为相对固定的时候是如此"[19]。

但对于当代中国公共政策的议题识别而言,民众的政治参与不仅仅局限在民主选举环节，而是体现在民主选举、民主协商、民主决策、民主管理和民主监督的全部过程中。因而，中国公共政策的议题识别中，首要的问题便是人民意见的表达与政策意见的识别，没有全过程人民民主，是不可能满足当代中国国家治理对于高质量的公共政策过程的需要的。

当代中国的政策意见表达可以归纳为两大类，即作为意见表达主体的个人和团体，前者包括普通公民和专业性意见的个体表达，后者可以分为制度性、结构性和功能性的意见表达集体。[20]由于历史文化因素，因而在民主建设初期，存在一些问题，例如相当一部分城市职工和农民工的意见表达积极性不高，还有的公民对民主权利缺乏充分的自我意识，平常满腹牢骚，但在需要表达意见的时候却哑口无言。[21]不同于西方国家将公民表达与利益集团结合在一起，中国的公民表达是将其纳入生活或工作的共同体。在单位制时期，作为个体的人民的意见表达是在国企的车间、学校的教研室、城市的居民委员会和农村的人民公社等空间展开的，然后按照不同的系统进行上报。

改革开放以后，中国公民的意见表达渠道渐趋多元化，这种多元体现在两个方面。第一，国家重大政策的制定更多地吸纳社会公众的批评与建议，例如中国在制定新世纪第一个五年计划的时候，便公开向社会征集意见，一个月的时间里，就收到了各界人士来稿 200 多篇、电子邮件 80 多封，且内容涵盖政治、经济、文化、科技、教育和精神文明建设等各个方面，其中 90%以上的征文来稿是海外知识分子提交的。[22]第二，中国在意见表达上形成了具有特色的信访制度。作为组织化的意见表达渠道，信访主要是公民、法人或其他组织通过网络、书信、电话、传真和走访等形式，向各级党政机关和单位反映情况并提出建议、意见或诉求，由相应机关与单位做反馈或给出相应结果。信访活动反映了民众的普遍利益诉求和社会的重要矛盾，也成为我国公共政策议程的重要来源。尤其是当已经实施的公共政策不满足民众诉求、难以解决社会矛盾和现实问题时，信访就成为利益相关者表达自己利益和诉求的重要渠道，[23]以及党和政府密切联系群众的纽带。

随着改革开放的深入，通过网络、报纸、电话、媒体等提出议案、提出公共议题或反映问题成为民众表达自己诉求的日常途径。政府也开设市民服务热线、设置政府开放日等。无论是国家政策还是邻里小事，都希望听到民众的声音，并让民众参与进来表达自己的诉求或见解。相较而言，专业性的意见表达个体以人民代表为主，例如人大代表、政协委员、各民主党派代表、团代会代表、职代会代表、妇代会代表等。这些人民代表通过合法的途径从不同的团体中选拔出来，接受人民群众的委托，代表人民群众的利益，反映人民群众的诉求，是具有合法身份和法定地位的表达主体。

朱光磊将意见表达团体分为三类：第一类是制度性的意见表达团体，是国家政治制度的组成部分，例如各民主党派、工会、共青团、妇联、军队等；第二类是结构性的意见表达主体，例如特定的人民团体或中国文联、中国科协、侨联、台联和残联等社会团体；第三类是功能性的意见表达主体，是指有一定的社会影响力但并不属于国家政治制度组成部分的社会团体，例如新闻工作者群体、知识分子群体、宗教界和企业家群体等。[24]无论是哪一类群体，都是中国政策过程中民意表达的重要代表。

第二节 议程设置

政策议程设置是政治过程和公共政策中的经典议题，是国家权力最典型、最真实和最直接的体现，也是政治权力分析中最容易被忽视的因素。正如孔繁斌所言，政策议程设置、议程进入方式、议程设置周期等在公共政策的教科书中被简化为政策制定的一个环节，但实际上政策议程的设置是观察和分析现代化治理最重要的窗口，也是研究国家治理现代化有待拓展的研究领域。[25]议程设置是全过程人民民主的重要环节，议程设置的民主性质、民众意愿对于议程设置的影响程度，使得检验全过程人民民主的真实性具有实质意义。

中国在社会主义制度框架下建构现代民主的有效实践是在改革开放后进行的，主要是从三个方面展开：一是修改宪法，开启了中国民主政治建设的新征程；二是放权民众，孕育现代社会；三是激活制度，吸纳公民参与。[26]为了适应社会主义现代化建设和国家政治生活民主化的需要，邓小平于 1980 年 8 月 18 日在中央政治局扩大会议上提出中央对党和国家领导制度的改革，强调权力下放、党政分开，改善和加强党的领导方式。伴随着以政企分开、政社分开等为代表的分权化改革，以及经济体制和政府职能转变的一系列调整，全能政治的形态从集权式低度分化转变为集权式高度分化，党的决策目标转向科学化和民主化，中国政治过程中的政策议程设置也发生了一系列变化。

在这一阶段，政府职能以简放政权和机构改革为核心。相应地，议题设置过程中官僚内部不同群体、专家学者、新闻媒体、利益相关方和基层群众的影响力也越来越大。王绍光指出，改革开放以来，中国议程设置中“关门模式”和“动员模式”逐渐式微，“内参模式”成为常态，“上书模式”和“借力模式”时有所闻，“外压模式”频繁出现。[27]陈玲、赵静和薛澜等引入“共识”概念，“共识”即意见一致，是政策过程中的目标诉求，主要通过折衷而非择优的方式达成，因此政策参与者之间能否取得共识决定了政策能否出台。[28]王绍光和樊鹏提出中国“共识型”的决策模式和国家体制，并将其核心要素归纳为“开门型”的参与结构和“磨合型”的互动机制，前者涉及国家与社会各界、各阶层的关系，后者则强调国家“条条”和“块块”之间的关系。[29]

社会主义市场经济和经济全球化的快速发展，使中国遭遇了“压缩式发展”，社会上涌现出大量复杂且亟需解决的议题，国家不得不面对大量突发事件、高压问题与挑战，因此政策议程的设置出现了“优先排序”的问题，即是否能进入政策议程、进入政策议程的先后性，一定程度上取决于公共问题的紧急程度、冲击程度、重要程度、关注程度和危害程度等。赵静和薛澜将政府在短时间内由于焦点事件的驱动将“议程设置”作为回应社会需求或处理突发问题的工具，称为“回应式议程设置”。

实际上，政策议程设置背后的“优先排序”与紧急事件的“回应式议程设置”背后反映的是政府的注意力分配问题。琼斯也认为，政策议程之所以发生变化，是因为决策者开始关注到决策情景中先前被忽略的方面，并非决策者本身改变了自己的主意或偏好，改变的恰恰是他们的关注点，也就是注意力的分配问题。[30]

注意力分配是政策过程研究的重要因素。赫伯特·西蒙(Herbert Simon)和詹姆斯·马奇(James G. March)等学者强调，决策者的注意力是一种稀缺资源，直接决定了政策议程设置的界定与顺序。[31]实际上，注意力分配并不是一个技术问题，而是一个组织、制度与社会问题，例如，心理学将注意力看作行动主体的大脑认知过程，经济学将注意力看作激励过程，管理学认为它属于计划统筹的过程，组织学认为注意力分配是组织环境的产物，社会学则将注意力看作社会环境的产物。[32]此外，注意力分配还可以从政治学的角度解读，即价值的权威性分配，具体体现在府际关系中的权力与资源分配。在公共政策过程中，政策议程设置中的注意力分配，通常体现在领导的高度重视、媒体报道的热点以及公众关注的焦点上。[33]

第一，领导重视。庞明礼指出，在科层运作的过程之中，“领导高度重视”是单一制大国理性官僚制中客观存在的现象，也是影响政策议程设置的重要因素。[34]具体来说，“领导高度重视”的议题可以归纳为两类，一种是对地方领导层具有一票否决的事项考核，例如环保督察和精准扶贫，或是常规化的重点项目；另一种则是上级或更高层领导高度重视的事项、容易凸显政绩的项目等。除了领导自身的注意力分配，下级向上级“争取领导重视”也是政策议程设置的重要方式。[35]例如，职能部门可以通过争取领导批示、向领导汇报、搭建平台等形式向上级争取注意力，县乡则通过制造亮点、促成资源、戴帽竞争或向上诉苦的形式争取注意力。但尚虎平也指出，并不是所有的政策议程设置都取决于领导的注意力分配，凡是法律法规要求政府完成的任务，政府必须毫无保留且不打折扣地完成，属于政府管理的“规定性动作”，注意力分配是无发挥余地的。[36]

第二，媒体热点。媒体注意力(media attention)是一种稀缺的资源，其注意力主要通过电视、互联网、广播、运动等各种渠道流动。[37]许多研究将媒体关注概念化并将其是否获得报道作为衡量标准。[38]大众媒体具有设置议程的能力，因为媒体可以影响和决定民众的认知。但伴随着自媒体的发展，传统媒体不再是唯一的意见生产者，互联网的快速发展使得自媒体成为民众表达意见的重要渠道。有研究发现，新媒体时代颠覆了决策者通过媒体对公众设置有效议程的传统，且公众议程对政策议程直接设置的能力大幅提升。[39]但也有学者通过实证分析指出，政策议程显著影响媒体议程，媒体议程对政策议程的影响作用相对有限。[40]

第三，公众焦点。在西方的竞争性选举体制下，政党必须在履行选举时向居民作出的承诺与应对公众突发事件或新事件之间进行调整，以实现承诺议程(promissory agenda)与预期议程(anticipatory agenda)的平衡。[41]在中国的公共政策过程中，公众经常借助媒体聚焦多数人的注意力，从而实现公众议程向政策议程的转变。也有学者指出，由于公民个人的知识、信息能力有限，缺乏问题界定的能力，在信息资源的获取上也存在不足，因而当个体面对困境之时，通常会选择向公众与社会“诉苦”的形式展示自己的遭遇，甚至采用“闹大”的方式来获得社会与政府的注意力。[42]

当提及民主与政策议程设置的关系时，琼斯与弗兰克·鲍姆加特纳（Frank R. Baumgartner）在《注意力政治学：政府如何对问题排序》（*The Politics of Attention: How Government Prioritizes Problems*）中指出，“人类之所以低效率，是因为我们不可能同时关注影响我们的几千件事情。我们必须确定优先事项，并在新危机出现之时改变这些优先事项。政府同样也是效率低下的。但政府看似效率低下的方式之一，是多个机构的重复工作，这实际上保证了政府利用更多元的信息，反而是提高政策质量的关键。因而，低效率和重复工作提供了反对垄断权力的保障，具有很强大的民主效应，并刺激了政治过程中使用更多样化的信息来源”[43]。

中国在公共政策过程中一贯采用的是民主集中制原则，无论是议题识别、政策议程设置，还是政策的制定与执行，都非常注重民主。民主集中制作为党和国家的根本组织原则，在政策议程设置上主要体现在民主性和有效性两个方面。[44]从政策议程设置的民主性来看，民主集中制实现了政策议程的设置权力从君主、贵族、权力精英等少数统治阶级向广大民众转移，使得全体民众能够通过直接或间接的渠道推动议程设置。从政策议程设置的有效性来看，民主集中制强调民主基础上的集中，因而民意广泛参与和整合是政策议程设置的重要基础；同时，民主集中制也强调集中指导下的民主，因而可以规避民主陷入碎片化或困境。

第三节　政策制定

在经过了议题识别和议程设置之后，政策过程就进入政策制定阶段，这个阶段就是通过民主的制度化的程序进行决策，最终形成正式的政策内容。尽管决策往往是一定的组织、机关、领导者完成的，有着鲜明的“少数精英掌握”特点，但是行使决策权的无论是特定组织、机关还是领导者，其决策权的行使都受制于民主程序，并且决策内容体现了实质民主即最广大群众的基本利益。因此，全过程人民民主必须着重考察政策制定环节。

国内学者研究中国公共政策过程的起步比较晚，直到20世纪90年代后期才有少量文献产生，整体研究进程较为滞后，而西方学界在新中国成立时就兴起了一股研究中国政治和政策过程的热潮，一批研究机构如当代中国问题联合研究会、美中关系全国委员会等先后成立，哈佛大学、斯坦福大学、哥伦比亚大学、密执安大学、华盛顿大学等纷纷成立中国问题研究中心，同时也涌现出了鲍大可（Doak Bamett）、白鲁恂（Lucian Pye）、费正清（John King Fairbank）、邹谠（Tang Tsou）等一批研究中国问题的专家。[45]西方学界对中国公共政策的研究主要从精英决策、派系决策、官僚组织决策的研究视角切入，提出全能主义政府、官僚多元主义、权威主义[46]、派系斗争、讨价还价、各自为政、竞争性说服等说法。[47]但这些研究大多是建立在西方政治系统之上的理论分析，忽略了中国的政策环境，因而存在“假设不当”和“理论走样”的问题，无法揭示中国的政策制定及其过程。

从当代中国政治过程来看，党政军民学，东西南北中，党是领导一切的，党的领导是中国特色社会主义最本质的特征，也是中国特色社会主义的最大制度优势。在当代中国政治过程中，党的中央机构是全国性政策的制定者，同时也负责政策的实施和监管，党的各级地方组织和基层组织是具体的政策执行者，在执行的过程中借助于政府系统的力量，构成了党政双轨的政策执行系统。[48]在地方政策过程中，党的地方组织自然是政策过程的主导者。现代民主是以人在现代化发展过程中获得的相对独立和自主为前提的，与古典民主相比，现代民主更关注人与社会发展，这种需求的最大供给方是国家，因而在现代社会中似乎形成了一种集体幻觉，即现代民主的建设与成长不取决于国家，只取决于社会，对于民主而言，国家不是积极的力量，而是消极的力量。这种幻觉的问题就在于，人们往往忽视或无视国家在民主中发挥的作用，甚至反对国家。但实际上，任何民主的最终达成都离不开国家，国家的建设也需要依赖民主的保障。[49]

民主的本意是人民能够在国家中实现自己的统治，然而这种愿望实际上蕴含了一种困境：如果人们能够完全凭借自身形成的共同体实现自我统治，就不需要国家了，但恰恰因为人类没有形成这样的能力，就需要产生于社会却又凌驾于社会之上的力量，也就是国家来实现人民的统治。[50]因此，国家的存在，本质上也意味着人在现实中不可能实现自我统治，民主就是这种内在冲动的产物，基本表现是人民的统治或权力。[51]正如马克思在分析市民社会和国家的关系时所揭示的那样，现代国家中个人存在同社会存在分离的主要原因是现代国家不可能实现人的普遍本质和人民的利益，只有真正的民主制才能消除政治国家同市民社会、政治领域同社会领域、国家公民和作为市民社会成员的市民的分离。[52]人民的统治需要依赖国家来实现，因而国家制度成为民主的表现形式。这也正是列宁所认为的民主是国家形式，是国家形态的一种，民主不仅意味着有组织有系统地对人们使用暴力，也意味着在形式上承认公民一律平等，承认大家都有决定国家制度和管理国家的平等权利。[53]因此，民主意味着首先对资本主义进行革命，打碎资产阶级的国家机器如常备军、警察和管理等，代之以自我武装起来的工人群众这样更加民主的机器。在民主制中，国家制度本身只表现为一种规定，即人民的自我规定。[54]

近些年来，中国的学者也提出了有关政策过程和政策关系的一系列概念与说法，例如"上下来去"模型[55]、"模糊共识"理论[56]、"共识性决策"[57]、"决策删减，执行协商"[58]、"层级推动—策略相应"[59]、"层级性治理"和"多属性治理"[60]、"政治势能"理论[61]等，这些具有原创性的概念与理论对解释中国政策过程具有重要意义。但在政策过程的研究中依然存在一些问题，例如政策制定过程中观察者的不可及、参与者的不可言说以及信息获取的不完整等诸多原因，致使政策制定这一领域几乎成为"黑箱"。

在这一领域中，21 世纪初期的医药卫生体制改革为学界研究政策制定提供了"打开黑箱"的绝佳机遇。2003 年非典(SARS)疫情的暴发促使卫生部开始酝酿医疗卫生领域的改革，从 2005 年医改被提上议程开始，这一政策便踏上了漫长的改革之旅。2006 年由发改委、卫生部等 11 家部委牵头组成国务院医改领导小组，但由于协调小组内部无法形成共识，因此在 2007 年，协调小组委托了 6 家外部思想库[62]进行独立研究，形成了 8 套医改方案，同时也向社会征集了 9 套方案。由于意见还是无法达成一致,党的十七大只提出了新医改的方向,并未公布具体的医改方案。党的十七大结束后,由发改委牵头分别在南昌和天津召开了南北两大片区的"医改座谈会",对各套医改方案进行综合分析与借鉴,基本确定了医改方案。2008年医改方案征求意见稿正式出台,面向公众征求意见,并开展座谈协商。最终,2009年,《中共中央 国务院关于深化医药卫生体制改革的意见》和《国务院关于医药卫生体制改革近期重点实施方案(2009～2011年)》正式出台,医改方案尘埃落定。这一历时4年,由11个部委共同参与,决策主体覆盖研究机构、智库、利益团体、社会组织、国际组织、公众和媒体等多类主体的医疗卫生体制改革,可谓中国政策过程领域,尤其是政策制定环节的经典案例。在医改的政策制定过程中,许多学者提出了决策中的"共识框架"[63]。也就是说,在中国政策制定的过程中,政策制定者经过协商实现意见一致、达成共识是政策出台的重要标准。随后,"共识型决策"被应用于公共政策的其他领域,成为理解中国政策过程的重要概念。

相较而言,西方主张政策制定过程中出现更多的公民参与的观点经常遭到政府官员或学者的反对或质疑。[64]这些反对和质疑可以归纳为三类:第一类是学者们认为美国政治中已经产生太多的民主,而过多的民主可能出现政府瘫痪或政策无能的情况。米歇尔·克罗齐(Michael Crozier)、绵贯让治(Joji Watanuki)和塞缪尔·亨廷顿(Samuel Huntington)就对民主政府持悲观主义的态度,认为对于民主政府的要求在增加,而民主政府的能力却停步不前,尤其是美国有关统治的一些问题正是因为民主过剩所引起的,民主在很大程度上是需要节制的,而不是无限扩大或成为普遍适用的办法。[65]第二类是学者们对公民参与社区组织而展开政治参与的批评。卡伦·佩吉特(Karen Paget)指出,通过公民组织开展的政治参与有可能使得公共政策变得效率低下且不持续,政党才是民主制度中发明的重要机制。[66]一些研究认为公民组织使得基层民主复兴,赋予了被边缘化的群体权力,将利益集团排除在外的问题纳入公共议程,从而将被动的公民转化为主动的公民。[67]但佩吉特发现,在公民组织中存在一个悖论,即公民组织的扩大是在公民和政治参与恶化的情况下发生的,例如投票率的稳定下降与金钱政治的盛行,因而公民组织在政治作用的发挥上也受到了一些重要限制。第三类进一步指出了民主在公共政策上的弊端。桑福德·霍威特(Sanford D. Horwitt)认为,在地方层面上共同行动的人们能否变得足够强大以纠正社会和经济上的不满,还是更大的力量反而注定了这些努力的失败呢? 政策制定者们也经常担心,以民主为代表的分权和社区联盟等重建政府的努力,可能会导致无效的、甚至是目标逆转的政策。[68]

马克思曾指出,"国家制度如果不再真正表现人民的意志,那它就变成有名无实的东西了"[69]。公共政策制定中的民主恰恰体现了国家和政府尊重并实现人民意志。习近平强调指出,"江山就是人民、人民就是江山,打江山、守江山,守的是人民的心"。[70]民心代表了最大程度的社会共识,因而是党和国家政策制定中的核心关切。

第四节　政策执行

一般意义上,政策执行是官僚制支配的过程,与此不同,当代中国的政策执行过程是一个开放的、调动广大民众积极参与的、政策与受众持续互动的民主过程。当代中国政策过程的民主性最初是通过群众路线加以说明的,在后续的演变中多以各种各样的试点、试验形式得到进一步发展,政策执行从局部试验到全局展开的实践逻辑体现了全过程人民民主的要求。

20世纪七八十年代,美国公共政策研究领域出现了一场政策执行研究的热潮,也就是所谓的"执行运动"(implementation movement),并以《执行:联邦政府的美好期待是如何在奥克兰落空的》(*Implementation*: *How Great Expectation in Washington Are Dashed in Oakland*)为标志。[71]他们通过考察美国加州的公共政策案例,发现问题并不在于公共政策方案内容上的争议或资金的束缚,而是因为公共政策的执行不力。此后,西方公共政策执行的研究可以划分为三代:第一代政策执行研究偏重执行实务及个案研究,采用的是"自上而下"或"以政策为中心"的模式,更关注公共政策制定者,以及考察他们是如何将公共政策付诸实践的,主要代表人物是艾伦·维尔达夫斯基(A. Wildavsky)和杰弗里·普雷斯曼(J. L. Pressman);第二代政策执行研究偏重政策执行理论分析架构及模式的建立,采用的是自下而上的模式，强调政策制定与执行之间的互动与合作，关注基层官僚，代表人物有保罗·萨巴蒂尔(Paul Sabatier)、丹尼尔·马兹曼尼安(Daniel Mazmanian)、卡尔·凡·霍恩(Carl E. Van Horn)以及迈克尔·利普斯基(Michael Lipsky)等；第三代政策执行研究将自上而下与自下而上两种模式进行整合，强调政府间关系与政策执行绩效，意在解释为何不同的政策执行会出现差异。[72]

传统西方执行理论对“政策制定与执行结果之间的差异”多从政府行政能力、基层官僚自由裁量、政府间关系等角度解释，而中国的政策执行研究则集中于政策执行中的激励与地方政府运作问题上。[73]近些年来，中国学术界在公共政策执行的研究上似乎也形成了一些共识。贺东航和孔繁斌认为，有两个取得普遍认同的概念或分析框架，一个是“变通”，另一个是利益分析。[74]利益分析是研究政策执行的重要范畴。政策执行本质上是相关政策主体之间基于利益得失的考虑而进行的一种利益博弈过程，公共政策背后体现的是利益分配。[75]那么为何政策执行中会出现“变通”？一般而言，执行中的公共政策具有两大特点。一是层次性。一项政策的具体执行，需要经历从中央到地方再继续下派的过程，通常中央的意见具有指导性和整体性，地方政府则根据自身的偏好和治理能力的强弱进行细化与选择，以适应当地的政策生态。二是多属性。通常而言，重大公共政策并不限于单一目标，多目标下的政策执行指向了不同的职能部门，因而在执行中离不开多部门之间的互动与配合。[76]正是这样的特点，致使公共政策在执行过程中很容易出现自我调适、执行梗阻、政策走样，甚至是政策的扭曲。但政策的变通并非带有贬义，而是中性甚至是合理的概念。[77]例如，20 世纪 80 年代起，中国多数省份开始实行“划分收支、分级包干”的财政体制，也被称为“分灶吃饭”。这一制度的核心是财政收入包干，即地方按照一定的方式上交中央政府财政收入，剩下的部分归地方财政所有。正是这一体制极大地激发了地方政府的利益主体感，剩余控制权给地方谋求自身利益最大化提供了激励。[78]如果从政策执行的效果来看，这个阶段国家政策大量失效成了一种常态，但却带来了经济的较快发展，尤其是沿海地区。[79]再如，戴慕珍(Jean C. Oi)也认为，20 世纪 80 年代中国广大农村地区经济上取得了大的发展，其中重要的原因就在于地方官员谋求地方经济发展所创造的强大动力。在这个过程中，地方政府具有商业公司的很多特征，官员的行为与董事会相似，戴慕珍将这种国家与经济合二为一的制度特征称为“地方性国家统合主义”(Local State Corporatism)。[80]

除了重大公共政策或央地关系中的政策执行研究，基层政府的政策执行研究也是一大重镇。在对基层政府的政策执行研究中，上级政府与下级政府的互动与博弈成为公共政策执行研究的重要面向：一方面，地方政府为了完成上级的任务，不断向下级施压，因而形成了“压力型体制”与“层层加码”；另一方面，下级政府为了完成上级政府的任务，会采取“上有政策、下有对策”“共谋”“选择性执行”“决策删减—执行协商”“层级推动—策略响应”等现象。[81]周雪光和练宏发现组织内部的控制权在组织各层次、各部门之间有着不同的分配组合，因而将这一概念细化为三个维度：目标设定权、检查验收权和激励分配权。[82]因此，我们可以发现，无论是中央政府还是基层政府的政策执行，其执行研究过程都具有丰富且成熟的实践经验，在这一领域诞生了诸多理论，也有待深入挖掘。

在不同类型的公共政策、不同政策执行生态、不同政策执行主体之外，注意力分配也是影响公共政策执行的一般性因素。其中，领导人是否重视是影响政策是否能够顺利执行的重要因素。具体而言，领导的重视程度可以通过领导开会、下发文件、组建工作组、到一线进行考察调研等体现。有学者指出，领导人亲临地方的“现场主义”不仅可以宣传和解释政策内容，还能协调政策执行中的矛盾与分歧，进行政策调整与纠正，也可以达到监督政策执行效果的意图。[83]有学者将公共政策中的注意力分配分为注意力表达、注意力竞争和注意力传达三个方面。[84]除了议程设置上的“领导主动重视”或“向上级争取重视”外，领导重视的持续性、响应性以及上下级互动形成的意见表达与反馈机制是影响政策执行的重要因素。在注意力的竞争上，领导的重视有利于更好地推动政策执行，尤其是“现场主义”的方式有助于增强地方政府之间的竞争，从而倒逼地方政府进行主动创新，但也会存在政策执行过度的情况。在注意力的传达上，领导重视有助于矫正政策执行中的异化现象，对政策执行进行纠偏，并对政策执行的主体产生监督与问责的约束力。但实际上，政策制定的过程会直接影响政策执行的进度与效果。当政策方案经过长时间的决策、科学的讨论、合理的评估等环节制定出来，那么政策在执行阶段会仅仅成为“实施”的过程并得以迅速完成；相反，当政策是在时间紧迫、环节挤压、模糊不清的情景下制定的，那么政策执行阶段需要承担更多的决策任务，更容易是一个冗长且具有利益协调和决策判断的过程。[85]

在中国公共政策的执行中，有一项颇具中国特色的、土生土长的政策制度，为中国的经济发展作出了重要贡献，也成为中国国家治国理政的基础形式，即“试点政治”。韩博天和石磊将其称为“分级制试验”(experimentation under hierarchy)，并指出其在中国的存在具有大规模、松散制度化的特点。[86]

“试点”是中国共产党在革命战争时期就形成的工作传统，改革开放后被广泛应用到政策实践中。土地革命初期，由于中央未能形成统一意见，因此各个革命根据地开始了自己的探索与实践，毛泽东指导闽西地区探索出了土改经验，随着试验的不断扩展，有关“试点”已经形成了一套完备的流程，“积极试点、典型示范”也逐渐被中央所认可。[87]抗日战争时期，“试点”的经验被进一步应用到土改之外的党的其他工作领域。整体上来看，共产党在领导方法上形成了两种传统：一种是一般和个别相结合，另一种便是领导和群众相结合。[88]前者是指通过一般的普遍性号召将广大群众动员起来，同时必须通过具体的试点工作，逐渐突破，取得经验，从而充实、调整一般性的号召。一旦这种一般性号召无法进行直接的、具体的落实，那么这种一般号召的正确性便无从检验，因此也可能陷入一般号召落空的危险，而这正是“政策试点”的意义所在。后者则是指党在实际工作中的领导必须坚持群众路线，从群众中来、到群众中去，将群众的意见集中起来化为系统的意见进行吸收，同时再次到群众中宣传解释，使群众坚持并付诸行动，最终在群众的实践中再次检验。正是通过反复的集中、吸收、坚持、检验，才能形成正确的领导意见。解放战争时期和新中国成立后，“政策试点”通过“以点带面、逐步推广”的方式得到了更广泛的应用。

中国的政策试点不仅有效促进了民主，更是推动了政策的科学化。1963 年，《人民日报》社论曾刊发《典型试验是一个科学的方法》一文，强调典型试验是马克思主义的科学方法之一，有助于规避主观主义和形而上学，也避免犯大错误或少犯错误；同时，典型试验有助于更好地掌握唯物主义和辩证法，从而把工作做得更好。[89]马克思主义的认识论就是实践论，由于人类认识的有限性，通过典型试验，选择代表性的个别单位开展小规模的政策实践，可以在小范围内进行有效观察，从而更全面地认识和把握问题的本质，更好地发现问题、认识问题和解决问题。与此相似的是，在政策的具体执行过程中，小规模的典型试验可以检验方针政策的科学性和可行性，政策的小规模试验成功有助于总结政策执行的一般规律，即便是小规模的失败也有助于及时止损，降低政策执行的整体成本。

随着改革开放的进一步深入，政策试点不仅是政策执行的重要工具，更成为中国治国理政的重要策略。“政策试点”也逐渐拓展为三种主要形式，即为政策试行而制定的试验性法规、特定政策领域内的示范和试点项目，以及被赋予充分自主权的地方行政区。[90]中国政府在经济转型的过程中经常采用“试点”的工作方法，即允许地方政府根据实际情况探索解决问题的不同方案，其中成功的地方经验将被合理地吸收到中央政策之中从而进行全国推广。[91]整体来看，政策试点不仅是政策创新与推广的重要方式，也是政策纠错与完善的核心机制。中国推行的任何一项重大政策，几乎都是“试点政治”的产物，尤其是改革开放以来，关键性的政策几乎达到了“每改必试”。[92]

除了“试点政治”外，在中国公共政策的执行研究中，还有一些特色的做法，例如小组机制和巡视制度，有效推动了公共政策的执行，并在一定程度上减少或规避了政策执行中的偏差问题。尽管在当代中国公共政策的执行中出现了多种多样生动活泼的做法，但是贯穿在其背后的核心内容则是将广大民众作为政策执行力量对待，也就是要将政策执行过程开放给广大民众，从而使政策执行和广大民众之间形成持续互动，所以政策执行过程同样是一个民主过程。

第五节　政策监督

当代中国政策不仅要保障广大民众的切身利益，而且要维护广大民众的根本利益，不仅是保障广大民众的基本权利，而且要体现广大民众的主人翁地位。更进一步地讲，政策过程必须赢得民心、守护民心，这是政策过程的根本目的。而守护民心的关键在于以政策过程落实人民当家作主，其中的根本则是加强对公共权力的监督和制约。对权力进行监督和制约是人民民主的重要体现，依靠人民监督与勇于自我革命是中国共产党在长期斗争和考验中保持自身纯洁性、跳出治乱兴衰历史周期率的重要法宝。对于当代中国政策过程而言，广大民众参与公共政策过程，就是对决策权进行有效监督的基本手段，它是中国共产党民心守护的重要体现。

党的十八大以来，党加强了对公共权力的监督，不断健全和完善了包括党内监督、国家机关监督、民主党派监督、人民群众监督、新闻舆论监督以及政治巡视制度在内的权力监督体系。这一套监督体系在公共政策过程中也发挥了重要作用，尤其是人民代表大会监督与人民政协民主监督的机制，无疑具有重要作用。此外，监督法规定的对涉及人民群众切身利益的重大问题和社会普遍关注的现实问题开展监督与质询，也有效推动了政策监督，保障了人民的监督权利。随着计算机与互联网技术的不断发展，普通民众利用网络空间进行监督也成为常态，有学者将其称为重构国家、市场与社会关系的“草根民主”。[93]从全球发展趋势来看，草根政治运动表现为国家向社会分权、中央向地方分权、政治向经济分权、精英民主向草根民主分权。西方社会具体表现为新自由主义运动、新公共管理运动和私有化运动，中国社会在改革开放后表现为城乡基层民主的发展和网络民意制约公共政策的发展。

在中国特色社会主义民主政治的发展中，政策过程的民主化是党中央在治国理政中高度重视和坚定推行的。从民主的角度来看，人民群众参与公共政策过程是人民民主的基本要求和应有之义。正如习近平指出的，“一个国家是不是民主，应该由这个国家的人民来评判，而不应该由外部少数人指手画脚来评判”[94]。在中国公共政策的实践中，民主的实现方式主要是人民群众对公共政策全过程、全链条的参与，通过调查研究、座谈会、征询会、听证会、恳谈会等形式，有序扩大人民群众的政治参与，并让人民群众的意见渗透或体现在公共政策的全过程之中。[95]例如，“五年规划”是中国最重要的公共政策之一，其在制定过程中就充分吸纳了社会的广泛参与，积极听取各方意见。

公共政策民主化的一个必要前提是公众对公共政策的理解，而理解又是公共政策解释主义范式的根本旨趣，因此，公共政策解释主义范式可以有效增进公众对政策的理解和认同，推动政策协商，那么政策决策也将是政策协商的结果。[96]然而，西方的公共政策解释主义范式依然存在很多问题。例如，在公共政策解释主义范式中，公众参与政策协商是一种典型的民主行为。但正如亨廷顿所说，"如果想要保持政治稳定，当政治参与提高之时，社会政治制度的复杂性、自治性、适应性和内聚力也必须随之提高"[97]。实际上，从 1960 年肯尼迪与尼克松登上电视从事竞选之后，美国总统选举就进入了以财力相比拼的阶段。

依赖民主选举和民主程序塑造出来的资产阶级的统治和权贵阶级的统治，已经从事实和结果层面完成了对资本主义民主的否定，加之西方世界以外国家的崛起与发展、全球资源流向与分布格局的彻底改变，原本以剥夺全球资源为代价野蛮生长的西方文明已经到达极限，丧失了物质上的保障，因而当所有人沿着既定的轨道表达自己的民主诉求之时，却无法在间歇性的民主制度安排上实现其需求，也就不可避免地导致了社会的碎片化。[98]因此，即便是依据公共政策解释主义的说法，西方代议制民主围绕选举而非协商展开，难以支撑广泛的政策协商实践。[99]高奇琦等人进一步指出，中国的全过程人民民主从根本上超越了解释主义政策协商的局限性：首先，中国拥有专门的协商机构，即以人民政协作为人民群众参与协商民主的重要制度安排；其次，中国有着深厚的基层协商议事传统，例如上海五里桥街道的"三会制度"（听证会、评议会、协调会）、浙江温岭的民主恳谈会等构成了中国协商民主丰富的实践图景；最后，中国的协商民主不仅仅是实践上的、制度上的、形式上的，更具有完善的资源配套与国家能力支撑，嵌入国家治理之中。

针对超大型单一制国家面临的民主规模难题，民主集中制成为破解这一难题的核心制度。民主集中制是中国政治生活的核心原则，决定着党和国家的建设。民主集中制的思想是列宁主义的重要内容。在俄国社会民主工党成立之时，沙皇进行专制统治，党组织极端涣散，加之党内出现了第二国际伯恩施坦修正主义的变种，进一步加剧了党内分散的状态，因此列宁提出建立统一而集中的政党的主张。[100]但彼时党内和国际环境都不具备落实集中制的条件。1905 年，俄国爆发革命，加之卢森堡对集中制的理性批判，为集中制的改造指出了方向。1906年，列宁在提交俄国社会民主工党统一代表大会的策略纲领中明确指出，“党内民主集中制的原则是现在一致公认的原则。在目前的政治条件下实行民主集中制固然有困难，但是在一定范围内还是可以实行的”[101]。也就是说，民主集中制是党的基本组织原则，也是社会主义国家建立国家政权机关和劳动人民组织的基础。1962年，邓小平在扩大的中央工作会议上的讲话也指出，“民主集中制是党和国家的最根本的制度，也是我们传统的制度。坚持这个传统的制度，并且使它更加完善起来，是十分重要的事情，是关系我们党和国家命运的事情”[102]。毛泽东结合中国革命的实际，将“民主集中制”的“民主”和“集中”上升到并列关系，并进一步阐发了二者的关系，即“民主集中制是高度的民主和高度的集中，是民主基础上的集中和集中指导下的民主”，二者是辩证统一的关系，是矛盾的，也是统一的，不应该片面强调某一方面而忽略了另一方面。实际上，在中国革命与国家建设的进程中，作为政体原则的民主集中制同时还是政治过程的核心，即公共政策过程的重要原则，也就是说，民主集中制的政治形式与政治过程保持了一致性。

在当代中国公共政策过程中，作为组织原则的民主集中主要体现在党领导的组织与运行和人民民主的组织与运行。[103]为什么要实行民主基础上的集中呢？因为正确的集中总是通过广泛的民主而形成的。王惠岩曾经指出，民主通常有三种形式，分别是专制的、三权分立的、议行合一的，“议行合一”指的便是民主集中制，强调国家意志制定与国家意志执行的统一性，既体现了高度民主，又具有高效率，有助于发挥集中力量办大事的优点。[104]实际上，毛泽东是在民主主义的思想上讨论民主集中制的，民主集中制的政治属性是民主主义。因此，在中国不断发展成熟的民主集中制，不仅有现代性的民主主义属性，同时也具有基于中国历史文化的内生性变迁的特征，并且具有克服大型后发国家因普遍缺失而导致组织化不足的结构性问题。[105]林尚立认为，中国共产党是从两个空间中来把握民主集中制的：一是在政党组织的空间中，民主集中制被作为党内政治生活的组织与运行原则；二是在国家制度的空间中，民主集中制被作为政体的组织与运行原则。[106]但如果从时间先后来看，民主集中制是首先作为党内原则确立的，而后才是作为国家政权的原则，故二者不能等同，但二者均强调民主与集中的统一。

当前有关重大事项决策、重要干部任免、重要项目安排和大额资金使用等重大问题的决策，是按照“集体领导、民主集中、个别酝酿、会议决定”的原则，由党的委员会集体讨论，作出决定，并进行执行和监督。同时，涉及与人民群众的利益密切相关的决策，也会通过听证、咨询、公示等各种渠道吸纳群众的意见和智慧，提升群众的参与度。例如，王绍光和樊鹏认为，2006 年新一轮医改政策的制定过程，经历了广泛的听取意见，反复平衡、论证、修改，最后通过集中决策出台政策的形式进行决策。[107]“十三五”规划的政策制定，也是经历了“深入调查研究、了解国情（群众路线）—广泛征求意见（群众路线）—咨询决策与科学决策（协商民主）—鼓励公众建言献策（大众参与）—决策定案（民主集中制）”等过程，其决策过程中充分体现了民主基础上的集中和集中指导下的民主的原则。

与西方民主相比较，全过程人民民主不仅意味着对精英的选择，更意味着民意的连续性表达与实现，是全过程的人民民主。[108]在此基础上，本书将公共政策过程中的全过程人民民主进行了提炼概括，如图 6.1 所示。

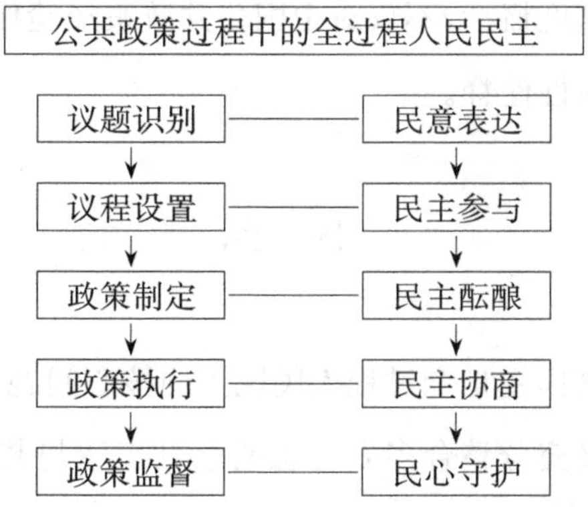

图 6.1　公共政策过程中的全过程人民民主

从民主理论来看，公民参与公共政策是政策过程民主化的表现；从政策科学的角度来讲，公民的政策参与也反映了政策科学知识演变的趋势和工具理性的效用逻辑。[109]在西方的政策过程研究中，多元主义模型、集团模型、渐进主义模型等把公共政策的运作过程描述为自下而上的过程，精英主义模型、官僚制模型、旧制度主义模型则描述为自上而下的过程。宁骚指出，中国的公共政策实践在社会认识过程上是从“形而下”到“形而上”再到“形而下”的过程，而社会操作过程则是“从群众中来，到群众中去”的过程，因而宁先生将其概括为“上下来去”。[110]

简言之，与西方公共政策的民主化相比，中国民主集中制的最大优势便是取民主和效率之所长，避免了无效的民主和专制的集中。民主集中制之所以是高效的，是因为在高度民主与高度集中之上形成的方针政策和决策方案，能够有效整合社会资源，最大程度地减轻民意的分歧，统一思想。在群众路线的作用下，政策能够高效率地执行，削弱执行阻力，有助于建设党和国家的事业。民主集中制之所以是民主的、合理的，是因为其兼顾了个体与集体、少数与多数、上级与下级、地方与中央、个人与组织之间的关系，是以人民意志为中心的、绝大多数人的民主。

无论是政策过程中的议题识别、议程设置、政策制定、政策执行还是政策监督，都贯穿着民主集中制原则，在实践环节上具体体现为民意表达、民主参与、民主酝酿、民主协商，最终落脚在民心守护。可以说，全过程人民民主集中体现了习近平所说的“民心是最大的政治”这一政治原理。从整体上看，全过程人民民主理论是对政策过程民主化的高度概括，不仅对中国公共政策经验作出进一步提炼，也对现代民主理论作出了创新性诠释。

小　结

如何确保人民当家作主是全过程人民民主的核心问题。民主实践过程是一个既充分容忍多元分歧又充分整合多方意志的意见表达与共识生成过程，而意见表达与共识生成的过程，往往是通过制度化的参与协商机制和体系化的公共政策加以实现。因此，保障人民的主体地位，反映人民群众的需求与利益，需要通过理性协商的方式达成共识，并通过公共政策过程的民主化得以实现。[111]故而，人民群众如何参与公共政策的议题识别、议程设置、政策制定、政策执行和政策监督整个过程，是政策过程民主化的内在要求。

不同于西方的公共政策理论，中国公共政策过程的全部阶段都高度重视民主。具体而言，在公共政策过程的起始环节议题识别阶段，党和国家持续推进人民意见的表达，无论是国家的大政方针，还是有关人民群众的邻里小事，都非常注重制度化的设计与多元渠道的畅通，从而更好地让人民群众发出自己的声音。政府将政策议程设置作为回应社会需求或处理突发问题的工具，通过领导的高度重视、媒体热点、公众焦点等注意力分配方式将民众的需求纳入政策议程。在政策制定阶段，充分吸纳社会多方主体的意见进行协商、最终达成一致，是政策出台的重要标准，也是民心政治的重要体现。在政策执行过程中，地方政府或基层政府为了当地的发展或人民群众的利益诉求，以群众路线为重要方法，在上下级互动之中以政策变通的方式进行调适。此外，在中国公共政策的执行过程中，也涌现出了政策试点、领导小组、巡视制度等极具中国特色的制度安排，以矫正或规避政策执行偏差，使政策执行和广大民众之间加强互动，推动公共政策执行更好地服务人民群众。无论是党和国家权力监督体系，抑或是个人与社会的多元化监督，公民参与公共政策监督的背后是加强对公共权力的制约和监督，通过政策过程落实人民当家作主、守护民心。

诚然，当代中国公共政策的民主化也存在较大的改进空间。如何让广大人民群众更顺畅地表达自己的诉求、如何更好地凝聚人民群众的共识、如何协商人民群众内部的矛盾与冲突、如何监督公共政策执行过程中的扭曲与异化、如何提高公共政策过程中的民主质量、如何通过公共政策更好地实现人民日益增长的美好生活需要，等等。作为全过程人民民主的基本要求，人民群众如何更好地参与、高质量参与是未来政策过程中有待继续探索的重点，也是全过程人民民主理论的新的增长点。

注释

1. 习近平：《在中央人大工作会议上的讲话》，《求是》2022 年第 5 期。

2. [美]罗伯特·达尔：《多头政体——参与和反对》，谭君久、刘惠荣译，北京：商务印书馆 2003 年版；[美]戴维·伊斯顿：《政治生活的系统分析》，王浦劬译，北京：人民出版社 2012 年版；王家峰：《认真对待民主治理中的注意力——评〈再思民主政治中的决策制定：注意力、选择和公共政策〉》，《公共行政评论》2013 年第 5 期。

3. [美]詹姆斯·E.安德森:《公共政策制定》(第五版),谢明等译,北京:中国人民大学出版社 2009 年版,第 96 页。
4. [美]托马斯·R.戴伊:《理解公共政策》(第十二版),谢明译,北京:中国人民大学出版社 2011 年版,第 28 页。
5. [美]约翰·W.金登:《议程、备选方案与公共政策》(第二版),丁煌、方兴译,丁煌校,北京:中国人民大学出版社 2004 年版,第 247—259 页。
6. 同上书,第 143 页。
7. 周雪光:《国家治理规模及其负荷成本的思考》,《吉林大学社会科学学报》2013 年第 1 期。
8. 黄宗智:《集权的简约治理——中国以准官员和纠纷解决为主的半正式基层行政》,《开放时代》2008 年第 2 期;任剑涛:《国家治理的简约主义》,《开放时代》2010 年第 7 期;欧阳静:《简约治理:超越科层化的乡村治理现代化》,《中国社会科学》2022 年第 3 期。
9. 周振鹤:《中国历史文化区域研究》,上海:复旦大学出版社 1997 年版。
10. 谭其骧:《中国文化的时代差异和地区差异》,《复旦学报(社会科学版)》1986 年第 2 期。
11. 林尚立:《大一统与共和:中国现代政治的缘起》,载《复旦政治学评论》第十六辑,上海:复旦大学出版社,2016 年版。
12. 徐勇:《中国政治统一体长期延续的三重共同体基础——以长周期政治为视角》,《华中师范大学学报(人文社会科学版)》2021 年第 1 期。
13. 朱光磊:《当代中国政府过程》(修订版),天津:天津人民出版社 2002 年版,第 22—23 页。
14. Bryan D. Jones, Frank R. Baumgartner, *The Politics of Attention: How Government Prioritizes Problems*, University of Chicago Press, 2005, p.345.
15. [美]布赖恩·琼斯:《再思民主政治中的决策制定:注意力、选择和公共政策》,李丹阳译,北京:北京大学出版社 2010 年版,第 22 页。
16. John E. Jackson, "The Systematic Beliefs of the Mass Public: Estimating Policy Preferences with Survey Data," *The Journal of Politics*, 1983, Vol.45, No.4, pp.840—865.
17. William Riker, *Liberalism Against Populism: A Confrontation Between the Theory of Democracy and the Theory of Social Choice*, Waveland Press, 1982.
18. [美]布赖恩·琼斯:《再思民主政治中的决策制定:注意力、选择和公共政策》,李丹阳译,北京:北京大学出版社 2010 年版,第 130—131 页。
19. 同上书,第 15 页。
20. 朱光磊:《当代中国政府过程》(修订版),天津:天津人民出版社 2002 年版,第 89 页。
21. 同上书,第 90 页。
22. 陆彩荣:《各界人士积极为"十五"计划献计献策》,《光明日报》2000 年 11 月 28 日。
23. 王浦劬、龚宏龄:《行政信访的公共政策功能分析》,《政治学研究》2012 年第 2 期。
24. 朱光磊:《当代中国政府过程》(修订版),天津:天津人民出版社 2002 年版,第 98—112 页。
25. 孔繁斌、向玉琼:《新中国成立 70 年来政策议程设置的嬗变:政治逻辑及其阐释》,《行政论坛》2019 年第 5 期。
26. 林尚立:《建构民主——中国的理论、战略与议程》,上海:复旦大学出版社 2012 年版,第 374 页。
27. 王绍光:《中国公共政策议程设置的模式》,《开放时代》2008 年第 2 期。
28. 陈玲:《官僚体系与协商网络:中国政策过程的理论建构和案例研究》,《公共管理评论》2006 年第 2 期;陈玲、赵静、薛澜:《择优还是折衷?——转型期中国政策过程的一个解释框架和共识决策模型》,《管理世界》2010 年第 8 期。
29. 王绍光、樊鹏:《中国式共识型决策:"开门"与"磨合"》,北京:中国人民大学出版社 2013 年版,第 276—277 页。
30. [美]布赖恩·琼斯:《再思民主政治中的决策制定:注意力、选择和公共政策》,李丹阳译,北京:北京大学出版社 2010 年版,第 6 页。
31. Herbert Simon, *Administrative Behavior*, New York: The Free Press, 1947; James G. March,

Introduction: *A Chronicle of Speculations About Decision Making*. *Decisions and Organizations*, Oxford: Basil Blackwell. 1988;[美]詹姆斯·G.马奇:《决策是如何产生的》,王元歌等译,北京:机械工业出版社 2007 年版。

32. 练宏:《注意力分配——基于跨学科视角的理论述评》,《社会学研究》2015 年第 4 期。

33. 马雪松、肖传龙:《在"关注"与"应付"之间:注意力分配视角下的基层政府回应逻辑》,《治理研究》2023 年第 2 期。

34. 庞明礼:《领导高度重视:一种科层运作的注意力分配方式》,《中国行政管理》2019 年第 4 期。

35. 田先红:《领导观摩:县域治理中的注意力竞争机制研究——基于"单委托多代理"的理论视角》,《华中师范大学学报(人文社会科学版)》2022 年第 5 期;陈辉:《县域治理中的领导注意力分配》,《求索》2021 年第 1 期。

36. 尚虎平:《政府注意力的分配与改善路径》,《人民论坛》2022 年第 7 期。

37. Kenneth T. Andrews, Neal Caren, "Making the News: Movement Organizations, Media Attention, and the Public Agenda," *American Sociological Review*, 2010, Vol.75, No.6, pp.841—866.

38. Edwin Amenta, Neal Caren, Sheera Joy Olasky, James E. Stobaugh, "All the Movements Fit to Print: Who, What, When, Where, and Why SMO Families Appeared in the New York Times in the Twentieth Century," *American Sociological Review*, 2009, Vol.74, pp.636—656; Pamela E. Oliver, Daniel J. Myers, "How Events Enter the Public Sphere: Conflict, Location, and Sponsorship in Local Newspaper Coverage of Public Events," *American Journal of Sociology*, 1999, Vol.105, No.1, pp.38—87.

39. 潘雅婷、杨永恒:《中国新媒体时代下的政策议程设置》,《中国行政管理》2017 年第 9 期。

40. 邝艳华、叶林、张俊:《政策议程与媒体议程关系研究——基于 1982 至 2006 年农业政策和媒体报道的实证分析》,《公共管理学报》2015 年第 4 期。

41. Caterina Froio, Shaun Bevan, Will Jennings, "Party Mandates and the Politics of Attention: Party Platforms, Public Priorities and the Policy Agenda in Britain," *Party Politics*, 2016, Vol. 23, No. 6, pp.692—703.

42. 韩志明:《利益表达、资源动员与议程设置——对于"闹大"现象的描述性分析》,《公共管理学报》2012 年第 2 期。

43. Bryan D. Jones, Frank R. Baumgartner, *The Politics of Attention*: *How Government Prioritizes Problems*, University of Chicago Press, 2005, pp.331—350.

44. 鲁先锋:《我国政策议程设置的理论溯源及模式变迁》,《湖湘论坛》2018 年第 1 期。

45. 薛澜、陈玲:《中国公共政策过程的研究:西方学者的视角及其启示》,《中国行政管理》2005 年第 7 期。

46. 西方学者对"威权主义"的研究也创造出了许多衍生概念,例如碎片化的威权主义、变革性威权主义、调适性威权主义、咨询性威权主义等。这些概念都是西方学者对中国政治体制变化的阐释,但始终不愿意放弃"威权主义"的本质属性,大多是在"威权主义"前加不同的前缀。

47. 薛澜、陈玲:《中国公共政策过程的研究:西方学者的视角及其启示》,《中国行政管理》2005 年第 7 期;樊鹏:《论中国的"共识型"体制》,《开放时代》2013 年第 3 期。

48. 胡伟:《政府过程》,杭州:浙江人民出版社 1998 年版,第 97—98 页。

49. 林尚立:《建构民主——中国的理论、战略与议程》,上海:复旦大学出版社 2012 年版,第 364—367 页。

50.《马克思恩格斯选集》第四卷,北京:人民出版社 2012 年版,第 186—187 页。

51. [美]乔万尼·萨托利:《民主新论》,冯克利、阎克文译,上海:上海人民出版社 2008 年版,第 33 页。

52.《马克思恩格斯全集》第三卷,北京:人民出版社 2002 年版,第 2 页。

53.《列宁选集》第三卷,北京:人民出版社 2012 年版,第 201 页。

54.《马克思恩格斯全集》第三卷,北京:人民出版社 2002 年版,第 39 页。

55. 宁骚:《公共政策学》,北京:高等教育出版社 2003 年版;《中国公共政策为什么成功?——基于中国经验的政策过程模型构建与阐释》,《新视野》2012 年第 1 期。

56. 薛澜、陈玲:《中国公共政策过程的研究:西方学者的视角及其启示》,《中国行政管理》2005 年第 7 期。

57. 陈玲、赵静、薛澜:《择优还是折衷? ——转型期中国政策过程的一个解释框架和共识决策模型》,《管理世界》2010 年第 8 期。

58. 赵静:《决策删减—执行协商:中国山西煤炭产业政策过程研究》,清华大学博士论文,2014 年。

59. 王亚华:《中国用水户协会改革:政策执行视角的审视》,《管理世界》2013 年第 6 期。

60. 贺东航、孔繁斌:《公共政策执行的中国经验》,《中国社会科学》2011 年第 5 期。

61. 贺东航、孔繁斌:《中国公共政策执行中的政治势能——基于近 20 年农村林改政策的分析》,《中国社会科学》2019 年第 4 期。

62. 这六家研究机构分别是北京大学、复旦大学、国务院发展研究中心、世界卫生组织、世界银行、麦肯锡公司。

63. 陈玲、赵静、薛澜:《择优还是折衷? ——转型期中国政策过程的一个解释框架和共识决策模型》,《管理世界》2010 年第 8 期;王绍光、樊鹏:《中国式共识型决策:"开门"与"磨合"》,北京:中国人民大学出版社 2013 年版。

64. [美]海伦·英格兰姆、斯蒂文·R. 史密斯编著:《新公共政策——民主制度下的公共政策》,钟振明、朱涛译,上海:上海交通大学出版社 2005 年版,第 4 页。

65. [法]米歇尔·克罗齐、[日]绵贯让治、[美]塞缪尔·亨廷顿:《民主的危机:就民主国家的统治能力写给三边委员会的报告》,马殿军、黄素娟、邓梅译,北京:求实出版社 1989 年版,第 100 页。

66. Karen Paget, "Citizen Organizing: Many Movements, No Majority," *The American Prospect*, 1990, pp.115—128.

67. Gary Delgado, *Organizing the Movement: The Roots and Growth of ACORN*, Temple University Press, 1986.

68. Sanford D. Horwitt, *Let Them Call Me Rebel: Saul Alinsky: His Life and Legacy*, Vintage, 1992.

69.《马克思恩格斯全集》第一卷,北京:人民出版社 1956 年版,第 316 页。

70. 习近平:《在庆祝中国共产党成立 100 周年大会上的讲话》,《求是》2021 年第 14 期。

71. Jeffrey L. Pressman and Aaron Wildavsky, *Implementation: How Great Expectations in Washington are Dashed in Oakland; Or, Why It's Amazing that Federal Programs Work at All, This Being a Saga of the Economic Development Administration as Told by Two Sympathetic Observers Who Seek to Build Morals on a Foundation of Ruined Hopes*, Berkeley: University of California Press, 1973.

72. 金太军等:《公共政策执行梗阻与消解》,广州:广东人民出版社 2005 年版,第 42—78 页。

73. Richard E. Matland, "Synthesizing the Implementation Literature: The Ambiguity—Conflict Model of Policy Implementation," *Journal of Public Administration Research and Theory*, 1995, Vol.5, No.2, pp.145—174; Laurence J. O'Toole, Jr., "Research on Policy Implementation: Assessment and Prospects," *Journal of Public Administration Research and Theory*, 2000, Vol.10, No.2, pp.263—288; Liu, Nicole Ning et al., "Campaign—Style Enforcement and Regulatory Compliance," *Public Administration Review*, 2015, Vol.75, No.1, pp.85—95;薛澜、赵静:《转型期公共政策过程的适应性改革及局限》,《中国社会科学》2017 年第 9 期;周雪光:《基层政府间的"共谋现象"——一个政府行为的制度逻辑》,《开放时代》2009 年第 12 期。

74. 贺东航、孔繁斌:《公共政策执行的中国经验》,《中国社会科学》2011 年第 5 期。

75. 丁煌:《利益分析:研究政策执行问题的基本方法论原则》,《广东行政学院学报》2004 年第 3 期;谢炜:《中国公共政策执行中的利益关系研究》,上海:学林出版社 2009 年版。

76. 贺东航、孔繁斌:《公共政策执行的中国经验》,《中国社会科学》2011 年第 5 期。

77. 同上。

78. 周飞舟:《以利为利:财政关系与地方政府行为》,上海:上海三联书店 2012 年版;周黎安:《转型中的地方政府:关于激励与治理》,上海:格致出版社 2008 年版。

79. [美]傅高义:《邓小平时代》,冯克利译,北京:生活·读书·新知三联书店 2013 年版。

80. Jean C. Oi, "Fiscal Reform and the Economic Foundations of Local State Corporatism in China," *World Politics*, 1992, Vol.45, No.1, pp.99—126; *Rural China Takes Off—Institutional Foundations of Economic Reform*, University of California Press, 1999.

81. 荣敬本、崔之元、王拴正、高新军、何增科、杨雪冬等:《从压力型体制向民主合作制的转变:县乡两级政治体制改革》,北京:中央编译出版社 1998 年版;Kevin J. O'Brien and Lianjiang Li, "Selective Policy Implementation in Rural China," *Comparative Politics*, 1999, Vol.31, No.2, pp.167—186;孙立平、郭于华:《"软硬兼施":正式权力非正式运作的过程分析——华北 B 镇收粮的个案研究》,《清华社会学评论》特辑,2000 年;应星:《大河移民上访的故事》,北京:生活 · 读书 · 新知三联书店 2001 年版;丁煌、定明捷:《"上有政策、下有对策"——案例分析与博弈启示》,《武汉大学学报(哲学社会科学版)》2004 年第 6 期;周雪光:《基层政府间的"共谋现象"——一个政府行为的制度逻辑》,《社会学研究》2008 年第 6 期;王汉生、王一鸽:《目标管理责任制:农村基层政权的实践逻辑》,《社会学研究》2009 年第 2 期;王亚华:《中国用水户协会改革:政策执行视角的审视》,《管理世界》2013 年第 6 期;赵静:《决策删减—执行协商:中国山西煤炭产业政策过程研究》,清华大学博士论文,2014 年。

82. 周雪光、练宏:《中国政府的治理模式:一个"控制权"理论》,《社会学研究》2012 年第 5 期。

83. 李振:《注意力推动政策执行:中国领导人的"现场主义"机制研究》,《马克思主义与现实》2018 年第 5 期。

84. 陈辉:《县域治理中的领导注意力分配》,《求索》2021 年第 1 期。

85. 薛澜、赵静:《转型期公共政策过程的适应性改革及局限》,《中国社会科学》2017 年第 9 期。

86. 韩博天、石磊:《中国经济腾飞中的分级制政策试验》,《开放时代》2008 年第 5 期。

87. 周望:《中国"政策试点"研究》,天津:天津人民出版社 2013 年版,第 18—20 页。

88.《毛泽东选集》第三卷,北京:人民出版社 1991 年版,第 897 页。

89.《典型试验是一个科学的方法》,《人民日报》1963 年 9 月 20 日第 1 版。

90. 韩博天、石磊:《中国经济腾飞中的分级制政策试验》,《开放时代》2008 年第 5 期。

91. 韩博天:《通过试验制定政策:中国独具特色的经验》,《当代中国史研究》2010 年第 3 期。

92. 周望:《"政策试验"解析:基本类型、理论框架与研究展望》,《中国特色社会主义研究》2011 年第 2 期。

93. 杨嵘均:《论网络空间草根民主与权力监督和政策制定的互逆作用及其治理》,《政治学研究》2015 年第 3 期。

94. 习近平:《在中央人大工作会议上的讲话》,《求是》2022 年第 5 期。

95. 张君:《全过程人民民主:新时代人民民主的新形态》,《政治学研究》2021 年第 4 期。

96. 高奇琦、李阳:《公共政策的解释主义范式:发展历程、民主意蕴与实践限度》,《中国行政管理》2022 年第 11 期。

97. [美]塞缪尔 · 亨廷顿:《变化社会中的政治秩序》,王冠华、刘为等译,沈宗美校,北京:生活 · 读书 · 新知三联书店出版社 1989 年版,第 73 页。

98. 刘建军、张远:《论全过程人民民主》,《社会政策研究》2021 年第 4 期。

99. 高奇琦、李阳:《公共政策的解释主义范式:发展历程、民主意蕴与实践限度》,《中国行政管理》2022 年第 11 期。

100. 李伟东:《论列宁民主集中制思想在苏联的历史演变及其现实启示》,《社会主义研究》2010 年第 2 期。

101.《列宁全集》第十二卷,北京:人民出版社 2017 年版,第 214 页。

102.《邓小平文选》第一卷,北京:人民出版社 1994 年版,第 312 页。

103. 林尚立:《协商政治:中国特色民主政治的基本形态》,《毛泽东邓小平理论研究》2007 年第 9 期。

104. 王惠岩:《论民主与法制》,《政治学研究》2000 年第 3 期。

105. 杨光斌、乔哲青:《论作为"中国模式"的民主集中制政体》,《政治学研究》2015 年第 6 期。

106. 林尚立:《协商政治:中国特色民主政治的基本形态》,《毛泽东邓小平理论研究》2007 年第 9 期。

107. 王绍光、樊鹏:《中国式共识型决策:"开门"与"磨合"》,北京:中国人民大学出版社 2013 年版,第

241 页。

108. 刘建军、张远:《论全过程人民民主》,《社会政策研究》2021 年第 4 期。

109. 朱德米:《公共政策制定与公民参与研究》,上海:同济大学出版社 2014 年版,第 45—46 页。

110. 宁骚:《中国公共政策为什么成功?——基于中国经验的政策过程模型构建与阐释》,《新视野》2012 年第 1 期。

111. 唐亚林:《"全过程民主":运作形态与实现机制》,《江淮论坛》2021 年第 1 期。

第七章　管用的实践形式

党的二十大报告提出，发展全过程人民民主是中国式现代化的本质要求，在新时代必须健全人民当家作主制度体系，扩大人民有序政治参与，保证人民依法实行民主选举、民主协商、民主决策、民主管理、民主监督，发挥人民群众积极性、主动性、创造性，巩固和发展生动活泼、安定团结的政治局面。不同于西方代议制选举民主，仅仅将“选举领导人”作为实现人民主权的核心方式甚至唯一形式。全过程人民民主是一种全链条、全方位、全覆盖的民主形态，这意味着在国家的政治过程和公共事务的治理过程的各个环节，都要保障人民的充分有序参与。习近平在庆祝中国人民政治协商会议成立65周年大会上指出：“民主不是装饰品，不是用来做摆设的。”“人民是否享有民主权利，要看人民是否在选举时有投票的权利，也要看人民在日常政治生活中是否有持续参与的权利；要看人民有没有进行民主选举的权利，也要看人民有没有进行民主决策、民主管理、民主监督的权利。社会主义民主不仅需要完整的制度程序，而且需要完整的参与实践。”[1]因此，全过程人民民主的实践形式，体现在选举、协商、决策、管理、监督等政治和治理过程的五个主要环节，形成一个较为完整的人民主权实践体系。

第一节　民主选举

马克思在《哥达纲领批判》中曾明确提出：“‘民主的’这个词在德语里意思是‘人民当权的’。”[2]因此，从本体论的意义上来看，民主的含义是十分明确的，那就是“人民主权”或者说“人民当家作主”。然而，在现实政治层面，如何能够使“人民主权”这一现代民主价值和意涵获得恰当的实现形式，则成为各国在追求民主过程中一个绕不过去的主要难题。不同于小规模的共同体政治，现代民族国家政治往往是大规模的复杂政治，这意味着公民必然经常面临大量超出日常活动范围和经验能力范围之外的公共事务，并不得不将手中的"主权"让渡出去，委托给代理人和专家。这不仅意味着现代政治必须发展出一套管用的代理人和专家的"选任"机制；也意味着，代理人和专家有可能会"僭越"其地位，从而造成主权的脱离与异化。

西方国家将公民的普遍选举权作为追求和实现民主的重要内容，投票成为行使民主权利的几乎唯一方式。这就使得西方政治体制与其说是人民主权体制，不如说是一个政治玩家的体制。对民主的狭义理解与单一的制度设计，使民主的重心落在几年一度的选举，而非常态化的国家治理过程，这有可能造成严重的"政治空转"，使得"人民主权"退化为"人民选举权"，选举活动消耗了巨大的社会成本和政治成本，成为当今许多代议制民主国家"民主失灵"的重要根源。经过长期的发展演变，西方代议制民主形成了较为独特的运行架构与过程，但不改于其在民主理念、制度框架、治理议程之间"内在分离—外部黏合"的不确定性关系中逐渐碎片化这一实际的政治逻辑，其实质是以"选举"这一民主形式替代"主权"这一民主实质。因此，其"民主治理"典范日益暴露出无法克服的弊端，一方面单纯依靠"选主"、片面强调"自治"、错误反对"集权"，另一方面却公开操纵"选举"、全力消除"异见"、积极强化"霸权"。时至今日，西方民主早已不是实现质量高低的问题，而是面临滑向"虚伪的民主治理"的危境。[3]资本主义的选举民主与多党选举民主的制度安排，本质是将资本的经济权力转化为政治权力的机器：多党制本身并非民主的必然体现，而只是资本的竞争本性的必然产物，各政党通过获取"选票"将经济基础中的资本权力转化为国家政治权力，将金主的钞票转化为民众的选票。其归根到底代表资本意志而非人民意志。[4]由资本和金钱操纵的西式票决民主具有难以剔除的欺诈性和虚伪性，西式选举制度只是形式上的民主，西方国家的资本精英通过操纵资本将人民变为选民。而要超越这种有限的甚至形式上的选举民主，则必须发展出一种真正的以人民为中心的民主形态，这意味着不仅要牢固树立人民主权的意识形态，而且要建设能够确保广大人民行使主权的具体制度。

在任何规模的政治体范围内，民主都是一个复杂的政治过程：分散的人民意志要形成一致的集体意志，并且使集体意志能够得到统一执行与改进，按照人民的意志行使处理公共事务的公共权力，这本身需要复杂的全过程才能实现，投票表决只是这个复杂过程中的一个环节。真正能够代表人民根本利益的民主决策绝非简单的投票表决，而应包括政策的形成、评估、实施、反馈和改进等复杂环节组成的“全过程”，民主必须体现在这“全过程”中。民主政治过程通常是持续性的，民主选举则一般是间断性的。所谓持续性是指“民主不仅包括选举环节，而且应当保持始终如一的持续性状态”，主要包括时间上的持续性、内容上的整体性、党政部门的协同性、公民参与的全过程性、多环节的连续性。间断性则是指民主选举和民主决策在时空上具有规范性和制度性，民主不能每时每刻搞选举，也不能每时每刻搞决策，同时在权利限度领域强调一方面公民选举参与权以不影响甚至破坏社会、他人为前提，另一方面以不影响甚至破坏公共权力正常行使为前提。[5]西方民主实质是一种选举式民主，选举被看作政治权威的唯一合法性来源。把选举民主变为一种操纵的民主，将民主理想化，结果却忽视了民主最重要的运行问题，忽略了民主有序运行的制度保障和历史情境。最终导致西方政治徒有民主制度之表，却无民主运行之效，并没有发挥其价值整合与利益整合功能。[6]而在中国的话语体系当中，民主政治不仅仅是简单的程序民主或选举民主，也不是只有个人利益至上的自由民主，而是回归人民主权的价值目标，真正发展出包括选举在内的全过程人民民主运行和实践形态。

虽然在当今世界，熊彼特的民主定义被很多国家接受，但是以选举政治来定义民主，将民主简化为竞争性的选举，在解释中国民主实践上存在很大的局限性。上述分析表明，“票决制”民主的弊端在于人民在选举时有权，而选举后则陷于无权，人民民主这一持续性的实质权力沦为人民投票这一间断性的形式权利。因此，高质量的现代民主制度安排，必须有能力弥合这种持续性要求和间断性安排之间的张力。中国共产党以卓越的理论智慧和实践能力跳出了西式民主模式的旧有禁锢，成功地规避和超越了西方民主模式的内在缺陷，不仅通过政治革命和社会革命，在政治上牢固确立了广大人民群众的主体地位，而且不断发展健全人民主权的各项政治制度。特别是党的十八大以来，以习近平同志为核心的党中央深化对社会主义民主政治发展规律的认识，提出了全过程人民民主的重大理念。全过程人民民主是指人民在纵向时间和多维空间中享有完整行使民主的权利，以对人民多数人意志尊重为目的的新形态民主，其价值主要展现为以人民为中心的价值取向、内容更为丰富的民主实质和形式更为科学多样的民主方式，其特征主要表现为全过程人民民主是中国共产党领导下的民主实践、行使主体的人民性、行使过程的完整性、民主形态的复合性和民主绩效的帕累托最优。全过程人民民主与西式民主的本质区别在于前者旨在维护全体人民的根本利益，而后者是为了维护占社会极少数的大资本集团和大资本家的利益。[7]

全过程人民民主除了在主体身份方面特别强调"人民"的政治属性与广泛覆盖之外，最重要的特征就是强调民主政治实践要实现持续性和间断性之间在过程上的统一。全过程人民民主的实践探索是在充分肯定并应用选举作为一种重要的现代民主机制的前提下，丰富发展包括协商、决策、管理、监督等各类民主机制的更为丰满的民主形态，其强调的是人民主权的全方位实现和公民权利的全过程行使，这有助于从根本上超越西方民主政治长期面临的持续性和间断性之间的张力。全过程人民民主呈现的是一种全方位、全过程、全领域的民主，体现在民主提议、民主协商、民主投票、民主监督等各领域各环节，真正实现了"人民当家作主"。[8]中国的民主治理之所以能够后来居上，关键就在于其真正体现了全过程的民主治理，这种民主治理的核心在于"为人民执政、靠人民执政"。中国在各阶段充分尊重基层民主权利和群众首创精神，在经济社会文化各领域充分调动人民群众广泛参与，在政治和治理过程中力求国家与社会的融合，无论是著名的"赤脚医生"制度，还是发动和依靠群众解决预防化解矛盾的"枫桥经验"，都蕴含着发挥基层民主优势的治理精髓。[9]

作为一种新的民主形态，全过程人民民主实质上是一种在现代大规模政治体中真实实现人民主权的制度安排，其内涵是指人民在民主选举、民主决策、民主管理、民主监督纵向时间过程中行使当家作主的权利，在政治民主、经济民主、社会民主和文化民主等空间实践中履行主体拥有的主权功能。这种纵向时间维度的民主与多维空间维度的民主有机融合，构成了全过程人民民主时空的完整性特征。因此，中国特色社会主义民主政治发展出民主实践的四条主要渠道：一是人民代表大会制度渠道；二是政治协商会议渠道；三是基层社会自治渠道；四是府民共治渠道。[10]人民代表大会制度作为根本政治制度，构成中国特色社会主义民主政治的基础，民主选举则成为全过程人民民主运作形态的逻辑起点。

民主选举涉及人民如何组织国家政权的问题，它是人民主权的重要政治基础和法定形式。人民民主的本质是人民当家作主，但人民当家作主并不是人民直接执掌国家政权，而是人民通过自己的代表机关来掌握和运用国家权力。选举民主主要体现为选举主体资格确立的民主、候选人员条件确定的民主、选举程序设置的民主、选举过程监督的民主、选举结果宣布和公示的民主等。在我国，人民享有广泛的、真实的选举权利，人民通过直接选举和间接选举，选出各级人民代表大会代表，组成国家权力机关并产生其他国家机关，保证了人民真正当家作主；同时，人民还可以通过基层自治、社会组织、企事业单位中的民主选举，通过各领域、各层次的民主选举，行使管理经济和文化事业以及社会事务的权利，表达真实意愿、行使民主权利。[11]

中国有丰富的民主选举实践，如人大代表选举、党代表选举、职工代表选举、居民代表和业主代表选举等各层级各方面的选举实践形式，其本质都在于强调人民是国家的真正主人。人民通过人民代表大会行使国家权力，人民选举自己的代表，组成代议机关，再由代议机关产生国家机关，代表人民行使国家权力，实现了人民代表的人民性和代表性，实现了人民对国家权力的管理权和监督权。针对社区公共事务协商与处置设计的民主恳谈会、民主评议会、民主议事会等，是受基层民众广泛应用和欢迎的协商民主制度与机制。通过社区居民选出居民代表，借助恳谈会、评议会、议事会等民主协商形式，就涉及广大居民的社区公共事务进行对话、讨论、商谈、投票，形成共识后，对各项社区公共建设项目或社区公共服务的质量与水平进行全过程监督，共筑共营和谐共治、共荣发展的社区生活共同体，从而建构当代中国民主政治的基层直接民主实践形态。[12]

另外，必须强调，现代社会政治化程度日益提高，公共性事务的范围也日益扩大，是一个复杂的系统。选举固然在政治生活中占据重要的地位和作用，但是已经不能涵盖现代政治生活的全部。全过程民主在决策体制、干部制度、财政制度和基层治理领域仍有进步空间，强调权力空间涉及程序意义上的民主选举问题，并赋予民主选举特定的权力支持。[13]因此，中国特色社会主义民主政治的实质，在于将民主选举、民主协商、民主决策、民主管理、民主监督有机统一于民主政治建设的整个过程，使各方面制度和国家治理更好体现人民意志、保障人民权利、激发人民创造，确保人民依法通过各种途径和形式管理国家事务，管理经济文化事业，管理社会事务，进而将民主的价值、民主的过程、民主的绩效以及民主的发展道路有机统一于中国社会主义现代化历史进程之中。

习近平强调："保证和支持人民当家作主，通过依法选举、让人民的代表来参与国家生活和社会生活的管理是十分重要的，通过选举以外的制度和方式让人民参与国家生活和社会生活的管理也是十分重要的。人民只有投票的权利而没有广泛参与的权利，人民只有在投票时被唤醒、投票后就进入休眠期，这样的民主是形式主义的。"[14]全过程人民民主不仅要看人民是否在选举时有投票的权利，而且要看人民在更广泛的政治、经济、社会、文化等各领域、全方位是否享有充分的民主权利。这彰显了社会主义民主不是将人抽象为"选票"，不是将人民意志理解为非此即彼的"选择题"，而是在选举、决策、管理、监督等过程中，充分反映人民的具体意志、具体想法，实现人民的具体利益。全过程人民民主体现了人民民主的具体性、真实性，而不是选票民主的抽象、虚伪。[15]

党的领导是消除权力异化的根本政治保证。马克思主义认为，剥削阶级国家是阶级统治的工具，其根本矛盾是统治阶级与被统治的人民大众的矛盾，其通过制造代表人民利益的"超阶级国家"的精神幻象以实现对人民的思想统治，并通过行使公共职能实施对人民的现实统治。代表制的引入与其说是消除统治机关和人民大众之间矛盾的手段，不如说它本身正是造成这种矛盾的重要原因。中国特色社会主义用中国共产党领导下的全过程人民民主破解了"如何建立真正代表人民根本利益的国家权力"这一政治领域的千古难题。政治上，中国共产党和中国人民是高度一体的，二者的关系不是形成于选举的法律过程中，而是确立于革命和建设的历史过程中。中国共产党是中国人民和中华民族的代表，突破了"选举民主"的神话，使“中国的民主不仅仅表现在政治选举上，还体现在经济、文化、社会方方面面”。因此，是政治实践中维护这一关系的关键就在于确保把党的群众路线贯穿于治国理政全部活动之中，中国共产党的领导使当代中国打通了基层直接民主与中上层间接民主联接的通道，将人民投票选举（选）与党组织审查把关推荐（举）结合起来，在一个超大型国家中成功探索出具有治理效能的人民民主制度。[16]

人民代表大会制度是全过程民主实践的主渠道。人民代表大会制度是我国根本政治制度，是人民主权的根本制度安排，是党领导国家政权机关的重要制度载体，也是党在国家政权中充分发扬民主、贯彻群众路线的重要实现形式。习近平指出，“坚持人民通过人民代表大会统一行使国家权力，各级人民代表大会由民主选举产生，对人民负责，受人民监督；各级国家行政机关、监察机关、审判机关、检察机关都由人民代表大会产生，对人大负责，受人大监督；实行决策权、执行权、监督权既合理分工又相互协调，保证国家机关依照法定权限和程序行使职权、履行职责；坚持在党中央统一领导下，充分发挥地方主动性和积极性，保证国家统一高效组织推进各项事业”。[17]党的二十大报告强调，坚持和完善我国根本政治制度、基本政治制度、重要政治制度，拓展民主渠道，丰富民主形式，确保人民依法通过各种途径和形式管理国家事务，管理经济和文化事业，管理社会事务。支持和保证人民通过人民代表大会行使国家权力，保证各级人大都由民主选举产生、对人民负责、受人民监督。支持和保证人大及其常委会依法行使立法权、监督权、决定权、任免权，健全人大对行政机关、监察机关、审判机关、检察机关监督制度，维护国家法治统一、尊严、权威。加强人大代表工作能力建设，密切人大代表同人民群众的联系。健全吸纳民意、汇集民智工作机制，建设好基层立法联系点。

保障人民的选举权利离不开健全的法律体系。党的群众路线是确保人民主权的重要政治机制，民主选举是确保人民主权的重要法律机制。选举作为人民群众参与国家政治生活、经济生活、社会生活的重要形式，离不开法律制度的坚强保障。这种法律保障不仅体现在人民群众民主权利的主体地位上，包括选举权和被选举权两个方面，以及代表机会和代表身份的广泛性；也体现在民主权利的行使方式上，这体现在选举周期、选举组织、选举方式等方方面面。提升全过程人民民主的法治保障也应当继续发挥人民的首创精神，适时将成熟的全过程人民民主实践上升为法律，例如将基层民主实践中的“海选”（吉林省梨树县）、预算监督领域的民主恳谈会（浙江省温岭市）、重大决策中的人大代表票决实事制度（浙江省）、旧区改造中二次征询制度（上海市）、监督问责领域的人大代表约见制度（广东省）等制度，以立法的形式确定下来。[18]

面向未来，数字技术和互联网技术的发展为进一步超越选举技术提供了广阔的想象空间和发展前景。民主政治的发展是同人类社会的生产力发展密切联系的，其中最直观的联系就在于科学技术的进步对于民主政治的支撑作用。随着人类社会从农业文明、工业文明、信息文明发展到智能文明，民主政治的实践方式和制度发展也呈现出越来越全面和完善的基本趋势。从政治技术发展史来看，选举技术的引入是人类政治迈向大规模民族国家时代解决“规模”和“参与”难题的一个重大飞跃。但人们也已经清晰地认识到，从实质民主的角度来看，民主并不是一选了事，也不是一票了之，在选举和投票之后人民有权利也有需求得到更多的民主参与。因此，全过程人民民主强调在整个政治过程中，包括政府产生、官员任命、政策决定、政策执行、绩效评估等各个环节，都亟需新的技术手段保障人们在选举之外更加充分的直接参与。智能技术的发展，则为人类展现了一幅在政治手段和法律手段之外，更好地实现人民主权的图景。在信息文明社会，每个人的民主权利和政治主张都有条件在现实政治中充分实现，人们可以不再通过代理人来实现自己的主张，可以随时随地参与到政治进程当中去，这就是信息革命给民主的“全过程性”发展所带来的新的需求和希望。[19]在智能技术的助力下，全过程人民民主能够更好地将中国民主的制度优势转化为治理效能，并为世界民主政治的发展提供新的方案和选择。

第二节　民主协商

协商是一种悠久的治理技术和有效的治理智慧，协商民主是实践全过程人民民主的重要形式。非正式协商在生活中随处可见，通过讨价还价，相互妥协，形成共识，人们在协商中维持社会关系，形成社会网络，寻找可能的合作机会。正式的协商，也就是制度化的协商，则必然内嵌于一定的政治结构和治理结构之中。作为一种治理技术和治理机制的协商，体现在中国政治结构和治理结构的方方面面。在中国，民主协商是一种十分重要的民主实践方式，协商民主同选举民主相互补充、相得益彰，共同构成中国社会主义民主政治的制度特点和优势。完善协商民主体系，是全面发展协商民主的必然要求和重要任务。党的二十大报告提出："完善协商民主体系，统筹推进政党协商、人大协商、政府协商、政协协商、人民团体协商、基层协商以及社会组织协商，健全各种制度化协商平台，推进协商民主广泛多层制度化发展。"这为新时代新征程全面发展协商民主指明了方向。

协商民主是中国特色社会主义民主的重要运作方式。正如习近平所说："有事好商量，众人的事由众人商量，是人民民主的真谛。协商民主是实现党的领导的重要方式，是我国社会主义民主政治的特有形式和独特优势……加强协商民主制度建设，形成完整的制度程序和参与实践，保证人民在日常政治生活中有广泛持续深入参与的权利。"在党的领导下，"发展社会主义协商民主，健全民主制度，丰富民主形式，拓宽民主渠道，保证人民当家作主落实到国家政治生活和社会生活之中"。[20] 党的十八届三中全会强调，协商民主就是"在党的领导下，以经济社会发展重大问题和涉及群众切身利益的实际问题为内容，在全社会开展广泛协商，坚持协商于决策之前和决策实施之中"。习近平指出，"在人民内部各方面广泛商量的过程，就是发扬民主、集思广益的过程，就是统一思想、凝聚共识的过程，就是科学决策、民主决策的过程，就是实现人民当家作主的过程"[21]。这是对协商民主内涵的深刻揭示。从上述论述看，协商民主这一概念主要包括五个方面的内涵。第一，协商的领导者是中国共产党，协商必须在中国共产党的集中统一领导下进行。第二，协商的主体是人民内部各方面。第三，协商的内容是经济社会发展重大问题和涉及群众切身利益的实际问题。第四，协商活动应在"决策之前"和"决策实施之中"进行。第五，协商的目的是"统一思想、凝聚共识""科学决策、民主决策""实现人民当家作主"。[22] 中国特色社会主义民主作为一种全方位民主，最显著的制度优势就是能够将选举民主与协商民主有机结合，不仅两者兼顾并重，更重要的是选举民主中包含协商民主因素，协商民主中也不排斥选举民主的运用。一方面，社会主义民主将选举民主与协商民主结合，共同作为社会主义民主的制度形式，而不是将两者对立。选举民主中有协商，协商民主中有选举，两者合二为一，体现出对民主的全方位理解。另一方面，中国特色社会主义民主建设，不仅对久已有之的选举民主，按照全方位民主的要求进行了优化，而且创造性地发展出了协商民主，作为社会主义民主的独特制度形式。社会主义协商民主是“中国社会主义民主政治中独特的、独有的、独到的民主形式”，“具有深厚的文化基础、理论基础、实践基础、制度基础”[23]。

协商政治在中国共产党和新中国历史上源远流长。早在新民主主义革命时期，我们党就在与各民主党派团结合作中进行各种协商，协商民主的思想逐渐形成。中国现代国家建设的基本逻辑包含两个方面，一方面是中国共产党带领中国人民通过武装斗争进行“革命建国”，另一方面则是中国共产党与各民主党派、无党派民主人士以及各界人士通过发起、筹备、召开中国人民政治协商会议进行“协商建国”的全过程[24]。基于此，通过人民政协的协商民主在中国的协商民主体系中处于核心地位，政协协商构成了中国协商民主理论与实践的根基。1948 年中共中央提出的“五一口号”，得到各民主党派、无党派民主人士热烈响应，拉开了协商建国的序幕。[25]正是在这一过程中，中国共产党与各民主党派共同创造了具有中国特色的政治民主形式——中国共产党领导的党际政治协商民主。2006 年年初，中共中央颁发了《中共中央关于加强人民政协工作的意见》(以下简称《意见》)。《意见》提出：“人民通过选举、投票行使权利和人民内部各方面在重大决策之前进行充分协商，尽可能就共同性问题取得一致意见，是我国社会主义民主的两种重要形式。”2012 年党的十八大报告用较大篇幅指出“健全社会主义协商民主制度”，特别强调要“加强议事协商、强化权力监督”。党的十八大把推进协商民主广泛、多层、制度化发展作为未来中国民主政治建设的重点。[26]2015 年 2 月，中共中央印发《关于加强社会主义协商民主建设的意见》，肯定并推广协商民主经验，村居议事会、民主恳谈会、工资集体协商等实践中的做法进入执政党的最高文件。这些文件的出台，意味着中央对包括民主恳谈在内的协商民主的高度肯定，这不仅明确宣示了地方相关创新实践的合法性，还明确多层次民主协商体系的创新方向与具体内涵。习近平指出:"社会主义协商民主应该是实实在在、而不是做样子的,应该是全方位的、而不是局限在某个方面的,应该是全国上上下下都要做的、而不是局限在某一级的。""协商就是商量,真协商就是要协商于决策之前和决策之中,根据各方面的意见和建议来决定和调整我们的决策和工作,从制度上保障协商成果落地,使我们的决策和工作更好顺乎民意、合乎实际。"[27]

中国的协商民主是一种全过程、全要素的民主形式,民主协商的体系同中国国家的权力体系具有高度同构性。中国国家的权力结构,主要体现为一个"7+1+2"体系。"7"包括中共中央委员会(含中央政治局、中央政治局常委会和中央书记处)、中共中央纪律检查委员会、国家监察委员会、全国人民代表大会及其常委会、国务院、中央军事委员会和中国人民政治协商会议全国委员会;"1"是指国家主席;"2"是指最高人民法院和最高人民检察院。它们共同构成当代中国政治中枢中"党""政""军""法"四大方面。中国的国家政治权力结构就是这四大方面的展开及其相互关系。[28]而且,中国作为单一制国家,中央和地方的权力结构具有一致性,各级地方的权力结构"实际上是政治中枢各个基本要素的放射的结果"。在这些权力分支中,除人民政协是专门的协商机构外,实际上其他各个权力分支都以一定的形式运用了协商技术,参与了协商过程。这是因为,中国特色社会主义协商民主是中国社会主义民主政治的特有形式和独特优势,它贯彻到中国特色社会主义政治的各个方面。因此,中国的协商民主具有多形式、多层次的特征。《关于加强社会主义协商民主建设的意见》指出,"坚持和完善我国根本政治制度和基本政治制度,以保证人民当家作主为根本,构建程序合理、环节完整的协商民主体系,推进协商民主广泛多层制度化发展,为发展中国社会主义民主政治注入新的活力","继续重点加强政党协商、政府协商、政协协商,积极开展人大协商、人民团体协商、基层协商,逐步探索社会组织协商。发挥各协商渠道自身优势,做好衔接配合,不断健全和完善社会主义协商民主制度"[29]。

政治协商的关键主体与核心机制是政党协商。政党协商是中国共产党同民主党派的政治协商,体现了中国特色社会主义民主政治的独特优势。《关于加强政党协商的实施意见》规定,政党协商主要包括下列内容:中国共产党全国和地方各级代表大会、中央和地方各级党委的有关重要文件；宪法的修改建议，有关重要法律的制定、修改建议，有关重要地方性法规的制定、修改建议；人大常委会、政府、政协领导班子成员和人民法院院长、人民检察院检察长建议人选；关系统一战线和多党合作的重大问题。《中国共产党统一战线工作条例》第十三条规定，政党协商是中国共产党同民主党派的政治协商。无党派人士是政治协商的重要组成部分，参加政党协商。政党协商主要包括以下内容：中国共产党全国和地方各级代表大会、党中央和地方各级党委有关重要文件的制定、修改；宪法的修改建议，有关重要法律的制定、修改建议，有关重要地方性法规的制定、修改建议；人大常委会、政府、政协领导班子成员和监察委员会主任、法院院长、检察院检察长建议人选；关系统一战线和多党合作的重大问题。党中央以及地方党委应当按照规定程序开展政党协商。支持民主党派和无党派人士参与人大协商、政府协商、政协协商以及其他方面的协商。政党协商的形式有：会议协商，专题协商座谈会、人事协商座谈会、调研协商座谈会和其他协商座谈会。约谈协商，不定期邀请民主党派中央负责同志就共同关心的问题开展小范围谈心活动，沟通情况、交换意见，就经济社会发展以及参政党自身建设等重要问题反映情况、沟通思想。书面协商，中共中央就有关重要文件、重要事项书面征求民主党派中央的意见建议，民主党派中央以书面形式反馈。

在中国，人民代表大会制度是保证人民当家作主的根本政治制度。各级人大要依法行使职权，同时在重大决策之前根据需要进行充分协商，更好汇聚民智、听取民意，支持和保证人民通过人民代表大会行使国家权力。因此，中国的人民代表大会，绝不能像西方的议会那样，“他们只有在选举国会议员的期间才是自由的；议员一旦选出之后，他们就是奴隶，他们就等于零了”[30]。人民代表大会应当在其活动过程中，尽可能地扩大参与，纳入更多的协商因素，避免西式选举民主的“浅层参与”和“形式参与”。人大协商指协商民主机制在人大制度框架及人大具体工作中的嵌入和运用，它主要包括但不限于立法协商。在庆祝中国人民政治协商会议成立65周年大会上，习近平曾指出民主选举与民主协商的深刻联系：“人民通过选举、投票行使权利和人民内部各方面在重大决策之前进行充分协商，尽可能就共同性问题取得一致意见，是中国社会主义民主的两种重要形式。在中国，这两种民主形式不是相互替代、相互否定的，而是相互补充、相得益彰的，共同构成了中国社会主义民主政治的制度特点和优势。”[31]

人大协商民主源于中国共产党对中国特色社会主义民主政治的不懈探索，并随着人民代表大会制度的建立和发展而日臻完善。目前，人大在立法、选举、人事任免、重大事项表决以及民主监督工作中开展多形式多途径的协商已经成为规定程序。积极探索和开展人大协商，有助于进一步完善人民代表大会制度，践行党的群众路线，扩大人民群众有序政治参与，促进科学民主决策。[32]就其基本要素而言，人大协商的主体包括人大相关机构及人大代表等主要参与主体，政协各参加单位及政协委员等基本参与主体以及社会公众和利益相关方等重要参与主体；其内容包括人大立法、人大决策监督、人大人事任免、人大代表选举及其汇通民意中的协商等，实际运作中则包括听证会、协商会、辩论会等多种形式。[33]

人大协商的重要形式之一是开展立法工作中的协商。立法协商是将协商民主引入实行选举（票决）民主的人民代表大会立法过程的民主活动，也是贯彻科学立法和民主立法的具体举措，有助于完善和发展人民代表大会制度，推进社会主义协商民主广泛多层制度化发展。地方立法协商不仅需要立足于立法协商的立法性属和协商旨归，更需要根植当下中国的基本国情和政治资源，构建起民主法治，科学合理的制度框架，具体程序和运行机制，为立法协商奠定法治保障，从而使立法协商活动有制可依、有规可守、有章可循、有序可遵。[34]这要求人大编制立法规划、立法工作计划，要广泛听取各方面的意见和建议。特别是健全法律法规起草协调机制，加强人大专门委员会、工作委员会与相关方面的沟通协商，以及立法论证、听证、评估机制，和建立有关国家机关、社会团体、专家学者等对立法中涉及的重大利益调整论证咨询机制。另外，还需要拓宽公民有序参与立法途径，健全法律法规草案公开征求意见和公众意见采纳情况反馈机制。对于法律关系复杂、意见分歧较大的法律法规草案，要进行广泛深入的调研、论证、协商，在各方面基本取得共识基础上再依法提请表决。除此之外，建立健全代表联络机构、网络平台等形式，密切代表同人民群众的联系。鼓励基层人大在履职过程中依法开展协商，探索协商形式，丰富协商内容。例如，虽然温岭市委出台了一系列落实民主恳谈的文件，并制定了党内法规，但它依然只是一种“制度外”的民主形式。党的文件无法赋予民主恳谈以国家制度的身份，因而民主恳谈所形成的结论也难以具有制度性的约束力。[35]时任温岭市人大常委会主任张学明曾经说：“参与式预算作为一种预算监督民主形式，属于体制外的自然生长，尚没有法律地位。而这种形式如想获得生命力，具有合法性，必须与当前人大制度结合，将它导入制度框架之内。”[36]

政协协商是指在中国共产党领导下，参加人民政协的各党派团体、各族各界人士履行职能，围绕改革发展稳定重大问题等，在决策之前和决策实施之中广泛协商、凝聚共识。政协参与政治协商的基本形式主要有会议、提案和协商小组。会议是政协参与政治协商的最重要形式，包括全国政协会议、省市政协会议和各级政协会议等。这些会议是政协履行职能、发挥作用、建言献策、凝聚共识的重要平台，参会代表可以通过发言、提出意见、提交文件等方式发声、表达立场、争取支持。政协代表还可以通过提案来参与政治协商，提案是代表个人或政协常委会、专门委员会、各级政协机关和政协参加单位所提交的对国家决策、法律、政策等方面的意见和建议。此外，政协参与政治协商还有协商小组这一形式，其主要职责是就某个具体问题进行深入研究和探讨，积极提出改进意见和建议，并向政协会议提交相关的报告和提案。习近平多次强调，人民通过选举、投票行使权利和人民内部各方面在重大决策之前进行充分协商，尽可能就共同性问题取得一致意见，是中国社会主义民主的两种重要形式。协商民主同选举民主相互补充、相得益彰。2014 年，习近平就在庆祝中国人民政治协商会议成立 65 周年大会上指出：“建立健全提案、会议、座谈、论证、听证、公示、评估、咨询、网络等多种协商方式，不断提高协商民主的科学性和实效性。”党的二十大报告重申要发挥人民政协作为专门协商机构的作用，强调人民政协工作的制度化、规范化、程序化等功能建设，提出要完善人民政协民主监督和委员联系界别群众制度机制。发挥人民政协是协商民主重要渠道和专门协商机构的作用，要完善政协会议及其他协商形式，适当增加专题议政性常委会议和专题协商会次数，完善协商座谈会制度。更加灵活、更为经常地开展专题协商、对口协商、界别协商、提案办理协商，探索网络议政、远程协商等新形式。

在长期的发展中，人民政协协商民主形成了参政协商、资政协商、议政协商、问政协商四种基本模式，这对中国的其他协商民主起到了示范作用。这种制度引领作用主要体现在人民政协不仅善于利用自身组织平台推动协商民主发展，而且还善于对协商民主的实践进行理论总结，并不断推进协商民主的制度化发展。正是在人民政协协商民主的模式示范与制度引领与支撑下，中国的协商民主体系不断拓展、丰富发展，逐步形成了独具中国特色的社会主义民主协商制度。[37]人民政协作为协商民主体系中的主要平台之一具有许多独特的优势和无法替代的功能，例如，人民政协协商民主充分发挥自身联系各党派、人民团体、社会各界和少数民族等群众的优势，有利于促进社会各阶层、团体和党派的有序政治参与；作为有组织地反映不同阶层、不同群体意愿和诉求的重要平台，可以最大程度地包容和表达各种利益诉求，促进社会和谐，推动党和国家决策的民主化、科学化；人民政协还有助于制约公共权力，加强对公共权力的监督，有利于培养公民精神和参与意识，等等。但是，当前政协作为民主协商的主要机制，也存在法律地位不明确、开展协商的制度刚性和执行能力欠缺、界别设置不够合理、参政议政能力有待加强等一系列问题。[38]

因此，要充分发挥人民政协作为协商民主重要渠道和专门协商机构的作用，必须坚持团结和民主两大主题，推进政治协商、民主监督、参政议政制度建设，不断提高人民政协协商民主制度化、规范化、程序化水平。明确政协协商的主要内容。民主协商的主要内容应当包括国家和地方的大政方针以及政治、经济、文化和社会生活中的重要问题，各党派参加人民政协工作的共同性事务，政协内部的重要事务，以及有关爱国统一战线的其他重要问题等。完善政协会议及其他协商形式。改进政协通过会议进行协商的形式，适当增加专题议政性常委会议和专题协商会次数，完善协商座谈会制度。更加灵活、更为经常地开展专题协商、对口协商、界别协商、提案办理协商，探索网络议政、远程协商等新形式。增加集体提案比重，提高提案质量，建立交办、办理、督办提案协商机制。通过协商会议、建议案、视察、提案、反映社情民意信息等形式提出意见和建议，积极履行民主监督职能。加强政协协商与党委和政府工作的有效衔接。规范协商议题提出机制，认真落实由党委、人大、政府、民主党派、人民团体等提出议题的规定，探索由界别和委员联名提出议题。

社会主义协商民主建设要求实现建构型协商与内生型协商有机复合。人民政协政治协商与内生型协商有机复合一方面要求人民政协的建构型协商形式如全会、常委会、主席会议等，更加贴近社会现实需求，另一方面要求人民政协创新协商形式，通过与公民自治协商和维权协商等协商形式复合而创造新的协商形式，这是人民政协推进社会主义协商民主建设的基本路径。[39]

协商民主体系中另一个重要的维度是社会组织团体中的协商。萨托利认为，参与是微型民主的本质，它为上层结构即民主政体，提供了关键的基础结构，也“只有在小团体的范围内，参与才是有意义的和真正的参与”[40]。但与奉行国家—社会二分法的西方国家不同，中国并不鼓励完全自主意义上的社团自治。实际上，罗伯特·达尔也认为，正如对于个人一样，对于组织而言，独立或自治虽然有可能创造了更好的参与机会，但也创造了作恶的机会。组织可能利用这样的机会增加或维持不公正而非减少不公正。它也可能损害更广泛的公共利益来促进其成员狭隘的利己主义，甚至有可能削弱或摧毁民主本身。因此，罗伯特·达尔提出“组织应当拥有一些自治，但同时也应当受到控制”[41]。这种小型团体的自治、协商和参与机制，在中国主要以一种法团主义的形式存在并发挥作用。人民团体既有国家特性，又有社团性质。人民团体作为党和政府联系人民群众的桥梁和纽带，围绕做好新形势下党的群众工作开展协商，具有重要的组织和代表功能，对于带动所联系群众参与公共事务、有效反映群众意愿和利益诉求起着重要作用。人民团体的协商既不同于人民政协的政治协商，又不同于基层民主协商，而是处于中国协商民主的中间层次，属于社会协商。因此，应重塑人民团体的社会属性，消解人民团体的“行政化”趋向，提升人民团体代表民意、吸纳民意、整合民意的民主功能，把人民团体变为民意表达机构。[42]关键问题在于，要将团体协商的制度渠道同中国的正式权力结构建立联系，例如建立完善人民团体参与各渠道协商的工作机制，积极组织人民团体参与协商、视察、调研等活动，密切各专门委员会和人民团体的联系。搭建相关社会组织与党委和政府沟通交流的平台，组织引导群众开展协商，拓展联系渠道和工作领域，把联系服务新兴社会群体纳入工作范围，增强协商的广泛性和代表性。人民团体自身也要健全直接联系群众工作机制，及时围绕涉及所联系群众切身利益的问题开展协商，积极发挥对相关领域的联系服务引领作用。

在当代中国的协商体系中，涉及面最广、群众参与需求和效度最高的是基层协商。党的十八届三中全会通过的《中共中央关于全面深化改革若干重大问题的决定》指出，"发展社会主义民主政治，必须以保证人民当家作主为根本……健全民主制度、丰富民主形式，从各层次各领域扩大公民有序政治参与"，"要发展基层民主，畅通民主渠道，健全基层选举、议事、公开、述职、问责等机制"[43]。可见，中国民主所强调的"参与"不限于西方代议制民主观所强调的通过选举的间接参与，而是更加强调人民群众多样化的基层民主和直接参与。罗伯特·达尔认为，一个公民从政治参与中获得的直接满意度（或避免不满意的程度）会以某种方式同其身处的社区规模有关。这是因为，一个社区越小，其成员行为的可见性就越发明显，形成并遵守一套共同规范的可能性就越高，社区成员参与社会或社交事务的意愿也更加强烈。[44]在中国的层级结构中，所谓"基层"一般是指街道乡镇以下的空间和领域，因此基层协商主要包括乡镇、街道的协商和村居的协商。在街道乡镇层面，应当建立常态化的协商机制，围绕本地城乡规划、工程项目、征地拆迁以及群众反映强烈的民生问题等，组织有关方面开展协商。在村居层面，除了对于已有制度设计的居民参与机制加以"做实"外，还应当探索在地化的共商共治平台，例如上海市五里桥街道的"三会"制度，就是在现有的居民代表会议等民主机制之外的内生性协商民主机制。基层协商带有自治的含义，要真正实现社团的自治，需要团体成员能够控制议程、有效的参与、充分的知情。[45]因此，对于村居层面的协商民主平台和平台上的具体活动，乡镇、街道应当加大支持，加强指导，特别是规范议事规程，推动公平公正公开。

社会主义协商民主是一个有机整体，包括广泛的参与主体、多层次的协商渠道、丰富的制度化平台以及具体的运行、反馈机制等。党的十八大以来，我们党构建程序合理、环节完整的社会主义协商民主体系，协商民主的科学性和实效性不断提高，社会主义协商民主彰显蓬勃生命力。政党协商、人大协商、政府协商、政协协商、人民团体协商、基层协商以及社会组织协商等各个渠道协商广泛开展；政治协商、立法协商、行政协商、民主协商、社会协商、基层协商等多种协商形式深入发展；

提案、会议、座谈、论证、听证、公示、评估、咨询、网络等多种协商方式统筹运用。新时代新征程上，我们要坚持以习近平新时代中国特色社会主义思想为指导，贯彻落实发展全过程人民民主的理念和要求，坚持党的领导、统一战线、协商民主有机结合，推进协商民主广泛多层制度化发展，进一步提升协商民主制度化、规范化、程序化水平，更好实现人民当家作主，推进国家治理现代化，汇聚推进中国式现代化的广泛共识和强大合力。[46]

第三节　民主决策

在制度和实践层面，民主有两项最基本的功能，一个是“决定公共职位如何分配”，另一个是“决定公共事务如何处理”，简单而言可以概括为“选人”和“治事”。选人的民主技术主要是选举，治事的民主技术则主要是决策。因此，一个政治体的决策体制和决策方式是否民主，将很大程度上影响到它的民主成色。习近平指出：“人民是否享有民主权利，要看人民是否在选举时有投票的权利，也要看人民在日常政治生活中是否有持续参与的权利；要看人民有没有进行民主选举的权利，也要看人民有没有进行民主决策、民主管理、民主监督的权利。社会主义民主不仅需要完整的制度程序，而且需要完整的参与实践。”[47]民主决策是全过程人民民主的重要一环。好的决策，反映人民意愿，保障人民权益，增进人民福祉。在中国，察民情、听民声、顺民意，群策群力、集思广益成为常态，越来越多来自基层的声音直达各级决策层，越来越多的群众意见转化为党和政府的重大决策。[48]

公共事务的决策涉及国家大政方针、立法、行政、基层治理等多个维度，作为既高度综合又高度复杂的公共行为，追求决策的民主化与科学化是保障决策成效的两个基本价值取向。决策民主化是决策科学化的前提和基础，只有在民主基础上作出的决策才有可能是科学的决策。在现代政治决策中，民主化强调社会公正，要求决策过程中各类主体的广泛参与和各类意见的充分表达与沟通，否则就容易造成“关门决策”或“拍脑袋决策”。因此，在公共决策过程中，各方面的意愿表达和利益整合的程度是衡量决策民主化程度以及判断决策成效的根本尺度。由于当代公共决策的链条往往很长,公共决策中的参与、表达和沟通不仅仅涉及国家决策体系同社会也就是人民大众之间的关系,也涉及决策体系内部各层级、各部分之间的关系。这也就决定,民主决策不仅需要处理决策体系外部的民主性问题,也要处理决策体系内部的民主性问题。西方国家往往奉行"政治—行政"二分法,强调决策民主也多偏重于外部民主,即决策体系同社会的关系。中国的民主决策体系不仅仅发展出丰富的外部民主机制,也十分强调"民主集中制"这一内部民主决策机制的完善与应用。

自党的十六大提出"正确决策是各项工作成功的重要前提。要完善深入了解民情、充分反映民意、广泛集中民智、切实珍惜民力的决策机制,推进决策科学化民主化"以来,民主决策机制的重要性日益突出。这一论述表明,要实现决策的民主化、科学化,其关键在于必须建立一个能够使民众广泛参与政府决策过程,充分表达自身愿望及要求的机制,即利益表达机制。利益表达机制能从多个维度保证公民广泛参与政府决策过程,通过利益表达机制的作用,公民可以畅所欲言,自由地向政府表达自己的利益要求,政府也可以通过这一渠道充分了解并准确掌握民众的政策需要,从而作出具有针对性的决策。党的十七届二中全会通过的《关于深化行政管理体制改革的意见》明确指出,规范行政决策行为,完善科学民主决策机制,更好地发挥公民和社会组织在社会公共事务管理中的作用,切实保障人民群众的知情权、参与权、表达权、监督权。党的二十大报告继续强调,坚持科学决策、民主决策、依法决策,全面落实重大决策程序制度。这里所强调的民主决策,主要侧重于要求国家机关"开门决策",在决策过程中广泛吸纳民情民意民智。

一是强调人大应当"开门立法"。立法曾长期被认为是专家的事务,而立法民主化则要求立法过程面向人民群众公开,让普通人有机会参与"高大上"的立法工作。我国各级人民代表大会及其常务委员会,坚持为民立法、民主立法,保障人民通过各种途径参与立法活动,努力让每一项立法反映人民意愿、得到人民拥护。法律立项,通过召开座谈会、听证会、论证会等方式,广泛听取意见,让人民的意志在立法的最初阶段就得到体现;法律草案起草,广泛听取公众意见和专业人士建议,探索委托第三方起草法律法规草案,让人民的诉求得到充分体现;法律草案公布,通过网络和新闻媒体，向社会各界广泛征求意见。近年来，民主立法的一个重要创举就是设立了大量老百姓身边的基层立法联系点。基层群众通过基层立法联系点，直接参与法律草案的起草、立法调研、修改论证、立法后评估等多个环节。我国基层立法联系点制度起始于2002年甘肃省人大常委会的立法工作创新，[49]历经20多年发展而逐渐成熟。建立基层立法联系点，实际上就是为基层群众参与法律法规制定提供直通渠道，让基层的真实声音传到立法机关。2019年11月2日，习近平到首批全国人大常委会基层立法联系点之一的上海市虹桥街道考察，充分肯定了全国人大常委会基层立法联系点在接地气、聚民智方面所做的有益探索。此后，全国人大常委会法工委分别在2020年7月和2021年7月建立了第二批、第三批基层立法联系点。至此，全国人大常委会法工委建立的基层立法联系点数量增至22个，覆盖全国三分之二的省份，辐射带动全国设立了427个省级立法联系点、4 350个设区的市级立法联系点。[50]马克思讲，在国家生活中“所有的公民又迫切希望自己成为真正的国家成员，希望获得政治存在”，“一切人都希望单独参与立法权，参与国家事务”。[51]基层立法联系点一头连着最高国家权力机关，一头系着基层群众，是实现“一切人都希望单独参与立法权，参与国家事务”的重要机制，是发展践行全过程人民民主的一个缩影。基层立法联系点作为国家立法“直通车”，为人民群众有序参与国家立法提供了有效途径。基层立法联系点就像立法领域的群众路线，人大机关通过基层立法联系点能够直接听取基层群众的意见建议，实现了法律从群众中来、到群众中去，增强人民群众民主参与、民主立法的获得感。

二是强调政府“开门决策”。各级人民政府就即将实施的重大决策和各方提出的重大决策建议，充分听取各方面意见，保障人民群众通过多种途径和形式参与决策。在决策启动环节，人大代表、政协委员通过建议、提案等方式提出建议，公民、法人和其他组织提出书面建议，决策机关启动决策程序；在决策研究制定环节，通过座谈会、公开征求意见、听证会、问卷调查、实地走访等方式，广泛听取社会各界特别是直接关系人的意见和建议；在决策草案公示环节，通过政府网站和各类媒体，公布决策草案及其说明材料；在决策最终确定环节，按照民主集中制原则，在集体讨论的基础上作出决定；在决策后评估阶段，听取社会公众意见，吸收人大代表、政协委员、人民团体、基层组织、社会组织和专家等参与评估。以医疗体制改革这一重大决策过程为例，我国医疗体制改革的过程大致可以分为五个阶段，即政策议程的设置、备选方案的设计和选择、最终方案的内部酝酿、政策的公开征求意见以及政策最后出台。这是一个完整的全过程人民民主过程，每一个环节都有充分的参与和讨论。区别于美国等西方资本主义国家，中国的政策参与有种特殊的“双向性”，即除了公众、官员、政党、政策专家、利益集团等各种利益相关者想方设法影响政策制定外，各级决策者还会通过“请进来”，为没有主动参与或缺乏参与能力的群体打开参与之门，或者“走出去”，通过调查研究深入基层，倾听民众呼声，“走出去”正是中国共产党群众路线的精髓。在这一过程中，参与政策指定过程的不仅有党和国家的最高领导人、政府决策部门的领导人、还有官方和非官方的智库、相关利益团体、非政府组织以及一般民众，参与的范围达到了前所未有的广度，形成了良好的社会氛围。从国际比较的视野来看，社会公众是否认可改革、支持改革，对于政策的启动和酝酿有着十分重要的意义。美国公众对医疗政策制定的影响，大多止于议程设置阶段，他们往往通过巨大的舆论力量支持那些可能改善公众利益的改革家，使相关议题进入政策议程。一旦政策制定进入辩争阶段，利益集团和党团势力便取代公众意见，成为引导政策走向的主导力量。在美国民主体制中，政治参与在很大程度上依赖于相关社会群体的组织能力和游说能力。在中国，除了引入公众参与机制之外，还保有“群众路线”的遗产，因此即使是在政策辩争和酝酿过程，乃至在政策最后出台阶段，群众意见都一种作为极为重要的信息流在政策制定轨道发挥作用。对于利益团体的诉求而言，政府始终坚持在合理吸收意见的同时，保证改革沿着既定的大方向前进。王绍光将这种民主决策模式概括为“开门”与“磨合”的“共识型决策”[52]。所谓“开门”是指决策者在制定政策的过程中与外部公众有了交流与互动，致力于探索如何实现更大的包容性和参与性，特指外三圈的人；“磨合”则致力于将不同的政策偏好集结起来，通过政治系统的整体协作实现有效决策，特指最终制定政策的内三圈的主体。共识型民主模式关注整个决策过程，将视线延伸至可能影响决策或者可能受决策影响的社会群体，除了允许有能力的社会势力“闯进来”参与政策形成过程，还要把其他利益相关群体，尤其是缺乏主动参与能力的群体“请进来”，各级决策主体还要采取各种方式“走出去”。这种开门决策、上下交互的决策模式，目的在于，在充分保障中国社会各方面参与权利的基础上，各有关方面能够通过广泛深入的协商最终达成决策共识。

三是强调执政党“开门问政”。中国共产党居于各类决策意见的“中枢”，作为执政党要做到民主决策，必须在决定国家大政方针的时候“开门问政”。代表各个阶层界别的民主党派和无党派人士充分表达自己的意见，中国共产党根据扎根于基层和民主集中制形成的集体意见，来领导与协调各民主党派的意见。例如重大政府决策事前必须进行充分调研，举办覆盖面广的听证会、协商会；完善民主协商平台和载体，注重运用网络信息化手段，增强民意感知力，让更多社会阶层的群众参与民主协商。经过这一系列民主决策过程，将各方意见包容统一于中国人民的根本利益之中，从而达到最大程度地代表全中国人民的利益。[53]人民群众在合法程序和相应法治规则的约束下充分行使当家作主的权利，积极参与国家治理和公共服务过程中的民主决策和科学决策，就涉及自身利益或共同利益的公共议题表达利益诉求和意见主张。中国共产党和民主党派也通过民主协商，最大程度倾听民声、广纳民意、汇集民智，使各方有益意见和建议都能应用于治国理政。如雄安新区的建设、粤港澳大湾区发展规划和长三角区域一体化发展规划等事关民生的重大战略决策，都经过了充分的民主协商的法律程序，广泛听取社会各界意见从而得以通过。[54]广大群众参与基层决策。基层群众通过村(居)民会议、村(居)民代表会议、村(居)民小组会议等形式，就经济社会发展、基础设施建设、社会综合治理、基层文化服务、生态环境保护、自治章程制定等基层治理中的重大问题提出意见建议，参与决策制定和实施。

如果说上述各项主要涉及如何更好地处理广义的“国家—社会”关系，那么民主集中制则更加突出地反映出中国党和国家决策体制的内部民主性问题。新中国成立后，当时的决策体制并未按照行政首长负责制来建立。按照起临时宪法作用的《共同纲领》第十五条的规定：“人民政府委员会向人民代表大会负责并报告工作。在人民代表大会和人民政府委员会内，实行少数服从多数的制度。”可见，当时作为行政机关的人民政府委员会实行的是集体领导制度——委员会制。我国

1982年宪法明确规定:“国务院实行总理负责制。各部、各委员会实行部长、主任负责制。”这是第一次在根本大法中明确作出行政机关首长负责制的决定。相应的,《国务院组织法》和其他行政机关组织法也对行政机关首长负责作出了明确的规定。“行政机关普遍地实行首长负责制,这是我国长期以来行政管理经验的总结,是国家机构实行民主集中制在行政管理方面的具体运用和发展,是我国行政管理体制的重要变革,在行政法发展方面也有着巨大意义。这几年来,我国行政机关组织法对行政首长负责制的健全和完善正在作出更加科学、细致的规定。”[55]行政首长负责制具有独特的优势,比如反应迅速、协调能力强、决策果断。要有力推动各项事业快速发展,一个坚强有力、行动迅速的行政部门很有必要。

但必须认识到,行政首长负责制并不是行政首长个人说了算。行政首长虽然不需要像委员会制一样遵守一人一票的票决民主规则,但是,也绝不是行政首长不经任何民主程序就可自行决策。实际上,中国的行政首长负责制是同民主集中制原则紧密配合的。一方面,行政首长作出重大决策前,必须经过广泛的民主讨论和征求意见,以尽可能取得民主共识;另一方面,经过集体讨论后,行政行政首长有权根据权力机关的决策和上级的指示,结合实际情况,作出自己的决定和处置办法。所以,行政首长并不能简单独自决策,而是受到民主集中制的制约,必须在民主的基础上行使首长决策权。

民主集中制是中国十分重要的工作方式,在党政体制的决策过程中居于核心位置,无论是“党委领导制”还是“行政首长负责制”,都必须贯彻民主集中制的工作原则。民主集中制起源于马克思主义经典作家的思考和实践。马克思一方面特别强调民主制是作为“类概念的国家制度”,从而将民主制作为现实国家的终极形态,另一方面也强调无产阶级在夺取政权的过程中,必须集中力量。马克思指出,为了斗争,“我们必须把我们的一切力量拧成一股绳,并使这些力量集中在同一个攻击点上”[56]。列宁更是明确指出,“我们主张民主集中制”,“绝不能忘记,我们维护集中制只是维护民主集中制”[57]。

中国共产党继承和发展了马克思主义经典作家有关民主集中制的思想,借鉴了苏联共产党有关民主集中制的实践经验,并根据中国的实践拓展了民主集中制的内涵。党的第五次代表大会将民主集中制写入党章，作为党的指导原则；党的六大明确把民主集中制作为党的组织原则。[58]此后，中国共产党将民主集中制原则贯彻到党内政治生活、军队生活和行政活动的许多方面。1980年2月29日，中共中央出台《关于党内政治生活的若干准则》，明确提出以实事求是、理论联系实际、党员和领导密切联系群众、开展批评与自我批评、坚持民主集中制为主要内容的党内政治生活准则。不过，在当时的历史条件下，中央更加强调民主集中制中的"集中"的一面，例如突出强调"个人服从组织，少数服从多数，下级服从上级，全党服从中央"的"四个服从"原则。

2016年党的十八届六中全会审议通过的《关于新形势下党内政治生活的若干准则》(以下简称《准则》)对新形势下的民主集中制作出了全面细致的规定。《准则》明确，民主集中制是党的根本组织原则，是党内政治生活正常开展的重要制度保障。坚持集体领导制度，实行集体领导和个人分工负责相结合，是民主集中制的重要组成部分，必须始终坚持，任何组织和个人在任何情况下都不允许以任何理由违反这项制度。《准则》重申，各级党委(党组)必须坚持集体领导制度；领导班子成员必须增强全局观念和责任意识，在研究工作时充分发表意见，决策形成后一抓到底，不得违背集体决定自作主张、自行其是；党委(党组)主要负责同志必须发扬民主、善于集中、敢于担责；领导班子成员必须坚决执行党组织决定；领导干部要自觉服从组织分工安排等重要原则。

民主集中制的基本内涵在于，这是一种民主基础上的集中和集中指导下的民主相结合的制度，是党的根本组织制度和领导制度，也是马克思主义认识论和群众路线在党的生活和组织建设中的运用。根据党章的规定，民主集中制有六项基本原则。一是党员个人服从党的组织，少数服从多数，下级组织服从上级组织，全党各个组织和全体党员服从党的全国代表大会和中央委员会。二是党的各级领导机关，除它们派出的代表机关和在非党组织中的党组外，都由选举产生。三是党的最高领导机关，是党的全国代表大会和它所产生的中央委员会。党的地方各级领导机关，是党的地方各级代表大会和它们所产生的委员会。党的各级委员会向同级的代表大会负责并报告工作。四是党的上级组织要经常听取下级组织和党员群众的意见，及时解决他们提出的问题。党的下级组织既要向上级组织请示和报告工作，又要独立负责地解决自己职责范围内的问题。上下级组织之间要互通情报、互相支持和互相监督。党的各级组织要使党员对党内事务有更多的了解和参与。五是党的各级委员会实行集体领导和个人分工负责相结合的制度。凡属重大问题都要按照集体领导、民主集中、个别酝酿、会议决定的原则，由党的委员会集体讨论，作出决定；委员会成员要根据集体的决定和分工，切实履行自己的职责。六是党禁止任何形式的个人崇拜。要保证党的领导人的活动处于党和人民的监督之下，同时维护一切代表党和人民利益的领导人的威信。

习近平明确指出，严肃党内生活，最根本的是认真执行党的民主集中制，着力解决发扬民主不够、正确集中不够、开展批评不够、严肃纪律不够等问题。要健全和认真落实民主集中制的各项具体制度，促使全党同志按照民主集中制办事，促使各级领导干部特别是主要领导干部带头执行民主集中制。要发扬党内民主，营造民主讨论的良好氛围，鼓励讲真话、讲实话、讲心里话，允许不同意见碰撞和争论，同时善于进行正确集中，防止议而不决、决而不行。[59]可见，民主集中制是防止少数人专权的重要机制和手段，贯彻民主集中制的水平，直接决定公权力行使的质量。

民主集中制对决策民主化的重要意义体现在诸多方面。一是民主集中制原则要求，凡属重大事项、全局性问题，例如重大决策、重要干部的推荐、任免和奖惩等，都必须经过会议讨论并集体决定。重大问题的决定实行“集体领导、民主集中、个别酝酿、会议决定”的原则，经过充分酝酿、讨论、协商和广泛征求意见，按照少数服从多数的原则作出会议决定。二是对于集体决定的事项，不得随意更改，个人或少数人有不同意见允许保留，但经过集体讨论形成的决议，必须无条件服从并积极执行。三是坚持科学民主决策，坚持实事求是，一切从实际出发。进行决策前，必须进行调查研究，从群众中来到群众中去。四是重大问题和重要事项在提交会议决策前，应当先广泛征求意见，避免未经征求意见就仓促要求会议通过，避免简单的票决机制。五是完善议事决策程序。讨论重要问题和重大事项应当畅所欲言，避免“一言堂”；对于不同意见应充分讨论，避免以权压人，对于分歧较大的事项，应暂缓表决。例如，针对干部选拔任用问题，最新修订的《党政领导干部选拔任用工作条例》[60]明确规定，"与会成员对任免事项，应当逐一发表同意、不同意或者缓议等明确意见，党委（党组）主要负责人应当最后表态。在充分讨论的基础上，采取口头表决、举手表决或者无记名投票等方式进行表决。意见分歧较大时，暂缓进行表决"。这就从程序上确保了在诸如干部选任等重大事项的决策过程中进行充分意见沟通，防止"一把手"专权。

第四节　民主管理

马克思主义清醒地认识到社会主义以前的国家形态在民主问题上的虚伪性，其根源就在于经由政党制度和选举制度的过滤，国家成为异化于社会的"统治机器"，人民被剥夺了直接参与公共生活管理的权利。在强大的国家机器面前，人民主权成为一张仅仅写着"选举"二字的空头支票。在《法兰西内战》一书中，马克思直言不讳地指出，"有着常备军、无所不能的官僚机构、从事愚民勾当的教会、唯命是从的司法体系的政府权力，已完全脱离社会"，他甚至将国家称为市民社会身上冒充为其完美反映的"寄生赘瘤"；而这次革命就是"人民为着自己的利益而重新掌握自己的社会生活的行动"；公社是社会把国家政权重新收回，把它从统治社会、压制社会的力量变成社会本身的充满生气的力量，"这是人民群众获得社会解放的政治形式"。[61]

民主的重要价值就在于它为个体公民参与公共生活以及对公共生活施加影响提供机会。因此，古典意义上的民主仅仅就是指公民或共同体成员共同管理公共事务的直接民主，甚至可以说民主管理就是古典民主的主要形式。但随着人类社会不断走向政治现代化，规模问题开始成为民主的核心问题之一。法国哲学家卢梭热切地期盼民主制，但他的民主制只能安放在风俗淳朴、刚健质朴的小国寡民之中："要有一个很小的国家，使人民很容易集会并使每个公民都能很容易认识所有其他的公民。"[62]现代世界形成的历史，恰恰就是小型共同体不断被大型民族国家吞噬的历史。在古典时期，由于政治体规模较小，公共事务较为简单，因此当时的民主生活，往往是共同体成员（通常只包括成年男子）共同讨论、共同决策、共同执行。现代民族国家形成以后，一方面政治体的规模快速扩大，另一方面经济社会节奏急剧加速，治理事务成倍复杂。这使得现代民族国家的政治规模更大、专业性更强、参与成本更高，古典时期的城邦（直接民主）模式不再适用，而代议制民主虽然能够对应上述问题，但也日益凸显出单向度、一次性、间接性、碎片化等弊端。但是，在代议制民主模式下，大规模民族国家很难实现兼具广度和深度的政治参与。例如，投票在制度上虽然属于规模较大的参与形式，但也是彻头彻尾的“浅层参与”；协商虽然参与程度较深，但往往限于较小的规模之内。罗伯特·达尔认为，只有小规模民主才是可取的，在大规模民主体系中，较小的民主单位也是可取的。因此，现代大规模民族国家通常需要划小管理单元，在次国家层级特别是基层社会创造实行直接民主的机会。例如，中国在广大城乡社区广泛建立基层群众自治组织，人民群众实行自我管理、自我服务、自我教育、自我监督，充分享受直接民主的成果。在中国，广大人民弘扬主人翁精神，发挥主体作用，积极行使民主权利，通过各种途径和形式，管理国家事务，管理经济和文化事业，管理社会事务。

党的二十大报告指出，健全基层党组织领导的基层群众自治机制，加强基层组织建设，完善基层直接民主制度体系和工作体系，增强城乡社区群众自我管理、自我服务、自我教育、自我监督的实效。完善办事公开制度，拓宽基层各类群体有序参与基层治理渠道，保障人民依法管理基层公共事务和公益事业。全心全意依靠工人阶级，健全以职工代表大会为基本形式的企事业单位民主管理制度，维护职工合法权益。全方位民主是理想形态的民主政治的本质特征之一，中国特色社会主义民主是一种全方位民主，西方国家以竞争性选举为中心的政治民主只是一种有限的、狭隘的民主。西方现代世界从来没有产生过真正的全方位民主，而只有局限于政治领域的、单一依赖于选举的民主。片面强调选举的重要性，将竞争性视为民主的应有之义，极易陷入严重的理论误区，片面追求以选举为目标的政治民主化，甚至可能剧化这些国家本来就已经蕴藏的治理危机。而全方位民主并不局限于政治领域的民主，具有广泛性、全领域和全过程的特征，是政治民主、经济民主、生活民主的有机统一。全方位民主内生于中国自身的社会历史文化之中，而非简单的舶来品，来源于人民政治，以人民为中心确立基本价值取向，是实现人民政治最理想的政治建构。社会主义民主之所以是管用的民主，在于它关心的是实效而不是形式，关心决策过程而不是表决。形式上的票数不是最重要的，多数的决策是否能有多数支持去落实执行，才是问题所在。[63]习近平指出，“实现民主的形式是丰富多样的，不能拘泥于刻板的模式”[64]，“实践充分证明，中国式民主在中国行得通、很管用”[65]；“我国社会主义民主是维护人民利益最广泛、最真实、最管用的民主。我们要坚持人民民主，更好把人民的智慧和力量凝聚到党和人民事业中来”。[66]

一是参与国家政治生活和社会生活的管理。科恩认为，民主决定于参与，即受政策影响的社会成员参与决策。他从民主的“广度”“深度”“范围”三个维度来衡量民主。其中，民主的广度是由社会成员是否普遍参与来确定，民主的深度则取决于参与者参与时是否充分，是由参与的性质来确定的。这就决定，单纯的选举民主只是浅层次的参与，投票只是比较容易识别的参与形式，但充分的参与则包括投票前的许多活动。“民主社会中起作用的成员会积极参与社会的思考，投票只不过是思考的最后一步。”[67]人民行使宪法赋予的各项权利并承担宪法赋予公民的责任和义务，积极主动参加选举、协商、决策、监督等，在各个层级、各个领域参与国家政治生活和社会生活的管理，知情权、参与权、表达权、监督权得到有力保障。民主管理是实现人民意志、维护人民利益的重要方式，是全过程人民民主的实践展开；是国家依照宪法和法律，切实保障人民群众参与管理国家事务、经济文化事业、社会事务的权利。按照民主、公平、公开的原则，通过完善制度与体制机制，组织和动员人民按照党和国家的决策部署，投身到社会主义现代化国家建设的伟大实践之中，维护和实现好人民的根本利益。人民不仅通过人民代表大会等制度参与国家政治生活，还通过农村村民委员会、城市居民委员会、企事业单位职工代表大会等参与公共事务和自身事务的管理，真正体现人民的知情权、参与权、表达权、监督权，确保基层群众自我管理、自我服务、自我教育、自我监督。人民群众不仅通过民主选举、民主协商、民主决策、民主管理、民主监督等方式参与国家管理，还通过恳谈会、听证会、议事会、评议会、专家座谈会、征求意见会等各种形式广泛参与社会事务和自身事务的管理，人民群众对政治生活和社会生活的广泛参与，推动了党和政府持续回应人民群众的要求和期待，从而更好地彰显人民民主的制度优势。[68]

二是参与城乡社区民主管理。习近平强调，一个国家民主不民主，关键在于是不是真正做到了人民当家作主，要看人民有没有投票权，更要看人民有没有广泛参与权。可见，中国民主所强调的“参与”不限于西方代议制民主观所强调的通过选举的间接参与，而是更加强调人民群众多样化的基层民主和直接参与。党的十八届三中全会《决定》提出，“发展社会主义民主政治，必须以保证人民当家作主为根本……健全民主制度、丰富民主形式，从各层次各领域扩大公民有序政治参与”“要发展基层民主，畅通民主渠道，健全基层选举、议事、公开、述职、问责等机制”[69]。根据宪法法律和有关规定，农村和城市社区居民结合本地实际，由村(居)民讨论制定村(居)民自治章程、村规民约、居民公约等，明确规定村(居)民的权利和义务，村(社区)各类组织之间的关系和工作程序，以及经济管理、社会治安、消防安全、环境卫生、婚姻家庭、邻里关系、计划生育、精神文明建设等方面的自治要求，普遍实现村(居)民在基层公共事务和公益事业中的自我管理、自我服务、自我教育、自我监督。这种治理型参与围绕民众关切的民生议题展开，民生项目的民主征集、民主协商、民主表决、民主监督等各个环节都由民众参与决定，实际上是将民众自我管理和“全过程人民民主”的实践形态相结合：结构要素与生成机制将自我治理的权力真正下放给基层群众，从而调动了广大群众参与基层公共事务的积极性，使民主政治参与更为广泛、持续和深入。[70]基层城乡社区是人民群众自我管理，自我教育，自我服务，自我监督的重要空间场域，在那里人民的事人民管，人民的事人民办。人民群众的生活事务，主要满足于基层；涉及人民群众利益的大量决策和工作，主要发生在基层；基层的公共事务同当地居民利益相关度高，居民的参与意愿最为强烈，参与效果最为直接；基层是开展民主活动、进行公民民主训练和民主教育的主要场所。因此，建立健全基层民主参与机制与建设协调联动机制，稳步发展基层民主，更好解决人民群众的实际困难和问题，及时化解矛盾纠纷，促进社会和谐稳定，具有重要的民主意义。

三是参与企事业单位民主管理。民主具有多重属性，在马克思主义看来，政治民主更多具有表层意义，经济民主和社会民主才是更深层次的民主。在资本主义制度下，普通民众之所以只能享有形式上的政治民主，根本原因在于资产阶级掌握了经济财产权，进而控制了作为阶级统治工具的国家机器。而社会主义民主要超越资本主义民主，除了发展更加丰富、真实的政治民主以外，也必须让人民群众在经济社会生活中享受更多的民主权利和民主成果。1978 年 12 月 13 日，在中央工作会议闭幕会上，邓小平发表了《解放思想，实事求是，团结一致向前看》的重要讲话。在讲话中，邓小平着重谈到了“经济民主”问题，主要涉及两层意思。一是从央地关系和管理体制的角度，提出应该让地方和企业、生产队有更多的经营管理的自主权。二是从群众参与和公司治理结构的角度，提出要切实保障工人农民个人的民主权利，包括民主选举、民主管理和民主监督。不但应该使每个车间主任、生产队长对生产负责任、想办法，而且一定要使每个工人农民都对生产负责任、想办法。[71]民主作为一种社会政治制度，有其赖以形成和发展的经济基础。不仅资本主义产权剥夺了无产阶级的民主基础，高度专制化的资本主义公司治理结构也使得普罗大众在经济生活中与民主无缘。现代公司大股东控制和经营者控制导致的公司控制权扭曲已成为痼疾，其滥用的一般机理呈现为决策的独裁、利益的垄断和信息的虚假，由此将公司治理结构所生成的优势冲蚀殆尽，直接威胁到公司制度的生存与发展。[72]经济民主具有经济自由、经济平等、经济参与和经济分享等含义，其最主要特征是削弱了资本的统治，在形式上使劳动者从经济奴仆变成了经济领域的公民。[73]现代意义上的政治民主，实际上是市场经济活动中各种具有“民主”特性的精神或原则（即经济民主）在政治形态上的集中体现和必然要求。因此，经济民主既是民主政治形成的现实基础，也是民主政治发展的根本动因。我国不仅通过多种所有制形式尽可能保障人民群众经济民主，也探索更具民主性的现代公司治理结构，通过职代会等方式扩大劳动者在生产性组织中的政治参与机会。当前，全国超过 1.5 亿市场主体自主经营、自我管理、活力迸发，承载 7 亿多人就业，推动了中国经济总量、国家财力和社会财富稳定增长。根据宪法法律和有关规定，企事业单位普遍建立以职工代表大会为基本形式，以厂务公开制度、职工董事制度、职工监事制度为主要内容的民主管理制度。职工通过这些民主管理制度，参与企事业单位管理，维护单位职工合法权益，实现单位与职工协商共事、机制共建、效益共创、利益共享。截至 2021 年 12 月，全国已建工会企业中，建立职工代表大会的企业有

314.4 万家，其中，非公有制企业 293.8 万家、占 93.4%。[74]

四是参与社会组织民主管理。除了经济组织中要实行民主管理外，形式多样的社会组织也是人民民主管理的重要领域。社会组织是指依法注册登记，具有非政府性、非营利性、志愿性、公益性的相关组织。截至 2021 年 11 月，各级民政部门共登记社会组织超过 90 万家，其中全国性社会组织 2 284 家。社会组织参与社会协商是中国社会主义协商民主体系的重要组成部分，是我国国家与社会关系变迁过程中整合社会力量与构建共享性社会秩序的产物，是一种多元民主活动，对话平台与整合机制。社会团体、基金会、社会服务机构等社会组织，普遍制定章程，加强组织成员管理，自主开展活动，集中组织成员或服务对象的意见建议，以组织化的方式积极参与社会公共事务治理，在行业自律、社会服务、慈善事业等领域发挥民主管理作用。

第五节　民主监督

中华人民共和国宪法规定，国家的一切权力属于人民。这既规定了权力的来源，也明确了人民是权力监督的最重要主体。宪法的规定明确要求权力的运行应当适应人民的需求，接受人民的监督。党的十九大报告特别强调："要加强对权力运行的制约和监督，让人民监督权力，让权力在阳光下运行，把权力关进制度的笼子。"[75]全面有效的民主监督，保证人民的民主权利不因选举结束而中断，保证权力运用得到有效制约。在中国，解决权力滥用、以权谋私的问题，不能靠所谓政党轮替和三权分立，要靠科学有效的民主监督。中国结合本国实际，探索构建起一套有机贯通、相互协调的监督体系，形成了配置科学、权责协同、运行高效的监督网，对权力的监督逐步延伸到每个领域、每个角落。

"积极权力"是理解中国民主监督的理论前提。在西方"政党—国家"与"国家—社会"双重二分法的逻辑下，作为掌握权力主体的政党和国家被视为"必要的恶"。权力之"恶"成为权力运行监督与制约的逻辑起点，而极端强调"分权"与"外部监督"构成西方政治中权力监督的主要色彩。政党作为一个政治组织，夺取并行使执政权是其普遍特征。但在政党—权力关系上，中国共产党同西方国家的资本主义政党有着根本不同。资本主义政党以追逐权力为目标，即政党不再以追求人民的普遍幸福和公共利益为鹄的，政治权力本身反而成了政党的目标，这不可避免地会导致政党的庸俗化和势利化。对此，熊彼特等人有着非常清晰的论述，在他们看来，民主就是“那种为作出政治决定而实行的制度安排，在这种安排中，某些人通过争取人民选票取得做决定的权力”。但共产党人从来不将追逐权力作为目标，恰恰相反，共产党人夺取政权的目标在于最终消灭阶级、消灭国家，进而消灭政治权力。也就是说，政治权力是共产党人追求人类解放、自由和幸福的重要手段，而非目的。中国共产党治国理政绝非为了占有政治权力本身，而是要通过掌握和运用政治权力实现民族复兴、人民幸福，最终实现共产主义的崇高目标。习近平多次强调，中国共产党一经诞生，就把为中国人民谋幸福、为中华民族谋复兴确立为自己的初心使命。100年来，中国共产党团结带领中国人民进行的一切奋斗、一切牺牲、一切创造，归结起来就是一个主题：实现中华民族伟大复兴。中国共产党同国家政权紧密互嵌，互为一体，这样的政治形态，根本在于中国共产党意识形态、组织结构和活动方式的“国家化”，即中国共产党通过掌握国家机器、开展治国理政活动，追求民族复兴、人民幸福的伟大目标。如果说西方资产阶级政党是为了追逐权力而追逐权力，那么中国共产党运用权力治国理政则是为了实现人民的共同利益。

自我监督是中国政治权力监督的重要形式。中国的权力监督和制约体制的基本逻辑不是以权力“恶”为出发点，不是不惜牺牲政治整合和政治效率来过分强调分权，不是怀疑一切权力并对之进行外部监督。恰恰相反，中国公共政治权力的出发点是追求民生福祉和公共的“善”，强调政治整合和政治效率以完成政治承诺和政治理想，设计外部的权力监督机制但更加重视权力的道德自清和自我监督。中国的权力监督和制约体制中，“党权”不仅仅是监督和制约的对象，它还是重要的甚至是核心的权力监督和制约的主体。更加重要的是，在中国的公共权力结构中，中国共产党是作为一个“没有自己特殊利益”的使命型集团和先锋队存在的，因此它领导中国的公共权力包括监督权力，也因此中国共产党特别重视自我净化和自我监督能力建设。所以对于国家公务员特别是领导干部的监督，主要是靠中国共产党的纪律检查机关进行的。党的十八大以来的“拍苍蝇”“打老虎”的严厉反腐败斗争可以说明，中国共产党的纪律检查机关是具有强大的权力监督和制约能力的。西方任何国家的政党，都不可能具有像中国共产党一样的对国家权力的监督和制约功能。

早在建党之初，中国共产党就明确意识到党内监督的重要性。1921 年中国共产党第一次代表大会通过的《中国共产党纲领》中，就有关于党内监督的内容，例如“工人、农民、士兵和学生等地方组织的人数很多时，可以派他们到其他地区去工作，但是一定要受当地执行委员会最严格的监督。地方执行委员会的财政、活动和政策，必须受中央执行委员会的监督”。1927 年《中国共产党第三次修正章程决案》规定成立党的监察委员会，规定“中央及省监察委员，不得以中央委员及省委委员兼任”。1945 年党的七大通过的党章规定，中央及地方监察委员会的任务与职权，是决定或取消对党员的处分，受理党员的控诉。党的八大对权力制约和监督制度进行了有益探索，如加强党对于国家机关的领导和监督，加强全国人民代表大会和它的常委会对中央一级政府机关的监督，加强地方各级人民代表大会对地方各级政府机关的监督等。1956 年 9 月 16 日，党的八大全体会议通过的《关于修改党的章程的报告》指出，执政党的地位，使我们面临新的考验，很容易使我们同志沾染上官僚主义的习气和滋长一种骄傲自满的情绪。因此，我们需要实行党的内部的监督，也需要来自人民群众和党外人士对于我们党的组织和党员的监督。

1978 年党的十一届三中全会恢复了党的纪律检查委员会的机构设置。1980 年党的十一届五中全会通过了《关于党内政治生活的若干准则》，规定“必须坚持在真理面前人人平等，在党纪国法面前人人平等的原则。党内决不容许有不受党纪国法约束或凌驾于党组织之上的特殊党员，决不允许共产党员利用职权谋取私利”；“为了保持党和广大人民群众的密切联系，防止党的领导干部和党员由人民的公仆变成骑在人民头上的老爷，必须采取自下而上和自上而下相结合、党内和党外相结合的方法，加强党组织和群众对党的领导干部和党员的监督”。1987 年 7 月 29 日中央纪委下发了《关于对党员干部加强党内纪律监督的若干规定（试行）》，这是“文化大革命”后最早的关于监督的专门文件。1987 年党的十三大政治报告规定:"健全党的集体领导制度和民主集中制,要从中央做起。主要是:建立中央政治局常委向中央政治局、中央政治局向中央全会定期汇报工作的制度;适当增加中央全会每年开会的次数,使中央委员会更好地发挥集体决策的作用;建立中央政治局、中央政治局常委会、中央书记处的工作规则和生活会制度,使集体领导制度化,加强对党的领导人的监督和制约。"1990 年 3 月 12 日党的十三届六中全会通过的《关于加强党同人民群众联系的决定》中,正式提出要制定一部《党内监督条例》。2002 年 11 月党的十六大召开,新一届中央纪委将制定《党内监督条例》列入了重要工作日程,2003 年 12 月 31 日《党内监督条例》在党内正式颁布。党的十六大以来,党中央高度重视党内制度建设,积极探索和实践加强党内监督的有效形式和办法,颁布实施了《中国共产党党内监督条例(试行)》《中国共产党纪律处分条例》《党政领导干部选拔任用条例》等重要的党内法规,坚持并完善了巡视、派驻等重要的监督形式,逐步实现以权制权和依法治权的有机结合。

党的十八大以来,中国共产党总结全面从严治党经验,把纪律挺在前面,严肃党内政治生活,出台《关于新形势下党内政治生活的若干准则》《中国共产党党内监督条例》等党内法规,强化依规治党,扎紧制度笼子,党内监督取得重大成果。党的十八届三中全会强调,必须构建决策科学、执行坚决、监督有力的权力运行体系,形成科学有效的权力制约和协调机制。党的十九大报告提出,构建党统一指挥、全面覆盖、权威高效的监督体系,把党内监督同国家机关监督、民主监督、司法监督、群众监督、舆论监督贯通起来,增强监督合力。2018 年 3 月十三届全国人大一次会议通过《中华人民共和国监察法》,组建国家监察委员会,加强党对反腐败工作的集中统一领导,实现党内监督和国家机关监督、党的纪律检查和国家监察有机统一,实现对所有行使公权力的公职人员监察全覆盖。

制度化过程是中国权力运行受到监督与制约的重要保障。从抽象角度来理解政治权力,那么它似乎是专断的、非理性的。马克思认为,黑格尔的法哲学正是通过将非理性的权力包装成为理性的权利,从而将某种特殊利益普遍化。[76]在马克思那里,理性的法律是一种"自由的定在",而权力则不过是一种"盲目的自然必然性"[77]。所以,权力必然是非理性的,不存在理性的权力。[78]从这个意义上来说,任何国家的抽象的政治权力都是专断的、非理性的。但从具体角度来理解国家权力，它又必然是有范围、有限定的。因此，在抽象国家中，似乎统治阶级和统治阶级的权力机器可以为所欲为；但在实践国家中，任何国家机器必然受到这样那样的制约。由于现代国家普遍以建设“法治国家”为依归，这就决定，我们在抽象的阶级权力的基础上，有可能且有必要衡量一个国家的法定权力。因为，制定法虽然在本质意义上反映阶级利益，但制定法一旦制定出来就获得了一定的自主性，就会产生至少是形式上的普遍性。因此，中国共产党的积极权力也不是一种无限权力，而必然是有限的、受制约的。其中的关键转变就在于党的政治权力经历了一个“制度化”的过程。正如邓小平所说：“必须使民主制度化、法律化，使这种制度和法律不因领导人的改变而改变，不因领导人的看法和注意力的改变而改变。现在的问题是法律很不完备，很多法律还没有制定出来。往往把领导人说的话当做‘法’，不赞成领导人说的话就叫做‘违法’，领导人的话改变了，‘法’也就跟着改变。”[79]

除了极高的政治伦理要求、极严格的自我监督，以及日益严密的权力制度化过程带来的监督力量之外，中国的权力监督也非常重视多元权力之间的外部制衡，以及群众监督、舆论监督等权力监督的社会化过程。西方谚语有云：“权力导致腐败，绝对权力导致绝对腐败。”权力过于集中，没有分散和制衡机制，就很容易发生腐化，从而容易产生马克思所说的权力的“异化”问题。在西方国家，为了防止权力过于集中造成的权力腐化风险，发展出较为完备的“分权理论”。中国预防权力腐化的逻辑和机制有着不同于西方国家的地方，例如最典型的就是中国并不实行西方国家普遍采用的“权力分立”原则。但是，这并不意味着中国的政治权力就完全是整体性的。实际上，中国发展出了中国共产党集中统一领导下的权力分工与合作机制。例如，中国的权力监督体系中，形成了较为完善的人大监督和民主党派监督等民主监督形式。

人大监督。人民代表大会制度是我国的根本政治制度。我国的国家机关都由人大产生，对人大负责，受人大监督。所以，探讨国家机构之间的监督关系，首先不得不说人大的监督功能和监督机制。全国人民代表大会是我国最高国家权力机关和立法机关。全国人大同西方国家的“议会”一样，享有国家立法权，同样属于民意代表机关；但人大不同于西方分权模式下的代议机关的地方在于，议会只是平行的权力分支中的一支，全国人民代表大会则属于最高国家权力机关，拥有国家的最高立法权、最高任免权、最高决定权和最高监督权。而且，《中华人民共和国宪法》规定，全国人大享有上述四大权力之外的“应当由最高国家权力机关行使的其他职权”。全国人民代表大会作为最高国家权力机关的地位体现在如下方面。第一，全国人民代表大会是中国唯一有权修改宪法的机构，也是国家最高的违宪审查机构。而诸如美国，联邦国会只有宪法修改权，联邦最高法院享有违宪审查权。第二，全国人大及其常委会是中国最高的立法机构。第三，国务院、国家监察委员会、最高人民法院、最高人民检察院等“一府一委两院”都由人大产生，受人大监督。第四，全国人民代表大会有权决定一切全国性的重大问题，例如五年规划、财政预算、对外交战媾和等。第五，全国人大是中国最高层次的、最具代表性的民选机构，它的最高任务是对全国各族人民负责。[80]从职权来看，人民代表大会充分发挥作用，对宪法法律的实施、重大决策部署的落实等开展监督。各级人大及其常委会加强对“一府一委两院”执法、监察、司法工作的监督，确保法律法规得到有效实施，确保行政权、监察权、审判权、检察权得到正确行使。人民通过人大代表座谈会、基层群众座谈会、问卷调查、网络调研等“开门监督”的形式，积极参与人大监督工作。

人民代表大会对其他国家机关的监督权，不仅体现在机构之间的分工本身，而且还体现在人大专门的监督职能上。人民代表大会监督的对象，包括由它产生的一切国家机关及其工作人员，甚至还包括同级人大对同级人大常委会，上级人大常委会对下级人大常委会的监督。概括而言，人大的监督权主要包括法律监督、工作监督、人事监督和预算监督四大类。

一是法律监督。是指各级人民代表大会对行政机关和司法机关实施法律的情况的监督。具体包括人大及其常委会对各项法律法规、政府规章和规范性文件是否违反上位法进行监督。对法律法规的“合法性”进行监督是对有关机关行使立法权的重要监督。在欧美国家，比较成熟的法律监督机制是“司法审查”或“违宪审查”。中国的人大机关有权对下位法进行“合宪性审查”，如《宪法》规定全国人民代表大会常务委员会有权撤销国务院制定的同宪法、法律相抵触的行政法规、决定和命令；撤销省、自治区、直辖市国家权力机关制定的同宪法、法律和行政法规相抵触的地方性法规和决议。根据 2018 年党的十九届三中全会通过的《党和国家机构改革方案》，全国人大设立了一个新的专门委员会——宪法和法律委员会——从事对下位法的合宪性审查。

二是工作监督。工作监督包括人大机关对行政机关、监察机关、司法机关等的工作监督。《宪法》第 67 条第 6 款规定，全国人民代表大会常务委员会有权“监督国务院、中央军事委员会、国家监察委员会、最高人民法院和最高人民检察院的工作”。比如，各级人民代表大会通过听取、审议和批准同级政府、人民法院、人民检察院的工作报告；听取、审议和批准同级监察委员会的专项报告。除此之外，人大常委会还有权对总体执法情况或某些特定情况进行质询，组织人大代表对“一府一委两院”的工作进行视察，或者组织对特定问题进行调查；对“一府一委两院”的工作提出建议、批评和意见，等等。

三是人事监督。《宪法》规定，全国人民代表大会有权罢免由它所选举产生的国家机关领导人，包括中华人民共和国主席、副主席，国务院总理、副总理，中央军事委员会主席和中央军事委员会其他组成人员，国家监察委员会主任，最高人民法院院长，最高人民检察院检察长等。除此之外，人大通常还通过述职评议、质询等方式行使对领导人的监督权。近年来，一些地方人大进行监督机制创新，在强化质询和罢免这两项法定监督权的同时，开始探索述职评议等监督形式。目前来看，述职评议的对象涉及由人大及其常委会选举或任命的全部范围，评议方式包括书面述职评议或者口头述职评议，评议对象被要求限期整改，且整改措施和效果要向人大常委会报告。

四是预算监督。我国的预算编制权由政府财政部门行使，但预算草案的审议和批准权属于人大机关。《宪法》规定，“审查和批准国家的预算和预算执行情况的报告”。人大通过审查和批准预算，对政府行为特别是资源分配行为进行严格的监督。人大对预算进行审查和批准不仅仅限于人大会议环节，在人大会议召开前，人大专门委员会就要听取预算及预算执行情况的汇报，并要对之进行初步审查；在会议召开后，执行过程中如需调整预算编制，也需要经人大常委会审查批准；在预算执行过程中，人大还会定期对执行情况进行监督。近年来，浙江、上海等一些地方人大积极探索有效的预算监督制度，比如在预算编制过程中就介入，形成所谓“参与式公共预算”，广东、河北等一些地方的参与式预算甚至邀请人大代表以外的社会工作者参与讨论。

民主党派监督。在中国，除了有中国共产党作为法定的领导党和执政党之外，另外还有8个民主党派作为参政党存在。中国共产党和各民主党派之间属于“长期共存，互相监督，肝胆相照，荣辱与共”的关系，民主党派享有宪法上的对执政党的监督权，实际上，民主党派也可以通过一定形式，对其他国家机关进行监督。中国共产党支持民主党派和无党派人士在坚持四项基本原则基础上，进行政治协商、调研考察，参与党和国家有关重大方针政策、决策部署执行和实施情况的监督检查，受党委委托就有关重大问题进行专项监督等工作中，通过提出意见、批评、建议等方式，进行民主监督。参加人民政协的各党派团体和各族各界人士在政协组织的各种活动中，依据政协章程，重点就党和国家重大方针政策和重要决策部署的贯彻落实情况，以提出意见、批评、建议的方式进行协商式监督，协助党和政府解决问题、改进工作、增进团结、凝心聚力。

根据《中国人民政治协商会议章程》的规定，“中国人民政治协商会议全国委员会和地方委员会的主要职能是政治协商、民主监督、参政议政”。所谓民主监督是对国家宪法、法律和法规的实施，重大方针政策的贯彻执行、国家机关及其工作人员的工作，通过建议和批评进行监督。这里明确规定了人民政协的监督范围和监督方式，人民政协不仅可以对国家宪法、法律和法规的实施，重大方针政策的贯彻执行进行监督，也可以对国家机关及其工作人员的工作进行监督。当然，人民政协的监督方式主要是“软性”的，例如“建议”和“批评”，但实际上政协的监督得到中国共产党和各级政府的广泛尊重。例如，每年的“两会”即人大会议和政协会议并列，政协可以对包括政府工作报告在内的广泛事项进行讨论，并提出意见、建议和批评。在党和政府重大事项决策过程中，也会主动征求民主党派的意见，民主党派也可以根据自己的调查研究提出相应意见和建议。民主党派的监督有其独特的优势。比如代表来源广泛且普遍素质较高，民主党派都有着悠久的历史，分别代表一定的界别，能够使工商业界、学术界、港澳台等方方面面的声音得到表达。而且，民主党派与中国共产党党委、政府之间没有严格的上下级关系，从而具有一定的政治“超脱性”，反而有利于他们提出一些较为尖锐的意见和建议。

群众监督是人民行使监督权的重要形式。马克思主义的权力观可以概括为“权为民所赋”（来源）、“权为民所用”（目的）。马克思认为，克服公共权力失控的根本途径，主要是在最广泛人民参与的基础上通过普选制确立人民代表大会的最高权力机关地位。国家行政与司法部门均由人民代表大会选举产生并接受其监督，在此基础上再确立相应的分权原则以达到制衡的目的。[81]实际上，要确保以上两点得到有效落实，还必须补充第三个原则“权力受监督”（保障）。“权为民所用”最重要的一点就是拒腐防变，接受人民的监督。共产党接受监督是由其执政党的地位决定的。毛泽东认为，“只有让人民来监督政府，政府才不敢松懈。只有人人起来负责，才不会人亡政息”[82]。邓小平清醒地认识到权力腐败问题的严重性。他在《共产党要接受监督》的报告中指出：“我们党是执政的党，威信很高。我们大量的干部居于领导地位。在中国来说，谁有资格犯大错误？就是中国共产党。犯了错误影响也最大。因此，我们党应该特别警惕。”“如果我们不受监督，不注意扩大党和国家的民主生活，就一定要脱离群众，犯大错误。”[83]十一届三中全会后，邓小平在总结历史经验教训基础上，结合新时期实际，明确提出要建立“群众监督制度”“让群众和党员监督干部，特别是领导干部”[84]的意见，邓小平认为，加强人民监督是对执政党实行监督的最根本的制度，其他各种形式监督的实质都是为了强化人民的监督。公民、法人或者其他组织通过各种方式，对各级国家机关及其组成人员履职情况进行监督，既可以依法申请行政复议、提起行政诉讼，也有权向监察机关检举控告监察对象不依法履职，违反秉公用权、廉洁从政从业以及道德操守等规定，涉嫌职务违法、职务犯罪行为。在中国共产党第十九次全国代表大会上，习近平特别强调，“要加强对权力运行的制约和监督，让人民监督权力，让权力在阳光下运行，把权力关进制度的笼子”[85]。

舆论监督是民主监督的重要场域。正如哈贝马斯所言，“大众传媒影响了公共领域的结构，同时又统领了公共领域”[86]。由于媒体在公共舆论形成和发展中起着引领性的关键作用，公众通常把“媒体言论”与“媒体意见”当作社会舆论来看待并接受，新闻媒体也被称为“舆论界”。一般来说，媒体监督是新闻媒体机构及其专业人员或社会公众通过新闻媒体对权力行使者的执政和行政过程进行监察与督促，使之符合某种行为与价值规范的行为。从实践来看，媒体充分发挥舆论监督作用，对及时揭露曝光滥用公权、失职渎职等行为有着不可替代的积极作用。随着互联网的快速发展，人们更多借助网络等平台，对各级国家机关和公职人员提出意见、建议和批评，网络在舆论监督中发挥着越来越重要的作用。中国共产党重视和强调媒体监督，不单纯因为要重视媒体传播，重要的是需要加强党的领导、改善党的领导，让权力在阳光下运行，确保党在社会事业中的领导核心地位。邓小平说过：“报纸真的同实际、同群众联系好了，报纸办好了，对领导是最大的帮助。”“报纸最有力量的是批评和自我批评。”[87]并且，从报纸批评的效果来看，“很多地方看到报纸批评了的做法，就秘密地改，这就是报纸的作用”。[88]权力的掌握者和使用者责任重大，使命光荣，任务艰巨，牵一发而动全身，有人批评，有人揭短，有人提醒，能看清问题、克服缺点、减少错误、降低损失。实践证明，在人大监督、司法监督、行政监督等众多监督门类之中，媒体监督是成本低、有效性强的权力监督形式：一是通过媒体监督的方式提出建议与意见，为权力行使者提供决策参考，帮助解决具体问题；二是提高媒体公信力，协助权力行使者做好民众的思想政治工作；三是及时提供预警信息，帮助权力掌握和行使者提前化解矛盾，将问题解决在萌芽状态，从而避免因权力行使失误而可能造成的重大损失。

当然，我国权力监督与制约制度已经取得长足发展，但并不意味着它就不存在任何问题。实际上，制度的发展和完善是永无止境的。我国的权力监督和制约制度也存在一些不相适应、不够完善的地方。比如，权力配置和结构不尽科学，决策权、执行权和监督权之间有的没有形成相互制约；权力缺乏法制约束，有的权力不是依法设立，或者不是依法行使，有的领导干部常常因为程序违法，工作陷于被动；权力运行过程不够公开透明，对权力的监督不够有力，对领导干部的监督管理难以发挥应有的作用等问题。这说明，我国的民主监督体系建设依然任重道远。

小　结

民主问题是现代政治的核心问题。在规范层面，民主已经成为一种时代精神，是全人类共同追求的价值。但在实践层面，如何能够将民主切切实实落到实处，让人民在国家政治生活和治理过程中真正“当家作主”，尚不能说已经找到完美的答案。西方国家在走向政治现代化的过程中，普遍将“选举领导人”当作现代民主的核心甚至唯一标准，但即使在西方世界内部，无论是实践界还是理论界都已经对这种单一的民主模式产生了怀疑和反思。目前，一些国家的选举政治正在退化为“选主政治”“金主政治”，并长期受到“参与赤字”“否决政治”的纠缠。可以十分肯定的是，人类民主实践发展不会停留于选举政治，世界各国有权利也有必要探索适合自己的现代民主政治实践方式。

作为一个马克思主义政党，中国共产党自诞生之日起就以追求民主为目的。中国在近现代政治转型过程中，探索并实践了包括代议制民主在内的各种民主实践形式，并初步实现了具有中国特色的现代民主实践体系。早在根据地时期，中国共产党就进行了选举制度建设，用“豆选”这样朴实的方式让农民品尝到了民主的果实。“三三制”和统一战线的法宝也是重要的民主实践机制，尽可能地扩大政治参与范围，同时注重充分的沟通协商，让大家能够畅所欲言，这保证了各方面的革命者、爱国者、建设者能够在党的领导下共商国是。民主协商的基因深深融在中国共产党和新中国的血液之中。

中华人民共和国的成立本身也是协商建国的结果，中国人民政治协商会议是协商建国的重要标志和平台。从 1952 年到 1954 年，中国共产党自下而上通过选举建立各级人民代表大会，人民的选举权利得以制度化。中国共产党和中国政府的决策，向来注重广开言路，民主集中制原则成为基本的决策原则。新中国还在广大城乡社区建立了基层群众自治组织，在企事业单位当中建立了工会、职代会，充分保障人民群众自我管理、自我服务、自我教育、自我监督的权利。民主的本义是人民当家作主，我们在历史实践中充分认识到，选举是一种十分重要的人民主权的制度设计，但仅仅依靠选举不足以保障人民当家作主。中国的民主实践体系，是一个包括民主选举在内，同时强调民主协商、民主决策、民主管理、民主监督等丰富要素的“管用的”民主实践体系。这个实践体系是历史的产物，也必将随着历史的发展不断进步。

注释

1. 中共中央文献研究室编：《十八大以来重要文献选编》（中），北京：中央文献出版社 2016 年版，第 76、73 页。

2.《马克思恩格斯文集》第三卷，北京：人民出版社 2009 年版，第 443 页。

3. 亓光：《全过程民主：中国共产党治国理政的思维变革与政治逻辑》，《社会科学研究》2021 年第 2 期。

4. 鲁品越：《全过程民主：人类民主政治的新形态》，《马克思主义研究》2021 年第 1 期。

5. 张爱军：《全过程民主的范围与限度》，《天津行政学院学报》2021 年第 3 期。

6. 阙天舒、方彪：《国家治理场域中全过程民主与新型政党制度——基于新时代中国话语建构的视角》，《社会主义研究》2021 年第 4 期。

7. 冯颜利：《全过程人民民主才是真正的民主》，《当代世界》2021 年第 8 期。

8. 王江伟：《“全过程人民民主”的实践形态：结构要素与生成机制》，《求实》2021 年第 5 期。

9. 樊鹏：《中国特色社会主义民主为什么行》，《红旗文稿》2021 年第 14 期。

10. 张明军：《全过程人民民主的价值、特征及实现逻辑》，《思想理论教育》2021 年第 9 期。

11. 王宗礼、李振江：《全过程人民民主：社会主义民主政治理论与实践的重大创新》，《行政论坛》2021 年第 4 期。

12. 唐亚林：《社会主义民主就是人民当家作主》，《红旗文稿》2020 年第 13 期。

13. 桑玉成：《拓展全过程民主的发展空间》，《探索与争鸣》2020 年第 12 期。

14. 习近平：《在庆祝中国人民政治协商会议成立 65 周年大会上的讲话》，《人民日报》2014 年 9 月 22 日 02 版。

15. 王立胜：《“七一”重要讲话的重大理论创新及意义》，《人民论坛》2021 年第 21 期。

16. 祝灵君：《推进全过程民主离不开党的领导》，《探索与争鸣》2020 年第 12 期。

17. 习近平：《在中央人大工作会议上的讲话》，《求是》2022 年第 5 期。

18. 林彦：《全过程人民民主的法治保障》，《东方法学》2021 年第 5 期。

19. 高奇琦、杜欢：《智能文明与全过程民主的发展：国家治理现代化的新命题》，《社会科学》2020 年第 5 期。

20.《习近平谈治国理政》第三卷，北京：外文出版社 2020 年版，第 29—30、17—18 页。

21. 习近平：《在庆祝中国人民政治协商会议成立 65 周年大会上的讲话》，《人民日报》2014 年 9 月 22 日 02 版。

22. 肖立辉：《如何将协商民主的制度优势转化为治理效能》，《中国党政干部论坛》2023 年第 1 期。

23. 习近平：《在庆祝中国人民政治协商会议成立 65 周年大会上的讲话》，《人民日报》2014 年 9 月 22 日 02 版。

24. 袁廷华：《协商建国共创伟业》，《中央社会主义学院学报》2009 年第 5 期。

25. 孙春兰：《着力推动政党协商深入开展》，《求是》2015 年第 9 期。

26. 陈明明：《“兵家之操典，化学之公式”：中国基层民主的技术操作》，见韩福国：《我们如何具体操作协商民主：复试协商民主决策程序手册》，上海：复旦大学出版社 2017 年版，序二。

27. 习近平：《在庆祝中国人民政治协商会议成立 65 周年大会上的讲话》，《人民日报》2014 年 9 月 22 日 02 版。

28. 朱光磊:《当代中国政府过程》,天津:天津人民出版社 2002 年版,第 29 页。
29.《关于加强社会主义协商民主建设的意见》,新华网,2015 年 2 月 9 日,http://www.xinhuanet.com/politics/2015-02/09/c_1114310670_2.htm。
30. [法]卢梭:《社会契约论》,何兆武译,北京:商务印书馆 2008 年版,第 121 页。
31. 习近平:《在庆祝中国人民政治协商会议成立 65 周年大会上的讲话》,《人民日报》2014 年 9 月 22 日 02 版。
32. 刘晓辉:《人大协商民主的发展历程及理论探析》,《广西社会主义学院学报》2018 年第 3 期。
33. 李蕊:《人大协商:内涵、理论与要素》,《经济社会体制比较》2018 年第 4 期。
34. 苏绍龙:《地方立法协商制度机制刍议》,《暨南学报(哲学社会科学版)》2015 年第 5 期。
35. 李凡就将温岭民主恳谈的发展历程分为 1999—2004 年的"体制外对话机制"和 2004 年以来的"体制内对话机制"两个阶段。见李凡:《用建立政府和公众对话体制的方式推动中国民主发展——纪念温岭民主恳谈十周年》,世界与中国研究所 2009 年 9 月 28 日《背景与分析》,第 214 期。
36. 张学明:《深化公共预算改革增强预算监督效果——关于浙江省温岭市参与式预算的实践与思考》,《人大研究》2008 年第 11 期,第 19 页。
37. 董树彬:《人民政协协商民主的模式示范与制度引领》,《当代世界与社会主义》2016 年第 2 期。
38. 王蔚:《人民政协协商民主与社会主义协商民主建设》,《当代世界与社会主义》2014 年第 1 期。
39. 肖存良:《人民政协推进社会主义协商民主建设的基本路径》,《上海市社会主义学院学报》2014 年第 2 期。
40. [美]乔万尼·萨托利:《民主新论》,冯克利、阎克文译,上海:上海人民出版社 2009 年版,第 128—129 页。
41. [美]罗伯特·达尔:《多元主义民主的困境——自治与控制》,周军华译,长春:吉林人民出版社 2011 年版,第 1 页。
42. 布成良:《论人民团体在我国协商民主中的属性和内容》,《中共天津市委党校学报》2014 年第 6 期。
43.《习近平总书记系列重要讲话读本》,北京:学习出版社、人民出版社 2014 年版,第 78—79 页。
44. [美]罗伯特·达尔、爱德华·塔夫特:《规模与民主》,唐皇凤、刘晔译,上海:上海人民出版社 2013 年版,第 41 页。
45. [美]罗伯特·达尔:《论民主》,李风华译,北京:中国人民大学出版社 2012 年版,第 78 页。
46. 刘佳义:《完善协商民主体系》,《人民日报》2023 年 7 月 3 日 09 版。
47. 习近平:《在庆祝中国人民政治协商会议成立 65 周年大会上的讲话》,《人民日报》2014 年 9 月 22 日 02 版。
48. 中华人民共和国国务院新闻办公室:《中国的民主》(白皮书),中国政府网,2021 年 12 月 4 日,https://www.gov.cn/zhengce/2021-12/04/content_5655823.htm。
49. 舒小庆:《基层立法联系点:接地气察民情聚民智》,《学习时报》2021 年 12 月 21 日。
50. 全国人大常委会法制工作委员会:《基层立法联系点是新时代中国发展全过程人民民主的生动实践》,《求是》2022 年第 5 期。
51.《马克思恩格斯全集》第一卷,北京:人民出版社 1956 年版,第 390—395 页。
52. 参看王绍光、樊鹏:《中国式共识型决策:"开门"与"磨合"》,北京:中国人民大学出版社 2013 年版。
53. 鲁品越:《全过程民主:人类民主政治的新形态》,《马克思主义研究》2021 年第 1 期。
54. 阙天舒、方彪:《国家治理场域中全过程民主与新型政党制度——基于新时代中国话语建构的视角》,《社会主义研究》2021 年第 4 期。
55. 杨海坤:《论行政机关首长负责制》,《广西社会科学》1991 年第 5 期。
56.《马克思恩格斯全集》第三十三卷,北京:人民出版社 1973 年版,第 378 页。
57.《列宁全集》第二十四卷,北京:人民出版社 1990 年版,第 149 页。
58. 于学强、于学勇:《简析民主集中制的历史发展》,《毛泽东邓小平理论研究》2008 年第 3 期。
59. 中共中央文献研究室编:《十八大以来重要文献选编》(上),北京:中央文献出版社 2014 年版,第 352 页。

60.《党政领导干部选拔任用工作条例》,2019 年 3 月 3 日起施行。

61.《马克思恩格斯选集》第三卷,北京:人民出版社 2012 年版,第 136—140 页。

62. [法]卢梭:《社会契约论》,何兆武译,北京:商务印书馆 2003 年版,第 84—85 页。

63. 陈周旺:《全方位民主:中国特色社会主义民主的理论体系与制度选择》,《学术月刊》2020 年第 2 期。

64. 习近平:《在庆祝中国人民政治协商会议成立 65 周年大会上的讲话》,《人民日报》2014 年 9 月 22 日 02 版。

65. 习近平:《在中央政协工作会议暨庆祝中国人民政治协商会议成立 70 周年大会上的讲话》,北京:人民出版社 2019 年版,第 6 页。

66.《坚持人民至上　不断造福人民　把以人民为中心的发展思想落实到各项决策部署和实际工作之中》,《人民日报》2020 年 5 月 23 日。

67. [法]科恩:《论民主》,聂崇信、朱秀贤译,北京:商务印书馆 1988 年版,第 12—21 页。

68. 王宗礼、李振江:《全过程人民民主:社会主义民主政治理论与实践的重大创新》,《行政论坛》2021 年第 4 期。

69.《习近平总书记系列重要讲话读本》,北京:学习出版社、人民出版社 2014 年版,第 78—79 页。

70. 王江伟:《"全过程人民民主"的实践形态:结构要素与生成机制》,《求实》2021 年第 5 期。

71.《邓小平文选》第二卷,北京:人民出版社 1994 年版,第 145—146 页。

72. 阳东辉:《经济民主:现代公司控制权扭曲的解决思路》,《现代法学》2004 年第 2 期。

73. 余少祥:《经济民主的政治经济学意涵:理论框架与实践展开》,《政治学研究》2013 年第 5 期。

74. 中华人民共和国国务院新闻办公室:《中国的民主》(白皮书),中国政府网,2021 年 12 月 4 日,https://www.gov.cn/zhengce/2021-12/04/content_5655823.htm。

75. 习近平:《决胜全面建成小康社会　夺取新时代中国特色社会主义伟大胜利——在中国共产党第十九次全国代表大会上的报告》,北京:人民出版社 2017 年版,第 67 页。

76. 潘乐:《将权力从理性中解放出来——马克思与尼采的权力思想研究》,《理论界》2016 年第 8 期。

77. 黑格尔把国家说成是"自由精神的实现",但他实际上是要通过同自由相对立的自然必然性(权力)来摆脱一切难于解决的冲突。可以看出,马克思一方面指出了非民主国家"法治"的虚伪性,另一方面说明了权力的非理性本质。参见马克思:《黑格尔法哲学批判》,北京:人民出版社 1963 年版,第 81—82 页。

78. 马克思的这一论点是在对自由主义的批判中提出来的。马克思认为,自由主义的"命门"正是它引以为傲的所谓"理性"。因为,"理性"的现实依托其实不过是资本主义的阶级权力。而权力必然是非理性的,不存在理性的权力,这就必然导致自由主义的理性走向其反面:即非理性。参见曹天予:《权力与理性——世界史中的马克思主义与自由主义》,上海:华东师范大学出版社 2016 年版。

79.《邓小平文选》第二卷,北京:人民出版社 1994 年版,第 146 页。

80. 朱光磊:《当代中国政府过程》第三版,天津:天津人民出版社 2008 年版,第 32 页。

81. 杜永明、赵金山、王彦坤:《发展社会主义民主政治的根本问题研究》,石家庄:河北人民出版社 2006 年版,第 48 页。

82.《毛泽东著作专题摘编》(下),北京:中央文献出版社 2003 年版,第 2162 页。

83.《邓小平文选》第二卷,北京:人民出版社 1994 年版,第 214 页。

84. 同上书,第 215 页。

85. 习近平:《决胜全面建成小康社会　夺取新时代中国特色社会主义伟大胜利——在中国共产党第十九次全国代表大会上的报告》,北京:人民出版社 2017 年版,第 67 页。

86. [德]尤尔根·哈贝马斯:《公共领域的结构转型》,曹卫东等译,上海:学林出版社 1999 年版,第 15 页。

87.《邓小平文选》第一卷,北京:人民出版社 1994 年版,第 150 页。

88. 同上书,第 147 页。

第八章　使命导向的发展动力

无论就制度而言还是就实践而论，民主政治都需要持续发展，从而适应不断变化的社会和政治环境、提高政治体制的合法性和效能、满足人民的政治诉求、应对国内外各种挑战。民主的发展过程其实就是政治不断变革和改进的过程。全过程人民民主从其理想状态而言，是一种更为优质的现代民主政治类型，这就意味着，全过程人民民主在中国特色社会主义新时代面临着实现更高质量发展，从而充分展现其竞争优势的重要任务。

从根本上讲，中国共产党的使命是全过程人民民主的发展动力。为中国人民谋幸福、为中华民族谋复兴、为世界谋大同，决定了中国共产党必须将发展高质量的全过程人民民主作为中国特色社会主义政治发展的基本目标，只有发展全过程人民民主并以高质量的全过程人民民主为主干建构人类现代政治文明新形态，中国共产党才能完成自己的使命。具体而言，全过程人民民主的发展动力是多层面的，包括政党自我革命、经济发展、人民的变化、技术赋能以及国际大势的变化等，这些因素相互交织，共同推动着中国全过程人民民主的不断发展。

中国共产党通过自我革命不断提高党的领导水平和执政能力，党的自我革命使其领导作用的发挥方面更加贴近人民的需求、更加高效，有助于全过程人民民主的发展。中国经济的增长为全过程人民民主提供了坚实的物质基础。经济发展改善了人民的生活水平，提高了人民的素质和教育水平，使更多人能够参与政治决策和公共事务。随着经济发展，人民对于政治参与和民主权益的诉求逐渐增强，他们更加关注政府决策的公平性和有效性，要求更多地参与政治过程。信息技术的快速发展则为全过程人民民主提供了强大的工具。互联网和社交媒体等技术平台使信息更容易获取和传播，扩大了民众参与政治决策的渠道。同时，世界正经历着百年未有之大变局，中国作为国际社会的一员，全过程人民民主实践能够提高政府的稳定性和韧性，增强国家的抵御外部冲击的能力，在全过程人民民主的发展过程中，中国也可以更好地与其他国家开展合作，推动构建人类命运共同体。

第一节　自我革命

政党被认为是现代民主的基石。现代“政党是出于选举的目的，通过协调公民，把公民和政府连接起来的政治组织”[1]。现代政党在现代民主中扮演着至关重要的角色，它们是民众与政府之间的桥梁，代表着民意，推动政策制定、政治竞争和政府监督。现代政党制度的建立，有助于建立公平、透明、有序的政治体系，确保政权更替和政策制定的合法性。各国的现代政党对于民主进展起了不同的作用，一般而言，政党对于民主的推动主要体现在以下几个方面。首先，政党代表了多元的民意，现代政党是选民将他们的政治观点、关切和利益组织起来的机制。不同政党代表不同的政治观点，选民通过支持不同政党来表达他们的立场，这反映了多元化社会的需求。其次，政党通过竞争实现民主的选择，政党竞争是民主政治的一种方式。政党通过选举竞争来争取政府权力，这种竞争鼓励政治多样性，并使选民能够在不同政策选项之间做出选择。再次，西方政党一般会在政府和议会中起着关键作用，主要表现在提出法案、参与辩论、监督政府行动等，现代政党在一定程度上促进了政府决策的公开透明，并受到监督。最后，现代政党为民众提供了参与政治的平台，通过成为政党的成员或支持者，民众可以参与政治活动、表达他们的观点，并且进一步影响政策。

中国共产党是一个现代政党，在推动现代民主的发展方面，既具有一般政党的作用，又具有独特的作用。中国共产党是一个使命型政党，“使命型政党是具有先进的理想信念和坚定的政治立场，将主动承担历史使命和切实履行政治责任视为组织激励和行为动力之根本源泉的先锋队政党”[2]。有学者将之概括为：“以马克思主义为指导，以对人类社会发展规律的认知与把握为前提，以人民至上为价值宗旨，以建立共产主义、实现每个人的自由全面发展为最终使命，具有强烈的历史主体意识与舍我其谁的责任担当情怀的一种政党类型。”[3]使命型政党不仅符合现代政党一般规律，而且具有其自身特质。对于中国共产党而言，在中国近代以来追求独立与富强的历史背景下，中国共产党内形成了自身的使命追求——“中国共产党一经诞生，就把为中国人民谋幸福、为中华民族谋复兴确立为自己的初心使命。一百年来，中国共产党团结带领中国人民进行的一切奋斗、一切牺牲、一切创造，归结起来就是一个主题：实现中华民族伟大复兴。”[4]在实现民族复兴的使命之下，中国共产党实施了一系列经济改革政策，推动了中国经济的崛起。在党的领导下，中国取得了令人瞩目的经济成就，这为提高人民的生活水平和发展民主提供了有力支持。中国共产党还在党内外均形成了强大的领导和治理能力，为国家的社会稳定和发展作出了贡献，推动了一系列重大政治制度的改革与完善，维护社会秩序，为民主的发展提供了坚实的政治社会基础。同时，中国共产党还将改善民生视为重要任务之一，致力于消灭贫困、提高人民的生活水平，确保全体人民分享发展成果，一系列措施有助于提高民主发展的社会基础。此外，中国共产党还推动了一系列政治改革措施，包括基层民主建设、选举制度改革和反腐败斗争等，旨在加强政府的透明度和问责制，提高政府决策的民主性。

中国共产党的最鲜明的品格在于自我革命，党的自我革命是中国各项事业前进的重要动力。“现在，世人惊叹中国理论创新、实践创新、制度创新步伐之快，惊叹中国社会面貌变化之大，要看到在这些发展变化背后是我们党永不自满、永不懈怠的品格，是我们党不断自我净化、自我完善、自我革新、自我提高的精神。”中国共产党的自我革命是一项持续进行的工作，旨在不断改进党的内部机制和行为，确保党能够适应社会的新变化和新挑战，提高党的质量和效能，维护党的合法性和稳定性。党的自我革命的核心之一是反腐败斗争。通过反腐败斗争，可以清除腐败、维护党的纯洁性与先进性。同时党的自我革命还包括了改进党内民主机制，完善民主集中制，推动基层党组织的民主化、加强党内选举制度、提高党员代表大会的重要性等。通过党的制度建设，对党纪和党内法规进行修订和完善，以确保党内规范和法治原则的实施，增强党的组织效能。党的自我革命还关注党风廉政建设，提高党员的政治纪律和道德水平，强调对党的干部的廉洁和忠诚的要求。此外，党的自我革命也鼓励理论和政策的创新，以适应世情国情党情的变化，有助于提高党的政策制定的灵活性和时效性。

党的自我革命也是对“跳出历史周期率”问题的回答。如何跳出历史周期率，这是一个关系党的生死存亡，关系我国社会主义制度的兴衰成败的大问题，在第一个答案“让人民来监督政府”的基础上，“经过百年奋斗特别是党的十八大以来新的实践，党又给出了第二个答案，这就是自我革命”。历经百年探索，中国共产党创造性地开辟了发展人民民主、接受人民监督的“民主新路”和全面从严治党、推进自我革命的“革命新路”，这“两个答案”是党把握历史规律、掌握历史主动的必然结果。“勇于自我革命和接受人民监督是内在一致的，都源于党的初心使命。”[5]全过程人民民主则是党的自我革命和接受人民监督统一背景下所推进的一项民主政治制度。

有学者指出，“自我革命聚焦破除党建设发展中影响先进性纯洁性的因素，以制度治党推进从严治党，以‘党法严于国法’推动制度建设与思想建设完成历史性新契合，建立党内的法治建设与党的权力担当相适应机制”[6]。因此，作为一项重要的政治制度，全过程人民民主的建设既是包含在党的自我革命之中，也是党在不断的自我革命，提高自身机能之后，需要致力的一项内容。“办好中国的事情，关键在党，关键在坚持党要管党、全面从严治党。”[7]

党的自我革命对全过程人民民主的促进作用主要在三个方面。首先，党的自我革命需要增强党组织政治功能和组织功能，实施党内民主有助于实现这一目标。“落实党内民主制度，保障党员权利，激励党员发挥先锋模范作用。严肃稳妥处置不合格党员，保持党员队伍先进性和纯洁性。”[8]中国共产党始终坚持和发展党内民主，党的十八大以来更是“通过多种方式、多种渠道扩大了民主，有力推进了科学决策、民主决策、依法决策”。[9]党内民主是民主集中制的重要方面，毛泽东曾指出，“我们的集中制，是建立在民主基础上的集中制。无产阶级的集中，是在广泛民主基础上的集中”。[10]民主集中制是党的组织原则，并且“起着关联党内政治生活和国家政治生活、整合党内资源和社会资源以及规范国家机关的活动形式的基础性、原则性作用”[11]，民主集中制是党和国家研究制定、贯彻执行路线方针政策的组织原则，进一步推进党内民主，可以更好地落实党的组织原则，而党内民主自身也构成了全过程人民民主的一个组成部分。充分发挥党内民主是党的自律也是党的自我革命，在跳出历史周期率的答案中，既需要基于人民监督的人民民主的充分发挥，也需要基于自我革命的党内民主的充分发挥。“民主新路是外因，注重他律；自我革命是内因，注重自律。没有外力，难以形成解决问题的压力，内力就会涣散；没有内力，难以形成解决问题的动力，外力就会失效。”[12]

其次，新型政党制度的建立是中国共产党对于现代政党制度的重要贡献，“新型政党制度是全过程人民民主的重要制度载体，其制度效能直接关系到全过程人民民主的发展”。[13]新型政党制度规定了中国共产党与其他社会主义参政党之间的合作和政治协商机制。这种多党合作的制度设计有助于实现不同政治力量的平衡和共识，减少政治对立和分裂，促进政治稳定，这种制度也为中国共产党的政策制定提供了更多科学观点和建议。我国的新型政党制度在关系结构上实现了对竞争型政党制度的超越，创造了多元代表与集中统一之间的新的平衡方式，“在利益代表与整合环节、决策环节、监督环节，中国新型政党制度以辩证统一思维塑造功能优势，有效促进了民主与治理的协同运行”。[14]新型政党制度通过多党合作和政治协商来实现政治平衡。这有助于维护政治稳定，降低社会动荡的风险，为国家的长期发展提供了有利条件。同时强调民主参与和政治协商，使不同政治力量能够参与政策制定和决策过程，增强了政策的代表性和合法性。社会主义参政党的政治参与有助于制定更全面、多样化和包容性的政策，更好地满足社会的多元需求。同时，通过政党监督也有助于防止政府滥用权力或腐败行为，增强了政府的透明度和问责性。中国新型政党制度塑造的新的民主制度与政党制度也是全过程人民民主的重要组成部分，是中国式现代化所创造的新的政治制度和民主体系的具体体现。

最后也是最为关键的，中国共产党是全过程人民民主的领导力量，党的自我革命将促进全过程人民民主的更好发展。“新时代发展全过程人民民主，需要从体制、制度、组织、民意四位一体的层面协调推进，实现政党统合、法治保障、党建引领、舆论引导全过程人民民主的发展格局。”[15]民主的新发展对党的自身建设有了更高的要求，中国共产党“作为执政党、领导党、革命党‘三位一体’身份领导新时代社会革命、开展伟大斗争”，需要完成党的自我革命。[16]而一个不断以守正创新为战略思维的政党，一个自我净化、自我监督的政党，也必将不断通过推进国家治理现代化以提高执政能力。党的自我革命和全过程人民民主的发展是中国政治发展中最重要的两个维度，这是“集中—民主”这一我国政治的关键主题在党和国家制度框架层面上的体现。“中国现代国家建设采取政党—国家的特殊方式，则是试图克服低组织化状态以应对内外超强压力的历史选择。……它的最大的问题是在发挥这种强大的组织动员能力的同时，如何有效防止权力的滥用，如何保障公民的权利和经济社会的可持续发展。”[17]因此，由党领导的全过程人民民主是我国宏观制度框架中的枢纽，其中的具体制度形式与制度载体还在不断发展之中，这是我国未来政治发展的关键。

第二节　经济基础

经济基础与民主发展之间的关系是民主研究中的一个重要课题。早期研究认为，“把政治系统与社会其他方面联系起来的最普遍的概括或许是，民主与经济发展的状况有关。一个国家越富裕，它准许民主的可能性就越多”[18]。这是一种简单地将经济发展与民主进步之间标上正相关的结论，这种理论认为，一方面，经济的稳定和增长有助于提高民众的生活水平，提供更多社会资源，从而促进民主的发展。经济繁荣可以降低社会动荡的风险，从而带来更多的政治选择，增加政治参与的动力。另一方面，民主通常提供更多的政治稳定和制度透明度，这对于吸引投资、保护产权、鼓励创新和提高经济效率都非常重要，同时，民主还有助于避免政府滥用权力，减少腐败，提高政府的质量和效能，因此可以促进经济增长。所以，民主政治与经济发展是相辅相成的。

实际上，民主与经济发展之间的关系是复杂的，在不同的民主发展阶段与不同的经济基础之间不是简单的正相关关系。经济基础对于民主的影响首先体现在经济结构与经济制度可以影响再分配制度，进而作用于政治结构。经济结构“影响权贵在民主与非民主之间的权衡，或者影响民众对民主和革命收益的比较”，其原因在于，“首先，经济结构可能影响革命、镇压或政变的成本。其次，经济结构也可能影响不同团体之间的再分配政治的性质”。[19]此外，还有一些学者将社会福利与民主政治相联系，例如“在蒂利的分析里，统治者提供投票权、公民自由以及社会福利，将臣民转变成公民，和国家捆绑在一起”[20]。还有从消费民主的视角考察经济与民主，“从这一观点来看，资本主义社会是一种每个便士都代表一张选票的民主制，是一种强制的、可以立即撤销对其代理人授权的民主制”。[21]综合各种观点，对于经济基础与政治的关系，一般认为，“最好的经济秩序除了实现其他目标外，将有助于分配政治资源，使其有利达成平等投票、有效参与充分知情以及让所有受法律约束的成年人行使最终控制政治议程的目标”[22]。

马克思主义对于民主与经济基础有着更为深刻的论述。按照马克思主义的观点，“在资本主义社会里，在它最顺利的发展条件下，比较完全的民主制度就是民主共和制。但是这种民主制度始终受到资本主义剥削制度狭窄框子的限制，因此它实质上始终是少数人的即只是有产阶级的、只是富人的民主制度”[23]。资本主义社会存在着阶级对立，少数富裕的资产阶级剥削多数贫困的无产阶级。这种阶级不平等可能限制了真正的民主制度的发展，因为富人和资本家可能会利用他们的财富和资源来影响政治决策，资本的控制和私有制限制了真正的民主发展，因为政治力量往往集中在那些拥有经济资源的少数人手中。

在马克思主义看来，只有生产力发展了才能实现真正的民主，而民主又可以解放和发展生产力。“民主属于上层建筑，属于政治这个范畴。这就是说，归根结蒂，它是为经济基础服务的。”[24]经济基础的发展决定了上层建筑的变革，“随着经济基础的变更，全部庞大的上层建筑也或慢或快地发生变革”，“无论哪一个社会形态，在它所能容纳的全部生产力发挥出来以前，是决不会灭亡的；而新的更高的生产关系，在它的物质存在条件在旧社会的胎胞里成熟以前，是决不会出现的”[25]。因此，实现民主需要发展生产力，实现经济基础的变更。社会主义革命是为了建立一个不同于资本主义的社会制度，其中经济和政治权力将更广泛地分散到整个社会。这种社会制度有助于实现政治民主，因为它更加平等和公平。同时，通过民主制度，政治权力可以更坚实地掌握在人民手中，包括劳动者在内的各个社会群体可以参与决策和政策制定过程。这使劳动者能够通过政治手段争取更好的劳动条件和社会权益,从而实现生产力的解放和经济的发展。

我国社会主义制度建立的经济基础是社会主义公有制经济,中国特色社会主义制度建立的经济基础是社会主义初级阶段的公有制经济,包括社会主义农业集体经济和社会主义公有制企业。社会主义公有制经济是我国民主的经济基础。邓小平曾经指出:“什么是中国人民今天所需要的民主呢?中国人民今天所需要的民主,只能是社会主义民主或称人民民主,而不是资产阶级的个人主义的民主。”[26]中国特色社会主义民主建立在以生产资料公有制为主体的经济制度基础之上,生产资料公有制意味着关键的经济资源归整个社会或国家所有,而不是被少数富裕的人或特定的私人集团所垄断。

发展全过程人民必须坚持公有制,利用公有制发展社会主义经济基础,从而为全过程人民民主提供强大的发展动力。首先,公有制可以确保资源更公平地分配,减少社会的贫富差距,提高绝大多数人民的生活水平。因此,社会主义民主维护的是绝大多数人民群众的利益,遵循多数人决定原则、保护少数原则以及程序化原则,与西方资本主义民主相比更为真实。其次,社会主义民主强调生产资料的公有制,这意味着关键的经济资源不会被私人或特定少数人垄断。在生产资料公有制下,经济决策通常会更加民主。决策可以通过广泛的社会参与和民主程序来制定,以满足人民的需求和愿望。这意味着人民可以更直接地参与决策,决定生产方向、资源分配和生活条件。这样可以确保资源的公平分配,有利于满足广大人民的需求,减少贫富差距。再次,生产资料公有制有助于减少经济剥削。在资本主义社会中,资本家往往通过剥削工人的劳动价值来实现利润。但在公有制下,生产资料不再受私人所有者的控制,这可以减少或消除剥削,使工人能够更充分享受他们的劳动成果。这就保证了社会主义民主的理念是以绝大多数人民的利益为出发点,政策和决策的制定着眼于社会公益,确保社会资源优先分配给最需要的人,以提高整体社会的福祉。最后,生产资料公有制的实践往往涵盖了更广泛的领域,包括经济、社会和文化。这种扩展可以让人民更多地参与各个领域的决策,而不仅仅局限于政治领域。生产资料公有制可以用来保障一些关键的社会权益,如教育和医疗等。这些权益在资本主义社会中有时会受到市场力量的压制，但在公有制下，社会可以通过政策来确保这些权益的普及。

习近平指出："经济不断发展，社会不断进步，人民生活不断改善，上层建筑就要适应新的要求不断进行改革。这是人类社会发展的一条普遍规律。"[27]随着中国经济的发展，中国的经济也进入一种新常态，一方面，经济发展阶段的转变使得经济增长的内在动力发生转换，推动经济增长的主导因素例如人口劳动力因素、资本因素、劳动生产率因素等都发生了改变。[28]另一方面，经济福祉逐步走向包容共享型将是长期趋势。[29]在经济发展的背景之下，我国的政治改革任务更加迫切、更加艰巨。必须在新的历史起点上全面深化改革，完善和发展中国特色社会主义制度，推进国家治理体系和治理能力现代化。

在这样的时代条件之下，发展全过程人民民主首先就有了更为坚实的经济基础，中国的经济崛起带来了大规模的经济繁荣和人民生活水平的提高，这为全体公民提供了更多的物质资源和生活保障，经济基础为人们参与政治、社会和文化生活提供了更多稳定性。在满足基本需求的前提下，个体更有可能参与政治活动，充分行使自己的政治权利，从而促进了全过程人民民主的全面展开。其次，经济结构的升级，由传统制造业向高科技、服务业等高附加值领域的转型，也为全过程人民民主的发展提供了有力支持。这种结构升级带来了更多知识密集型的就业机会，鼓励人们更多地参与教育和技能培训，提高自身素质。此外，高科技和信息通信技术的普及使信息流通更加自由，增加了人民充分获得各方信息、表达意见的机会，促进了人民参与全过程人民民主的实现。

第三节　人民的变化

全过程人民民主是人民既行使主权又行使治权的现代民主政治，人民是全过程人民民主的主体，因此人民的变化、人民力量的发展壮大毫无疑问将对全过程人民民主产生重大影响。如果说中国共产党的使命是全过程人民民主发展的根本动力，那么人民则是这种根本动力的最重要体现，因为人民不是现实个人的松散集合，而是中国共产党和广大群众密切结合在一起的整体，始终将广大群众凝聚成人民就是中国共产党使命的基本内容之一。人民是由广大群众凝聚而成的，群众都是具体的现实的个人，具体的现实的个人发生变化必然导致人民发生变化。无论是人民的变化，还是构成人民的现实个人的变化，都是全过程人民民主的发展动力。

从民主政治与人民之间的一般关系来看，人民主权是民主政治的根本原则。政治是人的活动，民主政治同样是人的活动，人的变化自然会导致民主政治的变化。现代政治均是以“人民”为中心的，但是“当代中国政治中的人民同西方现代政治中的人民有着显著差别，西方现代政治中的人民只是抽象整体，而当代中国政治中的人民则是政治实体”[30]。理解中国人民的“政治实体”性质，是理解中国政治的关键，也是理解全过程人民民主区别于抽象民主的关键。我国的人民结构是在演化之中的，在新中国成立初期社会主义改造完成之后，“在建设社会主义的时期，一切赞成、拥护和参加社会主义建设事业的阶级、阶层和社会集团，都属于人民的范围”。随着改革开放与社会主义事业的进一步发展，“生产关系的深刻调整和市场经济体制的发展使中国的社会结构变得更加复杂”，[31]党的十六大报告指出，“随着改革开放的深入和经济文化的发展，我国工人阶级队伍不断壮大，素质不断提高。包括知识分子在内的工人阶级，广大农民，始终是推动我国先进生产力发展和社会全面进步的根本力量。在社会变革中出现的民营科技企业的创业人员和技术人员、受聘于外资企业的管理技术人员、个体户、私营企业主、中介组织的从业人员、自由职业人员等社会阶层，都是中国特色社会主义事业的建设者”[32]。这是对我国人民范围的概括，从中可见人民结构的变化和范围的扩大，多样化的人民也呈现出多样化的诉求。民主的重要目的之一是要解决对多属性的“现实的人”的整合，需要充分考虑现阶段现实的人的属性特征以及由此形成的群体集合，通过制度化的政治渠道的设计有效引导不同属性的群体进入国家。[33]

近年来，中国人民的生活经历了一系列重大变化，这些变化反映在政治、社会、经济和文化等多个领域。首先，中国的城市化和农村转型促进了人民内部结构的变化，中国的城市化率大幅上升，数亿人口从农村迁徙到城市，这导致了城市化与农村转型的深刻变化。城市中涌现出新的中产阶层,乡村振兴则使得农业人口生活也愈加幸福。随着中国的发展,社会阶层结构发生了变化,这也需要整个社会对社会公平和正义更为关切。其次,中国人民的政治文化和社会价值观也越来越成熟。同时,中国在科技领域取得了巨大进步,成为全球领先的国家之一。这些变化在人民的思想文化教育等方面产生了深远影响。

从人的情感、价值等角度来理解民主政治早就成为一些思想家的研究主张,"民主不仅是一种政制,它还是一种观念、情感、民情"[34]。在对现代民主的研究中,托克维尔的研究强调了社会和文化因素对政治制度和政治文化的影响,为理解不同国家的政治发展提供了重要的洞察力。在托克维尔看来,"'民情'(moeurs)一词,其含义与其拉丁文原字 mores 一样。它不仅指通常所说的心理习惯方面的东西,而且包括人们拥有的各种见解和社会上流行的不同观点,以及人们的生活习惯所遵循的全部思想。因此,我把这个词理解为一个民族的整个道德和精神面貌"[35]。一个社会的风俗、道德、价值观念、文化和社会习惯等方面的特征,能够反映一个社会的精神和道德状态,深刻影响着一个社会的政治制度的运行与发展。

在研究中国的民主发展时,政治文化是一个重要的要素。"今天,人们比以往任何时候都更加清楚地认识到,政治生活不单单由诸如制度、体制、权力、规范等'硬件'构成,还有'软件'亦即潜在的或内在的命令,如价值、感情、心理、态度等。"[36]政治文化塑造了民众对政治的基本认识。政治文化中强调个人的自由、平等、公正、法治等价值观念,可以使民众更支持民主政治。同时,政治文化也会影响人们对政治参与的态度。良好的参与式政治文化可以鼓励民众积极参与政治,倡导政治参与的正当性,那么民众就会更多地积极投身于政治事务。政治文化还可以进一步塑造社会中的合作与共识。政治文化中强调协商和民主决策,那么政治决策可能更容易达成共识,政府也会更容易回应民众的需求。

民主的政治文化需要与之相适应的民主政治教育,政治知识是理解政治系统、政策制定和政治参与的基础。教育体系应提供广泛的政治知识,包括政治制度、政治规则、法律、国际事务等方面的内容。政治教育应该帮助民众理解政府如何运作，以及他们在政治过程中的角色和权利。民主政治教育更强调民主原则和价值观念，民主的价值观念是民主政治的核心，民主政治教育鼓励民众积极参与政治生活，这就需要使民众了解政策和政治参与的正当性，培养这种参与意识，鼓励尊重和包容不同的观点，以便建立一个更加包容和谐的社会，有利于民主政治的发展。

在马克思主义政治理论中，政治教育对于政治的作用是一个重要的主题，政治教育可以"唤起工人觉悟，组织他们，使他们遵守纪律，教育他们进行一致活动并为社会民主主义理想而斗争"[37]，对于群众的教育是实现民主的首要任务，列宁认为，"我们党的任务首先是对群众进行社会主义教育，党的利益首先是开展群众性的鼓动，以便依靠无产阶级和革命资产阶级民主派（首先是革命农民）的力量来实现革命的民主主义变革"。[38]通过政治教育可以帮助工人阶级和劳动者了解自己的社会地位和权益，政治教育可以阐明社会问题的根源，培养人民分析社会问题和剖析现实的能力，并鼓励人们寻求变革和改进。同时，政治教育有助于组织和动员社会群体，加强政治组织的建设和完善，促进社会的变革和发展。通过教育还有助于创建和传播社会主义文化，传递社会主义的核心价值观，在塑造社会主义社会中的人的文化和道德标准方面发挥着关键作用。最后，教育的目的最终是实现人的全面发展，在共产主义设想中，人的全面发展与生产力的发展又是紧密相关的，"随着个人的全面发展，他们的生产力也增长起来"，[39]最终建立一个全面发展的自由人的联合体。

人民的进步需要全过程人民民主的发展。当下我国社会的主要矛盾已经发生了变化。党的二十大报告指出，中国共产党"明确我国社会主要矛盾是人民日益增长的美好生活需要和不平衡不充分的发展之间的矛盾，并紧紧围绕这个社会主要矛盾推进各项工作，不断丰富和发展人类文明新形态"[40]。我国人民群众对美好生活的向往是我国各项事业发展的直接动力。全过程人民民主是在这样的动力下我国政治制度的一项重大发展。我国的民主层次也在不断地丰富，实现由政权为人民服务、政权由人民组织、人民治理方式健全规范三个层次。[41]

首先，全过程人民民主鼓励民众积极参与政治生活，享有政治决策的权利，我国政府的合法性来自人民的授权，人民通过参与政治过程来表达他们的意愿。全过程人民民主体现了这一理念，通过选举、投票和政治参与，人民能够参与政府形成的社会契约，并监督政府是否履行了对人民的承诺，人民能够更多地参与制定政策和法律，表达自己的意见和需求。通过广泛的政治参与，人民能够塑造社会、经济和政治发展的方向，确保政策和决策更好地反映他们的利益，不断满足他们对美好生活的向往。

其次，全过程人民民主通过选举、公众参与和民主制度的运作，政府行使权力时受到制约和平衡，避免滥用权力，这就使政府更加负责任，促进了法治和社会公平。政治机制的优化和民主决策的落实，社会各界的需求得到更多关注和更好的解决。这有助于减少社会不平等，提高社会服务的质量，确保人民享有基本权益。

再次，全过程人民民主的实践有助于构建和谐社会。通过对话、协商和妥协，社会各界能够解决冲突，减少社会矛盾，促进社会和睦。这有助于创造一个更加和谐、稳定和安宁的社会环境，并且通过全过程人民民主的决策通常更注重长期利益和可持续发展，而不是短期的政治利益。这有助于确保资源的合理利用、环境保护和经济可持续性。

人民是全过程人民民主的根本主体，因此全过程人民民主的发展不仅是政治的发展，而且能够促进人的发展。关于"参与民主"对于公民人格及行为产生变化的塑造很早就受到研究者的关注。以企业到政府场所来实现培植人们自身的美德和智慧被不断的探讨。[42]但是，"与平面化和静态化的传统民主相比，全过程人民民主是一种立体化和动态化的民主政治形态，它从制度规范和政治过程双重视角展开"。[43]这就意味着，全过程人民民主以其真实性和广泛性可以切实塑造人民的公民意识。

全过程人民民主倡导政治参与和民主决策的原则，这将有助于塑造中国国民的政治品德，将培养出平等意识、独立人格和公共精神，强化人民的政治权利和责任感。公民参与经历了从被动到形式、从形式到实质的发展过程，[44]实质民主将使人民更加自信，将国家和民族的发展视为自身的使命，积极参与政府决策和社会公共事务，推动国家治理的现代化和发展。全过程人民民主也将塑造人民的法治意识，推动我国法治化的进程。立法工作过程中的立法规划、计划的编制，草案的起草，法律案、法规案的审议，都将因人民的参与而完善和加强，[45]而人民也可以通过人民陪审等制度，拓展全过程人民民主的施行空间。[46]

全过程人民民主是全链条、全流程、全方位的政治参与过程，随着全过程人民民主的推进，新时代的中国人将有着平等意识、独立人格和公共精神，高度自信，对国家与民族的发展有着明晰的责任意识，公民的责任感要求他们对自己的行为负有责任，明确人人有责、愿意人人尽责、实现人人共享。[47]公民也应承担起积极参与政治的责任，参与国家和社会公共生活，以发展国家和社会为己任。

第四节　技术赋能

技术是现代政治的一个关键面向，民主政治的有效运转离不开技术的支持。现代技术，特别是信息技术，不能仅仅被作为技术措施，或者作为一个纯粹的经济问题来处理，它也必须被视为一个政治和传播问题。[48]信息技术的范围非常广泛，从内容的角度来看，一方面是信息技术，包括计算机科学、软件开发、网络技术、数据库管理等与信息处理、存储和传输相关的领域；另一方面是通信技术，包括电信技术、移动通信、卫星通信、网络通信等用于传输和交流信息的技术。这两个领域都在现代社会发挥着关键作用，推动了科技的不断进步和社会的发展。

技术对于政治的影响是双面的，且在一定程度上是难以预测的，例如迈克尔·波兰尼认为，“科学只能通过本质上不可预测的方式去求解自身的问题，而科学进步带来的实际好处是偶然的，因此它也是双重不可预测”。[49]技术可以提供经济和社会发展的动力、活力和秩序，技术在这些领域的应用可以产生多重影响。技术创新可以促进生产力的提高，降低生产成本，扩大市场，推动经济增长。例如，数字化技术、自动化和人工智能已经改变了许多行业的商业模式，提高了效率。技术创新还可以推动社会变革，改善生活质量，提高医疗、教育和公共服务的可及性。例如，目前的远程医疗、在线教育和智能城市技术改善了人们的生活方式。此外，技术还可以用于提高社会和政府的管理效率。数字化系统和大数据分析有助于管理交通、优化城市规划等，有助于维护社会秩序和提供更好的公共服务。

技术发展与民主实践之间的关系是一种辩证的关系，一方面，“现代政治结构和实践与工业技术的力量本来是齐头并进的，民主革命和工业革命就像一对孪生兄弟”，另一方面，“民主的平等性要求科技进步对全体人民有利，但国家内部权力造成的工业财富的集中”。[50]但是在技术时代中，现代政治必须面对技术，并且积极运用技术，使技术将政治优势扩大，并尽量将技术的运用置于优良政治的范围之内。数字技术的急速进步将对人类社会带来深刻且可能颠覆性的影响，涵盖经济、科技、文化、安全和政治等多个领域，这些领域都将经历深刻的变革。数字技术在政治社会领域的应用为全过程人民民主带来了创新性的发展。[51]当前社会越来越倾向于使用数字化媒介来获取信息、表达政治诉求以及发表政治观点。人们逐渐适应了数字化生活方式，这同时也促进了民众的政治素养大幅提升。

在马克思主义政治学中，对于技术与政治的关系也有所论述。在《经济学手稿(1861—1863 年)》中，马克思指出了现代技术的飞速发展趋势——“随着资本主义生产的扩展，科学因素第一次被有意识地和逐级提升地加以发展、应用并确立起来，其规模是以往的时代根本想象不到的。”[52]，技术条件压倒自然和社会组织条件构成了决定社会面貌的力量。[53]列宁指出技术是实现共产主义的重要手段：“共产主义就是利用先进技术的、自愿自觉的、联合起来的工人所创造的较资本主义更高的劳动生产率。”[54]在历史和当下社会中，在一定的意义上，谁掌握了先进技术，谁就占有了先进生产力，谁就握有了阶级领导的主动权。[55]因此，我国对于技术的发展与在政治方面的应用是极为重视的。

中国的技术进步与政治发展密不可分。新中国成立初期，中国面临着经济滞后和对外技术依赖的挑战。为应对这一局面，中国采取了自力更生的道路，注重本土技术研发和产业化。政府在此时扮演了主导作用，将技术与国家现代化建设相紧密结合，以推动国家的工业化进程。改革开放之后，中国引进了外国技术和资本。外部技术的引入不仅促进了经济增长和现代化进程，也催生了社会主义市场经济的兴起。这一时期，技术的国际交流与融合为中国带来了新的机遇和挑战。20 世纪 90 年代中期以来，中国逐渐强化了自主创新的能力，积极推动科技研发和高新技术产业的发展。政府在这一阶段发挥了重要的促进和支持作用，通过制定技术发展战略、提供资金支持和政策引导，增强了国内创新力。这一时期技术的快速发展与广泛应用不仅影响了经济领域，还深刻地影响了政治、社会、文化等多个领域。总体而言，中国的技术进步与政治演进密切相关，党和政府在不同历史阶段扮演了重要的引导和支持角色，技术的应用和创新对政治体制、经济发展以及社会结构产生了广泛而深刻的影响。这一过程展示了中国技术与政治之间复杂互动的关系。

全过程人民民主通过信息技术的广泛应用，扩展了民众参与政治决策的机会，提高了政治透明度，并增强了政治动员的灵活性，其技术的运用与一般的单纯围绕选举民主的技术运用之间存在着显著差异。这些差异反映了信息技术在政治体制和政治参与方面的变革作用。全过程人民民主在制度内涵和价值理念上更具优势，“能够规范智能化技术的应用，形塑智能化技术的发展理念，从总体上赋能于智能化治理技术”。[56]

具体而言，第一，在信息获取方面，全过程人民民主通过互联网和社交媒体等技术，实现了信息获取的广泛性和去中心化。这意味着政治信息不再受制于少数传统媒体，例如财政信息逐步从“秘密”向“公开为常态，不公开为例外”转变，公开水平呈螺旋上升态势，[57]公众可以更自由地获取多元化的信息资源，增强了信息的多样性和流动性。在人民参与方面，全过程人民民主通过在线平台和工具，积极鼓励公众参与和互动，从而推动了政治参与的多样化。民众可以更轻松地表达意见、提出建议，参与政策制定的过程。这种开放性和参与性的特点有助于提高政治参与的程度和广度，从而更好地反映了民意，形成公平正义机制、沟通机制、认知机制等。[58]相反，单纯围绕选举的民主中，公众的政治参与主要局限于选举投票，互动和参与相对有限，政治决策更依赖于选举结果。

第二，在政策制度方面，政治动员上，在全过程人民民主中，借助在线社交网络和数字平台，政治动员变得更加灵活和高效。政治活动的组织和动员可以更快速地实现，这有助于政治力量的迅速集结和政治行动的协同推进。在决策过程上，全过程人民民主强调透明度和信息公开，借助在线平台，政府可以更广泛地向公众展示政策制定和决策过程，有助于提高政策制定的合法性和公正性，减少政治不透明。对于政府的政策制定而言，全过程人民民主通过在线平台和协作工具，可以更多地征求公众意见，吸纳多元的声音，这有助于政策更好地适应社会需求。

第三，在互动特点方面，在全过程人民民主中，政府与民众之间的互动更频繁，政府更容易响应公众需求。这种互动性的增强有助于政府更敏感地处理社会问题和民众关切。对比单纯围绕选举的民主中，民众主要通过选举周期来影响政府决策和表达意见，互动相对有限，政策变更通常需要等待选举结果。同时，全过程人民民主利用大数据和数据分析技术，更加关注实际政策执行和效果。这有助于政府更精确地了解公众需求和政策影响，从而进行针对性的政策调整。相反，在单纯围绕选举的民主中，数据分析主要用于预测选举结果和选民研究，关注点更集中在选举过程中。[59]

技术赋能表现在全过程人民民主的各个环节。第一，在民主选举环节，现代信息技术为民主选举提供了更加高效和公平的平台。电子投票系统、在线选民注册和实时选举信息发布使选举过程更加方便和透明。此外，数据分析技术可以用于选民分析、选民教育和投票预测，提高选举的精确性和参与度。

第二，在民主协商环节，信息技术为政府、政党、社会团体和公众之间的协商提供了便捷的工具。数字协商民主能够借助数字技术将多样性空间中的利益主体联结起来，实现充分信息条件下的科学决策，[60]在线会议、协作工具和电子邮件使协商过程更加高效。社交媒体和在线论坛也促进了公众对政策问题的广泛讨论和意见交流，有助于形成更具代表性的政策建议，例如有地方探索"码上议"协商平台，运用数字技术赋能基层协商民主，开启了基层议事协商的开放空间模式。[61]但技术性协商民主的建构与发展，需要及时回应数智技术带来的风险挑战，加强制度保障、技术保障，建立健全数智协商民主的配套体系。[62]

第三，在民主决策环节，现代信息技术改善了政府和政策制定机构的决策过程。政府部门可以利用大数据分析来更好地了解社会需求和政策影响，利用多元化手段，实现资源优化配置，制定更符合民意的政策。[63]媒体融合促进了信息传播内容、范围、速度、效率及途径的巨大变革，[64]在线政策制定平台和协作工具可以吸纳公众意见，加强政策制定的参与性和透明度。

第四，在民主管理环节，信息技术提升了政府管理的效率和透明度。数字化政府系统、电子政务和在线公共服务使政府更加贴近公众，提供更便捷的公共服务。此外，数据分析和监测技术有助于政府更好地管理资源和预测社会问题，提高治理质量。

第五，在民主监督环节，现代信息技术增强了公众对政府行为的监督能力。社交媒体和在线新闻媒体成为了监督政府和官员的重要平台，公众可以更容易地揭露腐败行为或不当行为。此外，开放数据和数据可视化技术使政府决策和行为更加透明，有助于公众了解政府的运作情况。

第五节　世界大变局

全过程人民民主的推进当然是社会主义民主政治发展到一定历史阶段的产物，但同时也是中国共产党在全面分析世界大变局的基础上提出的战略规划。世界大变局彰显出社会主义制度与资本主义制度之间长期存在的竞争，而且这种制度竞争会集中到政治体制效能上来，因此，在世界大变局中推进全过程人民民主具有重大意义。同时，世界大变局也为全过程人民民主提供了巨大的发展动力。

当前，世界正在经历一场影响深刻的大变革。首先，世界局势为全球经济、政治和社会等多个领域带来了巨大挑战。全球范围内保护主义、单边主义和民粹主义等趋势上升，导致全球经济增长乏力，国际市场萎缩。国际形势也变得复杂多变，政治、经济、科技和意识形态领域的竞争加剧。新一轮科技和产业革命蓬勃兴起，从长远角度看，全球各国仍主张开放合作，以推动建立符合全人类共同利益的新型国际规则和秩序。在这个百年未有之大变局的国际形势下，各国都在重新定义其在国际体系中的地位，明确其国际事务和国际关系的战略目标。

其次，政治体制与意识形态竞争仍然存在，并且在一些方面可能愈加激烈。在国际事务中，不同的国家和政治力量之间存在着意识形态的竞争。一些国家强调资本主义的价值观，一些国家强调社会主义价值观，这种意识形态的竞争反映在国际关系、贸易政策和文化影响上。各国也在努力提升自己的软实力，包括文化、教育、科技和国际形象等，以便提高国家在国际舞台上的吸引力和影响力。一些新兴大国如中国等正在迅速崛起，并在国际政治中扮演越来越重要的角色。这些国家的崛起引发了全球政治格局的演变和竞争。各国为谁能够在全球治理中发挥主导作用展开竞争。大国均在试图维护或扩大自己的国际影响力，推动自己的价值观和政治体制。

再次，当前的国际大变局表现出复杂多变的特点。全球政治、经济、社会和科技领域都存在快速变化和不确定性，导致国际关系更加复杂和动态。虽然全球化进程仍然在继续，但也伴随着挑战。贸易战、保护主义、单边主义等趋势对国际贸易和合作构成了威胁，国际市场面临不稳定性。地缘政治竞争也不断加剧，各国之间的地缘政治争端和竞争日益显著，大国之间的竞争也日趋激烈，包括领土争端、影响力争夺、资源竞争等。

中国必须为人类开辟新的发展前景。中国一直是维护世界和平、促进全球发展、捍卫国际秩序的坚定支持者。新的世界政治经济格局正在形成，中国坚定奉行独立自主的和平外交政策，强调解决国际争端和矛盾应该通过对话、谈判和协商解决。同时，中国也强调在国际事务中的独立性和自主性，不干涉其他国家内政，并反对其他国家干涉中国内政。中国的外交政策将国家发展放在核心位置，追求和平、稳定、公平的国际环境，以支持自身的经济和社会发展；支持多边主义，主张国际事务应该通过联合国等多边机构进行协商和解决；积极参与国际组织，并倡导国际合作应该基于平等和共同发展原则。

中国的政治现代化需要在国际事务中作出更多贡献。这一目标的实现需要各部门密切合作和相互支持，同时也是对中国治理能力的重要考验。在此过程中，中国将坚持和完善独立自主的和平外交政策，积极推动构建人类命运共同体，这是国家治理现代化的重要组成部分。同时还需要积极推进全过程人民民主，一方面，这是中国自身的政治制度，另一方面，全过程人民民主作为国家形象的制度支撑和要素填充，对国家民主形象塑造有着重要意义。[65]“当代中国与世界研究院开展的一项全球民意调查显示，全过程人民民主的价值理念和实践效能得到全球23国受访者高度肯定，展现了这一重要理念走向世界的良好态势。”[66]

中国的全过程人民民主是一种新的政治实践，它与传统的西方民主制度有所不同，更具吸引力和影响力。它提供了一种可供其他国家借鉴和参考的选择，同时也为世界民主政治的发展开辟了一条新的道路。全过程人民民主强调了合作、多样性和以人为本的治理原则，它不仅强调政治多元化和人民参与，还强调社会稳定、公平公正和可持续发展。全过程人民民主强调以人为本的原则，将人民的利益和需求置于政治决策的中心。这一理念在全球范围内具有吸引力，因为它关注了社会公平、福利和人权等问题，这些是全球政治和社会发展的关键议题。同时，中国将全过程人民民主视为国家治理现代化的一部分。通过在政治制度和治理模式上的创新来更好地满足人民的需求，这种治理现代化的实践可能对其他国家提供了借鉴和启发。最关键的是，全过程人民民主的发展使国际社会意识到，不同国家可以根据自己的国情和发展需求选择适合自己的政治制度和治理模式。这种政治的多样性发展有助于丰富全球政治体系，从而进一步促进政治创新。

全过程人民民主，既具有时代意义也具有世界意义。全过程人民民主是在坚持和完善中国特色社会主义制度这一总目标之下的一项战略决策。中国社会主义实践所开辟的中国发展道路或中国发展模式，不仅深刻地改变了中国的历史命运，同时也会深刻地影响世界历史进程，全过程人民民主是中国特色社会主义制度的精华，蕴含着中国特色社会主义最根本的价值追求。第一，中国特色社会主义不是一成不变的教条，而是一个不断发展和完善的过程，全过程人民民主的成熟、定型，并发挥出明显的效果，标志着中国的政治由获得合法性阶段转入了彰显优越性的阶段，人民的获得感、社会的活力与秩序、经济与科技的发展将进入一个新的局面。第二，制度优势是国家的最大优势，制度竞争是国家间的核心竞争，治理模式是中国道路的重要支撑，可以使中国在国际竞争中赢得比较优势。中国的全过程人民民主是在吸收世界各国的现代民主经验的基础上立足中国自身国情的重要探索，这一制度体系的推进、巩固与彰显出优越性的过程也将具有世界历史意义。

全过程人民民主在世界民主谱系中树立起一种典范。全过程人民民主是一种融合全人类共同价值、中华传统和时代内涵的民主，[67]必须以经济发展、社会稳定、生态优良为基础、以政治和政党治理为枢纽、以参与型的文化治理为灵魂。“打铁还需自身硬”，坚持民主的现代性与社会主义本质属性的内在统一，全过程人民民主是一场巨大变革，也是马克思主义政治学的一个重要理论命题与实践命题。马克思主义经典作家曾经提出了构建社会主义新型国家形态的基本原则，但如何建设这样一个现代国家，如何治理一个现代化的社会主义国家，尚需要理论与实践的探索。这种探索在当前中国的表现形式之一就是全过程人民民主的理论创新和实践创新。

当前，随着知识和财富的增长，人民参与政治和公共生活的意愿和能力大为增强，各种非国家行为体、非政府行为体的政治参与日益改写传统的治理格局，旧的知识体系、旧的执政方式和行政方式已经难以应对当前中国转型发展中提出的治理问题，为此，需要加强对政治规律的总结与探索，这是在为世界民主政治的革新贡献中国的智慧。全过程人民民主的核心是“以人民为中心”，而这一点也正是中国政治对于世界政治的最具意义的理念。“中国共产党是一个致力于实现国家繁荣富强、民族伟大复兴、世界和平共荣的使命型政党，其正致力于建构的‘使命—责任体制’新型政治形态包括国内‘全国一盘棋思想’和国际‘人类命运共同体思想’两大战略内涵……”[68]全过程人民民主是中国政治模式的一种探索，也是世界现代民主的一种探索，中国也将因此形成更加开放、具备尊重差异和多样性的新型政治文明观念，同时也会拥有跨文化的民主交流能力。这将有助于中国更好地推动文化的互鉴与共享。“世界各国应该坚持以人民为中心，努力实现更高质量、更有效率、更加公平、更可持续、更为安全的发展。要破解发展不平衡不充分问题，提高发展的平衡性、协调性、包容性。要增强人民发展能力，形成人人参与、人人享有的发展环境，创造发展成果更多更公平惠及每一个国家每一个人的发展局面。”[69]中国的学术界则需要在这些理论基础上，进一步从学术自觉意识、制度绩效、国际传播、宣传教育等方面逐步提升中国民主的国际话语权。[70]

全过程人民民主的实践还有助于构建国际新格局和人类命运共同体，因为它强调了国际合作、软实力的提升、国际形象的改善以及共同价值观的奉行，这些都是推动国际社会更加和平、公正和繁荣的关键因素。全过程人民民主注重民众的参与和政府与民众之间的密切互动。各个过程包括不同的环节，涉及不同的民主权利。[71]这种民主实践鼓励政府在国际事务中更多地倾听民意，考虑全球公共利益，倡导多边主义和国际合作。通过多边机构和协商解决全球性问题，国际社会更容易达成共识，共同推进国际新格局的建设。全过程人民民主强调公众参与政治决策，提高了政府的民意合法性。一个国家在国际事务中表现出高度的政治稳定和内外一致性将增强其软实力，使其更具国际影响力。国际社会更愿意与具有强大民主基础的国家合作，从而有助于构建人类命运共同体。全过程人民民主的实践可提升国家在国际社会中的形象。政府与公众的互动和政治参与有助于国际社会更好地了解国家的政策和愿望。一个政府能够展示其民主决策过程，将更容易获得国际社会的信任，为国际新格局的建设提供积极的国际环境。全过程人民民主的核心原则包括人民主权和以人为本的原则，这些原则与构建人类命运共同体所追求的共同价值观相一致。国际新格局的建设需要各国共同奉行这些价值观，通过对话和协商解决分歧，以实现共同发展和繁荣。

小　结

全过程人民民主的发展需要动力，因为它涉及政治制度和社会体制的深刻变革，并且要在不断变化的国际和国内环境中实现这一变革。全过程人民民主的发展需要与社会、政治、技术和国际环境相互作用的多种动力。这些动力共同推动着政治体制向更加开放、负责任和民主的方向发展。

首先，全过程人民民主的发展需要紧密结合党的自我革命。中国共产党作为现代政党的代表，在塑造中国的政治格局中扮演着关键角色。党是连接民众与政府的纽带，党的自我革命对于全过程人民民主的健康发展至关重要。中国共产党的自我革命包括了多个方面的措施。反腐败斗争是其中之一，通过反腐败斗争，可以清除党内腐败分子，维护党的纯洁性与先进性。此外，党的自我革命还包括了改进党内民主机制，完善民主集中制，强调党员的政治纪律和道德水平，鼓励理论和政策创新。这一系列措施有助于提高党的纯洁性和先进性。中国共产党的自我革命不仅有助于党的内部改进，还为全过程人民民主的发展提供了坚实的政治社会基础。这两者的密切结合有助于实现国家治理现代化，促进政策的合法性和有效性，维护政治稳定和国家长期发展。党的自我革命与全过程人民民主的发展在中国政治体系中相辅相成，构成了中国政治发展的重要组成部分。

其次，坚实的经济基础可以对全程人民民主的起到促进作用。一般认为，经济繁荣与民主进步之间存在正相关关系。但同时要认识到，经济基础对民主的影响是复杂多样的。经济结构与制度可以影响再分配制度，进而对政治结构产生影响。马克思主义的观点进一步加深了对这个问题的理解。在中国，社会主义制度建立了不同于资本主义的经济基础，即社会主义公有制经济。这可以确保资源更公平地分配，减少社会的贫富差距，提高人民的生活水平。经济繁荣、公有制经济、经济结构升级等因素为中国的民主建设提供了坚实的基础，促进了政治参与和社会公平，为中国特色社会主义的发展提供了有力支持。这一进程将继续塑造中国的政治和经济面貌，使全过程人民民主更加健全和繁荣。在这个新的历史起点上，中国政治改革任务更加紧迫和艰巨。经济的稳定性和人民的生活水平的提高为全过程人民民主提供了更坚实的经济基础。人们在满足基本需求的前提下更有可能参与政治活动，充分行使自己的政治权利，促进了全过程人民民主的全面展开。

再次，人民的变化也是全过程人民民主的发展动力。全过程人民民主最终是为了实现人民对美好生活的向往。政治文化和社会因素对政治制度有重要的影响，我国政治文化的进步和民主文化的生长，都是全过程人民民主发展的促进因素。政治教育对于民主政治也有重要影响，通过政治教育，提高了我国人民的社会意识、政治参与和社会责任感。这些政治教育都有助于培养公民的政治素养，增强他们的政治参与能力，最终促进全过程人民民主的进步。全过程人民民主也可以进一步鼓励民众积极参与政治生活，通过选举、公众参与和民主制度的运作，实现对政府的制约和平衡，推动社会公平和法治。因此，全过程人民民主不仅可以塑造人民的公民意识，还可以推动法治意识的培养、文化观念的转变以及社会的和谐发展。通过全过程人民民主，中国的公民将培养出平等、独立和公共精神，积极参与政治，推动国家和社会的现代化和发展。

复次，现代信息技术在全过程人民民主中起到了赋能的作用。信息技术包括信息处理、存储和传输以及通信技术，这两者共同推动科技进步和社会发展。技术的应用可以促进经济增长、社会变革和政府管理效率提高。全过程人民民主通过信息技术的广泛应用，扩展了公众参与政治决策的机会，提高政治透明度，增强政治动员的灵活性。这与传统的选举民主有所不同，更注重多样化的政治参与和公众互动。技术在民主选举、协商、决策、管理和监督各环节都发挥了作用，提高了效率和透明度。通过提供更广泛的信息获取、多样化的政治参与、高效的政策制定、透明的政府管理和强化的公众监督，技术赋能全过程人民民主，促进了政治体制的发展和社会进步。但同时需要注意的是，这种技术赋能需要适应和管理风险，同时确保技术的应用符合我国的政治逻辑。

最后，全过程人民民主在当前世界大变局中能展现出更为重要的意义。世界正经历深刻的变革，包括全球经济、政治和社会领域的挑战，以及新科技和产业革命的兴起。在这一复杂的国际背景下，中国积极推进全过程人民民主以应对这些挑战。全过程人民民主不仅具有时代和历史意义，还具有世界意义。全过程人民民主有助于构建国际新格局和人类命运共同体，因为它强调国际合作、软实力提升，以及共同价值观的推行，有助于推动国际社会更加和平、公正和繁荣。全过程人民民主强调了政府与民众之间的互动和公众参与政治决策，有助于提高政府的民意合法性，增强国家的软实力，促进国际合作和共识达成，最终构建国际社会的新格局和人类命运共同体。

注释

1. [美]理查德·S.卡茨、[美]威廉·克罗蒂编：《政党政治研究指南》，吴辉译，南京：江苏人民出版社2020年版，第90页。

2. 唐皇凤：《使命型政党：执政党建设的中国范式》，《浙江学刊》2020年第1期。

3. 李海青：《马克思主义使命型政党理论溯源——对〈共产党宣言〉的政治哲学解读》，《哲学动态》2018年第5期。

4. 习近平：《在庆祝中国共产党成立100周年大会上的讲话》，北京：人民出版社2021年版，第3页。

5.《习近平著作选读》第二卷，北京：人民出版社2023年版，第588页。

6. 孙力、田志轩：《中国共产党自我革命的伟大使命和内在逻辑》，《上海交通大学学报(哲学社会科学版)》2021年第1期。

7. 习近平：《论坚持全面深化改革》，北京：中央文献出版社2018年版，第520页。

8. 习近平：《高举中国特色社会主义伟大旗帜　为全面建设社会主义现代化国家而团结奋斗——在中国共产党第二十次全国代表大会上的报告》，北京：人民出版社2022年版，第68页。

9.《习近平著作选读》第一卷，北京：人民出版社 2023 年版，第 550 页。
10.《毛泽东文集》第八卷，北京：人民出版社 1999 年版，第 294 页。
11. 阎树群、罗国庆：《习近平关于民主集中制重要论述的理论特质》，《海南大学学报(人文社会科学版)》2022 年第 5 期。
12. 于安龙：《跳出历史周期率：两个答案及其相互关系》，《学习论坛》2023 年第 4 期。
13. 钟世红：《全过程人民民主视域下新型政党制度效能的生成机理与提升路径》，《中央社会主义学院学报》2023 年第 4 期。
14. 谢小飞、宋伟：《塑造民主与治理复合：中国新型政党制度的重要贡献》，《当代世界社会主义问题》2023 年第 2 期。
15. 吴玲娜、赵欢春：《全过程人民民主：党领导社会主义民主政治建设的历史必然》，《江苏社会科学》2021 年第 6 期。
16. 陈锡喜、董玥：《论党的自我革命命题提出的历史逻辑和内涵》，《思想理论教育》2020 年第 11 期。
17. 陈明明：《作为一种政治形态的政党—国家及其对中国国家建设的意义》，《江苏社会科学》2015 年第 2 期。
18. [美]西摩・马丁・李普塞特：《政治人》，张绍宗译，上海：上海人民出版社 2021 年版，第 23 页。
19. [美]达龙・阿塞莫格鲁、[美]詹姆士・A.罗宾逊：《政治发展的经济分析》，马春文译，上海：上海财经大学出版社 2020 年版，第 305 页。
20. [美]理查德・拉克曼：《国家与权力》，郦菁、张昕译，上海：上海人民出版社 2021 年版，第 107—108 页。
21. [德]路德维希・冯・米塞斯：《社会主义：经济学与社会学的分析》，王建民、冯克利、崔树义译，北京：商务印书馆 2018 年版，第 504 页。
22. [美]罗伯特・达尔：《经济民主导言》，郑晓华译，天津：天津人民出版社 2018 年版，第 53 页。
23.《列宁专题文集　论马克思主义》，北京：人民出版社 2009 年版，第 258 页。
24. 中共中央整党工作委员会编：《毛泽东同志论党的作风和党的组织》，北京：人民出版社 1983 年版，第 126 页。
25.《马克思恩格斯文集》第二卷，北京：人民出版社 2009 年版，第 592 页。
26.《邓小平文选》第二卷，北京：人民出版社 1994 年版，第 175 页。
27.《习近平著作选读》第二卷，北京：人民出版社 2023 年版，第 129 页。
28. 齐建国、王红、彭绪庶等：《中国经济新常态的内涵和形成机制》，《经济纵横》2015 年第 3 期。
29. 张占斌、周跃辉：《关于中国经济新常态若干问题的解析与思考》，《经济体制改革》2015 年第 1 期。
30. 汪仕凯：《将人民带回中国政治研究》，《政治学研究》2023 年第 2 期。
31. 同上。
32.《江泽民文选》第三卷，人民出版社 2006 年版，第 539 页。
33. 束赟：《统一战线在全过程人民民主中的位置与作用》，《学科社会主义》2023 年第 1 期。
34. 倪玉珍：《托克维尔理解民主的独特视角：作为一种"社会状况"的民主》，《社会学研究》2008 年第 3 期。
35. [法]托克维尔：《论美国的民主》，董果良译，北京：商务印书馆 2019 年版，第 353 页。
36. 王沪宁：《转变中的中国政治文化结构》，《复旦学报(社会科学版)》1988 年第 3 期。
37.《列宁全集》第二卷，北京：人民出版社 2013 年版，第 435 页。
38.《列宁全集》第二十卷，北京：人民出版社 2017 年版，第 294—295 页。
39.《马克思恩格斯全集》第二十五卷，北京：人民出版社 2001 年版，第 20 页。
40. 习近平：《高举中国特色社会主义伟大旗帜　为全面建设社会主义现代化国家而团结奋斗——在中国共产党第二十次全国代表大会上的报告》，北京：人民出版社 2022 年版，第 7 页。
41. 林修能：《马克思主义民主理论中国化考察：全过程人民民主的生成逻辑》，《中央社会主义学院学报》2023 年第 4 期。
42. [美]罗伯特・达尔：《经济民主导言》，郑晓华译，天津：天津人民出版社 2018 年版，第 59 页。

43. 刘杰：《作为政治过程的全过程人民民主：一种形态化的阐析》，《社会科学》2023年第7期。
44. 陈兆旺：《全过程人民民主推动公民权利保障从形式到实质的渐进实现》，《上海师范大学学报（哲学社会科学版）》2023年第4期。
45. 黄建武：《论贯彻全过程人民民主促进高质量立法》，《地方立法研究》2023年第3期。
46. 王翔、于晓虹：《人民陪审：全过程人民民主的司法路径——基于司法大数据的实证考察》，《暨南学报（哲学社会科学版）》2023年第4期。
47. 周金伟：《教育赋能全过程人民民主的重要基础、价值旨归和现实进路》，《西华师范大学学报（哲学社会科学版）》2023年第8期。
48. [法]瓦莱丽·莎乎、[法]埃尔韦·勒科洛尼埃：《互联网是中立的吗?》，刘昶、高冉译，北京：中国传媒大学出版社2021年版，第135页。
49. [美]贾森·萨多夫斯基：《过度智能》，徐琦译，北京：中国对外翻译出版公司2022年版，第211页。
50. 黄雪丽编：《当代西方左翼学者的技术政治观研究》，北京：中国书籍出版社2019年版，第85页。
51. 秦国民、杜奕兵：《数字技术赋能全过程人民民主的动因及其表现》，《河南社会科学》2023年第7期。
52.《马克思恩格斯全集》第三十七卷，北京：人民出版社2019年版，第205—206页。
53. 胡大平：《从机器体系到技术社会：马克思的视角》，《社会科学战线》2023年第7期。
54.《列宁选集》第四卷，北京：人民出版社2012年版，第17页。
55. 刘雨、牛舒婷：《“技术—制度”批判思想的逻辑生成与跨越路径——基于马克思〈资本论〉中技术思想的考察》，《学术交流》2022年第10期。
56. 蔡栋：《社会主义协商民主对智能化治理技术的有效赋能——兼论西方民主框架下的技术治理困境》，《毛泽东邓小平理论研究》2020年第12期。
57. 董文杰：《全过程人民民主视角下财政信息公开：制度省察与改革思辨》，《财政科学》2023年第5期。
58. 张爱军、吉璇：《全过程人民民主话语视域下的网络传播风险及其规制》，《湖北社会科学》2023年第4期。
59. 束赟：《赋能与执行：新技术时代政党组织的发展》，《学术月刊》2019年第12期。
60. 陈家刚：《数字协商民主：认知边界、行政价值与实践空间》，《中国行政管理》2022年第1期。
61. 邬家峰：《数字协商民主与基层治理民主化——基于江苏淮安“码上议”协商平台的实践考察》，《新疆社会科学》2022年第5期。
62. 郭一宁：《数智协商民主：全过程人民民主的新形态》，《探索》2023年第1期。
63. 金龙君、翟翌：《以数字化促进乡村民主治理》，《理论探索》2022年第4期。
64. 高洪贵、张换：《媒体融合赋能全过程人民民主：向度、限度与路径》，《理论探讨》2022年第6期。
65. 董树彬、邴瀚嵩：《全过程人民民主嵌入国家民主形象塑造：现实可能、内在机理与发展进路》，《哈尔滨工业大学学报（社会科学版）》2023年第4期。
66. 于运全：《国际视角下全过程人民民主的时代价值与意义》，《当代世界》2023年第3期。
67. 戴长征：《全人类共同价值与国际关系民主化的中国实践》，《教学与研究》2022年第12期。
68. 唐亚林：《使命—责任体制：中国共产党新型政治形态建构论纲》，《南京社会科学》2017年第7期。
69. 习近平：《在中华人民共和国恢复联合国合法席位50周年纪念会议上的讲话》，载《习近平重要讲话单行本（2021年合订本）》，北京：人民出版社2022年版，第137页。
70. 赵春丽：《全过程人民民主与提升中国民主国际话语权》，《马克思主义研究》2022年第5期。
71. 常健、李婷婷：《全过程人民民主中的过程及权利研究》，《人权》2022年第1期。

第九章　治国理政的民主绩效

中国建设的是社会主义国家，人民民主是社会主义国家建设的本质要求。中国国家治理的民主实践拥有丰富的历史渊源，其精神扎根于中国政治文化中的“和合”思想与传统。协商民主作为全过程人民民主的历史形态，也促使人民民主在历史实践中得以孕育。无论是协商建国的民主传统、人民自主地运用制宪权制定的宪法，还是有关国民经济社会与发展的五年规划和充分吸纳民意的民法典编纂过程，都是中国共产党在治国理政过程中的丰富民主实践。探讨民主问题，不仅应该重视民主的程序正义，更应注重民主的运作过程与实践结果。

第一节　协商建国

1949 年 10 月 1 日，中华人民共和国成立，标志着由中国共产党领导的多党合作政治格局正式形成，这一局面正是以协商民主为发展基础的。此前，中国人民政治协商会议第一届全体会议于 9 月 21 日在中南海怀仁堂开幕，会议确立了中华人民共和国的国体和政体，确定了中国共产党领导的多党合作和政治协商制度等基本制度。会议的胜利召开标志着中国共产党领导的新民主主义革命取得了历史性胜利，全国各族人民实现了空前大团结，同时宣告了旧中国的灭亡和新中国的诞生。这一过程也被称为“协商建国”。

新中国为何会采用“协商建国”的方式呢？这要追溯到抗日战争时期。1945 年 4 月，中国共产党召开第七次全国代表大会，毛泽东以《论联合政府》为题进行报告，提出中国急需把各党各派和无党无派的代表人物团结在一起，成立民主的临时的联合政府，以便实行民主改革，动员和统一全中国的抗日力量，打败日本侵略者。

为此，毛泽东还提议结束国民党一党专政、实现联合政府的两个步骤："第一个步骤，目前时期，经过各党各派和无党无派代表人物的协议，成立临时的联合政府；第二个步骤，将来时期，经过自由的无拘束的选举，召开国民大会，成立正式的联合政府。"[1]

随着抗日战争最后胜利的到来，内战全面爆发的风险却大大增加。由于"民主联合政府"的主张大得人心，国民党和共产党开始谈判。与此同时，除原有的中国民主同盟外，重庆、上海、广州等地又新组建了八个党派，召开党派会议、推动民主政治，一时成为舆论主流。[2]各民主党派人民团体、民主人士纷纷发表宣言、通电和撰文呼吁和平。第二次世界大战后，和平民主成为国际政治中的共识，因而蒋介石的行动也遭遇了来自国际的巨大压力。国际国内的双重政治压力，使得蒋介石不敢轻易拒绝国共谈判，转而通过"和平谈判"的手段达成自己的目标，并邀请毛泽东到重庆进行谈判。为了争取国内和平，同时也为了揭露蒋介石的政治阴谋，中共中央决定派毛泽东、周恩来为代表于同年 8 月赴重庆开展谈判。[3]在重庆谈判中，中国共产党有理、有力、有节的斗争和适当的、有原则的让步，赢得了社会的同情与支持。国民党陷于被动，暂时接受了和谈结果，并于 10 月 10 日签署《国民政府与中共代表会谈纪要》，也被称为《双十协定》。在这个协议中，国民党同意以和平、民主、团结、统一为基础，坚决避免内战。周恩来曾对《双十协定》进行总结，他认为这一协定解决了三个重要问题：第一，承认了中共的地位；第二，承认了各党派的会议；第三，承认了中共人民军队的地位与数目。周恩来指出，蒋介石不愿意承认的正是民主问题。中国共产党彼时的方针是承认已有的民主政权，由此推向其他地方实现民主化，但无论采用何种办法，作为独裁者的蒋介石都拒不承认。形式上承认但实际上并未执行的是受降、遣俘、改编伪军三个问题，蒋介石在酝酿的是重新挑起内战。[4]

《双十协定》中曾规定："由国民政府召开政治协商会议，邀请各党派及社会贤达，协商国是讨论和平建国方案及召开国民大会各项问题。"[5]但由于国民党蓄意挑起、扩大内战，并意图破坏自己曾签署的"会谈纪要"，在没有召开政治协商会议之前，便单方面发布召集"国民大会"的命令，将政治协商会议宣扬为可有可无，并制造舆论指责中共不愿意参加政治协商会议而要推迟召开。实际上，中国共产党高度重视政治协商会议，通过在《新华日报》《群众》等杂志连发社论和召开中外记者招待会等方式表明坚决召开政治协商会议的决心，指出这是目前各党派与社会贤达协商国是的必要步骤。中国共产党明确表示，"国事应由人民决定，中国的国事应由中国人民决定"，"人民是国家的主人，也是政治协商会议的主人"。

政协会议召开前，中国民主同盟临时全国代表、民主建国会、中国民主促进会、九三学社、全国工业协会、中国妇女联谊会等向政治协商会议提出建议，最终确立政治协商会议召开办法，并于 1946 年 1 月 7 日在《新华日报》刊发公示。此次会议中，政治协商会议由中国国民党、中国共产党、中国青年党、中国民主同盟、无党无派社会贤达五方三十八人出席，具体名单如下：

政治协商会议会员名单[6]

(一) 中国国民党：

孙　科、吴铁城、陈布雷、陈立夫、张厉生、王世杰、邵力子、张　群

(二) 中国共产党：

周恩来、董必武、王若飞、叶剑英、吴玉章、陆定一、邓颖超

(三) 中国青年党：

曾　琦、陈启天、杨永浚、余家菊、常乃惠

(四) 中国民主同盟：

张　澜、罗隆基、张君劢、张东荪、沈钧儒、张申府、黄炎培、梁漱溟、章伯钧

(五) 无党无派社会贤达：

莫德惠、邵从恩、王云吾、傅斯年、胡　霖、郭沫若、钱永铭、缪嘉铭、李烛尘

此外，政治协商会议分为"改组政府组""施政纲领组""军事组""国民大会组""宪法草案组"五个组，并通过公推政府方面、共产党、青年党、民主同盟、无党派方面、会外专家等共 35 人参会。

1946 年 1 月 10 日，政治协商会议（也被称为"旧政协"）在重庆国民政府礼堂开幕。经过对停战商谈、国共会谈问题、改组国民政府与保障人民民主权利、施政

纲领、国民大会、宪法草案等议题的讨论，1946 年 1 月 31 日，政治协商会议第十次大会全体一致通过政府组织、施政纲要、军事问题、国民大会、宪法草案等五个决议案。

然而，国民党并没有遵守政协决议与停战协定，使得国共谈判破裂，并挑起内战。据中国民主同盟罗隆基回忆，“原来这是蒋介石假和平戏法一大串表演的开端。从那时到一九四六年十一月十五号伪国民大会开幕的时候为止，他的戏法就一场接着一场上演”[7]。解放战争初期，国民党在军事、经济上占据优势。1947 年下半年，人民解放战争从战略防御阶段进入战略进攻阶段，国内形势发生了重大变化。1947 年 10 月，中国民主同盟被国民党当局宣布为“非法团体”，总部被迫解散。中国民主同盟在艰苦的环境中坚持斗争，认清形势，于 1948 年 1 月在中国民主同盟一届三中全会上确立要与中国共产党携手合作的政治路线。此外，国民党内的三民主义同志联合会、国民党民主促进会等反蒋派别联合成立中国国民党革命委员会，宣布“推翻媚外卖国的蒋介石之反动独裁统治”，赞成新民主主义纲领的基本原则，坚持与中共合作。[8]其他党派也纷纷表示拥护，中国共产党的统一战线得到了空前发展，全国范围内的革命高潮也已到来。

到 1948 年春，全国形势发生了巨大变化，国民党统治逐渐走向穷途末路。在此背景下，1948 年 4 月 30 日，中共中央发布了具有历史意义的战斗号召：《纪念“五一”劳动节口号》（也被称为“五一口号”），提出“打到南京去”，并正式向全国各民主党派、各人民团体、各社会贤达发出“各民主党派、各人民团体、各社会贤达迅速召开政治协商会议，讨论并实现召集人民代表大会，成立民主联合政府”的号召。[9]中共中央的号召得到各民主党派、各人民团体、无党派民主人士和海外华侨的热烈响应，催生新中国政权诞生的、声势浩大的新政协运动逐渐在全国兴起。

为了适应这种形势，1948 年 9 月，中共中央决定将中央城市工作部改名为中央统一战线工作部，负责管理国民党统治区工作、国内少数民族工作、政权统战工作、华侨工作及东方兄弟党的联络工作。据胡乔木回忆，统战部在毛泽东、周恩来的领导和李维汉的主持下，为筹备新政协和拟定共同纲领，做了大量具体工作。[10]

首先，《关于召开新的政治协商会议诸问题》草案由周恩来和中央统战部的民主人士商讨拟定，主要包括新政协召集问题、新政协参加者、新政协召开的时间与地点、新政协应讨论的事项。草案经毛泽东审改后，于 10 月 8 日由中共中央电发东北局。中央指示高岗、李富春约集在哈尔滨的民主人士“会谈数次”，请各民主人士商讨。之后，中共中央又通过华南分局征求了在香港的各民主党派和著名无党派民主人士的意见。

实际上，在哈尔滨的民主人士讨论有关新政协的草案时，对如何成立中央政府产生了不同的意见。关于会议的时间、地点、范围及程序等问题，也持有不同的意见：有的主张在 1948 年冬季召开，有的主张在 1949 年春季召开；有的主张在东北的沈阳或哈尔滨召开，并把政府放在东北，有的则主张在华北召开，并认为东北靠近苏联，考虑到国际影响，应将政府置于关内；有的主张以九个党派为基础，再加上人民团体和无党派人士代表，人数以五六十人至一百人左右为佳，有的认为范围应以三百人左右为宜；有的主张新政协会议闭幕后马上成立政府，还有的主张先召开全国人民代表大会，再成立政府。[11]这些意见都被转送中共中央讨论。结合现实形势的考量与多轮征求意见后，中共中央赞同部分民主人士提出的“新政协即等于临时人民会议，即可产生临时中央政府”的意见，并在 11 月 3 日给东北局的指示中，明确规定由新政协选举临时中央政府。

此外，在香港各民主党派的讨论中，围绕要不要以“新民主主义”作为建国指导原则的问题，也出现了多种意见。除了大多数人赞成“新民主主义”观点之外，有人则主张用“革命的三民主义”“人民民主主义”，也有人提出去掉“新”改用“民主主义”，个别人还拟定了与共产党讨价还价的“纲领”。针对这一问题，中国共产党以彻底坦白与诚恳的态度做了大量工作，推动各民主党派与无党派民主人士进一步统一思想，解答他们关于中国共产党和人民革命的疑虑。

1949 年伊始，中国报纸上出现了两个新年文告：一篇是毛泽东写的新华社新年献辞《将革命进行到底》，宣布 1949 年将要召集没有反动分子参加的、以完成人民革命任务为目标的政治协商会议，宣告中华人民共和国的成立，并组成共和国的中央政府；另一篇是蒋介石的新年文告，隐含地表达了“总统引退、政府求和”的意思，但实际上这是一篇企图利用和平谈判来保存实力的伪善声明。1949 年 1 月 14 日，毛泽东发表《关于时局的声明》，提出与国民党和平谈判的八项条件。随后，到达解放区的 55 位民主人士于 1949 年 1 月 22 日发表《我们对时局的意见》，各民主党派、无党派民主人士与中国共产党统一思想，表示完全赞同中共的革命立场。

1949 年 4 月 1 日，南京政府派出以张治中为首席代表的和平代表团来北平谈判。第二天，蒋介石令蒋经国向国民党中央党部转达两条意见：一是和谈必须先订停战协定，二是中共何日渡江，则和谈何日停止。[12] 经过 20 天和平谈判，4 月 20 日，南京政府拒绝在《国内和平协定》上签字，和谈破裂。4 月 21 日，中国人民革命军事委员会主席毛泽东、人民解放军总司令朱德发布《向全国进军的命令》，在北平的各民主党派、人民党派、人民团体和民主人士纷纷发表谈话，表示拥护这个命令，并力斥国民党反动政府拒绝国内和平协定的行为。随后，百万雄师过大江。4 月 23 日，人民解放军把红旗插到南京总统府，南京解放，国民党反动统治宣告灭亡。

整体上来看，从 1948 年中共发布"五一口号"到 1949 年春，在中国共产党的积极推动及各民主党派和无党派人士的协商下，绝大多数人在彻底推翻国民党反动统治与建立新民主主义中国这两个基本问题上达成了共识，也为共同纲领的正式制定创造了前提。[13]

1949 年 6 月 15 日，经过各方协商，新政协筹备会在北平正式成立。参加新政协筹备会的共有 23 个单位、134 人。筹备会第一次全体会议进行了五天，一致通过了《新政协筹备会组织条例》，并选出 21 人组成常务委员会，负责处理日常事宜。常务委员会推选毛泽东为主任，周恩来、李济深、沈钧儒、郭沫若、陈叔通为副主任，李维汉担任秘书长。常务委员会下设六个小组。第一小组由筹备会常务委员会秘书长李维汉担任组长，筹备会常务委员章伯钧担任副组长，主要负责拟定参加新政协的单位及其代表名额；第二小组由筹备会常务委员会委员谭平山担任组长，副秘书长周新民担任副组长，主要负责起草新政协组织条例，如《人民政协组织法》；第三小组由筹备会常务委员会副主任周恩来担任组长，民主教授代表许德珩担任副组长，主要负责起草共同纲领；第四小组由中国共产党代表董必武担任组长，中国民主建国会代表、筹备会常务委员黄炎培担任副组长，主要负责拟定中华人民共和国政府方案，起草《中央人民政府组织法》；第五小组由筹备会常务委员会副主任、无党派民主人士郭沫若担任组长，中国国民党革命委员会代表陈劭先担任副组长，主要负责起草新政治协商会议的宣言；第六小组由筹备会常务委员、中国民主促进会代表马叙伦担任组长，中国人民解放军代表叶剑英和筹备会常务委员、文化界民主人士代表沈雁冰担任副组长，主要负责拟定国旗、国徽及国歌方案。

经过紧张的筹备和协商，中国人民政治协商会议第一届全体会议于1949年9月21日在北平中南海怀仁堂隆重举行。出席会议的有中国共产党、各民主党派、无党派民主人士、各人民团体、各地区、人民解放军、各少数民族、海外华侨及其他爱国分子共54个单位、634名代表（全体代表应为662人）。此次会议通过了《中国人民政治协商会议共同纲领》，选举毛泽东为中央人民政府主席，朱德、刘少奇、宋庆龄、李济深、张澜、高岗为副主席，周恩来等56人为中央人民政府委员会委员。会议还确立了新中国的名称为中华人民共和国，将新中国首都北平改名为北京，以《义勇军进行曲》为代国歌，五星红旗为国旗，并采用公元纪年。

那么，旧政协和新政协有何区别？毛泽东同志在1949年中国人民政治协商会议第一届全体会议开幕式上曾经指出："我们的会议之所以称为政治协商会议，是因为三年以前我们曾和蒋介石国民党一道开过一次政治协商会议。那次会议的结果是被蒋介石国民党及其帮凶们破坏了，但是已在人民中留下了不可磨灭的印象……现在的中国人民政治协商会议是在完全新的基础之上召开的，它具有代表全国人民的性质，它获得全国人民的信任和拥护。因此，中国人民政治协商会议宣布自己执行全国人民代表大会的职权。中国人民政治协商会议在自己的议程中将要制定中国人民政治协商会议的组织法，制定中华人民共和国中央人民政府的组织法，制定中国人民政治协商会议的共同纲领，选举中国人民政治协商会议的全国委员会，选举中华人民共和国中央人民政府委员会，制定中华人民共和国的国旗和国徽，决定中华人民共和国国都的所在地以及采取和世界大多数国家一样的年号。"[14]因而，人民政协虽然沿用了旧的政治协商会议的名称，但从组织和行政来说，旧政协是在国民党反动统治之下，中国共产党及其他民主力量同国民党争取和平民主的产物，当国民党发动内战和召开伪国民大会后，旧政协也就告终了。[15]人民政协不只是一种会议形式，更是中国共产党领导的人民民主统一战线的组织形式。虽然新旧政协有着本质区别，但从旧政协的酝酿、召开与破产，到新政协的顺利召开，中国共产党始终高度重视各民主党派、无党派民主人士及社会各界团体的意见。国民党打着民主的幌子实行独裁的做法，最终遭到了社会各界人士的反对，其反动统治也必然走向灭亡。

从协商建国的历程来看，新中国的成立恰恰是高度重视民主、高度重视协商的产物，没有各党派的共同努力，没有社会各阶层人士的共同协商，新中国是无法诞生的。因而，从现代国家的建设与发展来看，新中国的成立、基本政治制度的确立正是人民民主的产物，协商建国正是全过程人民民主的最佳实践。

第二节　宪法制定

众所周知，中华人民共和国的最高权力机关是全国人民代表大会，国家主席和人民政府组成人员也是由全国人民代表大会选举产生的。但是，全国人民代表大会首次召开时间是1954年，新中国却在1949年就成立了。那么，中华人民共和国究竟是由谁批准成立的？成立后的5年又是如何履行法律程序的？正如前文所述，由于协商建国的历史发展，中华人民共和国是由中国人民政治协商会议宣告成立的。具体而言，由1949年9月21日至30日召开的中国人民政治协商会议第一届全体会议执行全国人民代表大会职权，由中国人民政治协商会议制定代宪法的《中国人民政治协商会议共同纲领》(以下简称《共同纲领》)。同时，由中国人民政治协商会议组织中央人民政府，并授权中央人民政府筹备召开全国人民代表大会。

宪法是国家的根本法，具有最高的法律效力。1954年9月20日，第一届全国人民代表大会第一次会议全票通过《中华人民共和国宪法》(也被称为"五四宪法")，奠定了新中国社会主义宪法的基础。

新中国成立之时并不具备召开全国人民代表大会的客观条件，因而1949年9月中国人民政治协商会议第一届全体会议制定了具有临时宪法性质的《共同纲领》，确立了新中国的国体、政体、国都、国歌、国旗、纪年等。作为新中国的奠基性文件，数易其稿的过程融合了全党和党外民主人士的智慧，是全国人民意志和利益的集中体现，也是发扬全过程人民民主精神的生动写照。

从《共同纲领》的起草到定稿来看，经历了三次大的起稿。1948 年中共中央发出“五一口号”，向全国各民主党派、各人民团体、各社会贤达提出“迅速召开政治协商会议，讨论并实现召集人民代表大会，成立民主联合政府”的主张。不久，中共中央即组织起草共同纲领草案。这便是第一次起稿，即 1948 年 10 月由周恩来主持、李维汉具体负责的《中国人民民主革命纲领草稿》。这一稿除了序言外，分为总则、政治、军事、土地改革、经济财政、文化教育、社会政策、少数民族、华侨、外交等十部分，共 46 条。同年 11 月，形成了《中国人民民主革命纲领草稿》第二稿，分为人民解放战争的历史任务、建立人民民主共和国的基本纲领、战时具体纲领三个部分。1949 年 2 月，周恩来对第二稿作文字修改后，将其与其他有关新政治协商会议的文件草案汇编为《新的政治协商会议有关文件》。[16]在这一稿的完成过程中，民主人士提出了很多不同意见，有的意见相当尖锐。为了统一共识，中国共产党主要从四个方面做工作：第一，从政策上教育中共党内高级干部正确对待民主党派和民主人士；第二，撰写文章，从理论上对民主人士思想中存在的问题进行透彻的阐述和回答；第三，利用个别交谈、小型座谈、报告会等各种形式，广泛与民主人士接触，介绍情况、分析形势，针对他们的思想疑虑作出解答；第四，安排民主人士赴解放区参观，让他们在实际的事实面前感受和认识新民主主义的政治、经济、文化政策。[17]

第二次起稿是 1949 年 6 月新政治协商会议筹备会在北平策划，由第三小组负责起草《新民主主义的共同纲领》。第三小组由筹备会常务委员会副主任周恩来担任组长、许德珩担任副组长，组员有：陈劭先、章伯钧、章乃器、李达、许广平、季方（严信民代）、沈志远、许宝驹、陈此生、黄鼎臣、彭德怀（罗瑞卿代）、朱学范、张晔、李烛尘、侯外庐、邓初民、廖承志、邓颖超、谢邦定、周建人、杨静仁、费振东、罗隆基。小组成员按照自愿原则分为政治、法律、财政经济、国防外交、文化教育、其他（包括华侨、少数民族、群众团体、宗教等问题）六个分组进行讨论和拟定具体条文，供起草人参考。《新民主主义的共同纲领》由周恩来执笔起草，从周恩来最初的提纲，到给毛泽东的送审稿，至少八易其稿。第一稿是1 500多字的提纲，主要列举了解放全中国以及政治、经济、文教、国防、外交等方面的政策要点；第二稿冠之以《新民主主义纲领》的名称，但仍是一个提纲性的文件；第三稿至第六稿开始正式起稿，但内容并不完整；第七稿是一个内容很完整的稿子，纲领名称也已改用《新民主主义的共同纲领》，内容分为一般纲领和具体纲领。一般纲领规定了新民主主义的国防、新民主主义的经济、新民主主义的文化、新民主主义的国际关系。具体纲领分为解放全中国、政治法律、财政经济、文化教育、国防、外交侨务六个方面，共45项条款；第八稿是周恩来对秘书或工作人员誊抄稿的修改稿，对不少地方做出了增删修改，随后付印送毛泽东审阅。[18]《新民主主义的共同纲领》是最后正式通过的《中国人民政治协商会议共同纲领》的重要基础。经核对，《中国人民政治协商会议共同纲领》共60条，与《新民主主义的共同纲领》中的44条有思想联系，有的表述一模一样，有的表述更丰富、具体。[19]

第三次起稿是1949年9月，人民政协开幕式临近，因而重新起稿并正式定名为《中国人民政治协商会议共同纲领(草案)》。1949年9月22日，周恩来在中国人民政治协商会议第一届全体会议上作了题为《关于〈中国人民政治协商会议共同纲领〉草案的起草经过和特点》的报告。他讲道："草案初稿写出以后，经过七次的反复讨论和修改，计由先后到达北平的政协代表五六百人分组讨论两次，第三组本身讨论了三次，筹备会常务委员会讨论了两次，广泛地吸收了各方面的意见。"[20]实际上不止于此，参加政治协商会议的各单位还组织了讨论。代表们字斟句酌、畅所欲言、反复推敲，他们讨论的意见或是被采纳，或是提供了参考，或是经过激烈地讨论最终统一共识，真正做到了集思广益。[21]在中国人民政治协商会议上，政协各单位及共同纲领草案整理委员会又分别举行会议进行研讨，收集到了21份代表意见。1949年9月29日，《中国人民政治协商会议共同纲领》在政协第一届全体会议上获得一致通过。《共同纲领》的实行，极大地促进了新民主主义国家的民主与法制建设，巩固了新生的人民民主专政，其确立的"国家权力属于人民"的原则也成为我国宪法最重要的基本原则。

从中华人民共和国成立到社会主义社会建成，是一个过渡时期。在这个过渡时期，我国逐步实现国家的社会主义工业化，逐步完成对农业、手工业和资本主义工商业的社会主义改造。1953年起，我国开始按照社会主义的目标进入有计划的经济建设时期，国家的政治、经济与文化生活发生了变化，因而有必要在《共同纲领》的基础之上前进一步，用法律形式明确我国过渡时期的总任务。也就是说，作为过渡时期政权体制的临时宪法到了需要调整的时候。

"五四宪法"是中国历史上第一部人民自主地运用制宪权制定的人民民主的、社会主义类型的宪法，这种民主精神与两个基本问题有关：国家权力由谁来掌握、国家权力如何行使。与资产阶级专政的国家不同，"五四宪法"要建立的是工人阶级领导的、以工农联盟为基础的人民民主专政的共和国。在人民民主专政的国家中，一切权力属于人民，全国人民代表大会和地方各级人民代表大会正是人民行使权力的机关。实际上，除了宪法内容是以民主原则为基础的，制宪过程也充分体现了民主精神。

宪法起草委员会在1953年3月接受了中国共产党中央委员会提出的宪法草案初稿，随即在北京和全国各大城市组织各民主党派、各人民团体和社会各方面的代表人物共8 000多人，用了两个多月的时间，对宪法展开了认真讨论。1954年6月14日，以8 000人讨论的初稿为基础修改后的宪法草案向大众公布，全国人民又经历了持续两个多月、将近1亿5 000多万人参加的讨论，并提出了很多修改和补充意见。[22]这个过程充分体现了领导与群众相结合的原则，体现了从群众中来、到群众中去的工作方式。

正如韩大元所指出的，"对宪法草案进行全民讨论是1954年宪法民主性的重要特征与基础"[23]。中国全民宪法草案的讨论借鉴了苏联1936年宪法修改过程中的经验，全民讨论将近3个月，从1954年6月16日开始，至9月11日结束。为了更好地对宪法草案进行讨论与宣传，早在宪法草案正式公布前，全国各地就成立了宪法草案讨论的各种机构。例如，四川省早在6月5日就成立了四川省宪法草案讨论委员会，并要求省里各级机关、大学中学、各民主党派成员要对宪法草案进行阅读和讨论。同时，对报告员、宣传员进行培训，由领导群众进行讨论。

宪法草案公布后，各地充分发挥广大人民群众的积极性，采取多样化的形式讨论草案。以北京为例，据《人民日报》报道，北京市宪法草案讨论委员会于6月1日成立，随即集中培训了全市的报告员和辅导学习讨论的骨干分子4 000多人，紧接着各区、各单位也训练了宣传员、厂矿企业工会基层干部、街道居民积极分子两万多人，待宪法草案公布后，组织并动员各界人民进行阅读与讨论。据统计，全市（不包括中央各级机关）参与宪法草案讨论的各界人民约有103万5 700多人，参加逐章逐条讨论的有55万2 000多人，共提出修改意见143 565件，其中序言部分占总数的22.2%，总纲部分占32.3%，国家机构部分占19.1%，公民的基本权利和义务占20.7%，国旗、国徽、首都和其他意见占5.7%。[24]不只是北京，全国形成了宣传、学习与讨论宪法草案的热潮。据统计，许多地区听报告和参与讨论的人数达到了当地成年人口的70%以上，有的城市和个别专区甚至达到了90%以上。[25]

经过3个多月的讨论，中华人民共和国宪法起草委员会共收到1 180 420条修改和补充的意见，这些建议被编辑为《全民讨论意见汇编》16册，为进一步修改宪法提供了良好的群众基础。[26]针对全民讨论提出的意见，委员会在进行分类的基础上，作出进一步的处理。针对全民讨论的合理意见委员会决定采纳吸收，有一部分意见经过研究后没有采纳并给出了说明，还有一部分意见不属于宪法而是其他法律的内容也作出了说明。

整体上来看，全民讨论宪法无疑彰显了人民群众空前高涨的政治参与热情，提高了全国人民社会主义与爱国主义的觉悟。同时，“五四宪法”经过人民群众的反复讨论、提议与修改，不仅扩大了宪法存在的社会基础，更充分体现了制宪过程的民主性。

除了民主性，“五四宪法”在制定过程中也非常注重科学性。一方面，“五四宪法”以事实为依据，结合中国的实际情况，在宪法结构与具体规范表述中保持高度严谨；另一方面，“五四宪法”也高度重视国际视野与历史视野的结合。例如，在起草宪法的过程中，毛泽东特致电刘少奇与中共中央各同志，着重参考五类文件：第一类，1936年苏联宪法及斯大林报告；第二类，1918年苏俄宪法；第三类，罗马尼亚、波兰、德国、捷克等国宪法；第四类，1913年天坛宪法草案、1923年曹锟宪法、1946年蒋介石宪法；第五类，法国1946年宪法等。[27]此外，宪法起草委员会的队伍组成也非常注重国际化和专业化，33 名成员中至少有 21 名委员曾留学美国、德国、日本或法国等国家。例如，朱德曾留学德国，沈钧儒与董必武都曾到日本学习法律，宋庆龄曾留学美国，李维汉曾留学法国等。[28]

1954 年 9 月 20 日，第一届全国人民代表大会第一次会议全票通过“五四宪法”，得到了世界各国友好人士与团体的认可。例如，英国《工人日报》、法国《人道报》、意大利《团结报》、比利时《红旗报》、丹麦《国土与人民报》、荷兰《真理报》、瑞典《新时代报》、西德《自由人民报》、奥地利《奥地利人民之声报》、澳大利亚《卫报》、朝鲜《劳动新闻》和《民主朝鲜报》、波兰《人民论坛报》、捷克斯洛伐克《红色权利报》和《真理报》、保加利亚《工人事业报》、阿尔巴尼亚《人民之声报》、蒙古《真理报》以及苏联《真理报》《消息报》《劳动报》《红星报》《共青团真理报》等报纸报道了中国人民代表大会会议，赞扬了“五四宪法”。

“五四宪法”是新中国第一部宪法，也是中国历史上第一部由人民自主制定的宪法，集中体现了社会主义原则与人民民主原则，是中国人民革命和实践的产物。[29]“五四宪法”以及在“五四宪法”基础上修订完善的“八二宪法”，确立了我国人民民主专政的国体和人民代表大会制度的政体。人民代表大会制度是我国的根本政治制度，中国共产党领导的多党合作和政治协商制度、民族区域自治制度、基层群众自治制度是我国的基本政治制度，这些制度共同构成人民当家作主的制度体系，奠定了全过程人民民主的制度框架。

第三节　经济与社会五年规划

与其他计划相比，中长期的发展计划堪称“人类最雄心勃勃的集体事业”[30]。马克思和李斯特等都曾强调经济计划调节的重要性。罗斯福总统的智囊雷克斯·塔格维尔（Rexford G. Tugwell）也曾指出，“规划”是立法、行政、司法三种权力之外的第四种权力。张树平认为，现代中国国家建设中存在发展与治理两大主题，分别衍生出了国家规划体系建设与国家制度体系建设，前者经历了从“全能型计划”到“中心规划”再到“全面规划”，后者经历了从“立国制度”建设到“关联制度”建设再到“全面制度”建设，而“规划中国”与“制度中国”的交汇内在地生发出了“真实中国”的建构问题。[31]

新中国成立后，中国进入全面大规模经济建设时期。中国学习苏联编制第一个五年计划，以苏联援建的156个重大项目以及694个建设项目为主要内容。但中央并不迷信苏联的计划体制，而是以学习、借鉴、批判性消化与吸收的态度探索适合中国经济与社会发展的五年计划。毛泽东主张“计划第一，价格第二”，并在庐山会议期间提出改变苏联以钢为纲的计划模式，从中国的实际出发，按照“农、轻、重”的次序安排国民经济计划。随后，毛泽东又提出要改变计划，并采用“大计划、小自由，大计划、小市场”的体制。[32]

中国是社会主义阵营中少数没有实行苏联高度集中计划体制的国家。中国通过5个五年计划，在1980年前后初步建立起了比较完整的工业体系和国民经济体系，完成了农业、手工业和资本主义工商业的社会主义改造，建立起了社会主义计划经济体制。其中，“一五”计划(1953—1957年)集中于社会主义工业化建设和社会主义改造，提高人民群众物质生活和文化生活水平。“二五”计划(1958—1962年)继续推进工业化建设和社会主义改造，提出要把我国建设成一个具有现代工业、现代农业和现代科学文化的社会主义国家。但由于“大跃进”的挫折和自然灾害造成的困难局面，本应于1963—1967年执行的“三五”计划延后。中央根据情况将1963—1965年作为过渡阶段，贯彻“调整、巩固、充实、提高”的八字方针。1966—1970年，我国开始实施“三五”计划，最初曾以“农、轻、重”为次序，先抓吃、穿、用实现综合平衡。但由于国际形势紧张，这一计划转向战备为中心，推动以工业交通、国防科技工业为基础的大规模建设(也被称为“三线建设”)。正是三线建设的推行，使得我国建立了相对独立的工业体系，促进了内地工业的发展，显著改变了中国的工业布局。相应的，我国的国防科技、石油化学工业、地方小工业也得到了突破或发展。但受到“文化大革命”的干扰，“三五”计划也遭受了很多波折。“四五”计划(1971—1975年)的指导思想是：以阶级斗争为纲、狠抓备战、促进国民经济的新飞跃，并集中力量建设大三线的战略后方，建立不同水平、各有特点、各自为战、大力协同的经济协作区，初步建成独立的、比较完整的工业体系和国民经济体系。

虽然受到“文化大革命”影响，但经过调整后，1973 年国民经济状况较前两年有了明显好转，经济建设取得了一定成就，人民生活也有所改善。“五五”计划（1976—1980 年）是计划经济时期的最后一个五年计划，提出要建立稳固的农业基础、丰富多彩的工业、强大的重工业，适应经济发展和战备需要的交通运输网和邮电通信等目标。[33]随着中共十一届三中全会召开，中国迎来了历史性转变，改革开放开始了。

改革开放后，中国采取摸着石头过河的策略，实行家庭联产承包责任制，打破“铁饭碗”、取消“大锅饭”等，鼓励一部分地区和一部分人先富起来，也逐渐调整五年计划中不合理的部分。“六五”计划（1981—1985 年）在坚持“调整、改革、整顿、提高”八字方针的前提下，进一步解决遗留下来阻碍发展的问题，侧重调整投资结构、产业结构、技术结构，以提高国民经济的整体效益。最终，在调整和改革的推动下，中国国民经济加速增长，“六五”计划也得以提前、超量完成。“七五”计划（1986—1990 年）的指导思想是把改革放在首位，对内搞活经济、对外实行开放，为经济体制创造良好的经济环境与社会环境，保持经济稳定增长。“八五”计划（1991—1995 年）着眼于控制总量、调整结构，提高效益，完善和深化改革，促进经济良性循环，并为“九五”时期的发展打好基础。[34] 1996—2000 年，在制定“九五”计划时，中央注重提高社会参与度与对外开放度，通过从中央发放到全国党、政、军省部级以上单位广泛征求意见，还听取各民主党派、无党派人士和专家学者的意见，体现了五年计划的民主性和科学性。由于《中华人民共和国国民经济和社会发展“九五”计划和 2010 年远景目标纲要》是第一个以社会主义市场经济体制为目标并以市场调节为基础的中长期计划，因而其历史意义不次于第一个五年计划，其规划事关中国经济发展全局和整体发展的战略、指导方针、重大经济关系和全国生产力布局。“九五”计划注重发挥市场资源配置的基础性作用，推动经济增长方式由粗放型向集约型转变。同时，转变经济增长方式，实施可持续发展战略，推动市场机制与宏观调控结合。在这五年中，中国的经济建设、改革开放和人民的物质文化生活发生了巨大的变化，“九五”计划提出的任务也圆满完成。

进入 21 世纪后，“十五”计划（2001—2005 年）坚持把发展作为主题，把经济结构调整作为主线，将改革开放和科技进步作为动力，把提高人民生活水平作为根本出发点，坚持经济和社会协调发展。从“十一五”开始，中国将五年计划更名为五年规划。“十一五”规划(2006—2010 年)提出全面贯彻落实科学发展观，经济保持了平稳较快发展，社会事业和改善民生也更加受到重视。例如，“十一五”期间彻底取消了农业税，结束了几千年来农民交税的历史。此外，免费义务教育得以全面实行，建立了覆盖城乡居民的社会保障制度。[35]“十二五”规划(2010—2015 年)是全面建设小康社会的关键时期，也是深化改革开放、加快转变经济发展方式的攻坚时期。这一阶段以科学发展为主题，加快转变经济发展方式为主线，深化改革开放，保障和改善民生，巩固和扩大应对国际金融危机冲击结果，促进经济长期平稳较快发展，建设和谐社会。“十三五”规划(2016—2020 年)以提高发展质量和效益为中心，以供给侧结构性改革为主线，加快形成引领经济发展新常态的体制机制和发展方式。“十四五”规划(2021—2025 年)以坚持党的全面领导、坚持以人民为中心、坚持新发展理念、坚持深化改革开放、坚持系统观念为原则，在稳中求进。这一时期以推动高质量发展为主题，以深化供给侧结构性改革为主线，以改革创新为根本动力，以满足人民日益增长的美好生活需要为根本目的，并加快构建国内大循环为主体、国内国际双循环相互促进的新发展格局，推进国家治理体系和治理能力现代化。

如果说“一五”至“二五”前期是内部集体决策，“二五”后期至“四五”是“一言堂”决策，“五五”至“六五”是内部集体决策重建，那么“七五”到“九五”便进入了咨询决策模式，“十五”到“十四五”进一步拓展为“集思广益”决策模式。[36]

从“七五”计划起，“二五”时期由党提出五年计划建议的做法便开始恢复，并进一步明确提出五年计划是党的职能之一，将决策程序进一步制度化。因而“七五”计划由临时性的党的全国代表会议通过，“八五”计划后明确为由党的中央全会通过，“九五”计划后则固定为由各届中共五中全会通过。同时，“七五”计划后开始向政府外部人士大范围的征求意见，包括征求地方、部门、民主党派、全国工商联负责人、无党派人士、专家学者等有关主体的意见。“八五”计划后，进一步将征求意见范围扩大到各省、自治区、直辖市，各部委，军队各大单位，民主党派，乃至各人民团体。专家、学者和研究机构也越来越多地参与到决策过程中。例如，从“七五”开始，专家和学者通过座谈会、提交建议等方式提供决策咨询，“十五”则正式成立了专家审议会，“十一五”将其改为专家咨询委员会，负责专门的政策咨询与政策论证。

“十五”计划以来，普通公众的参与越来越多，决策过程也越来越开放。集思广益决策模式的民主性主要体现在以下三个方面。[37]

第一，开展公众建言献策活动。“十五”计划首次通过群众征文的方式，向社会公众及各界人士征求意见，共收到信件和电子邮件 1.7 万多封。在制定“十一五”规划时，国务院提出建立健全规划编制的公众参与制度，于 2005 年 10 月 22 日发布《国务院关于加强国民经济和社会发展规划编制工作的若干意见》，提出建立规划编制的社会参与和论证制度，即建立公众参与制度和专家论证制度，以推动决策的民主化和科学化。[38]为此，国家发展和改革委员会首次在门户网站建立了建言献策专栏，通过为期 60 天的公开征集意见，最终收到了五千多人的上万条建议。在公众建议中，许多与实际相符、达成共识的意见也被纳入“十一五”规划或进行了修改。

第二，通过多渠道广泛征求大众意见。“十五”计划后，国家更重视通过调研、座谈会、带头开展调查研究等多种方式了解基层群众和广大民众的意见。例如，“十五”计划到“十二五”规划期间，政治局常委、起草小组、人大、政协、国务院参事室、发改委等开展不同层次的调研，以了解基层人员和普通公众的意见。此外，中央政治局常委也带头开展调查研究，一方面，可以通过调查研究获得一手信息和一手材料实现决策的科学化。另一方面，也可以直接与地方一把手或当地负责人沟通，了解他们的真实情况、需求与建议，就政策交换意见，推动共识的达成。除了积极听取我国广大群众的意见，早在“七五”计划制定时期，邓小平就邀请世界银行对中国的中长期规划开展研究。在随后的五年计划与规划中，中央不仅听取国际专家的意见，还邀请国外机构通过课题研究、参与研讨、主动建言等形式参与到计划制定中。

第三，决策过程日益开放。随着网络技术的进步，五年规划制定的信息披露日益增多，民众不仅可以通过媒体的广泛报道了解决策过程，也可以通过研讨会、文章探讨、网络留言等多个渠道建言献策，影响五年规划的制定。

例如，《中共中央关于制定国民经济和社会发展第十二个五年规划的建议（草案）》的形成过程是科学决策、民主决策的过程，也是统一全党认识、形成社会共识的过程。[39]从文件起草开始，就对"十二五"规划的主题、主线、主要任务和重大举措征求了全党意见。在提交全会审议前，广泛征求了各地区、各部门党委（党组）、党内老同志和十七大代表的意见，还听取了各民主党派、全国工商联负责人、无党派人士与专家学者的意见。王绍光和鄢一龙将"十二五"规划期间"集思广益"的模式划分为"屈群策""集众思""广纳言""合决议""告四方"五个阶段，在规划起草的各个阶段，人民得到了全过程的参与，如表 9.1 所示。

表 9.1 "十二五"规划不同阶段征求民意汇总[40]

	屈群策	集众思	广纳言	合决议	告四方
基本思路研究	课题研究、部门和地方思路、研讨会	起草基本思路	地区片会、专家委员会会议	国务院、政治局常委会的有关会议	调研、省部级学习班
党中央《建议》编制	课题研究、部门专题研究、人大政协建议、起草组调研	听取汇报、集中学习、汇编意见、研讨、起草	内部征求意见，7 次大范围征求意见	政治局常委会会议、政治局会议、中共中央委员会会议	宣讲会、各地各部门党委会议、宣传与动员
正式编制《纲要》	公众建言献策、调研、研讨会	起草、内部研讨	总理座谈会、副总理座谈会、专家委员会会议、征求部门和地方意见	国务院常务会议、国务院全体会议、政治局常委会会议、政治局会议、全国人大会议	宣传与动员

总的来说，国家五年规划具有战略性和宏观性，不仅指引国家方向、明确国家发展重点，还协调国家发展关系，优化国家发展资源配置。[41]在当代中国国家治理的实践中，五年规划也已成为中国共产党治国理政的重要工具，最大限度地发挥中国共产党总揽全局、集中力量办大事、制定科学可持续发展战略的优势。[42]

从制度形式上看，五年规划的编制过程是“民主、集中，再民主、再集中”的过程；从各方表达意见上看，是一个“发散、收敛，再发散、再收敛”的过程；从各方参与角度看，是一个“参与、共识，再参与、再共识”的过程；从形成纲要的文本来看，是一个“讨论、修改，再讨论、再修改”的过程。[43]五年规划作为中国共产党治国理政的重要举措，其制定过程也是充分表达民意、协商民意、吸纳民意的过程，充分展现了人民民主的全过程属性。

第四节　民法典编纂

民法典是新中国第一部以法典命名的法律，开创了我国法典编纂立法的先河，具有里程碑意义。2020 年 5 月 28 日，《中华人民共和国民法典》正式出台，中国宣告进入“民法典时代”。这关乎 14 亿人民的生老病死与衣食住行，是对群众从出生到死亡的全面保护，更是国家治理的基本遵循和重要依靠。

实际上，中国民法典已有百年编纂历程。中国古代没有民法典，随着清末法制改革的推进，1911 年《大清民律草案》编纂而成，这部草案与《德国民法典》结构相似，是一部名副其实的近代民法典草案。民国初期还是沿用旧典，直到 1915 年才编纂《民律亲属编草案》，并在此基础上于 1925 年至 1926 年编纂了《民国民律草案》，这是北京政府时期唯一一部内容完整的民法典草案。南京国民政府编纂了第一部正式民法典《中华民国民法》，于 1929 年至 1930 年间分编公布，是中国近代法制史上唯一的正式民法典。[44]

新中国成立后的第一次民法典编纂工作始于 1954 年，主要是效仿苏联民法典起草，至 1956 年 12 月公布中华人民共和国民法草案第一稿，后来由于一些原因起草工作未能完成。随着对国民经济的调整，1962 年至 1964 年，第二次民法典编纂工作继续，最终完成《中华人民共和国民法草案（试拟稿）》，但由于某些原因，试拟稿的完善工作被中断了。改革开放后，1979 年 11 月我国启动了第三次民法典编纂工作，直至 1982 年 5 月，共完成了《中华人民共和国民法草案》第一稿到第四稿的起草与修订工作。但由于国内条件尚不成熟，此后我国暂停民法典起草工作，决定采用民事单行法，待条件成熟后继续修订。党的十五大后，我国启动了第四次民法典编纂工作，推动形成《中华人民共和国合同法》《中华人民共和国物权法》等单行法，虽然尚未形成统一的民法典，但各单行民法基本完善。直到 2014 年 11 月，党的十八届四中全会明确提出编纂民法典，《中华人民共和国民法典》最终于 2020 年 5 月正式出台。

根据党中央的工作部署，编纂民法典的起草工作由全国人大常委会法制工作委员会（以下简称“法工委”）牵头，最高人民法院、最高人民检察院、司法部、中国社会科学院、中国法学会为参加单位。在民法典编纂过程中，法工委与五家单位成立了民法典编纂工作协调小组，还设立了民法典编纂工作专班。[45]许多人对民法典编纂工作存在认识上的误区，例如认为民法典是制定全新的法律，但民法典实际上遵循的是“编纂式立法”。也就是说，民法典的编纂工作并非全部重新起草制定新的民事法律，而是对现有的民事法律进行编订和纂修。同时，对不适应现实情况的法律条文进行修订，并结合经济社会发展中出现的新问题、新情况，作出新规定。

从民法典编纂的工作历程来看，其工作思路分为两步，第一步是制定民法总则，即编纂民法典的总则，第二步是编纂民法典的各分编，由全国人大常委会审议后，最终与总则合并，构成民法典的全部草案。2015 年 3 月，全国人大常委会法工委正式启动民法典编纂工作。总则的编纂以 1986 年制定的民法通则为基础，系统梳理民事法律，并提炼出法律制度中的一般性经验，形成草案。2016 年，这一草案由十二届全国人大常委会进行了三次审议。2017 年 3 月，又经过十二届全国人民代表大会第五次会议审议通过。《中华人民共和国民法总则》通过后，十二届、十三届全国人大常委会开启了各分编的编纂工作。以物权法、合同法、担保法、婚姻法、收养法、继承法、侵权责任法等为基础，法工委与民法典编纂各单位进行系统梳理，并开展立法调研，广泛听取意见建议，共形成了物权、合同、人格权、婚姻家庭、继承、侵权责任 6 个分编草案。2018 年 8 月，各分编草案由第十三届全国人大常委会第五次会议审议。2018 年 12 月，2019 年 4 月、6 月、8 月、10 月，第十三届全国人大常委会第七次、第十次、第十一次、第十二次、第十四次会议对民法典各分编草案进行拆分审议，对全部6个分编草案进行二审，并对社会公众较为关注的人格权、婚姻家庭、侵权责任三个部分进行了三审。[46]随后，民法总则与各分编草案汇总后，形成《中华人民共和国民法典（草案）》，并提请2019年12月召开的第十三届全国人大常委会第十五次会议审议。

经全国人大常委会审议后，全国人大常委会办公厅将草案印发十三届全国人大代表，组织全国人大代表研读民法典草案，并将草案印发地方人大、基层立法联系点、中央有关部门，还在中国人大网公布等，通过多种渠道征求代表意见。2020年4月，全国人大宪法和法律委员会召开会议，集中研读代表们和各方提出的建议，对民法典草案作出进一步修改完善。随后，为了进一步听取广大人民群众意见，4月29日，法工委将修改后的民法典草案再次下发给各省、自治区、直辖市人大常委会，请各地方积极组织、通过多种渠道再次听取群众意见。最终，2020年5月28日下午，人民大会堂见证了历史性的一刻：十三届全国人大三次会议表决通过《中华人民共和国民法典》。

全过程人民民主深刻揭示了我国社会主义民主的政治内涵、理论内涵，其提出与社会主义法治建设工作，特别是立法工作有着密切联系。民法典作为新中国第一部以法典命名的法律，在编纂过程中充分践行了全过程人民民主的理念。[47]

首先，秉承以人民为中心的立法理念。在编纂民法典时，法工委注重保护民事权利，强化对民事主体人事权利、财产权利的全方位保护。同时，对于社会公众较为关心的议题，在民法典编纂过程中也做到了有所回应。例如，近年来高空抛物事件时有发生，民法典对高空抛物的责任规则作了进一步明晰和完善。再如，随着网络购物的普及化，民法典对于电子合同的订立和履行作出了相应规定。

其次，高度重视全国人大代表的意见。法工委认真梳理全国人大代表们提出的有关民法典编纂的议案，尤其是2015年至2019年的179件议案由法工委开展重点研究，综合分析形成简报，并作为工作中的重要参考。对全国人大代表们提出的议案，法工委经过认真消化、吸收，最终采纳了40多位代表的意见。在开展立法调研和座谈的过程中，法工委也积极邀请全国人大代表参加，现场听取代表们的意见。此外,在民法典编纂过程中,法工委先后于 2017 年 1 月、2019 年 12 月、2020 年 4 月在全国人大会议审议草案前组织代表研读草案。新冠肺炎疫情的暴发对民众的生活带来了很大的影响。为了适应社会中的突发状况,也为了反映民众的最新诉求,法工委将修改后的草案再次发送给各级人大代表,请代表们积极研讨提出进一步修改意见。据统计,在编纂民法典的五年时间里,先后共 13 轮将民法典相关法律草案印发代表征求意见,充分收集代表们的意见,最大程度形成共识。在全国人代会审议民法典草案期间,共收集到了 2 956 条意见,经审议与讨论后,最终对民法典草案对 100 多处作出了修改。[48]

最后,广泛吸纳人民群众的真实建议。在编纂民法典的五年时间里,法工委通过中国人大网先后 10 次向社会公众征求意见,共 42 万多名群众参与,提出了 102 万多条意见,法工委对这些意见进行认真梳理、研究与采纳。例如,根据公众的意见,完善了预防、制止性骚扰的规定,增加了夫妻共同债务认定的规定,增加了禁止高利放贷的规定等。除了网络征求意见,法工委 27 次赴地方开展立法调研,广泛听取民情、汇聚民意、集中民智。针对重点问题,法工委分设综合调研组与专题调研组开展调研,还委托专门机构开展专项调查,以提高草案的民主性与科学性。

在征求群众意见之时,基层立法联系点发挥了重要作用。2015 年,法工委在上海虹桥、江西景德镇、湖北襄阳、甘肃临洮设立了基层立法联系点,作为国家机关联系基层群众的桥梁和纽带。2019 年 11 月 2 日,习近平正是在考察上海市长宁区虹桥街道基层立法联系点时,首次提出“人民民主是一种全过程的民主”的重要论述。国家立法机关有关法律草案的立项、起草、调研、宣传等全部立法过程,都会通过基层立法联系点听取基层群众的意见。

在民法典(草案)的征求意见过程中,法工委分别于 2017 年 11 月 8 日至 12 月 8 日、2018 年 8 月 28 日至 9 月 30 日、2020 年 1 月 2 日至 1 月 23 日征求群众意见,共收集到了 180 人的意见,经过审议与研讨后,最终上报建议 91 条,被采纳 10 条。具体而言,虹桥街道基层立法联系点的工作流程如图 9.1 所示。

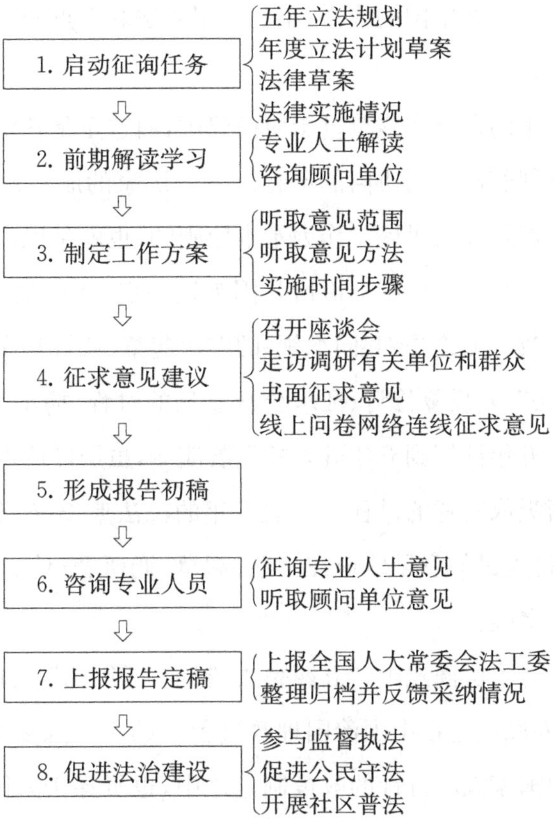

图 9.1　上海市长宁区虹桥街道基层立法联系点工作流程

除了基层立法联系点，上海市人大常委还在虹桥街道设立了“社区人大代表之家”等站点，让人大履职活动嵌入基层社会。以基层立法联系点为代表的制度化平台具有双重作用：一方面，基层群众可以借助看得见、摸得着、在身边的途径表达自己的意见，另一方面，国家权力机关也可以借此广泛地联系民意、收集民意。[49]虹桥街道基层立法联系点也不断拓展完善，将征询范围从虹桥社区拓展到全市、将征询方式从座谈拓展到线上线下并行、将征询阶段从立法中拓展到全过程。

小　结

人民民主不仅是社会主义民主的基本原则，在中国治国理政的实践中更是有丰富的实践经验。大到新中国的成立，小到基层立法联系点的运作，其中蕴含的正是人民民主的思想。

全过程人民民主的最佳实践莫过于协商建国，而这正是各党派人士、各民主人士、各社会阶层共同联合、共同协商的产物。一个国家的成立、基本政治制度的确立乃至宪法的雏形都是以人民民主作为基本原则的，也就是说，人民民主是新中国立国的重要思想来源和重要原则。恰恰是因为这一点，才产生了中国治国理政过程中丰富的民主绩效。无论是《共同纲领》的多次起草、修订与完善，还是以此为基础形成的"五四宪法"，其反复修订、征求公众意见的过程，揭示了我国制宪过程中的人民民主原则。五年计划到五年规划的发展演变，虽历经挫折，但体现了中国共产党治国理政不断吸取民意的过程。长达五年的民法典编纂，全面展现出全过程人民民主的精神，将人民的意见体现在立项、起草、调研、宣传的全过程中，是全过程人民民主的生动实践。

本章虽然仅探讨了协商建国、"五四宪法"制定、五年规划与民法典编纂过程中的民主与实践，但人民民主在中国治国理政进程中的实践远多于此。全过程人民民主既存在于党和国家大政方针的政策制定之中，也贯穿于人民群众中的生活小事。当然，全过程人民民主在实践中的具体操作仍是极具挑战性的，因而如何在未来的实践中更好地落实全过程人民民主仍然是有待深入探索的问题。

注释

1.《毛泽东选集》第三卷，北京：人民出版社 1991 年版，第 1068—1069 页。

2. 郝在今：《协商建国——中国民主 1949》，桂林：漓江出版社 2010 年版，第 3 页。

3. 袁廷华：《协商建国　共创伟业》，《中央社会主义学院学报》2009 年第 5 期。

4.《周恩来选集》上卷，北京：人民出版社 1980 年版，第 252—253 页。

5.《政治协商会议资料》，成都：四川人民出版社 1981 年版，第 3 页。

6. 同上书，第 110 页。

7. 罗隆基：《从参加旧政协到参加南京和谈的一些回忆》，载谢泳编：《罗隆基：我的被捕的经过与反感》，北京：中国青年出版社 1999 年版，第 226 页。

8. 袁廷华：《协商建国　共创伟业》，《中央社会主义学院学报》2009 年第 5 期。

9. 杨建新、石光树、袁廷华编著：《五星红旗从这里升起——中国人民政治协商会议诞生纪事暨资料选编》，北京：文史资料出版社 1984 年版，第 3 页。

10. 胡乔木：《胡乔木回忆毛泽东》，北京：人民出版社 2003 年版，第 546 页。

11. 杨胜群、陈晋主编：《亲历者的记忆：协商建国》，北京：生活 · 读书 · 新知三联书店 2009 年版，第

103—104 页。

12. 杨尚昆:《杨尚昆回忆录》,北京:中央文献出版社 2007 年版,第 271—273 页。

13. 胡乔木:《胡乔木回忆毛泽东》,北京:人民出版社 2003 年版,第 550 页。

14.《毛泽东文集》第五卷,北京:人民出版社 1996 年版,第 342—346 页。

15. 杨胜群、陈晋主编:《亲历者的记忆:协商建国》,北京:生活·读书·新知三联书店 2009 年版,第 171 页。

16. 中共中央文献研究室、中央档案馆编:《建国以来周恩来文稿》(第一册)(一九四九年六月——一九四九年十二月),北京:中央文献出版社 2008 年版,第 9—13 页。

17. 陈扬勇:《建设新中国的蓝图:中国人民政治协商会议共同纲领研究》,复旦大学博士学位论文 2010 年。

18. 秦立海:《从〈共同纲领〉到"五四宪法":1949—1954 年的中国政治》,北京:人民出版社 2017 年版,第 73 页。

19. 陈扬勇:《周恩来与共同纲领的制定》,《党的文献》2003 年第 2 期。

20.《周恩来统一战线文选》,北京:人民出版社 1984 年版,第 144 页。

21. 秦立海:《从〈共同纲领〉到"五四宪法":1949—1954 年的中国政治》,北京:人民出版社 2017 年版,第 78 页。

22. 中共中央文献研究室编:《建国以来重要文献选编》第五册,北京:中央文献出版社 1993 年版,第 463—464 页。

23. 韩大元:《论 1954 年宪法的民主原则》,载张庆福、韩大元主编:《1954 年宪法研究》,北京:中国人民公安大学出版社 2005 年版,第 102 页。

24.《北京市结束讨论宪法草案　各界人民积极提出修改和补充意见》,《人民日报》1954 年 9 月 10 日第 1 版。

25. 韩大元:《论 1954 年宪法的民主原则》,载张庆福、韩大元主编:《1954 年宪法研究》,北京:中国人民公安大学出版社 2005 年版,第 107 页。

26. 同上文,第 113 页。

27. 中共中央文献研究室编:《毛泽东年谱(一九四九——一九七六)》第二卷,北京:中央文献出版社 2013 年版,第 217 页。

28. 韩大元:《"五四宪法"的历史地位与时代精神》,《中国法学》2014 年第 4 期。

29. 同上。

30. A. F. Robertson, *People and the State: An anthropology of Planned Development*, Cambridge University Press, 1984, p.1.

31. 张树平:《规划中国、制度中国与真实中国:发展与治理的政治逻辑》,《治理研究》2022 年第 3 期。

32. 鄢一龙:《目标治理:看得见的五年规划之手》,北京:中国人民大学出版社 2013 年版,第 11—13 页。

33. 殷冬水、周光辉:《国家规划引领国家发展——基于国家五年规划的政治学分析》,《政治学研究》2022 年第 5 期。

34. 姚开建、陈勇勤主编:《改变中国:中国的十个"五年计划"》,北京:中国经济出版社 2002 年版,第 292—339 页。

35. 中共中央文献研究室编:《十七大以来重要文献选编》(中),北京:中央文献出版社 2011 年版,第 953 页。

36. 王绍光、鄢一龙:《大智兴邦:中国如何制定五年规划》,北京:中国人民大学出版社 2015 年版,第 64—88 页。

37. 同上书,第 85—90 页。

38. 杨伟民:《新中国发展规划 70 年》,北京:人民出版社 2019 年版,第 249 页。

39. 中共中央文献研究室编:《十七大以来重要文献选编》(中),北京:中央文献出版社 2011 年版,第 952 页。

40. 王绍光、鄢一龙:《大智兴邦:中国如何制定五年规划》,北京:中国人民大学出版社 2015 年版,第

85—93 页。

41. 殷冬水、周光辉:《国家规划引领国家发展——基于国家五年规划的政治学分析》,《政治学研究》2022 年第 5 期。

42. 钱坤、唐亚林:《规划治国:一种中国特色的国家治理范式》,《学术界》2023 年第 4 期。

43. 王绍光、鄢一龙:《大智兴邦:中国如何制定五年规划》,北京:中国人民大学出版社 2015 年版,第 92 页。

44. 王立民:《中国百年民法典编纂历程与启示》,《法学》2020 年第 10 期。

45. 王晨:《关于〈中华人民共和国民法典(草案)〉的说明》,《人民日报》2020 年 5 月 23 日第 6 版。

46. 同上。

47. 水淼:《全过程人民民主在民法典编纂中的生动体现》,《中国人大》2022 年第 7 期。

48. 同上。

49. 汪仲启:《全过程人民民主与基层社会治理重构——以上海虹桥街道为对象》,《社会政策研究》2021 年第 4 期。

结语　全过程人民民主与世界治理

民主是中国共产党始终不渝追求的目标，在中华人民共和国成立之前，中国共产党就开始了民主的探索实践。中国共产党探索和实践民主，既受制于中国特定的历史、社会、文化条件，又受制于世界政治发展的潮流。然而，至关重要的是，中国共产党能够在不断总结历史经验的基础上，以理论为指导，聚焦时代问题进行战略规划，从而坚定地把握住了中国发展民主的主动权。这种历史主动权集中体现在中国共产党领导人民实践的民主是以人民为根本主体的新型现代民主政治。

中国共产党在革命年代开始探索民主时，世界政治已经迈入现代化发展的快车道，人民主权作为现代政治的核心原则和民主政治的根基也得到了确立，因此人民主权是中国共产党探索和实践民主的根本原则。然而，对于中国共产党而言，人民主权却不是一个抽象的原则，而是一种真实的政治过程。因为中国共产党领导的革命建国就是以人民为动力的，党将绝大多数民众团结起来凝聚成人民从而依靠人民的伟大力量才取得革命胜利进而建立了人民共和国。[1]人民在革命建国中的决定性作用，奠定了其在人民共和国的政治生活中的根本主体地位，人民的根本主体地位进一步决定了中国共产党探索和实践民主不能满足于确立人民主权原则，而是必须将人民主权具体落实为人民当家作主，只有保障人民当家作主才能和人民的根本主体地位相称。

将人民主权具体落实为人民当家作主的根本，在于保障人民的根本主体地位，因此中国共产党领导人民实践的民主就是人民民主，人民民主的本质和核心就是人民当家作主。当然，将人民主权具体落实为人民当家作主不是一蹴而就，需要在实践中逐渐探索、完善，贯穿在其中的主线则是，保障人民能够通过各种途径和形式管理国家事务、社会事务、经济和文化事业，并不断推进民主的规范化、制度化、程序化。历史经验的丰富和时代条件的变化，使中国共产党对于如何将人民主权具体落实为人民当家作主形成了更成熟、更系统的认识，于是全过程人民民主就应运而生了。

第一节　全过程人民民主释放了世界政治发展的想象力

全过程人民民主是人民民主的升级版，是中国共产党在历史经验和时代条件约束下对社会主义民主的实践形态作出的高度概括。全过程人民民主对人民与现代政治之间的本质关系进行了深刻揭示，只有全过程民主才能将广大民众凝聚起来成为人民，人民在现代政治中只有通过全过程民主才能形成，因而只有全过程民主才能保障人民始终存在于政治生活中并发挥作用，并且只有人民始终存在于政治生活中并发挥作用才是人民当家作主。简要言之，人民的根本主体地位决定了社会主义民主必须保障人民当家作主，而要保障人民当家作主就必须实行全过程人民民主，全过程人民民主是人民当家作主的实践形态。

虽然全过程人民民主是中国共产党探索和实践现代民主政治的产物，在本质上是社会主义类型的民主，集中体现了中国共产党将人民主权具体落实为人民当家作主的历史经验和价值取向，但是全过程人民民主并非只是一种局限于中国的“地方性知识”，从更深层的角度来看，全过程人民民主是一种现代政治文明的新形态，蕴藏着能够为世界治理提供益处的“一般性知识”。因为中国共产党对全过程人民民主探索本来就是在世界政治已经进入现代化发展轨道的时代背景下进行的，全过程人民民主的实践同样是在开放的环境中积极汲取人类现代政治的精华而不断发展的，人民当家作主是全过程人民民主的本质和核心，它既是人民主权的具体体现，又丰富和发展了人民主权，所以全过程人民民主是从中国经验出发的、体现并发展了现代政治原理的人类现代政治文明的新形态。

全过程人民民主是现代政治文明的新形态，它打破了“历史终结”的迷思，实现了人类在如何实践民主政治以及何种民主才是好的民主这一基本问题上的思想解放。自从苏东剧变以降，欧美国家在两种社会制度、两种政治体制的竞争中取得了优势，于是包括知识界在内的很多人开始迷信“历史终结”这一意识形态化的命题。在“历史终结”的思维脉络及其塑造的历史语境中，欧美国家的自由民主体制是唯一且好的政治体制，这就是说，人类无需再为如何实践民主政治以及何种民主才是好的等问题费思量，只要其他国家能够经过民主转型从而建立如同欧美国家一样的自由民主体制，人类不仅能够过上和平有序的公共生活，而且还能推动经济发展，最终达到良好治理的状态。[2]

“历史终结”论不仅在实践上引导亚非拉一些国家走上了以欧美自由民主体制为榜样的民主化转型道路，从而导致这些国家在国家治理上出现了一系列问题，而且在理论研究上剥夺了很多国家的研究者在政治发展研究上的想象力，从而禁锢了世界各国很多研究者、政治精英、普通民众的思想。思想一旦被禁锢在自由民主体制的实践经验上，就会在相当长的一段时期内自我强化，因而很难将其打破，只有在自由民主体制出现危机、同时一种新的民主政治获得了成功的情况下，自由民主体制对政治发展研究的想象力施加的禁锢效应才会发生变化。

中国是中国共产党领导的人民当家作主的社会主义国家，坚持走中国特色社会主义政治发展道路，没有像其他亚非拉国家那样迫于压力实行民主转型建立自由民主体制，而是在探索和实践全过程人民民主的过程中，取得了国家治理和政治发展上巨大的成功。全过程人民民主使自由民主体制在思想和现实之间出现巨大差距，正是这个巨大差距构成了思想解放的催化剂，推动了人们在政治发展上的想象力的觉醒。

更明确地说，苏东剧变给欧美国家带来了巨大的战略收益，因此自由民主体制内在的危机由于突然降临的战略收益被掩盖了，但是随着战略收益的耗尽，欧美国家的治理困境逐渐暴露出来，从而彰显出自由民主体制在支撑国家治理上的局限性，与此同时，盲目信从“历史终结”建立了自由民主体制的亚非拉国家也在不同程度上遭遇国家治理困境、陷入政治体制危机。[3]正是在这个时候，中国实现了经济与社会的快速发展，中华民族伟大复兴的进程加快了，并且被世界各国明显感受到。中国的发展和国家治理的改善，从根本上讲是由政治上的成功支撑的，这里所谓政治上的成功就是指中国共产党领导人民实现当家作主，既开辟了中国特色社会主义政治发展道路，又形成了全过程人民民主这一人类现代政治文明的新型实践形态。

作为人类现代政治文明的新型实践形态，全过程人民民主与自由民主在知识脉络、制度构成、历史实践上有着系统差异，因此全过程人民民主重新打开了人类社会在政治发展上的想象力，如何实践民主以及何种民主才是好的这一基本问题重新回到了政治发展研究的议程之中。欧美国家的自由民主体制，并不是唯一可行的民主体制，更不是最好的民主体制，不同的国家需要根据自身的国情探索和实践民主政治，“不能想象突然就搬来一座政治制度上的‘飞来峰’”[4]。其实，民主政治就其性质而言，就应该是形成丰富多彩的制度形式，“不可能千篇一律、归于一尊”[5]。全过程人民民主在事实上同自由民主体制形成了竞争，现代民主政治将从不同民主制度实践的竞争中获得发展动力。

从20世纪世界政治变迁的历史脉络来看，中国共产党领导人民实践全过程人民民主是一次重大的思想解放运动，它不仅正面回应了什么是最广泛、最真实、最管用的民主这一具有根本意义的问题，而且为世界上那些希望独立自主地探索本国家政治发展、推进国家治理现代化的国家提供新的方案。换言之，全过程人民民主的实践重新打开了人类社会在政治发展上的想象力的空间，民主政治的制度形式不再局限于自由民主体制，也不应该局限于自由民主体制，既然中国能够根据自身的历史、社会、文化条件探索和实践全过程人民民主，并且取得了国家治理和政治发展的巨大成功，那么其他国家同样能够根据自身的历史、社会、文化条件探索和实践新的民主，因此政治发展的想象力被激活的同时，政治发展的主体性也重新回到了世界各国人民手中。

第二节　全过程人民民主为世界治理提供了新知识

世界治理有着双重内容，一方面是组成世界的各个现代国家的治理，现代国家能够实现良好治理是良好的世界治理的基础，另一方面是全球公共事务治理，全球公共事务治理不仅是世界治理的重要内容，同时也是各个现代国家治理的重要条件。全过程人民民主蕴藏的对于世界治理的重要价值，不仅体现在促进各个现代国家治理上，而且体现在为改进全球公共事务治理提供资源上。

全过程人民民主是中国共产党创造的现代政治成果的集大成者。中国共产党在探索和实践全过程人民民主时始终坚持胸怀天下，“中国共产党是为中国人民谋幸福、为中华民族谋复兴的党，也是为人类谋进步、为世界谋大同的党”[6]，因此全过程人民民主蕴藏着有利于改善世界治理过程、提高世界治理水平的巨大价值。具体而言，一方面全过程人民民主能够为世界上现代国家治理的改善提供政治知识，另一方面全过程人民民主能够为全球公共事务治理的改善提供政治知识，同样重要的是世界上各个现代国家在治理上的发展为全球公共事务治理奠定了重要基础。

人民主权是现代民主政治的根本原则，实行民主政治从根本上说就是落实人民主权，全过程人民民主在将人民主权具体落实为人民当家作主的过程中突出了人民的根本主体地位，从而丰富和发展了人民主权。在全过程人民民主中，人民不是一个抽象整体，而是由绝大多数民众凝聚成的政治实体，作为政治实体的人民始终存在于政治生活之中，因此人民主权就不仅要求通过选举程序实现授权，而且要求民众能够参与国家事务和社会事务管理、参与经济和文化事业管理。长期以来，欧美国家在落实人民主权原则时局限于以选举完成授权的范围内，其实际后果则是将民众从绝大多数公共事务管理活动中排挤了出去，如果缺乏有效的监督与问责机制，那么建立在选举上的自由民主体制就只能是寡头政治了。无怪乎，笃信自由民主体制的学者将民主界定为选举了。[7]

其实，广大民众对于公共事务管理的直接参与不仅是民主政治的要求，而是提高国家治理水平的要求。国家治理在本质上是各种治理要素的协同合作，而广大民众则是重要的治理主体，一个国家的发展到了一定历史时期就会形成僵化的利益格局，如果不打破这个局面，不仅社会矛盾会趋于尖锐化，而且国家治理水平也会停滞不前甚至倒退，而广大民众对公共事务管理的参与就是打破僵化的利益格局、推动国家治理水平提升的基本动力。当前欧美地区和亚非拉地区的很多国家遭遇到的国家治理困境，无不证明僵化的利益格局对于国家治理的阻碍作用，同时也突出了广大民众对于公共事务管理的重要性。进而论之，仅仅从选举落实人民主权远远不够，历史发展和时代问题都要求更深入、系统地落实人民主权，而全过程人民民主将人民主权落实为人民当家作主的实践，毫无疑问给出了一种答案和继续探索的方向。

全过程人民民主不仅为现代国家治理揭示了基本动力之所在，而且为现代国家治理提供了一种能够支持其实现长久、稳定、有效的现代化发展的结构，这个结构就是权威、活力和秩序的有机统一。全过程人民民主是党的领导、人民当家作主、依法治国的有机统一，中国共产党探索实践全过程人民民主的过程，既是将人民主权具体落实为人民当家作主的过程，又是实现党的领导、人民当家作主、依法治国有机统一的过程，而且只有实现了党的领导、人民当家作主、依法治国有机统一，才能真正从规范化、制度化、程序化的角度将人民主权具体落实为人民当家作主。

党的领导提供的是权威、人民当家作主提供的是活力、依法治国提供的是秩序，党的领导、人民当家作主、依法治国的有机统一其实就是权威、活力、秩序的有机统一。而权威、活力、秩序的有机统一是任何一个现代国家治理都必须具备的支撑性结构，如果缺乏其中任何一个要素，那么现代国家治理就不可能实现长久、稳定、有效的现代化发展。如果说以权威、活力、秩序的有机统一支撑现代国家治理，并且在国家治理中实现权威、活力、秩序的有机统一，是现代国家治理的一个基本规律，那么全过程人民民主则将这个基本规律充分揭示出来，从而为现代国家治理提供了至关重要的政治知识。

世界大国在全球公共事务治理中发挥着至关重要的作用，中国是新兴世界大国，正在以中国式现代化全面推进中华民族伟大复兴。中国是从世界的角度来认识自身发展的，进而论之，中国始终坚持以自身的发展贡献于世界发展，努力在实现中华民族伟大复兴的历史过程中同时推动世界各国共同发展。作为新兴世界大国，中国坚定地担负大国责任，力所能及地为世界提供公共产品，全过程人民民主是中国肩负的推动世界政治发展的大国责任，由全过程人民民主支撑的国家治理则是中国肩负的改进国家治理水平、推进国家治理现代化的大国责任。发展全过程人民民主、推进国家治理现代化，其结果当然首先在于使得中国国家治理水平得到提升，从而使中国能够更加有效、更为自信地发挥世界大国作用和履行世界大国责任，进而更加有利于全球公共事务治理。

在世界百年未有之大变局的时代背景下，欧美国家出现了保守主义和民粹主义交叉影响的社会运动，逆全球化、单边主义等问题给全球公共事务治理造成了困难，因此中国在全球公共事务治理中的地位和作用更显重要。习近平指出："我们要开拓世界眼光，深刻洞察人类发展进步潮流，积极回应各国人民普遍关切，为解决人类面临的共同问题作出贡献。"[8]中国既要以高质量的发展为世界发展提供机会和动力，又要以高水平的国家治理为世界各国的国家治理提供希望，既要以自身不断复兴的综合国力为世界和平奠定基础，又要以卓越的外交行动消弭引发冲突、威胁和平的国际问题。这些都需要中国从世界治理的高度认识全过程人民民主的实践及其经验，一方面要把握住全过程人民民主的精髓、从全过程人民民主的经验中提炼政治智慧，从而创造性地将其应用在全球公共事务治理中，另一方面要坚定地提高全过程人民民主的质量，从而增强各种主体以协商精神和民主方式解决冲突、推进全球公共事务治理的信心。

诚然全球公共事务治理要以世界大国为支柱，但是世界大国并非全球公共事务治理的唯一主体，而且仅仅依靠世界大国也不可能实现全球公共事务的良好治理。全球公共事务治理需要包括各国政府、国际组织、跨国公司、各个政党、各国民众在内的多种主体共同合作，各种力量对于全球共同问题的广泛参与、以协商方式凝聚共识从而协调彼此的行动，是全球公共事务治理的显著特点，由此可见，协商在全球公共事务治理中发挥着至关重要的作用。协商是全过程人民民主的核心机制，协商就是商量，"有事好商量，众人的事情由众人商量，是人民民主的真谛"[9]，全过程人民民主就是将协商作为核心机制贯彻在中国共产党领导的治国理政的全过程之中。协商的广泛、多层、制度化推进，以及广泛、多层、制度化协商在国家治理中取得的实际效果，都为协商在全球公共事务管理中发挥作用提供了有力支持。

协商的前提是广泛、多层、制度化的参与，协商的过程是充分商量、消除误解、求同存异、凝聚共识从而形成最大公约数，协商的目的是团结一切可以团结的力量共同行动。作为民主政治的核心机制，协商具有普遍的适用性，小到一个村落，大到全球，都可以通过协商对公共事务进行治理，并取得积极效果。因此，无论是对于国家治理来说，还是对于世界治理而言，良好的治理以及治理水平的不断提升，都必须以协商作为核心机制。

只有以协商作为核心机制，全球公共事务治理才能运转起来并取得效果，与之形成对照的是，全球公共事务治理遭遇到很多困难，一系列同人类命运密切相关的重大问题尚未得到有效治理，究其原因就在于协商在全球公共事务治理中应有的作用没有得到充分发挥。制约协商发挥作用的原因主要有两个，一个是世界大国之间协商精神不够，霸权压倒了协商，另一个是协商机制不够成熟，缺乏广泛、多层、制度化协商。全过程人民民主能够为激活协商在全球公共事务治理中的作用提供帮助，一方面全过程人民民主内在包含着广泛、多层、制度化协商，这就为全球公共事务治理中的广泛、多层、制度化协商提供了雏形，另一方面中国作为实践全过程人民民主的世界大国能够更好地在国际事务中引导协商、支持协商、开展协商，从而为全球公共事务治理提供坚定支持。

当前全球公共事务治理亟需广泛、多层、制度化协商。实现协商从现代国家治理向全球公共事务治理的延伸，将逐渐改变和约束霸权在全球公共事务治理中的作用，从而也将逐渐改变欧美国家主导下形成的国内民主治理、国际霸权治理的格局，进而推动世界治理进入一个以协商型秩序为典型特征的新的历史时期。[10]全球公共事务治理对协商的需求越是迫切，世界秩序越是向着协商型秩序转进，就越是彰显出全过程人民民主对于世界治理的重大价值。可以说，全过程人民民主是中国在全球公共事务治理陷入困难、西方国家提供的治理资源濒于枯竭的时代背景下为世界治理提供的富于价值和前景的政治方案。

注释

1. 汪仕凯：《将人民带回中国政治研究》，《政治学研究》2023 年第 2 期。
2. ［美］福山：《历史的终结与最后的人》，陈高华译，孟凡礼校，桂林：广西师范大学出版社 2014 年版。
3. 汪仕凯：《资本主义工业化、生产剩余国际分配与政治转型》，《世界经济与政治》2019 年第 4 期。
4. 《习近平谈治国理政》第二卷，北京：外文出版社 2017 年版，第 285—286 页。
5. 同上书，第 286 页。

6.《习近平著作选读》第一卷,北京:人民出版社 2023 年版,第 18 页。

7. 此论由来已久,其中最为典型的观点出自熊彼特,他认为“民主方法就是那种为作出政治决定而实行的制度安排,在这种安排中,某些人通过争取人民选票取得作决定的权力”。见[美]约瑟夫·熊彼特:《资本主义、社会主义与民主》,吴良健译,北京:商务印书馆 1992 年版,第 395—396 页。

8.《习近平著作选读》第一卷,北京:人民出版社 2023 年版,第 18 页。

9.《习近平著作选读》第二卷,北京:人民出版社 2023 年版,第 31 页。

10. 汪仕凯:《新中心国家与世界秩序转型:中国复兴的世界政治意义》,《社会科学》2022 年第 3 期。

图书在版编目(CIP)数据

全过程人民民主研究手册/汪仕凯主编.—上海：
上海人民出版社，2024
(中国政治学研究手册系列/陈志敏，苏长和总主
编)
ISBN 978-7-208-18645-3

Ⅰ.①全… Ⅱ.①汪… Ⅲ.①社会主义民主-研究-
中国 Ⅳ.①D616

中国国家版本馆 CIP 数据核字(2023)第 215962 号

责任编辑 史桢菁
封面设计 陈绿竞

中国政治学研究手册系列
全过程人民民主研究手册
汪仕凯 主编

出　　版 上海人民出版社
(201101 上海市闵行区号景路 159 弄 C 座)
发　　行 上海人民出版社发行中心
印　　刷 上海新华印刷有限公司
开　　本 720×1000 1/16
印　　张 21.25
插　　页 4
字　　数 317,000
版　　次 2024 年 1 月第 1 版
印　　次 2026 年 1 月第 2 次印刷
ISBN 978-7-208-18645-3/D·4237
定　　价 95.00 元